Harper
Collins

Zum Buch:

Ein merkwürdiges Hochzeitsgeschenk hat Elsie da von ihrem verflossenen Liebhaber erhalten. Ein löchriger Pappkarton. Und als sie ihn öffnet, grinst ihr der hübscheste Alligator der Welt entgegen: Albert. Zu schade, dass ihr Mann Homer das verschmuste Reptil bald loswerden will. Denn ein Leben ohne Alligator kommt Elsie ziemlich trostlos vor. Wie alles hier in Coalwood, West Virginia. Die ganze Bergarbeiterstadt liegt unter einer dicken Staubschicht begraben. Selbst ihre Ehe. Grund genug, dem Schicksal auf die Sprünge zu helfen. Denn wenn Albert sich ein neues Zuhause suchen muss, warum kommen sie und Homer nicht gleich mit? Wer weiß schon, was sie dabei finden?

Zum Autor:

Homer Hickam (auch bekannt als Homer H. Hickam, der Jüngere) wurde unter anderem für seine unter dem Titel „October Sky" verfilmte Autobiografie „Rocket Boys" mehrfach ausgezeichnet. Der ehemalige Bergwerksarbeiter, NASA-Ingenieur und Vietnam-Veteran ist ein begeisterter Hobby-Paläontologe und schreibt seit der Grundschulzeit. Er lebt abwechselnd in Alabama und auf den Virgin Islands.

HOMER HICKAM

ALBERT MUSS NACH HAUSE

Die irgendwie wahre Geschichte eines Mannes,
seiner Frau und ihres Alligators

Aus dem Englischen von Wibke Kuhn

Harper
Collins

HarperCollins®
Band 100087

1. Auflage: Oktober 2017
Copyright © 2017 by HarperCollins
in der HarperCollins Germany GmbH
Deutsche Taschenbucherstausgabe

Titel der nordamerikanischen Originalausgabe:
Carrying Albert Home
Copyright © 2015 by Homer Hickam
erschienen bei: William Morrow, New York

Published by arrangement with William Morrow,
an imprint of HarperCollins Publishers, LLC.

Umschlaggestaltung: HarperCollins Germany,
Artwork Hafen Werbeagentur, Hamburg
Umschlagabbildung: Andrea D'Aquino, Floortje,
gokhan ilgaz / Getty Images
Redaktion: Eva Wallbaum
Satz: GGP Media GmbH, Pößneck
Printed in Germany
Dieses Buch wurde auf FSC®-zertifiziertem Papier gedruckt.
ISBN 978-3-95967-126-2

www.harpercollins.de

Werden Sie Fan von HarperCollins Germany auf Facebook!

Für Frank Weimann, der diese
Geschichte noch vor mir verstanden hat

ALBERT MUSS NACH HAUSE
erzählt von Homer Hickam (dem Jüngeren)

In den Hauptrollen:

Elsie Lavender Hickam,
    die dachte, ihre Worte hätten den Anstoß
    zur Reise gegeben

Homer Hickam (der Ältere),
    der dachte, sein Verhalten hätte den Anstoß
    zur Reise gegeben

Albert Hickam,
    der tatsächlich den Anstoß zur Reise
    gegeben hatte

Der Hahn,
    dessen Rolle in dieser Reise sich nicht
    ganz erschließt

DIE ETAPPEN DER REISE

Die Vorgeschichte   13

I. Teil   21
Wie die Reise begann
In dem Elsie und Homer beschließen, Albert nach Hause zu bringen, der Hahn sich ihnen anschließt, Homer eine erste Ahnung davon bekommt, wie viel Ärger ihn erwartet, Elsie alleine tanzt und Albert eine Bank überfällt.

II. Teil   95
Wie Elsie unter die Radikalen ging
In dem John Steinbeck einen Gastauftritt hat, Homer das Opfer einer Verwechslung wird und Elsie und Albert einen fragwürdigen Kampf ausfechten.

III. Teil   161
Wie Elsie die Thunder Road entlangfuhr, Homer ein Gedicht schrieb und Albert die Wirklichkeit transzendierte
In dem Elsie selbst gebrannten Alkohol schmuggelt, Homer einen verrückten Dichter und dessen Geliebte kennenlernt und wir langsam begreifen, dass Albert möglicherweise für etwas Größeres steht.

IV. Teil 227
Wie Homer seine Baseball-Lektion lernte und Elsie Krankenschwester wurde
In dem Homer und Albert Baseball spielen, Elsie Krankenschwester wird und noch ein paar schmerzhafte Erfahrungen gemacht werden.

V. Teil 297
Wie Elsie sich in den Strand verliebte und Homer und Albert sich der Küstenwache anschlossen
In dem Elsie herausfindet, wo sie wirklich hingehört, und Homer und Albert sich eine schreckliche, blutige Seeschlacht mit Schmugglern und anderem seefahrenden Gesindel liefern.

VI. Teil 377
Wie Albert flog
In dem Homer Georgia findet, Elsie eine Flugstunde ohne Sicherheitsgurt nimmt und ein niedergeschlagener Homer und ein glücklicher Albert zu den Wolken aufsteigen.

VII. Teil 397
Wie Homer und Elsie einen Film retteten und Albert ein Krokodil spielte
In dem Homer schon wieder verwechselt wird, Elsie ihren Mann plötzlich mit ganz neuen Augen sieht und sich Albert (unter Berufung auf die künstlerische Freiheit) als Zelluloidkrokodil die Seele aus dem Leib spielt.

VIII. Teil — 447

Wie Homer und Elsie einen Hurrikan überstanden – einen echten und einen in ihren Herzen

In dem Ernest Hemingway als Gast auftritt, Elsie von allem und jedem, inklusive Albert, bezaubert und beunruhigt zugleich ist und Homer sich einem tobsüchtigen Hurrikan stellen muss.

IX. Teil — 501

Wie Albert zu guter Letzt doch noch nach Hause gebracht wurde

In dem Elsie eine schreckliche Entscheidung treffen muss, Homer nicht weiß, wie er ihr helfen soll, es aber tut, Buddy Ebsen einen Gastauftritt hat, Albert nach Hause gebracht wird und die Reise ein Ende findet, es in gewisser Hinsicht aber doch nicht tut.

ANHANG

Epilog — 520

Noch ein Postskriptum — 522

Danksagung — 526

Fotografien — 528

Die Vorgeschichte

Bevor mir meine Mutter von Albert erzählte, hatte ich keine Ahnung von der abenteuerlichen und gefährlichen Reise, die sie und mein Vater unternommen hatten, um ihn nach Hause zu bringen. Ich wusste nicht, wie sie zueinandergefunden hatten oder was sie zu den Menschen gemacht hatte, die ich kannte. Ich wusste auch nicht, dass meine Mutter nie ganz aufgehört hatte, einen Mann zu lieben, der später ein berühmter Hollywoodschauspieler wurde, oder dass mein Vater diesen Mann kennenlernte, nachdem er einen gewaltigen Hurrikan überstanden hatte, der nicht nur in den Tropen, sondern auch in seiner Seele gewütet hatte. Die Geschichte von Albert hat mir das alles nähergebracht und mich dazu noch einiges mehr gelehrt, nicht nur über meine Eltern, sondern auch über das Leben, das sie mir geschenkt haben, und das Leben, das wir alle führen, auch wenn uns die Hintergründe verborgen bleiben.

Meine Eltern unternahmen diese Reise 1935, sechs Jahre nach dem großen Börsencrash, mitten in der Wirtschaftskrise. Damals zählte Coalwood kaum mehr als tausend Einwohner, und die meisten von ihnen waren – wie meine zukünftigen Eltern – junge Ehepaare, die mit dem Kohlebergbau aufgewachsen waren. Wie ihre Väter und Großväter vor ihnen standen die Männer jeden Tag auf und gingen zur

Arbeit in die Mine, wo sie mit Bohrern, Sprengstoff, Hacken und Schaufeln der Kohle zu Leibe rückten, während das Dach über ihnen ächzte und Risse bekam und manchmal einstürzte. Der Tod war allgegenwärtig. Zwischen den jungen Männern und Frauen von Coalwood lag deswegen immer eine gewisse Melancholie in der Luft, wenn sie sich am Morgen verabschiedeten. Doch im Namen der Lohntüte musste man sich dann eben doch trennen, und die Männer trotteten davon und reihten sich in die lange Kolonne der Bergwerksarbeiter ein. Mit baumelnden Lunchpaketen und schwer stapfenden Stiefeln lenkten sie ihre Schritte dem tiefen dunklen Untergrund entgegen.

Während ihre Männer sich in den Kohlebergwerken abschufteten, fochten die Frauen von Coalwood in den Häusern, die ihnen die Firma zur Verfügung stellte, den nicht enden wollenden Kampf gegen den Staub. Schnaufende Kohlezüge ratterten über die Schienen, die nur wenige Meter neben den Häusern verliefen, und wirbelten dichte Wolken aus erstickendem Ebenholzpulver auf, das durch jede Ritze drang, egal wie fest man die Türen und Fenster schloss. Die Menschen von Coalwood sogen den Staub mit jedem Atemzug ein und sahen ihn wie grauen Nebel aufsteigen, wenn sie durch die Straßen gingen. Er stieg aus ihren Kissen auf, wenn sie ihre müden Häupter darauf betteten, und er erhob sich in einer glitzernden Wolke, wenn sie beim Aufwachen die Decken zurückschlugen. Jeden Morgen standen die Frauen auf und kämpften gegen den Staub, und am nächsten Tag standen sie wieder auf und kämpften wieder gegen den Staub, nachdem sie ihre Männer in die Kohlemine geschickt hatten, damit diese immer noch mehr Staub produzierten.

Die Kindererziehung überließ man ebenfalls den Frauen. Es war eine Zeit, in der Scharlach, Masern, Grippe, Typhus und andere unerkannte fiebrige Krankheiten regelmäßig durch das kleine Bergbaustädtchen fegten und schwache wie kräftigere Kinder niederstreckten. Es gab nur wenige Familien, die kein Kind verloren hatten, und auch die tägliche Angst um Ehemänner und den Nachwuchs forderte ihren Tribut. Es dauerte meist nur wenige Jahre, bis sich die natürliche, süße Unschuld eines jungen Mädchens aus West Virginia in eine raue, harte Schale verwandelt hatte, die den Frauen der Kohlereviere zu eigen war.

Das war die Welt von Homer und Elsie Hickam, meinen Eltern, bevor sie meine Eltern wurden. Es war eine Welt, die Homer akzeptierte. Es war eine Welt, die Elsie verabscheute.

Andererseits konnte sie gar nicht anders. Immerhin hatte sie eine Weile in Florida gelebt.

***

Lange nach der Reise, die meine Eltern unternahmen, um Albert nach Hause zu bringen, kamen mein Bruder Jim und ich zur Welt. Wir verbrachten unsere Kindheit in den Vierzigern und Fünfzigern in Coalwood, als die Stadt schon etwas älter war und sich bereits einige Annehmlichkeiten wie geteerte Straßen und Telefone eingeschlichen hatten. Es gab sogar Fernsehen, und ohne Fernsehen hätte ich vielleicht nie von Albert erfahren. Denn als ich zum ersten Mal von ihm hörte, lag ich auf dem Wohnzimmerteppich und schaute mir eine Wiederholung der Walt-Disney-Serie über Davy Crockett an. Diese Sendung hatte ihn mehr oder weniger zum beliebtesten Mann in den Vereinigten Staaten gemacht, noch beliebter als Präsident Eisenhower. Tatsächlich gab es kaum einen Jungen in den USA, der nicht gern eine von Davys charakteristischen Mützen aus Waschbärenfell gehabt hätte, und dazu gehörte auch ich, aber ich bekam nie eine. Mom mochte diese kleinen Wildtiere viel zu sehr, um solche grausamen Dummheiten zu unterstützen.

Meine Mutter betrat das Wohnzimmer, als Davy und sein Freund Georgie Russell auf unserem 21-Zoll-Schwarz-Weiß-Bildschirm gerade durch den Wald ritten. Georgie sang die Ballade von Davy Crockett, dem König der Wildnis, der im Alter von drei Jahren schon einen Bären erlegt hatte. Es war eine eingängige Melodie, und wie Millionen andere Kinder im ganzen Land kannte ich jedes Wort auswendig. Nachdem meine Mutter eine Weile schweigend zugesehen hatte, sagte sie: „Das war ein Bekannter von mir. Der hat mir damals Albert geschenkt." Dann drehte sie sich um und ging zurück in die Küche.

Ich war so auf Davy und Georgie konzentriert, dass es einen Moment dauerte, bis mein jugendlicher Verstand die Bemerkung meiner Mutter erfassen konnte. Bei der nächsten Werbepause stand ich auf und ging zu ihr in die Küche.

„Mom? Hast du vorhin gerade gesagt, du kennst wen aus der Davy-Crockett-Show?"

„Den Mann, der das Lied gesungen hat", sagte sie und klatschte einen Löffel Fett in die Bratpfanne. Ich sah den sämig-klumpigen Brei in der Schüssel neben dem Herd und vermutete, dass es zum Abendessen ihre berühmten Kartoffelpuffer geben würde.

„Du meinst Georgie Russell?", fragte ich.

„Nein, Buddy Ebsen."

„Wer ist Buddy Ebsen?"

„Der Mann, der eben im Fernsehen gesungen hat. Allerdings kann er besser tanzen als singen. Ich war mit ihm bekannt, als ich in Florida bei meinem reichen Onkel Aubrey gelebt habe. Als ich deinen Vater geheiratet habe, hat Buddy mir Albert als Hochzeitsgeschenk geschickt."

Weder von Buddy noch von Albert hatte ich jemals gehört, umso öfter jedoch vom reichen Onkel Aubrey. Meine Mutter fügte grundsätzlich das Adjektiv „reich" zu seinem Namen hinzu, obwohl sie auch erzählt hatte, dass er beim Börsencrash von 1929 sein gesamtes Vermögen verloren hatte.

Ich hatte ein Foto vom reichen Onkel Aubrey gesehen. Ein Mann mit rundem Gesicht, der mit zusammengekniffenen Augen ins helle Sonnenlicht blickt und sich dabei auf einen Golfschläger stützt. Der reiche Onkel Aubrey trug eine Schiebermütze, einen schicken Pullover über einem Hemd mit offenem Kragen, Knickerbocker und weiße Gamaschen über braunen Schuhen. Hinter ihm konnte ich einen winzigen Aluminiumwohnwagen sehen, der sein Zuhause war, und ich hatte den Verdacht, dass der reiche Onkel Aubrey gar nicht so viel Geld brauchte, um reich zu sein.

Um die Sache weiter aufzuklären, hakte ich nach. „Du warst also bekannt mit … Georgie Russell?"

„Wenn Buddy Ebsen und Georgie Russell dieselbe Person sind, dann ja."

Ich stand da und bekam den Mund nicht mehr zu. Eine nervöse Aufregung befiel mich, ich konnte es kaum erwarten, den anderen Jungs in Coalwood zu erzählen, dass meine Mutter mit Georgie Russell bekannt war. Das war nur einen Schritt davon entfernt, Davy Crockett selbst zu kennen. Garantiert würde mich jeder beneiden!

„Albert war ein paar Jahre bei uns", fuhr meine Mutter fort. „Als wir noch in dem anderen Haus gewohnt haben. Die Straße runter, vor der Haltestelle. Bevor ihr zur Welt gekommen seid, dein Bruder und du."

„Wer ist Albert?", fragte ich.

Für einen Augenblick wurde der Blick meiner Mutter ganz sanft. „Habe ich dir nie von Albert erzählt?"

„Nein", sagte ich, während ich hörte, wie die Werbung endete und das Geräusch von Steinschlossgewehren wieder aus dem Fernsehgerät dröhnte. Davy Crockett legte wieder los, und ich horchte mit einem Ohr Richtung Wohnzimmer.

Sie merkte, wie der Fernseher mich ablenkte, also deutete sie mir mit einer ungeduldigen Handbewegung, ins Wohnzimmer zu gehen. „Ich erzähl dir hinterher von ihm. Die Geschichte ist ein bisschen kompliziert. Dein Vater und ich … na ja, wir haben ihn nach Hause gebracht. Albert war ein Alligator."

Ein Alligator! Ich machte den Mund auf, um weitere Fragen zu stellen, doch sie schüttelte den Kopf. „Später", sagte sie und wandte sich wieder ihren Kartoffelpuffern und ich mich Davy Crockett zu.

Im Laufe der Jahre hat meine Mutter ihr Versprechen eingelöst und mir erzählt, wie sie Albert nach Hause gebracht haben. Ab und zu, wenn meine Mutter ihn dazu ermunterte, steuerte auch mein Vater seine Sicht auf die Geschichte bei.

Selten kümmerten sie sich um die richtige Reihenfolge der Geschehnisse oder darum, dass ich Ausschnitte davon bereits in einer völlig anderen Version gehört hatte. Doch während ich den Erzählungen zuhörte, entfalteten sie sich zu einer lebendigen, zwar etwas zusammenhanglosen, zweifellos aber legendenhaften Geschichte eines jungen Ehepaars, das in Begleitung eines ganz besonderen Alligators (und seltsamerweise eines Hahns) das Abenteuer seines Lebens erfuhr – auf einer Reise in den Süden, wo ich sie mir immer unter der goldenen Sonne eines Landschaftsmalers und dem Quecksilbermond eines Dichters vorstellte.

Nachdem mein Vater sich verabschiedet und die Leitung der himmlischen Kohlebergwerke übernommen hatte und meine Mutter ihm gefolgt war, um Gott zu erklären, wie er den Rest seiner Geschäfte zu organisieren hatte, flüsterte mir eine leise, aber hartnäckige Stimme ins Ohr, dass ich die Geschichte ihrer Reise niederschreiben sollte. Als ich dieser Stimme Gehör schenkte und anfing, die einzelnen Teile zusammenzusetzen, begriff ich, warum. Wie bei einer schönen Blüte, die sich öffnet, um die Morgendämmerung zu begrüßen, enthüllte sich in dieser Geschichte eine tiefer liegende Wahrheit. Die Geschichte, wie meine Eltern Albert nach Hause brachten, ging etwas weiter, als die schillernden Erzählungen jugendlicher Abenteurer vermuten ließen. Zusammengefasst waren sie der Beweis des größten und wahrscheinlich einzig wahren Geschenks, das der Himmel uns macht – dieses wundersame und großartige Gefühl, das wir so unzureichend als Liebe bezeichnen.

Homer Hickam (der Jüngere)

I. TEIL

Wie die Reise begann

1. Kapitel

Als Elsie in den Garten kam, um nachzusehen, warum ihr Mann nach ihr geschrien hatte, sah sie Albert auf dem Rücken im Gras liegen. Seine kleinen Beine waren gespreizt, sein Kopf zurückgeworfen. Sie war sicher, dass ihm etwas Schlimmes passiert sein musste, doch als ihr Alligator den Kopf hob und sie anlächelte, wusste sie, dass es ihm gut ging. Ihre Erleichterung war geradezu spürbar und beinahe überwältigend. Schließlich liebte sie Albert mehr als ziemlich alles andere auf der Welt. Sie kniete sich neben ihn und kratzte ihm den Bauch, während er vor lauter Wonne mit den Pranken wedelte und sein zahnigstes Grinsen grinste.

Mit seinen gut zwei Jahren war Albert knapp einen Meter vierzig lang, und das war groß für sein Alter, so stand es jedenfalls in dem Buch, das sie über Alligatoren gelesen hatte. Er war ummantelt von einer dicken Haut aus wundervollen olivfarbenen Schuppen, und er hatte gelbe Streifen an den Seiten, die laut Elsies Buch im Laufe der Zeit verschwinden würden. Erhabene Schuppenkämme verliefen über seine ganze Länge bis zur Schwanzspitze, und sein Bauch war weich und hell. Seine ausdrucksvollen Augen waren goldfarben, doch in der Nacht glühten sie in unwiderstehlichem Rot. Seine Miene war umwerfend, seine Nasenlöcher saßen haargenau an der Spitze seiner Schnauze, damit er atmen konnte, wenn er mit dem ganzen Körper im Wasser lag. Außerdem hatte er einen bezaubernden Überbiss, der den Blick auf Reihen blendend weißer Zähne freigab. Er war so ziemlich der hübscheste Alligator, den es je gegeben hatte, fand Elsie.

Natürlich war Albert auch klug, so klug, dass er Elsie wie ein Hündchen durchs Haus folgte. Wenn sie sich hinsetzte, krabbelte er auf ihren Schoß und ließ sich kraulen wie eine Hauskatze. Das war gut, denn sie hätte sich weder einen Hund noch eine Katze anschaffen können, seit Albert angefangen hatte, ihnen unter dem Bett oder in dem kleinen betonierten Teich aufzulauern, den ihr Vater für ihn gebaut hatte. Zwar hatte er noch nie einen Hund oder eine Katze gefressen, aber manches Mal war er kurz davor gewesen, so kurz davor, dass beide Spezies das Hickam-Haus und den dazugehörigen Garten für die nächsten hundert Jahre für verbotenes Territorium erklärt hatten.

Nachdem Elsie das Lächeln ihres „lieben kleinen Jungen" erwidert hatte, wie sie ihn gerne nannte, fiel ihr Blick auf ihren Mann, der aufgehört hatte zu schreien und sie mit einem Gesichtsausdruck ansah, den sie als leicht verdrossen deutete. Auch sein seltsamer Aufzug entging ihr nicht. „Homer, wo ist deine Hose?", fragte sie.

Homer antwortete nicht sofort. Stattdessen sagte er: „Ich oder der Alligator." Dann sagte er es noch einmal, diesmal ganz leise und langsam. „Ich ... oder ... der ... Alligator."

Elsie seufzte. „Was ist denn passiert?"

„Ich saß gerade auf der Toilette, als *dein* Alligator auf einmal aus der Badewanne geklettert ist und sich meine Hose geschnappt hat. Wenn ich sie nicht schnell ganz ausgezogen hätte und davongerannt wäre, hätte er mich garantiert getötet."

„Ich glaube, wenn Albert die Absicht hätte, dich zu töten, hätte er das schon längst getan", erwiderte Elsie kühl. „Was soll ich jetzt deiner Meinung nach tun?"

„Entscheide dich. Entweder ich oder er. Damit hat es sich."

Da war es nun passiert. Sie fragte sich, wie lange sie es schon kommen gesehen hatte. Trotzdem wusste sie keine andere Antwort als die, die sie ihm jetzt gab. „Ich werde darüber nachdenken."

Homer konnte es nicht fassen. „Du musst darüber nachdenken, wenn du dich zwischen dem Alligator und mir entscheiden sollst?"

„Ja, Homer, und genau das werde ich tun", sagte Elsie, bevor sie Albert auf den Bauch drehte und ihm bedeutete, ihr zu folgen. „Komm mit in die Küche, mein Junge, Mama hat leckeres Hühnchen für dich."

***

Ungläubig sah Homer zu, wie Elsie Albert in die Küche führte. Jack Rose, ein Nachbar und Kollege aus dem Kohlebergwerk, war an den Zaun getreten und hustete diskret. „Du wirst dir noch eine Erkältung holen, mein Lieber", sagte er. „Vielleicht solltest du dir lieber eine Hose überziehen."

Homer lief dunkelrot an. „Hast du das mitgehört?"

„Das hat wahrscheinlich die ganze Nachbarschaft mitgehört."

Homer war klar, dass ihm furchtbare Hänseleien auf der Arbeit bevorstanden. Bergwerksarbeiter hatten eine Vorliebe dafür, einen Mann bis aufs Blut zu triezen und bloßzustellen, und wenn Homer von Elsies Alligator ohne Hose in den Garten gejagt wurde, war das natürlich ein gefundenes Fressen.

„Hilf mir, Jack", bat er. „Erzähl keinem von der Geschichte."

„Okay", sagte Rose freundlich, „aber für meine Frau kann ich nicht garantieren." Er deutete mit einem Kopfnicken hinter sich, wo Mrs. Rose am Fenster stand und breit grinste. Homer ließ den Kopf hängen, denn er wusste, dass sein Schicksal hiermit besiegelt war.

Als er später beim Abendessen vor seinem Teller mit Bohnen und Maisbrot saß, hielt er kurz inne. „Hast du schon darüber nachgedacht? Über Albert und mich?"

Elsie schaute ihn gar nicht an. „Noch nicht."

„Die Kollegen werden mich ewig damit aufziehen, wie ich ohne Hose aus dem Haus gejagt wurde", sagte er kläglich.

Elsie blickte ihn immer noch nicht an. Sie starrte auf ihren Teller, als könnte sie die Antwort aus den Bohnen lesen. „Ich weiß eine Lösung", sagte sie. „Kündige deine Stelle in der Mine. Lass uns dieses alte Drecksloch verlassen und irgendwo hinziehen, wo es schön und sauber ist."

„Ich bin Bergwerksarbeiter, Elsie. Das ist mein Beruf."

Nun sah sie ihn endlich an. „Aber es ist nicht mein Beruf."

Die ganze Nacht drehte Elsie Homer den Rücken zu, und nachdem sie ihm am Morgen Frühstück gemacht und ihm sein Lunchpaket in die Hand gedrückt hatte, gab es weder einen Kuss noch sprach sie den obligatorischen Wunsch aus, er möge gesund zurückkommen. Homer war sicher, dass er der einzige Arbeiter war, der an diesem Morgen ohne die guten Wünsche seiner Frau zur Arbeit gegangen war, und dieses Wissen lastete bleischwer auf ihm. Obendrein zog ihn schon der erste Kollege, ein gewisser Collier Johns, mit seiner hosenlosen Flucht in den Garten auf.

Johns hielt sich für furchtbar originell, als er fragte: „Hat Elsies Alligator dich so erschreckt, dass du die Hose zu voll hattest, um sie zu tragen?"

Es folgte großes Gelächter von allen Seiten und Schenkelklopfen bei den Kollegen seiner Schicht. Die korrekte – und auch erwartete – Antwort von Homer hätte entweder genauso komisch ausfallen oder aus einer ähnlich fiesen Replik bestehen müssen, doch er sagte kein Wort, was den Neckereien den Wind aus den Segeln nahm, bis sie schließlich ganz verstummten. Man vermutete, dass Homer krank geworden war, vielleicht sogar ernsthaft. Auf der Treppe zum Werkshandel wurde diese Frage später ausführlich diskutiert. Man kam zu dem Schluss, dass seine Krankheit aus seiner Frau bestand, ein seltsames Mädchen, entzückend zwar, aber von der Sorte, die einen Mann zugrunde richtete, weil sie mehr verlangte, als er geben konnte.

Zwei Tage vergingen, bis Elsie in den Garten hinausging, wo Homer auf einem rostigen Stuhl saß, den er vom Schrottplatz der Minengesellschaft stibitzt hatte. Sie baute sich vor ihm auf, holte tief Luft und verkündete: „Ich werde mich von Albert trennen."

Homer war erleichtert. „Wunderbar. Danke. Wir werden ihn im Bach aussetzen, dort wird es ihm gut gehen. Es gibt jede Menge kleine Fische zu fressen und ab und zu mal eine Katze, die zum Trinken vorbeikommt."

Elsie presste die Lippen zusammen, ein Gesichtsausdruck, den Homer nur zu gut kannte und der ihm verriet, dass sie ganz und gar nicht zufrieden war. „Im Winter würde er erfrieren in diesem Bach", sagte sie. „Er muss nach Hause. Nach Orlando."

Der Vorschlag überraschte ihn. „Nach Orlando? Du lieber Gott, Mädchen! Bis Orlando sind es doch mindestens zwölfhundert Kilometer!"

Trotzig reckte Elsie das Kinn vor. „Und wenn es zwölftausend wären, wär's mir auch egal."

„Und wenn ich Nein sage?"

Elsie holte noch einmal tief Luft. „Dann werde ich ihn eben allein hinbringen."

Homer spürte förmlich, wie die Erde unter seinen Stiefeln nachgab. „Wie willst du das denn anstellen?"

„Weiß ich nicht, aber ich werde schon einen Weg finden."

Homer gab sich im gleichen Moment geschlagen. „Muss er denn bis ganz nach Orlando?", fragte er vorsichtig. „Könnten wir ihn nicht in North Carolina oder South Carolina aussetzen? Da unten ist es doch auch warm, hab ich gehört."

„Die ganze Strecke", sagte Elsie eisern. „Und wenn wir dort sind, müssen wir den perfekten Platz für ihn finden."

„Und woran erkennen wir den perfekten Platz?"

„Albert wird es wissen."

„Albert ist ein Reptil. Der weiß überhaupt nichts."

„Na, dann hat *er* ja immerhin eine gute Entschuldigung dafür, nicht wahr?"

„Willst du damit sagen, dass ich überhaupt nichts weiß?"

„Ich will damit sagen, dass wir beide nichts wissen. Ich will damit sagen, dass alles, was wir für wahr halten, wahrscheinlich gar nicht wahr ist. Wenn ich tausend Sachen sagen würde und du würdest tausend Sachen entgegnen, dann könnte es gut sein, dass keines unserer Wörter auch nur annähernd der Wahrheit entspricht."

„Was redest du denn da?"

„Das ist die ehrlichste Antwort, die ich dir geben kann."

Nachdem seine Frau zurück ins Haus gegangen war, blieb Homer noch auf seinem Schrottplatzstuhl sitzen und brütete vor sich hin. Zum ersten Mal in seinem Leben hatte er Angst. Noch vor einer Woche, als die Decke des Stollens über ihm wie ein Gewehrschuss gekracht und ein riesiger Felsblock ihn nur um wenige Zentimeter verfehlt hatte, war er kein bisschen ängstlich gewesen. Er hatte Elsie nie davon erzählt, aber er wusste, dass sie es wusste. Sie schien alles zu wissen, was er ihr zu verheimlichen versuchte. Homer musste sich eingestehen, dass er wiederum sehr wenig über die Frau wusste, die er geheiratet hatte und die ihm eine Heidenangst eingejagt hatte mit ihrer Drohung, nach Florida abzuhauen, ob er sich ihr nun anschloss oder nicht.

Es gab nur eines, was er jetzt tun konnte. Er musste den Rat des großartigsten Mannes suchen, den er kannte, den unvergleichlichen William „Captain" Laird, Kriegsheld des Ersten Weltkriegs, Ingenieur mit einem Abschluss der Stanford University, und Herr und Meister von Coalwood.

Und auch wenn er es noch nicht wusste – in diesem Moment nahm die Reise ihren Anfang.

2. Kapitel

Nach einer ganzen Schicht unter Tage ging Homer ins Badehaus der Bergwerksgesellschaft, um zu duschen, zog einen sauberen Overall und seine stadtfeinen Stiefel an und bat den Bürovorsteher um einen Termin beim Captain. Der Sekretär winkte ihn zur Tür, und der Captain rief: "Herein!", als Homer klopfte. Mit dem Hut in der Hand trat Homer vor den Tisch des Captains. Der Captain, ein hünenhafter Mann mit den Ohren eines afrikanischen Elefanten, blickte auf und runzelte die Stirn. "Was zum Teufel ist los, mein Sohn?"

"Es geht um meine Frau, Captain."

"Elsie?", donnerte der Captain. "Was ist los mit Elsie?"

"Sie möchte, dass ich sie und ihren Alligator nach Orlando bringe."

Der Captain lehnte sich zurück und musterte Homer. "Hat das irgendwas damit zu tun, dass du neulich ohne Hose in deinem Garten herumgerannt bist?"

"Ja, Sir, allerdings."

Der Captain legte den Kopf schräg. "Nun, mein Sohn, eine gute Geschichte habe ich schon immer zu schätzen gewusst, und das hier könnte eine sein."

Nachdem er aufgefordert worden war, Platz zu nehmen, erzählte Homer dem Captain, wie Albert ihn hinausgejagt hatte und was er dann gesagt hatte und was Elsie dann gesagt hatte. Der Captain hörte aufmerksam zu, sein verwirrter Gesichtsausdruck verwandelte sich, und nun verrieten die leicht zusammengekniffenen Augen sein Interesse. Als Homer geendet hatte, sagte der Captain: „Weißt du was, Homer? Ich glaube, das ist Kismet – oder zumindest etwas, das dem nahekommt."

Homer hatte schon von Kismet gehört, aber er war nicht sicher, was es war, und das sagte er auch.

Der Captain beugte sich mit seiner ganzen bedrohlichen Masse nach vorne, als würde er Homers Zweifel unter sich begraben. „Es gibt Momente, in denen müssen wir Dinge vollbringen, die uns vielleicht nicht sinnvoll erscheinen, aber trotzdem so viel Sinn haben, wie es im Universum nur geben kann. Verstehst du?"

„Nein, Sir."

„Natürlich nicht. Aber genau das ist Kismet. Es schickt uns auf krummen Bahnen in die absurdesten Richtungen, und dadurch lernen wir nicht nur, was im Leben wichtig ist, sondern, *wofür* wir eigentlich leben. Diese Reise könnte deine große Chance sein, diese Dinge zu entdecken."

„Sie sagen also, dass ich gehen sollte?"

„Allerdings sage ich das. Hiermit gewähre ich dir deine jährlichen vierzehn Tage Urlaub, und du hast meine Erlaubnis, dir hundert Dollar von der Firma zu holen, um deine Reise zu finanzieren."

„Aber das ist viel zu viel Geld! Das kann ich doch nie im Leben zurückzahlen."

„Doch, das kannst du. Du bist ein Mann, der sich etwas einfallen lässt, wenn er seine Schulden bezahlen soll, und der es dann auch tut. So, und jetzt wollen wir über Elsie reden. Hast du ihr klargemacht, dass sie der wichtigste Mensch in deinem Leben ist?"

„Ich befürchte nicht, Captain", antwortete Homer wahrheitsgemäß, „aber sie ist es ganz bestimmt." Er kratzte sich am Kopf. „Das Dumme ist, ich weiß nicht, ob ich der wichtigste Mensch in *ihrem* Leben bin."

„Tja, das ist dann vielleicht noch ein weiterer Grund, warum dir diese Reise geschenkt wurde – damit ihr zwei herausfinden könnt, welche Partnerschaft für euch bestimmt ist. Wann brecht ihr auf?"

„Ich weiß nicht. Bis jetzt war ich noch nicht mal sicher, ob ich überhaupt fahre."

„Fahrt gleich morgen früh. Was man einmal aufschiebt, packt man gar nicht mehr an." Die Miene des Captains verfinsterte sich. „Nicht, dass wir uns missverstehen – du wirst mir fehlen. Dank dir leisten die Trottel auf *Drei West* ganze Arbeit, und wenn du weg bist, werden sie wahrscheinlich in ihre schlechten Gewohnheiten zurückverfallen." Er zuckte mit den Schultern. „Aber ich komme schon klar. Ein junger Mann auf einem Abenteuer in tropischen Zonen! Ich wünschte, ich wäre an deiner Stelle."

„Ich sag's Ihnen ganz ehrlich, Captain", erwiderte Homer. „Ich hab das Gefühl, dass diese Reise eins der schmerzlichsten Erlebnisse meines ganzen Lebens werden wird."

„Das kann gut sein", stimmte ihm der Captain zu, „aber das ist vielleicht nur noch ein Grund mehr, warum du sie unternehmen solltest. Also, abgemacht: In zwei Wochen möchte ich dein munteres fröhliches Gesicht wieder hier auf *Drei West* sehen."

Homer stand auf, bedankte sich beim Captain, wurde

verabschiedet und marschierte hinaus in die staubige Luft. Dabei übersah er ganz die Schlange der Männer, die zum Förderkorb stapften, um ihre Abendschicht anzutreten. In der organisierten Art, die ihm der Captain beigebracht hatte, fällte er ein paar rasche Entscheidungen. Mit einer Ehefrau und einem Alligator von West Virginia nach Florida zu reisen, war eine echte Herausforderung. Als Erstes beschloss er, dass sie nicht mit dem Zug oder dem Bus reisen würden. Wahrscheinlich würde ja doch keines dieser Transportmittel einen Alligator als Passagier akzeptieren. Nein, sie mussten mit dem Auto fahren. Glücklicherweise besaß er eines, einen Buick Phaeton Cabrio Baujahr 1925, den er dem Captain erst kürzlich abgekauft hatte.

Homers nächste Entscheidung lenkte seine Schritte zum Geschäft der Firma, wo er auf Kredit eine große Wanne kaufte und dann zum Schalter ging, wo er sich seine hundert Dollar auszahlen ließ, ebenfalls auf Kredit, in Form von zwei Fünfzigdollarscheinen. Als er mit der Wanne auf der Schulter nach Hause ging, fiel er mehreren Damen auf, die auf ihren Veranden saßen. Ihre Männer waren Bergwerksarbeiter, die gerade ihre Abendschicht angetreten hatten, deswegen hatten sie ein bisschen Zeit, um müßig den Passanten hinterherzuschauen. Die meisten sprachen ihn an, als er vorüberging, und eine von ihnen, die Frau war neu in der Stadt, fragte ihn sogar, ob er nicht auf einen Eistee hereinkommen wollte. Obwohl er höflich an den Mützenschirm tippte, zum Zeichen des Respekts für die Damen, blieb er nirgends stehen. Er war ein gut aussehender junger Mann, dieser Homer Hadley Hickam, fast einen Meter neunzig groß, und sein glattes schwarzes Haar kämmte er sich immer mit dem Gel der Marke *Wildroot* zurück. Er hatte die breiten Schultern und Muskeln eines Bergwerksarbeiters, dazu ein schiefes Grinsen und intensive blaue Augen, die viele Frauen interessant fanden. Nicht, dass er sich für sie interessiert hätte, jedenfalls nicht mehr, seit er Elsie Lavender kennengelernt und geheiratet hatte.

Homer verstaute die Badewanne auf dem Rücksitz seines Buicks, der vor dem Haus parkte, dann ging er hinein, um seine Frau von seinen Entscheidungen in Kenntnis zu setzen. Nachdem er einen Blick ins Schlafzimmer geworfen hatte und sie dort nicht entdecken konnte, fand er Elsie – ihr voller Name lautete Elsie Gardner Lavender Hickam – im Badezimmer auf dem rissigen Linoleumboden. Sie lehnte an der Badewanne und hielt ihren Alligator im Arm, der sie in stiller Andacht betrachtete. Sie weinte auch.

Wenn man traurige Filme und Zwiebelschneiden nicht mitzählt, hatte Elsie erst zweimal wirklich geweint, soweit Homer sich erinnern konnte: Einmal, als sie seinen Heiratsantrag annahm, und das zweite Mal, als sie das Paket aufmachte, in dem sich Albert befand, und die beigefügte Karte von einem Kerl namens Buddy Ebsen las, einem Freund aus Florida. In beiden Fällen war ihm immer noch nicht klar, warum sie eigentlich geweint hatte. Da Homer nicht recht wusste, was er zu ihrem dritten ernsthaften Tränenausbruch sagen sollte, sagte er natürlich das Falsche. „Wenn du nicht aufpasst, wird dir das Vieh noch den Arm abbeißen."

Elsie hob den Kopf, und der Anblick schnitt Homer ins Herz. Ihre sonst so klaren haselnussbraunen Augen waren verschwollen und rot gerändert, und ihre hohen, ausgeprägten Wangenknochen – die sie ihrem Cherokee-Blut verdankte, wie sie immer behauptete – waren tränennass. „Das würde er niemals tun", sagte sie. „Albert liebt mich nämlich. Manchmal glaube ich, er ist der Einzige auf dieser Welt, der das tut."

In dem Moment fiel Homer die Empfehlung des Captains wieder ein. „Du bist der wichtigste Mensch in meinem Leben."

„Nein, bin ich nicht", entgegnete sie wütend. „Nicht mal annähernd. Nummer eins ist der Captain. Und auf Platz zwei steht dein Kohlebergwerk."

„Das Kohlebergwerk ist kein Mensch."

„Wenn es nach dir ginge, könnte es durchaus so sein."

Homer wollte keinen Streit anfangen, in erster Linie weil er wusste, dass er nicht gewinnen konnte. Stattdessen sagte er den Satz, von dem er wusste, dass er sie entweder sehr glücklich machen oder sie veranlassen würde, die ganze Unternehmung wieder abzublasen. „Wir brechen morgen früh nach Florida auf", verkündete er.

Elsie schob sich eine tränennasse Strähne von der Wange. „Machst du Witze?"

„Der Captain hat mir die Reise genehmigt, unter der Bedingung, dass ich in zwei Wochen wieder zurück bin. Ich habe im Werkshandel eine galvanisierte Badewanne gekauft, in der Albert reisen kann. Sie steht auf dem Rücksitz des Buicks. Außerdem hab ich mir hundert Dollar von der Gesellschaft geliehen." Er zog die zwei Fünfziger aus der Hosentasche und zeigte sie vor.

Ihr erstauntes Gesicht verriet Homer alles, was er wissen musste. Jetzt glaubte sie ihm. Kein Mann besorgte sich zwei Fünfzigdollarscheine von der Bergwerksgesellschaft, wenn er nicht vorhatte, sie auch zu benutzen. „Also wenn du immer noch fahren willst, könntest du vielleicht deine Sachen packen", sagte er.

Elsie musterte ihren Mann, dann stand sie auf und setzte Albert in die Badewanne. „Gut", sagte sie. „Dann mach ich das mal." Sie streifte ihn an der Seite, als sie an ihm vorbei ins Schlafzimmer ging.

Er hörte, wie sie die Schranktür öffnete, gefolgt von den klappernden Kleiderbügeln, und spürte, wie ihm eine leichte Panik den Rücken hochkroch, um sich auf seiner Schulter einzunisten. Als er Albert ansah, schien der Alligator ihn abschätzig zu mustern. „An alldem bist bloß du schuld", sagte Homer. „Du und dieser verfluchte Buddy Ebsen."

3. Kapitel

Jeden Morgen, wenn Elsie blinzelnd die Augen aufschlug, war sie immer wieder ein bisschen überrascht, als die Frau eines Minenarbeiters aufzuwachen. Denn genau das hatte sie ja vermeiden wollen, als sie eine Woche nach ihrem Highschool-Abschluss den Bus nach Orlando nahm. In dem Moment, als sie aus dem Bus stieg, wusste sie, dass sie die richtige Entscheidung getroffen hatte. Es kam ihr vor, als würde sie ein sonniges Wunderland betreten. Onkel Aubrey wartete an der Bushaltestelle, um sie abzuholen. Er ließ sie auf der Rückbank seines Cadillacs Platz nehmen und chauffierte sie wie eine Königin zu seinem Haus. Und er wohnte im feinsten Haus, das Elsie je gesehen hatte – wenngleich im Vorgarten ein Schild mit der Aufschrift ZU VERKAUFEN stand. Ihr Onkel erklärte, er habe in der Wirtschaftskrise eine Menge Geld verloren, aber er sei sicher, solange Herbert Hoover an der Macht war, würde er über kurz oder lang wieder im Geld baden.

Elsie besorgte sich einen Job als Kellnerin in einem Restaurant und schrieb sich in der Sekretärinnenschule ein, und es dauerte nicht lange, da lernte sie junge Leute kennen, die weit interessanter waren als alle anderen, die sie bis jetzt getroffen hatte. Vor allem einen Jungen mochte sie sehr gern, einen schlaksigen Kerl namens Christian „Buddy" Ebsen, dessen Eltern eine Tanzschule im Stadtzentrum von Orlando führten. Auch Buddy interessierte sich von Anfang an ganz besonders für sie. Im Gegensatz zu den anderen, die sie wegen ihres West-Virginia-Akzents aufzogen, war Buddy immer nett und höflich zu ihr, hörte ihr immer aufmerksam zu und war einfach unglaublich lustig. Er nahm sie sogar mit zu seinen Eltern und brachte ihr die neuesten Tänze bei.

Doch Elsie hatte gelernt, dass Gutes nicht immer von Dauer ist, und tatsächlich zog Buddy mit seiner Schwester nach New York, um dort als Schauspieler und professioneller Tänzer das große Geld zu machen. Nachdem ein paar Monate vergangen waren, ohne dass sie auch nur einen Brief von ihm erhalten hatte, musste Elsie sich eingestehen, dass Buddy wahrscheinlich nicht so schnell zurückkommen würde. Sie fühlte sich einsam und hatte Heimweh, und nach ihrem Abschluss an der Sekretärinnenschule beschloss sie, mit dem nächsten Bus nach West Virginia heimzukehren. Nicht für immer, wie sie Onkel Aubrey erklärte, nur auf einen Besuch – ein Besuch, der mittlerweile drei Jahre dauerte und zu dem unerklärlicherweise auch die Hochzeit mit einem Mitschüler der Gary Highschool gehörte, einem Bergwerksarbeiter namens Homer Hickam.

Am Morgen, nachdem Albert Homer in den Garten gejagt hatte, verabschiedete Elsie ihren Mann und zog sich ins Badezimmer zurück, um mit ihrem Alligator zu kuscheln, der die meiste Zeit über in der Badewanne lebte. Albert war ein Geschenk von Buddy gewesen, und er traf eine Woche nach ihrer Hochzeit überraschend bei ihr ein – in einem mit einem Strick verschnürten Schuhkarton mit eingestanzten Luftlöchern. Neben dem goldigen kleinen Alligator, der kaum länger als zehn Zentimeter war, fand sie einen Zettel im Karton. *Ich hoffe, du wirst immer glücklich sein. Hier ist etwas aus Florida für dich. Alles Liebe, Buddy.*

Unzählige Male hatte Elsie diese Botschaft analysiert! Wünschte Buddy ihr nur deswegen ein glückliches Leben, weil er dachte, sie könnte ohne ihn nicht glücklich sein? Und warum sollte er ihr etwas aus Florida schicken, was jahrelang leben würde, wenn er nicht wollte, dass sie die ganze Zeit an ihn dachte? Und – vielleicht noch wichtiger – in seiner geschwungenen Schreibschrift stand da eben auch dieses eine Wort: *Liebe*.

Geistesabwesend streichelte sie Albert, während sie an den anderen Mann in ihrem Leben dachte, der jetzt zufällig ihr Ehemann war. Als sie Homer zum ersten Mal sah, spielte sie als Verteidigerin in der Basketball-Damenmannschaft der Gary Highschool. Sie hatten sich in der Turnhalle versammelt, und die Mädchen der gegnerischen Mannschaft kamen von der Highschool in Welch, der Bezirkshauptstadt. In einer Spielpause fiel Elsies Blick auf die oberste Zuschauerreihe und heftete sich auf einen Jungen mit scharf geschnittenen Zügen. Es brachte sie aus dem Konzept, wie er sie beobachtete. Ein Pass ihrer Mannschaftskollegin prallte von ihr ab, und sie musste sich den Ball erst wieder zurückholen. Dann warf sie, ohne groß zu überlegen, alle Regeln über Bord, dribbelte den Ball nach hinten zwischen ihren Beinen durch, wirbelte herum, rammte der gegnerischen Verteidigerin den Ellbogen ins Gesicht und dribbelte zum Korb, um den Ball hineinzuwerfen – jeder dieser Spielzüge verstieß gegen die Regeln des Damenbasketballs. Der Schiedsrichter blies in seine

Pfeife, und die Trainerin des Teams aus Welch fiel beinahe in Ohnmacht, weil ein Mädchen tatsächlich die Kühnheit besessen hatte, ein anderes zu berühren und den Ball beherzt in die Hand zu nehmen. Elsie ignorierte die Hysterie. Sie hielt nach dem Jungen Ausschau, dem sie hatte imponieren wollen, doch zu ihrer Enttäuschung musste sie feststellen, dass er weg war.

Tags darauf wartete er vor ihrem Spind auf sie. Er sagte: „Ich bin Homer Hickam. Möchtest du diesen Freitag mit mir tanzen gehen?"

Da fielen Elsie erstmals seine Augen auf. Sie glaubte, noch nie in ihrem Leben derart blaue Augen gesehen zu haben. Bevor sie wusste, was sie tat, hatte sie Ja gesagt, weshalb sie dem Kapitän des Footballteams nun mitteilen musste, dass sie es sich anders überlegt hatte.

Ärgerlicherweise tauchte Homer am besagten Freitag nicht auf. Elsie musste alleine losziehen und notgedrungen mit einem anderen Mädchen tanzen, das ebenfalls ohne einen Jungen gekommen war. Dabei konnte sie dem Kapitän des Footballteams zuschauen, wie er mit der Anführerin der Cheerleader-Truppe tanzte. Sie fühlte sich zutiefst gedemütigt. In den zwei darauffolgenden Monaten sah sie Homer auf den Fluren und in ein paar Kursen, doch sie ignorierte ihn. Das Schlimmste war, dass er sie ebenfalls ignorierte. Drei Tage vor dem Schulabschluss hielt er sie dann im Korridor auf. „Willst du mich heiraten?", fragte er.

Sie richtete sich kerzengerade auf und drückte ihre Bücher an die Brust. „Warum sollte ich dich heiraten wollen, Homer Hickam? Du bist nicht mal zu dem Tanzabend gekommen, zu dem du mich eingeladen hattest!"

„Da musste ich arbeiten. Mein Vater hatte sich in der Mine den Fuß gebrochen, deswegen musste ich auf der Hängebank für ihn einspringen."

„Warum hast du mir das nicht gesagt?"

„Ich dachte, du hättest das mitgekriegt."

Elsie schüttelte den Kopf, verblüfft über seine Dummheit, dann machte sie auf dem Absatz kehrt und rauschte davon.

„Wir werden heiraten", rief er ihr hinterher. „Das ist unsere Bestimmung." Doch Elsie reckte das Kinn und drehte sich nicht mehr um. Sie bezweifelte, dass überhaupt *irgendetwas* ihre Bestimmung war, außer dass sie bei der erstbesten Gelegenheit die Kohlebergwerke hinter sich lassen würde, und genau das tat sie dann ja auch. Über ein Jahr führte sie das Leben, von dem sie immer geträumt hatte. Sie hakte sich bei einem schicken jungen Mann unter, atmete frische Luft und genoss den Sonnenschein. Doch dann war alles irgendwie schiefgelaufen, und auf einmal saß sie wieder in West Virginia fest. Noch bevor sie wieder entwischen konnte, teilte ihr Bruder Robert ihr mit, dass der Oberaufseher des Bergwerks in Coalwood sie in seinem Büro sprechen wollte.

„Warum will er mich sprechen?"

„Weil er es eben will. Du solltest einen so bedeutenden Mann wie Captain Laird lieber nicht hinterfragen."

Robert fuhr Elsie zum Büro der Firma, begleitete sie hinein und ging wieder, nachdem der Captain ihn mit einer Handbewegung entlassen hatte. „Bitte, setzen Sie sich", sagte der Captain höflich.

Elsie setzte sich vor den großen Eichenschreibtisch, hinter dem der große Mann thronte, und sagte nichts, weil sie nicht wusste, was sie sagen sollte.

Der Captain lächelte sie an. „Ich habe Sie heute hierher gebeten, um mit Ihnen über einen jungen Mann zu sprechen, der für mich arbeitet. Er ist einer meiner tüchtigsten Männer und dazu berufen, es im Kohlebergbau bis an die Spitze zu schaffen. Ich glaube, Sie kennen ihn ganz gut. Sein Name ist Homer Hickam."

Elsie war nicht allzu überrascht. Ihr Bruder Robert hatte ihr erzählt, dass Homer für den Captain arbeitete. „Ja, den kenne ich", gestand sie.

Das Lächeln des Captains blieb unverändert. „Sie sind ein liebes junges Mädchen. Mir ist absolut klar, warum Homer sich nach Ihnen sehnt, aber ich befürchte, Sie haben ihm das Herz gebrochen. Das geht neuerdings zulasten seiner Arbeit. Können Sie ihm und mir nicht einen Gefallen tun und ihn heiraten? Das ist eine einfache Bitte. Und irgendjemanden müssen Sie ja heiraten."

„Sir ...", begann Elsie.

„Nennen Sie mich gerne Captain."

„Gut. Also, Captain, ich mag Homer, wirklich, aber es gibt da noch einen Jungen in Florida ... Er hält sich momentan in New York auf, wo er reich und berühmt werden will, aber ich glaube, dass er eigentlich viel lieber mich will und wiederkommen könnte."

Der Captain lehnte sich zurück, setzte seinen nachdenklichen Blick auf. „Ein Mann, der eher nach New York zieht, als Sie zu heiraten, kann kein besonders seriöser Mann sein! Tatsächlich könnte ich mir gut vorstellen, dass er sogar unseriös genug ist, sich dort oben nach allen Kräften zu amüsieren. Ich war schon oft in New York. Da gibt es Frauen, Elsie, Frauen, die können Sie sich gar nicht ausmalen. Manche von ihnen haben sogar platinblondes Haar." Als Elsies Lippen zu zittern begannen und ihre Augen feucht wurden, fragte der Captain höflich: „Wissen Sie, wie es dazu kam, dass ich meine Frau geheiratet habe?"

Mit erstickter Stimme gab Elsie zu, es nicht zu wissen, und der Captain erzählte ihr davon, wie er die Frau hofiert hatte, die jetzt die wunderbare Mrs. Laird war, und wie sie ihm nach einem Dutzend Heiratsanträgen erklärt hatte, sie würde ihn nur heiraten, wenn er in diesem Moment einen Riegel *Brown-Mule*-Kautabak in der Tasche hatte, und – potz Blitz! – den hatte er.

„Das nennt sich Kismet, Elsie! Deswegen hat sie das gesagt, was sie gesagt hat, und ich hatte in der Tasche, was ich in der Tasche hatte. Verstehen Sie?" Er trat hinter seinem Schreibtisch hervor, setzte sich neben sie und tätschelte ihr das Knie. „Vertrauen Sie auf das Kismet, denn das ist der Wille des Universums."

Elsie gab sich alle Mühe, den Gedanken des Kismets zu begreifen, aber es wollte ihr nicht recht gelingen. Sie hatte immer gedacht, dass Gott den Lauf der Dinge lenkte. Es wäre ihr nie eingefallen, dass da noch etwas anderes in der Luft lag, um dasselbe zu tun.

„Wissen Sie was, Mädchen?", holte der Captain aus. „Sie könnten sich doch zumindest diesen Samstagabend darauf einlassen, Homer in Welch zu treffen. Vielleicht amüsieren Sie sich beide sogar. Das wäre doch nicht verkehrt, oder?"

„Bestimmt nicht, Sir."

„Gut. Er erwartet Sie am Samstagabend um sieben Uhr vor dem *Pocahontas Theater*. Können Sie das einrichten?"

„Ja, Sir. Einer meiner Brüder kann mich hinfahren."

Damit war die Sache also abgemacht. Ihr Bruder Charlie fuhr sie mit seiner alten Klapperkarre nach Welch und setzte sie ab. Homer kam pünktlich, und ohne sich vorher groß zu unterhalten, gingen sie hinein, um sich den Film anzuschauen. Elsie konnte sich noch erinnern, dass er von Tarzan handelte, dem Affenmenschen. Händchen hielten sie nicht. Hinterher warteten Homer und sie vor *Murphy's Department Store* in der Menge, damit Charlie sie abholte. Und genau dann – und ohne große Vorrede – hielt Homer ein weiteres Mal um ihre Hand an.

„Nein", sagte sie.

„Bitte", antwortete er. „Der Captain hat gesagt, dass er uns ein Haus gibt, und ich werde demnächst zum Vorarbeiter befördert. Wir hätten ein gutes Leben."

Nachdem sie mit dem Captain gesprochen hatte, war Elsie wegen Buddy schrecklich deprimiert gewesen und hatte ihrer Fantasie freien Lauf gelassen. Sie sah es geradezu vor ihrem inneren Auge, wie er sich in New York mit allen möglichen schillernden Frauen herumtrieb, während sie ihr Leben erst einsam in Florida und später in den grässlichen Appalachen fristete. Unwillkürlich beschloss sie, Homers Heiratsantrag in die Hände des Kismets zu legen, genauso wie der Captain es ihr geraten hatte. Wie im Traum hörte sie ihre Worte. „Wenn du einen Riegel *Brown-Mule*-Kautabak in der Tasche hast, dann heirate ich dich."

Homer sah sie traurig an. „Du weißt doch, dass ich keinen Tabak kaue."

Elsie spürte eine vage Erleichterung.

Da wühlte Homer in seiner Hosentasche und hielt plötzlich eine Tüte hoch, auf der ein brauner Maulesel abgebildet war und die nach süßem Kautabak roch. „Aber das hier habe ich gerade zufällig im Bad aufgehoben. Ich dachte, das gehört vielleicht einem deiner Brüder."

Elsie starrte auf die Tüte, dann in Homers funkelnde Augen, und eines der wenigen Male in ihrem Leben gab sie sich einfach geschlagen. „Ich werde dich heiraten", sagte sie und brach im selben Moment in Tränen aus. Sie nahm an, dass Homer ihren Ausbruch als Glückstränen deutete, doch in Wirklichkeit hatten sie ganz andere Gründe. Sie weinte diese Tränen um sich selbst, um die Frau, die sie war und die sie jetzt werden würde, die Ehefrau eines Bergbauarbeiters.

Die Tage danach zogen nur so an ihr vorbei, bis die Hochzeit kam und wieder verging. Sie konnte sich kaum erinnern, die Worte vor dem Pfarrer gesagt und anschließend den billigen Ring, der sich innerhalb einer Woche grün verfärben würde, auf ihren Finger gestreift zu haben.

Kurz darauf schrieb sie Buddy, um ihm mitzuteilen, dass er jetzt ruhig aus New York heimkommen könne, denn sie sei nicht mehr in Orlando, sondern habe einen Mann in Coalwood, West Virginia, geheiratet. Seine Antwort war Albert, den Elsie in der Küchenspüle aufzog, bis er zu groß wurde, woraufhin sie ihn in die Wanne im Badezimmer im ersten Stock umquartierte, dem einzigen Badezimmer des Hauses. Wenn Homer arbeitete – also so gut wie ständig –, saß sie bei dem kleinen Alligator und sang ihm Lieder vor. Sie fütterte ihn mit Insekten und später, als er groß genug war, mit Hühnerteilen, die ihr der Firmenmetzger überlassen hatte. Sie nahm Albert mit nach draußen und führte ihn wie einen Hund an einer Leine im Garten spazieren, und die Minenarbeiter blieben auf ihrem Weg zur Arbeit stehen, um sich grüßend an den Helm zu tippen und sie eine Weile zu bestaunen. Auch ihr Vater kam vorbei und grub ein Loch in den Garten, das er mit Zement ausgoss, damit Albert im Sommer einen kleinen Teich zum Schwimmen hatte. Da Homer die meiste Zeit über damit beschäftigt war, Kohle zu fördern, verbrachte sie im ersten Jahr ihrer Ehe mehr Zeit mit Albert als mit ihrem Mann, und es kam ihr so vor, als wäre Homer das ziemlich egal.

Schon bald war Albert so groß, dass er allein durchs Haus stromerte und manchmal auf das Sofa krabbelte, wobei er mit seinem Schwanz die Tischlampen umwarf. Wenn er glücklich oder aufgeregt war, machte er ein Geräusch, das wie *Yeah-Yeah-Yeah* klang. Er warf sich Elsie in den Schoß und kuschelte bei jeder Gelegenheit mit ihr, und dann drehte er sich auf den Rücken, damit sie ihm den sahneweißen Bauch kraulen konnte. Nur vor Gewittern fürchtete Albert sich. Eines Nachts dröhnte der Donner so laut wie eine Kesseltrommel, die jemand aus Leibeskräften bearbeitet, und Albert kletterte aus der Wanne, stieß mit der Schnauze die Schlafzimmertür auf und krabbelte ins Bett. Als Homer sich umdrehte und in Alberts rot glühende Augen schaute, schoss er aus dem Bett und rannte um sein Leben, wobei er die Treppen hinunterstolperte und übers Geländer fiel. Allein der Kirschholztisch im Wohnzimmer fing seinen Sturz ab. Während Elsie dem Krach und dem folgenden Gestöhne lauschte, knuddelte sie Albert noch ein paar Minuten durch, bevor sie aufstand und nachschaute, wie es Homer ging.

Er lag auf dem Wohnzimmerboden und meinte, von der schmerzenden Hüfte einmal abgesehen wäre alles in Ordnung, aber den Tisch hätte es übel erwischt, und da das Möbelstück der Bergwerksgesellschaft gehörte, würden sie es ersetzen müssen, wenn es sich nicht reparieren ließ.

„Den alten Tisch konnte ich sowieso noch nie ausstehen", verkündete Elsie, und als der Donner verklang, begleitete sie Albert zurück zu seiner Badewanne und ging wieder ins Bett. Als sie dort lag und zuhörte, wie Homer versuchte, den Tisch wieder zusammenzubauen, kam ihr ein Gedanke. „Wenn ich Homer nur nach Florida bringen könnte", sinnierte sie, „vielleicht würde er sich in jemanden von Buddys Schlag verwandeln." Jedoch kam sie sehr bald zu dem Schluss, dass das ein unmöglicher Traum war. Homer Hickam würde Coalwood niemals verlassen. Dafür liebte er es viel zu sehr.

Doch während sie vor ihrem Schrank stand und überlegte, was sie einpacken sollte, erkannte sie, dass dieses Kismet, von dem der Captain gesprochen hatte, ihr gerade eine zweite Chance gab, dieser Bergbaugegend zu entkommen. Sie hätte wirklich nicht gedacht, dass Homer sich bereit erklären würde, Albert nach Hause zu bringen. Jetzt, wo er der Reise zugestimmt hatte, würden sie tagelang unterwegs sein – Zeit genug für sie, um ihn vielleicht doch zu überzeugen, dass sie ihrer Ehe zuliebe nicht wieder nach West Virginia zurückkehren sollten.

Und wenn ihr das nicht gelingen sollte, würde er vielleicht sehen, wie schön Florida war, und auf diese Art selbst zu der Erkenntnis kommen, dass dieses blöde alte Appalachen-Gebirge eine einzige hässliche Falle war.

Und wenn das *auch* nicht funktionierte?

Tja, das würde sie entscheiden, wenn es so weit war, aber sie glaubte bereits zu wissen, wie ihre Entscheidung ausfallen würde: Wenn sie dem Kohlebergwerk noch einmal entkam, würde sie *niemals* zurückkehren, egal was ihr Mann tat.

4. Kapitel

Homer legte ein paar Decken in den geräumigen Kofferraum des Buicks, außerdem eine Holzkiste, die ein Hemd zum Wechseln und eine kakifarbene Hose enthielt sowie eine Zahnbürste und einen Rasierbecher, Rasierer und Rasierseife. Dann ging er zum Schlafzimmer hoch, wo Elsie gerade ihren Pappkoffer zuklappte. Ein Blusenärmel hing heraus. Schweigend schob er den Ärmel hinein, dann trug er den Koffer – den einzigen, den sie besaßen – zum Auto.

Wenig später erschien Elsie mit Albert an dem Strick, der ihr als Leine diente. Homer deutete auf die Badewanne. „Albert muss da rein."

Elsie musterte die Wanne und kräuselte die Nase. „Die ist zu klein. Da hängt doch sein Schwanz raus."

„Das ist die größte, die ich auftreiben konnte. Die muss reichen."

Elsie hatte sich eine Steppdecke über den Arm gelegt und warf sie Homer zu. „Pack die in die Badewanne, dann liegt er wenigstens weich."

Homer inspizierte die Decke und ihr kompliziert genähtes Muster. „Die hat meine Mutter gemacht. Sie hat zwei Jahre daran gearbeitet."

„Albert mag sie. Leg sie in die Wanne."

Homer legte den Zuber mit der Decke aus und drehte

sich zu seiner Frau um. Elsie hatte Albert hinter den Vorderbeinen untergefasst und hob ihn an. „Na, worauf wartest du?", sagte sie. „Greif dir seinen Schwanz."

Homer hob Alberts Schwanz hoch, obwohl er gelesen hatte, dass ein Alligator einen Mann mit seinem Schwanz k. o. schlagen und überwältigen konnte, bevor irgendjemand etwas dagegen tun konnte. Doch Albert war vollauf damit beschäftigt, Elsie anzuschmachten, während sie ihn in die Wanne legten.

„Er passt prima hinein", stellte Homer erleichtert fest.

„Mein lieber Junge", sagte Elsie und tätschelte Albert den knotigen Kopf. Er grinste sie an. „Jetzt schlaf schön."

„Ich hab mir Karten von der Tankstelle der Firma besorgt", verkündete Homer. „Da wären Virginia, North Carolina, South Carolina und Florida. Georgia war leider aus."

„Und was machen wir, wenn wir in Georgia sind?"

„Wir fahren einfach weiter Richtung Süden, das heißt, die Sonne wird zu unserer Linken auf- und zu unserer Rechten untergehen. Irgendwann stoßen wir dann schon auf Florida."

„Ich möchte noch mal bei meiner Familie vorbeischauen, bevor wir losfahren", sagte Elsie.

Homer zog eine Augenbraue hoch. „Wir haben keine Zeit, deine Familie zu besuchen. In zwei Wochen müssen wir wieder in Coalwood sein, sonst verlieren wir am Ende noch unser Haus. Das könnte mich sogar den Job kosten."

Elsie lachte böse. „Na, das wäre ja wirklich eine Katastrophe!"

„Elsie, hör mir zu …"

„Nein, Homer, *du* hörst mir jetzt zu! Meine Eltern lieben Albert. Dad hat ihm einen Teich gebaut. Und Mom schickt ihm Geburtstags- und Weihnachtskarten. Wenn wir ihn nach Florida bringen und ihnen die Gelegenheit nehmen, sich zu verabschieden, dann verzeihen sie uns das nie."

Auch wenn sie ihrer Tochter die Liebe zu dem Alligator gegönnt hatten, bezweifelte Homer, dass Elsies Eltern auch nur einen Pfifferling auf das Reptil auf dem Rücksitz gaben. Doch Homer bewahrte Ruhe. Ein letztes Mal ließ er den Blick über die Berge und die kleine Stadt streifen, die er so liebte, bevor er den Buick aus Coalwood hinaus und in welche Richtung auch immer lenkte, die Elsie eben einschlagen wollte.

***

Die Lavenders lebten in Thorpe, dem typischen kleinen McDowell-County-Bergbaustädtchen: Kohlenstaub hing in der Luft, und die meisten Häuser waren mit schwarzem Dreck überzogen. Ihr Haus befand sich neben einem steilen Hügel, ein gutes Stück über der Anhöhe der Kohlehalde der Thorpe-Mine, was bedeutete, dass man hier saubere Luft atmete. Obwohl das Häuschen Firmeneigentum war und der Firma wiederum Thorpe gehörte, hatte man es Jim Lavender gegeben, weil er ein hervorragender Zimmermann war. Die Bergwerksgesellschaften rissen sich um seine Dienste, und die Mine von Thorpe hatte die anderen ausgestochen, indem sie ihm nicht nur ein Haus in den Hügeln boten, sondern dazu noch eine Scheune und einen knappen Hektar Land. Jims Frau Minnie war eine nette, sanfte Frau, die neun Kinder geboren und sieben davon großgezogen hatte. Zwei Söhne waren gestorben, einer bei der Geburt, der andere im Alter von sechs Jahren. Letzterer hatte Victor geheißen, und Elsie erzählte, dass er eines Tages an dem tückischen Bach gespielt hatte, der unterhalb der Kipphalde von Thorpe verlief, sich dort irgendeine Krankheit eingefangen hatte und zwei Tage später verstarb. Woran genau er gestorben war, wusste niemand. Elsie sprach oft von Victor und überlegte, was wohl aus ihm geworden wäre, wenn er überlebt hätte. Homer nahm an, er wäre wohl Bergwerksarbeiter geworden wie all ihre Brüder, aber Elsie war überzeugt, dass Victor Schriftsteller geworden wäre. Wie sie auf diese Idee kam, wusste Homer natürlich nicht, aber er ließ es dabei bewenden. Vielleicht konnte ein toter Bruder auch einfach das sein, was Elsie sich vorstellte.

Als Homer vor dem Haus der Lavenders vorfuhr, stieg Elsie aus und machte die Tür zum Rücksitz auf. „Hilf mir kurz, Albert rauszuholen", sagte sie.

„Du solltest ihn einfach im Auto lassen", erwiderte Homer. „Deine Eltern könnten rauskommen und sich von ihm verabschieden, und dann können wir gleich weiterfahren."

Elsie streichelte dem Alligator die Schnauze, worauf er die Kiefer öffnete, ihr seine strahlend weißen Zähne zeigte und sein glückliches *Yeah-Yeah-Yeah* ausstieß. „Dein Vater ist doof", sagte Elsie. „Vor lauter Pläneschmieden, Geld und Landkarten und was weiß ich noch alles ist ihm überhaupt nicht aufgefallen, dass wir nichts zu essen dabeihaben."

Homer musste sich insgeheim eingestehen, dass Elsie in dieser Hinsicht mitgedacht hatte. Restaurants waren teuer, selbst wenn man mal eines an der Straße fand, deswegen war es durchaus sinnvoll, auf eine lange Reise so viel Proviant wie möglich mitzunehmen. Und wenn es eines gab, was die Lavenders hatten, dann war es Essen, denn sie wussten ihre Farm geschickt zu bewirtschaften.

Homer und Elsie trugen Albert in seinem Zuber die Stufen der Veranda hoch, wo sie ihn zwischen zwei Schaukelstühlen absetzten. Einer davon war vollkommen ausgefüllt mit Jim Lavender. Er trug verschlammte Stiefel und seinen blauen Arbeitsoverall und hatte den linken Arm in einer Schlinge. „Was ist mit deinem Arm, Daddy?", fragte Elsie. „Bist du gestürzt?"

„Sozusagen", antwortete Jim. Er zog die Augenbrauen hoch. „Warum habt ihr Albert dabei?"

„Wir bringen ihn nach Hause, nach Florida."

„Ich dachte, du willst ihn behalten, bis er Homer auffrisst."

Homer nahm den Hut ab. „Tja, Sir, groß genug wäre er schon. Zumindest häppchenweise könnte er es schaffen."

Jim lächelte Albert an, und er lächelte zurück. „Er ist aber auch ein hübscher Kerl, oder?"

„Ja, Daddy, allerdings", stimmte Elsie ihm zu, „und so zahm."

Elsies Mutter erschien an der Verandatür. Sie trug einen ausgeblichenen Kittel und eine Schürze voller Fettspritzer und sah nicht sonderlich glücklich aus. „Hallo, Elsie, hallo, Homer", sagte sie lahm. „Ist das Albert? Der ist aber gewachsen."

„Das ist Albert, Mom", sagte Elsie. „Du siehst aus, als hättest du geweint, was ist los?"

„Der Arm von deinem Dad, das ist los", antwortete Minnie.

„Jetzt wollen wir aber nicht von meinen Leiden sprechen", unterbrach Jim rasch und stand auf. „Ich glaube, ich weiß, warum ihr hier seid. Wenn ihr bis nach Florida fahren wollt, müsst ihr ordentlich Reiseproviant einpacken. Aber da seid ihr hier genau richtig. Für zwanzig Dollar könnten wir euch mit so vielen Vorräten ausstatten, dass ihr es bis nach Texas schafft."

„Jim, wir werden doch den Kindern nichts berechnen", schimpfte Minnie. „Na, komm rein, Elsie, damit wir reden können."

„Albert sollte auch mit ins Haus", meinte Elsie. „Er soll nicht zu viel Sonne abbekommen."

Minnie nickte. „Jim, geh du doch mal hoch und hol den Kindern einen Schinken."

Homer half Elsie, Albert hineinzutragen, dann ging er wieder hinaus und folgte Jim, der die Veranda verließ und an einem Hühnerstall vorbei zu einem kleinen Gehölz am hinteren Ende des Grundstücks ging. Dort stieg ihm der Geruch von Schweinen in die Nase.

„Ich hab mir eine große alte Sau gekauft und ein paar Ferkel", erklärte Jim. „Und auch ein paar Eber. Die schnüffeln jetzt im Wald herum."

„Was ist mit deinem Arm passiert?", fragte Homer.

„Ich bin von Mrs. Trammels Schlafzimmerfenster gestürzt. Ein mitternächtlicher Besuch, wenn man so will."

„Und dabei hast du ihn dir gebrochen", stellte Homer fest, ohne sich über die Ausschweifungen seines Schwiegervaters zu wundern. Sein Ruf eilte ihm voraus.

„Nein. Dilly Trammel hat mich angeschossen, als ich hinausklettern wollte." Jim wand sich, als würde er den Schmerz des Schusses durch die Erinnerung noch einmal spüren. „Trudy und ich haben ihn an der Haustür gehört – übrigens sollte er eigentlich erst eine Stunde später nach Hause kommen –, aber dann schlich er sich hinten herum und verpasste mir einen Streifschuss mit seiner Pistole, während ich mein Bestes tat, um die Ehre seiner Frau zu retten, indem ich mich nämlich nicht erwischen ließ. Welcher Mann wäre so niederträchtig, einen anderen Mann zu erschießen, der sich für die Ehre seiner Frau einsetzt?"

„Das übersteigt wirklich meine Vorstellungskraft", sagte Homer.

Jim grinste. „Na, Homer, dann erzähl doch mal, warum hast du dich auf dieses idiotische Abenteuer eingelassen? Wenn ich du wäre, würde ich das Reptil in den nächsten Bach schmeißen und Elsie wieder nach Hause fahren."

„Würde ich ja gerne, aber ich kann es einfach nicht. Elsie will es so, also muss ich es tun."

Jim schüttelte den Kopf. „Es gibt nur eine Art, eine Frau unter Kontrolle zu halten. Du musst ihr zeigen, wer der Herr im Haus ist. Zugegeben, mit Elsie dürfte das etwas schwieriger sein, aber trotzdem, du wirst nicht darum herumkommen."

Homer zuckte mit den Schultern. „Ich liebe sie, Jim."

„Ach, Liebe! Die gibt's doch nur in Frauenzeitschriften. Elsie ist sowieso ein Spezialfall. Bei ihr brauchte man schon immer eine harte Hand. Als sie klein war, musste ich ihr mehr als einmal eine knallen. Es hat nicht viel geholfen, aber zumindest wusste sie, wann sie meine Grenzen überschritten hatte."

„Trotzdem bist du nach Coalwood gekommen und hast einen Teich für Albert angelegt", erwiderte Homer. „Warum hast du das gemacht?"

„Ich bin ihr Vater, und sie hat mich darum gebeten."

„Gut, und ich bin ihr Ehemann, und sie hat mich gebeten, ihren Alligator nach Florida zu bringen."

Jim grinste. „Ein romantischer Bergwerksarbeiter! Eine echte Seltenheit!"

Homer suchte nach einer guten Antwort, aber es wollte ihm keine in den Sinn kommen. „Wie wär's mit diesem Schinken da drüben?", war das Beste, was ihm in diesem Moment einfiel.

Jim deutete auf ein riesiges Schwein, das in einem niedrigen Gestrüpp stand. „Das ist Bruiser, einer von meinen Ebern. An dem könnte ein Mensch ein Jahr lang satt werden."

„Ein ganz schönes Kaliber", stimmte Homer zu. „Aber er sieht schon irgendwie heimtückisch aus."

„Heimtückisch? Das Tier ist abgrundtief böse. Ich wette, der würde Albert bei der allerersten Gelegenheit fressen."

Jim führte Homer in einen Werkzeugschuppen, wo er ein Messer aussuchte, dessen Klinge im schwachen Licht schimmerte, und es seinem Schwiegersohn zeigte. „Festbinden, Kehle aufschlitzen, und das war's mit dem Schweineleben. Es steht und fällt mit dem scharfen Messer."

„Schweine merken es, wenn man sie töten will", sagte Homer und wandte den Blick von der Klinge ab. „Die sind klug, die merken so was."

Jim zuckte mit den Schultern. „Sie merken es alle, Homer. Denkst du, eine Kuh kriegt das nicht mit? Oder ein Huhn? Ich hab schon Unmengen von ihnen geschlachtet, und ich kann dir versichern, sie spüren es alle, und sie können es nicht ausstehen. Aber so hat Gott uns eben geschaffen, wir müssen essen. Und um zu essen, müssen wir töten."

Er griff sich eine Schlinge und führte Homer aus dem Schuppen zu einem Brett, das zwischen zwei Bäumen befestigt war und aus dem dicke Nägel ragten. „Hier häng ich sie auf", sagte er. „Ich fessle ihnen die Hinterbeine, dann zieh ich sie hoch, dann stech ich sie ab. Hast du schon mal gehört, dass man sagt, jemand schreit wie eine abgestochene Sau? Das kommt nicht von ungefähr."

Homer war unbehaglich von Jims Beschreibung eines sterbenden Schweins, und er sah verdrossen zu, wie sein Schwiegervater eine Schlinge aus dem Seil knüpfte und es ihm in die Hand drückte. „Das ist für Bruiser", sagte er und deutete mit einem Nicken auf den Eber, der sie durch eine Lücke im Gebüsch genau beobachtete. „Wirf das um seinen Hals."

Homer warf erst einen Blick auf den dünnen Strick, dann auf den Eber. „Du machst wohl Witze. Das Schwein ist sechs Mal so groß wie ich."

„Na komm, Junge, ist schließlich dein Schinken."

Es war tatsächlich sein Schinken, also nahm Homer den Strick und kroch näher an Bruiser heran. Zu seiner Überraschung rührte sich der Eber kein Stück, obwohl seine ernsten tropfenförmigen Augen ihn genau beobachteten. „Einfach die Schlinge um seinen Hals legen?", fragte Homer.

„Na, um seinen Schwanz ganz bestimmt nicht", erwiderte Jim.

Homer schlich langsam um den Eber. „Ganz ruhig, Schwein", sagte er.

„Er heißt Bruiser", erinnerte ihn Jim.

„Ganz ruhig, Bruiser", sagte Homer, dann machte er einen Satz mit dem Seil und schaffte es, dem Eber die Schlinge über den Kopf zu werfen.

Nachdem er einen Moment noch ganz in sich versunken dastand, stieß Bruiser einen grellen Schrei aus, worauf er auf seinen Paarhufen losstürmte. Homer hielt das Seil eisern fest, aber es fühlte sich an, als würde man ihm die Arme aus den Schultergelenken reißen. Trotzdem umklammerte er wacker das Seil und versuchte, mit dem Schwein Schritt zu halten, doch es war teuflisch schnell, und wenige Sekunden später lag Homer auch schon auf dem Bauch und wurde über Baumwurzeln und durch diverse dornige Büsche und stechende Nesseln geschleift. Er drehte sich auf den Rücken, und dann drehte er sich immer wieder um die eigene Achse, bis er irgendwann einfach nicht mehr konnte. Er gab auf und ließ das Seil los und blieb auf einer dicken Baumwurzel liegen, während er in Gedanken seinen Körper nach Wunden und Verstauchungen und gebrochenen Knochen absuchte. Da er nichts wirklich Schlimmes fand, rappelte er sich auf die Knie und dann auf die Füße.

Jim kam mit einem großen rosa Schinken auf der Schulter hinterher. Er hielt das Messer hoch. „Damit musste ich eben einen der Schinken abschneiden, die zum Reifen im Schuppen hängen."

Homer ließ sich gegen die große Eiche sinken. „Warum wolltest du überhaupt, dass ich Bruiser fange?"

Jim schaute zurück in den Wald. Die Bäume schwankten noch, wo das Schwein hindurchgebrettert war. „Wollte ich gar nicht. Ich wollte bloß mal sehen, wie lange du dich halten kannst. Du hast dich ganz gut geschlagen."

Homer war kein Mann, der einen anderen mit Flüchen überschüttete, aber in diesem Fall machte er eine Ausnahme. Doch das schien seinen Schwiegervater nicht weiter zu stören. Nach seinem Gelächter zu urteilen amüsierte es ihn sogar.

Etwas später, als Homer versuchte, sich an der Wasserpumpe im Hof das Blut von den Armen abzuwaschen, kam Elsie zu ihm und sagte: „Ich möchte, dass du meinen Vater schlägst."

Homer schüttelte den Kopf. „Das kann ich nicht machen, Elsie."

„Hat er dir erzählt, was er gemacht hat?"

„Ja, aber ich kann ihn trotzdem nicht schlagen. Er hat nur einen Arm, das wäre nicht fair. Außerdem liegt es mir einfach nicht, einen alten Mann zusammenzuschlagen."

Elsie starrte ihn wütend an, dann stapfte sie davon. Wenig später hörte er, wie Jim laut aufheulte. Als er ins Haus kam, sah er Elsie mit einem Stock in der Hand und Jim, der mit schmerzverzerrtem Gesicht seinen verletzten Arm umklammerte. Danach wurde nichts mehr gesprochen, nicht mal beim Abendessen. Jim schwieg demonstrativ, und Minnie und Elsie lächelten geheimnisvoll. Homer hielt den Kopf gesenkt und sagte keinen Ton.

✽✽✽

Obwohl ihm diverse Körperteile wehtaten, nachdem ihn ein rasendes Schwein durch den Wald geschleift hatte, stand Homer früh auf und belud das Auto nach Anweisungen von Elsie und ihrer Mutter mit frisch gebackenen Broten, dem großen geräucherten Schinken, Jutesäcken mit geräuchertem Hühnchen, einer Schachtel mit frühen Sommertomaten, diversen Gläsern mit grünen Bohnen und einem Korb Zwiebeln. Homer war zufrieden, denn diese Lebensmittel waren wahrscheinlich mehr als ausreichend, um sie unterwegs zwei Wochen zu ernähren. Wenn er Glück hatte, würde er nur fürs Benzin Geld ausgeben müssen und hier und da vielleicht für eine Nacht im Motel. Ansonsten würden sie einfach irgendwo im Freien kampieren.

Albert wurde in seinem Zuber nach draußen getragen und auf den Rücksitz gestellt. Dort schnarchte er leise vor sich hin, denn sein Magen war randvoll nach einem großen Frühstück mit frischem Hühnchen.

Homer schüttelte die Hand, die ihm sein Schwiegervater durchs Autofenster reichte. „Ich hoffe, du weißt, was du tust", sagte Jim.

„Wir kommen schon klar", antwortete Homer.

Jims Gesicht verriet seine Zweifel. „Weißt du, Homer, ich hab mir gestern einen Spaß auf deine Kosten erlaubt, aber du weißt doch hoffentlich, dass ich dich leiden kann. Du bist ein guter Mann, vielleicht viel zu gut. Also vergiss nicht, dass eine große Depression da draußen wütet. Hier in den Bergen sind wir größtenteils davon abgeschirmt, aber unterwegs werden euch verzweifelte Menschen begegnen. Sei auf der Hut."

„Das werde ich sein, Jim. Danke für den guten Rat. Und die blauen Flecken."

Jim grinste, dann trat er vom Auto zurück. Elsie küsste ihre Mutter, die sich zum Fenster hereinlehnte. „Ich liebe dich, mein Kind", sagte Minnie. „Grüß meinen Bruder Aubrey schön."

„Mach ich, Mom. Ich wünschte, wir hätten noch Platz, um dich mitzunehmen."

Minnie richtete sich wieder auf, dann lehnte sie sich an Jim, der neben sie getreten war und seinen unversehrten Arm um sie legte. „Ich hab hier genug zu tun", sagte sie. „Na, jetzt fahrt schon los."

Auf einmal sprang ein rostfarbener Hahn mit grünem Schwanz ins Auto und setzte sich mit trotziger Miene auf den Korb mit den Zwiebeln. Homer blickte über seine Schulter hinweg nach hinten. „Sieh lieber zu, dass du hier rauskommst, Gockel", sagte er. „Albert schaut dich schon ganz gierig an."

„Das ist nicht meiner", sagte Jim. „Ich weiß nicht, wem der gehört, aber an eurer Stelle würde ich ihn behalten. Er könnte euch unterwegs mal als Abendessen dienen."

Homer unternahm einen letzten Anlauf, um den Hahn aus dem Auto zu scheuchen, aber der hüpfte in die Wanne, direkt auf Alberts Kopf. Albert drehte die Augen nach oben und grinste. „Na gut, du grün gefiedertes Etwas, du hast es nicht anders gewollt", sagte Homer, winkte Jim und Minnie noch ein letztes Mal zu und startete seinen Buick, voll beladen mit Proviant, einem Mann und einer Frau, einem Alligator und einem blinden Passagiergockel auf dem Weg nach Florida.

5. Kapitel

Auf der Fahrt über den ersten der drei Berge vor der Grenze zu Virginia saß Elsie schweigend neben ihm. Es war nicht zu übersehen, dass sie über etwas nachgrübelte. Zu Homers Verzweiflung vertrieb sie ihnen kein einziges Mal die Zeit, indem sie über das Wetter redete oder die holprige Straße oder sonst was. Sie starrte einfach nur geradeaus. Da es ihm immer unwohler wurde und er sich nach ihrer Stimme sehnte, stellte er schließlich die Frage, die er mehr oder weniger in dem Moment bereute, in dem er sie aussprach: „Bist du sauer auf mich?"

„Ich bin sauer auf mich selbst, weil ich dich gebeten habe, meinen Vater zu schlagen", erwiderte sie. „Schließlich geht es dich ja nichts an, du gehörst ja nicht zur Familie."

„Du bist meine Frau, Elsie", antwortete Homer gekränkt, „also sind deine Eltern auch meine Familie."

„Warum hast du ihn dann nicht geschlagen, als ich dich darum gebeten habe?"

„Ich hatte Angst, dass ich ihm wehtun könnte."

Elsie lachte verächtlich. „Das Einzige, was meinem Vater wehtun könnte, wäre, wenn ihn der Blitz trifft."

„Na ja, trotzdem ..."

„Du bist schwach, Homer", fiel ihm Elsie ins Wort, „und das auf eine Art, die mich manchmal richtig überrascht. Aber egal. Mehr sage ich zu diesem Thema nicht."

Jetzt war Homer noch niedergeschlagener als vorher, und in Gedanken spielte er ein Streitgespräch zwischen ihm und Elsie durch, das nirgendwohin führte. Im Tal zwischen dem zweiten und dem dritten Berg vor der Grenze zu Virginia hüpfte ihm der Hahn auf die Schulter und kauerte sich gemütlich an ihn. Er roch ein wenig nach Scheune. Homer versuchte, das Tier wegzuscheuchen, doch es grub die Klauen in seine Schulter und hielt sich fest.

„Willst du den Hahn da sitzen lassen?", fragte Elsie.

„Ich glaube, ja", antwortete Homer. „Sieht so aus, als würde er mich mögen."

„Wirklich? *Warum sollte der dich mögen?*"

Der erneut gekränkte Homer antwortete: „Kann ich auch nicht sagen."

Nachdem sie die Staatsgrenze zu Virginia überquert hatten, wurden die Straßen besser, die Entfernung zwischen den Bergen größer, bis sie irgendwann in sanft geschwungenen Hügeln ausliefen, zwischen denen sich weite, grüne Täler erstreckten. Während Elsie döste, versuchte Homer, die Landschaft zu genießen. Die Milchkühe grasten auf den jungen Sommerwiesen, ohne den Kopf zu heben, während die Pferde ausgelassen über die Weiden tollten. Albert hielt sich still, abgesehen von einem lang gezogenen zufriedenen Seufzer hie und da, und irgendwann konnte sich auch Homer entspannen. Trotz Elsies scharfer Zunge hatte er das Gefühl, dass es eine einfache Reise werden würde. Sie würden in Florida ankommen, Albert dort lassen und im Nu wieder zu Hause sein, noch bevor ihre vierzehn Tage abgelaufen waren. Er stellte sich vor, wie Elsie und er in den Jahren danach an ihre Fahrt nach Orlando zurückdenken würden, wie sie sich gestritten hatten und wie letztlich doch noch alles gut gegangen war. Und dann würden sie heftig darüber lachen.

Als sie durch eine ländliche Stadt in Virginia fuhren, wachte Elsie auf. „Was für ein verschlafenes Kaff", sagte sie.

Homer stimmte ihr zu, das Städtchen sah tatsächlich müde aus. Ein paar faulenzende Männer in verblichenen Overalls saßen auf den Stufen vor leeren Gebäuden und folgten dem vorbeirollenden Buick mit eher desinteressierten Blicken. An einem Stoppschild sah Homer einen Mann an der Ecke stehen. Er trug einen Anzug und wirkte kompetent. „Wie heißt diese Stadt?", erkundigte sich Homer bei ihm.

Der Mann zog den Hut. „Tragödie. Wir sind die Bezirkshauptstadt. Auf der Karte finden Sie uns zwischen Verzweiflung und Hoffnungslosigkeit." Er wartete ab, als erwarte er, dass Homer und Elsie loslachten, doch als sie schwiegen, fügte er hinzu: „Hillsville heißt unser schönes Städtchen in Wirklichkeit."

„Sieht nett aus", meinte Homer. „Aber wieso sind denn so viele Geschäfte mit Brettern zugenagelt?"

„Das liegt an dieser unseligen Situation, die in der Presse als Weltwirtschaftskrise bezeichnet wird. Die Bauern bekommen keine anständigen Preise mehr für ihre Ernte und ihre Milch, also haben sie auch kein Geld, um sich irgendetwas zu kaufen."

„Das tut mir leid", sagte Homer.

„Zumindest verhungern wir nicht, und das werden wir auch nicht, solange die Leute ihre Farmen behalten können.

Doch sobald die Banken wegen versäumten Ratenzahlungen mit Zwangsvollstreckungen anfangen, haben wir ein Problem, denn dann müssen die Leute gehen. Ist das der Grund, warum Sie unterwegs sind?"

„Nein, Sir. Ich bin im Kohlegeschäft und habe eine ganz normale Festanstellung. Die Leute brauchen immer noch Kohle, um ihre Häuser zu heizen, und Stahlwerke, um ihren Stahl herzustellen."

Elsie gab auch ihren Senf dazu. „Mit Kohlegeschäft meint er, dass er ein Bergwerksarbeiter ist, der unter Millionen Tonnen von Steinen arbeitet, von denen ihm jederzeit einer auf den Kopf fallen könnte."

„So schlimm ist es nun auch wieder nicht", protestierte Homer.

Albert reckte seine Schnauze aus dem Fenster und sog schnüffelnd die Luft ein. Der Mann wich einen Schritt zurück. „Ist das ein Krokodil?"

„Ein Alligator", sagte Homer. „Wir bringen ihn heim nach Florida. Übrigens, das wollte ich Sie fragen: Sind wir da auf der richtigen Straße?"

„Da sie Richtung Süden geht, würde ich sagen, ja. Bringen Sie den Gockel auch nach Hause?"

„Wir wissen auch nicht, was der hier verloren hat", gestand Homer.

„Tja, als Pfarrer dieser Stadt möchte ich Ihnen meinen Segen mit auf den Weg geben. Sie haben mir den Tag versüßt und mir mal ein anderes Thema für meine Predigt geliefert als immer nur den leeren Opferstock. Meine Güte, Sie haben ja die reinste Arche Noah!"

Homer dankte dem Pfarrer für seinen Segen und fuhr

weiter. Nachdem sie um die nächste Ecke gebogen waren, entdeckte er ein Gerichtsgebäude, vor dem die Statue eines Soldaten der Konföderierten Armee stand. „Die haben hier eine Menge Bürgerkriegsschlachten gefochten", bemerkte Homer. „Bruder gegen Bruder, wie es in den Geschichtsbüchern immer so schön heißt."

„Auch Schwester gegen Schwester", gab Elsie zurück. „Frauen haben auch im Krieg gekämpft."

„Ich habe nie behauptet, dass sie das nicht getan hätten", entgegnete Homer und fragte sich insgeheim, warum Elsie aus allem einen Streit machen musste.

„Komm, wir halten hier an und essen zu Mittag", schlug Elsie vor. „Es sieht ganz nett aus hier, und da stehen sogar ein paar Bänke."

Homer stimmte zu und ließ sich das Mittagessen auftischen: Schinkenscheiben, Zwiebeln, große Stücke selbst gebackenes Brot und Wasser, das Elsie ihnen aus einem Krug einschenkte, den sie zu Hause bei ihren Eltern gefüllt hatte. Albert bekam ein bisschen Hühnchen, und der Hahn pickte sich ein paar Würmer aus dem harten Lehm. Es saß sich wirklich nett vor dem Gerichtsgebäude, und sie mussten sich richtig aufraffen, wieder ins Auto zu steigen und ihre Fahrt fortzusetzen.

Ein paar Kilometer hinter der Stadt wurde die Straße von einem umgekippten Heuwagen komplett blockiert. Ein dünner Mann im blauen Arbeitsoverall und ein Pferdegespann starrten den Wagen an, als erwarteten sie, dass er sich jeden Moment von selbst aufrichten könnte. „Was ist passiert?", erkundigte sich Homer.

„Die Pferde haben vor 'ner Schlange auf der Straße gescheut, haben den Wagen in den Graben gezogen, und als ich abspringen wollte, ist er umgestürzt."

„Kann ich Ihnen irgendwie helfen?", bot Homer an.

„Nee. Meine Frau wird mich früher oder später vermissen und meine und ihre Brüder losschicken, die bringen dann genug Pferde mit, um mich hier rauszuziehen."

Homer stieg aus und inspizierte die tiefen Gräben, die neben der Straße verliefen. „Da komme ich nicht vorbei", stellte er fest.

„Wohin wollen Sie denn?", fragte der Bauer.

„Florida."

„Sie sind die ersten Menschen, die ich treffe, die nach Florida fahren. Wie ist es denn da?"

„Heiß und voller Insekten, hab ich gelesen."

„Na, das erklärt wohl, warum ich nie jemand getroffen hab, der da hinwollte. Wenn Sie weiter Richtung Süden wollen, können Sie so sieben, acht Kilometer zurückfahren und auf die unbefestigte Straße rechts abbiegen. An der Abzweigung steht ein großer alter Ahornbaum, und eine Tankstelle kann man von dort auch sehen. Da fahren Sie dann fünfzehn Kilometer geradeaus, und ich weiß ganz sicher, dass Sie von dort auf eine Straße kommen, die ganz bis nach North Carolina durchgeht."

Homer bedankte sich bei dem Bauern und wendete den Buick. Sieben Kilometer zogen an ihnen vorbei, dann der achte, dann noch einer und noch einer. Sie kamen an einer Tankstelle vorbei, und danach sah Elsie auf ihrer Straßenseite einen großen Baum, den sie für einen Ahorn hielt. Dahinter ging eine unbefestigte Straße ab. „Ist sie das?", fragte sie.

Homer stoppte den Wagen und spähte auf die Blätter. „Muss wohl", meinte er.

„Die Straße sieht ganz schön staubig aus", sagte Elsie. „Da muss Albert ständig niesen."

„Ich fahr ganz langsam", antwortete Homer, „damit ich Albert ja nicht störe."

„Jetzt bist du sarkastisch."

„Das tut mir aufrichtig leid."

„Du bist immer noch ... ach, fahr schon."

Homer bog auf die Straße. Für eine unbefestigte Straße war sie gar nicht mal so schlecht, nur ein bisschen staubig, wie Elsie richtig vermutet hatte, doch Homer fuhr wie versprochen langsam. Nach mehreren Kilometern entdeckten sie, dass sie auf der falschen Straße waren, in erster Linie, weil sie sich nämlich als eine Sackgasse herausstellte, die an einem alten Haus endete, das über und über mit Kudzu-Bohnen zugewuchert war. Als sie vorfuhren, konnten sie trotz der zerbrochenen Fenster und der abblätternden Farbe erkennen, dass es einmal ein schönes Anwesen gewesen sein musste. „Das muss hier ausgesehen haben wie eine Plantage in *Rebellenliebe*", sagte Elsie.

„Was ist *Rebellenliebe*?"

„Ach, so ein Roman, den ich mal gelesen habe. Über einen Mann und eine Frau, die irgendwo in den alten Südstaaten eine Plantage haben. Da bricht der Bürgerkrieg aus, der Mann wird getötet, und die Frau muss die Plantage allein bewirtschaften. Dann taucht so ein junger Rebellenoffizier auf, und sie pflegt ihn, und am Ende machen sie es auf einem Baumwollballen."

„Was machen sie?"

„Ach, du weißt schon."

Homer musste überlegen, aber als er merkte, dass er es tatsächlich wusste, sagte er schnell: „Ich wusste gar nicht, dass du Schundromane magst."

„Das war kein Schund. Ich hab eine Menge über den Bürgerkrieg gelernt. Im Übrigen geht es dich gar nichts an, was ich lese. Weißt du was, Homer? Manchmal kannst du einen ganz schön nerven."

„Ich werde versuchen, dich weniger zu nerven."

„Allein dass du das sagst, nervt mich schon wieder." Sie warf einen Blick zu dem alten Haus. „Ich würde mich hier gerne kurz umsehen."

„Wir haben keine Zeit, uns kurz umzusehen."

Elsie zog ihm eine Grimasse, dann stieg sie aus dem Buick, machte die hintere Tür auf und lockte Albert aus seiner Wanne. Albert schlug vor Aufregung mit dem Schwanz hin und her. „Komm, mein Junge. Du kannst dein Geschäft machen, während ich mir ein kleines Abenteuer gönne."

„Soll ich mitkommen?", fragte Homer.

„Wenn du möchtest, tu dir keinen Zwang an."

Homer mochte eigentlich gar nicht, aber er stieg trotzdem aus und folgte seiner Frau und ihrem Alligator in der Hoffnung, sie vor Schwierigkeiten bewahren zu können. Der Hahn schien genau zu wissen, wo sie sich befanden, sprang ebenfalls aus dem Auto und rannte voraus.

Schlamm, Gestrüpp und stachelige Hecken waren alles, was vom Garten noch übrig war. Als Homer und Elsie die Rückseite des Hauses erreichten, sahen sie, dass das ganze Dach unter dem Gewicht der Bohnenpflanzen eingestürzt war. „Der alte Süden", sagte Elsie. „Beziehungsweise das, was davon übrig ist."

Homer musterte das verfallene Haus und den ungepflegten Garten. „In der Hickam-Familie gab es Zwillingsbrüder, die unter einem Hauptmann der Konföderierten Armee namens Mosby in der Kavallerie dienten", sagte er. „Sie haben ihre Pferde gestohlen, hat mein Vater erzählt, und sie nach dem Krieg behalten. Was haben die Lavenders so getrieben?"

„Auf beiden Seiten gekämpft", sagte Elsie. „Mein Vater meinte immer, dass sie sich bei der Schlacht in der Wilderness wahrscheinlich gegenseitig erschossen haben."

Homer und Elsie sinnierten einen Moment über die Vergangenheit, in der sie nie gelebt hatten, und betrauerten Vorfahren, die sie nicht gekannt hatten. „Wo die Sklaven wohl gewohnt haben?", fragte Elsie.

„In alten Hütten, die wahrscheinlich längst verrottet sind."

„Zum Glück war ich noch nicht auf der Welt in dieser Zeit mit der ganzen Sklaverei und dem Krieg und so."

„Ich bin nicht sicher, ob diese Leute unbedingt in unserer Zeit hätten leben wollen. Alles, was sie kannten, ist vom Wind der Geschichte verweht worden."

Elsie musterte Homer prüfend. „Manchmal überraschst du mich aber. Du hast auf einmal ja richtig Tiefe."

„Kein Wunder, ich bin ja auch Bergwerksarbeiter."

Elsie versuchte, nicht zu grinsen, aber es gelang ihr nicht. „Weißt du, was ich jetzt gern machen würde?"

„Ehrlich gesagt, Elsie – ich habe keinen Schimmer."

„Die Nacht hier verbringen."

„Was? Nein. Wir müssen weiter."

„Wohin? Wir haben uns doch sowieso verfahren."

„Ich werd den Weg schon wieder finden."

„Ach, komm. Es wird doch schon dunkel. Wir müssen sowieso bald halten. Hast du denn kein Fünkchen Romantik in deiner Seele?"

„Oh doch, aber ich wüsste nicht, was dieses alte Haus damit zu tun haben sollte."

„Wir könnten ein Feuer machen und kochen und vielleicht sogar ein paar Schlucke von dem Holunderwein trinken, den mein Vater mir in den Kofferraum gestellt hat, als du nicht hingeschaut hast. Bitte, Homer. Lass uns zur Abwechslung einfach mal ein bisschen Spaß haben."

Homer schaute gen Westen, wo die Sonne gerade auf die Baumwipfel herabsank. Bald würde es dunkel sein, und er konnte nicht mit Sicherheit sagen, wo er war, ohne einen gründlichen Blick auf die Karte geworfen zu haben. „Okay", lenkte er ein, „dann übernachten wir hier. Aber gleich bei Tagesanbruch müssen wir aufstehen."

Elsie lächelte. „Zur Belohnung darfst du mich jetzt küssen."

Ihr plötzlicher Stimmungswandel erfüllte Homer mit vorsichtiger Freude. Er küsste sie sanft auf die Lippen und versuchte dabei, Albert zu ignorieren, der sich in den Aufschlag seiner Hose verbissen hatte und daran zerrte.

Elsie hielt Homer im Arm, während er versuchte, den Alligator abzuschütteln. „Bring mich nicht wieder zurück an diesen Ort", sagte sie.

„Was für einen Ort? Albert! Hör auf jetzt!"

„Nach Coalwood. Ich flehe dich an."

Albert hatte ihn zu guter Letzt doch losgelassen und zog sich zurück. Er wirkte etwas verlegen, wenn Alligatoren denn überhaupt verlegen dreinschauen können. „Aber wir müssen zurück nach Coalwood", sagte Homer zu Elsie. „Dort leben wir, ich arbeite dort."

„Du arbeitest *jetzt* dort, und wir wohnen *jetzt* dort, aber könnte sich das nicht ändern?"

„Elsie …"

Sie schüttelte den Kopf und stieß Homer von sich. „Mach du das Feuer, ich geh den Wein holen. Und dann machen wir uns einen schönen Abend, ob es dir gefällt oder nicht."

„Schau, wenn du über Coalwood sprechen willst, dann lass mich einfach der Reihe nach sämtliche Gründe aufzählen, warum wir dorthin zurückgehen müssen."

„Deine Gründe kannst du dir der Reihe nach sonst wohin stecken, Mister", knurrte sie und stapfte zurück zum Buick.

***

Als Elsie mit einer Flasche Wein und zwei leeren Marmeladengläsern zurückkam, hatte Homer schon ein paar Zweige für ein Feuer gesammelt. „Ich hab durch diese großen Glastüren geschaut und ein altes Verandasofa gesehen", sagte er. „In diesem Haus haben seit dem Bürgerkrieg immer Leute gewohnt. Bestimmt hat die Weltwirtschaftskrise sie vertrieben."

„Meinst du, die Türen sind unverschlossen?"

Homer hielt einen rostigen Schraubenzieher in die Höhe.

„Den hab ich da drüben gefunden. Mit so einem Ding krieg ich alles auf."

Elsie lächelte. „Du hast ja mehr Talente, als ich dachte."

Homer hebelte die Tür auf, holte mit Elsies Unterstützung die Sitzbank nach draußen und stellte sie vors Lagerfeuer. „Sie ist schimmelig, aber wenn wir die Decken drauflegen, müsste es eigentlich gehen", sagte Elsie. Sie hielt den Wein und die Marmeladengläser hoch. „Komm, wir trinken was hiervon, und dann braten wir uns ein Huhn am Spieß."

Homer holte die Decken und trug auch Alberts Wanne zum Haus. Nachdem sie das Hühnchen gebraten und eine Portion davon gegessen hatten, kosteten sie Jims selbst gemachten Wein. Albert und der Hahn lagen schlafend in der Wanne. Alles war warm und gemütlich.

„Schön", sagte Elsie und kuschelte sich an Homers Schulter.

„Allerdings", sagte Homer und trank noch ein bisschen Wein.

Nach ein paar Minuten Kuscheln und Weinnippen wurde Elsie ganz warm und übermütig. *Sie waren unterwegs!* Und es gab immerhin eine Chance für sie, sich ein schönes neues Leben zu schaffen, wenn sie es nur schlau genug einfädelte. Sie erlaubte Homer, sie noch einmal zu küssen, diesmal einen langen, innigen Kuss, in dem schon ein halbes Versprechen lag. Sie seufzte entspannt und sagte: „Das erinnert mich daran, wie ich mal in Florida war. Wir haben ein Lagerfeuer am Strand gemacht und Wein getrunken. Der war allerdings nicht selbst gekeltert, das war echter Wein aus Italien."

Sie spürte, wie Homer erstarrte. „Ich kann mir schon vorstellen, mit wem du da am Strand warst."

Eigentlich hatte Elsie nur vermitteln wollen, wie wunderbar Florida war, doch sie wusste, dass sie einen Fehler gemacht hatte, und beeilte sich, ihn zu korrigieren. „Es war nicht so, wie du denkst. Wir sind mit der ganzen Clique dort gewesen. Das war einfach eine tolle Truppe, ich hab in meinem ganzen Leben nicht so viel Spaß gehabt. Wenn wir in Florida sind, stelle ich sie dir alle vor."

„Auch Buddy?"

Sie zögerte. „Du weißt, dass er nicht dort ist", erwiderte sie schließlich leise. In ihrem Kopf formte sich langsam ein Bild von Buddy, wie er mit platinblonden Frauen tanzte, und sie konnte nicht anders, als traurig zu schauen.

„Aber ich weiß, wo er ist." Homer schubste ihren Kopf von seiner Schulter, stand auf und zeigte auf ihr Herz. „Da drin ist er, stimmt's? Und ich schätze, da wird er auch immer bleiben."

Elsie wollte mit der Lüge antworten, die ihr Mann bestimmt hören wollte: *Ich liebe Buddy nicht. Ich liebe dich.* Doch überraschenderweise brachte sie nur das eine hervor: „Es tut mir leid." Als ihr klar wurde, was sie da gesagt hatte, versuchte sie nochmals, ihn anzulügen, aber es lief aufs Gleiche hinaus: „Es tut mir leid."

„Mir auch, Elsie", sagte Homer. „Es tut uns wahrscheinlich beiden leid." Bevor er in die Dunkelheit verschwand, waren seine letzten Worte noch: „Wir gehen zurück nach Coalwood."

Elsie wusste nicht, wie lange sie noch auf der Sitzbank gesessen hatte. Die ganze Zeit verfluchte sie sich dafür, dass sie ihren Mann nicht hatte anlügen können, als es am nötigsten gewesen wäre. Sie zog eine Decke über sich, streckte sich auf der Bank aus und beobachtete die starren, glanzlosen Sterne am Himmel. Ihr Atem ging stoßweise. Was würde Homer tun? Würde er sie am Ende verlassen? Nein, dachte sie dann, so etwas würde Homer niemals tun. Dafür war er zu ehrenhaft. Trotzdem hatte er gesagt, dass sie nach Coalwood zurückfahren würden. All die Hoffnungen, die sie auf diese Reise gesetzt hatte, zerbrachen. Jetzt würde sie Homer nie wieder von seiner Meinung abbringen können. Sie musste sich eingestehen, dass sie eigentlich gar nicht sicher war, ob sie das überhaupt noch wollte.

Elsie bemerkte einen zuckersüßen Geruch und begriff, dass es Geißblatt sein musste, der Duft des alten Südens, von dem sie in *Rebellenliebe* gelesen hatte. Sie setzte sich auf und sog die süße Luft in ihre Lungen, so tief sie nur konnte. Die Kohlebergwerke, neben denen sie aufgewachsen war, verströmten unablässig einen strengen Erdölgeruch, und wenn die Koksöfen brannten, musste sie würgen vom beißenden Qualm, der ihre Kehle so reizte, als hätte sie eine offene Wunde. Hach, ich könnte das bis in alle Ewigkeit so einatmen, dachte sie, während der Geißblattduft langsam vorbeizog.

Allmählich entspannte sie sich und überlegte, wie sie die Dinge mit Homer verbessern könnte. Dabei kam sie zu dem Schluss, dass sie dieser Reise zuliebe die Lüge einfach aussprechen musste. *Buddy hat keinen Platz mehr in meinem Herzen, und du bist mein Mann, das ist alles, was jetzt noch zählt.* Das sollte genügen, dachte sie, um ihn bis nach Florida weiterfahren zu lassen und ihr mehr Zeit zu geben, ihn zu überzeugen, nie wieder nach Coalwood zurückzukehren. Und vielleicht, nur vielleicht, könnte sie ihren sturen Ehemann in jemanden verwandeln, der mehr von dem langbeinigen, lässigen Tänzer hatte, in den sie verliebt gewesen war.

Elsie warf die Decke von sich und stand auf, um nach Homer zu suchen, doch er war verschwunden. Wahrscheinlich saß er im Auto und schmollte. Hatte Buddy jemals geschmollt? Nicht, dass sie wüsste. Sie nahm seinen Schatten in die Arme und begann den letzten Tanz nachzutanzen, den Buddy und sie unter den Palmen geübt hatten. Zwei Schritte vorwärts, zwei zurück, einen nach rechts, einen nach links, dann eine Drehung. Elsie nahm noch einen Schluck Wein, dann einen zweiten, und sie tanzte weiter, hing ihren Erinnerungen nach und atmete die geißblattgeschwängerte Luft ein.

6. Kapitel

Elsie erwachte mit einem Ruck und schaute in einen blendend hellen Himmel, von dem nur das Gesicht ihres Mannes sie etwas abschirmte. „Was ist passiert?", fragte sie, bevor sie die Augen so fest wie möglich zukniff, damit sie nicht explodierten.

„Nichts ist passiert. Du hast einen Kater."

Bruchstücke des vergangenen Abends kamen ihr wieder in Erinnerung. Sie hatte getanzt und dann ... dann hatte sie sich wohl auf die Bank gelegt und noch mehr Wein getrunken. Danach hatte der Schlaf sie übermannt. In verrückten Träumen war sie wieder in Orlando und tanzte und tanzte mit Buddy.

„Tut mir leid", sagte sie, dann legte sie den Unterarm über ihre Augen, um sie gegen das Licht abzuschirmen. Sie hatte schreckliches Kopfweh. „Tut mir leid, dass ... ich dir die Geschichte vom Strand erzählt habe. Es tut mir leid, dass ich gesagt habe, dass es mir leidtut. Eigentlich wollte ich sagen ..."

„Schon gut", sagte Homer. „Es ist nicht wichtig."

„Es ist wohl wichtig. Und ich schäme mich, weil ich mich über dich lustig gemacht habe, als du meintest, der Hahn würde dich mögen. Natürlich mag er dich. Er mag dich, weil du ein netter Kerl und liebenswürdig bist, obwohl du im Bergwerk arbeitest."

„Es geht doch nichts über ein kleines Lob am Morgen", sagte Homer. „Ich hab Kaffee gekocht. Soll ich dir aufhelfen?"

Elsie gestattete es ihm, aber sie ließ die Augen zu, damit das Licht sich keinen Weg zwischen ihre Lider bahnen und ihr das Gehirn zersprengen konnte. Homer legte ihre Hände um eine Tasse, und gierig trank sie das bittere Getränk. „Mein Kopf bringt mich um", gestand sie.

„Ich hab ein paar Aspirin in meinem Kulturbeutel", sagte Homer. „Ich bring dir ein paar."

„Danke." Nach ein paar weiteren Schlucken Kaffee spürte sie, wie ihr Geist sich langsam wieder sortierte. Dann fühlte sie, wie ihre Hand ergriffen und zwei Tabletten auf die Handfläche gelegt wurden. Sie schluckte sie herunter und konnte dann die Augen einen Spaltbreit öffnen. „Wo hast du letzte Nacht geschlafen?"

„Gleich neben dir. Dort."

„Auf dem Boden? Ist dir denn nicht kalt geworden?"

„Den Schlafplatz hab ich mir ja selbst gewählt. Aber jetzt, Miss Lavender, müssen Sie wählen."

Elsie sammelte ein paar Kaffeekrümel von ihrer Zungenspitze. „Die Wahl liegt ganz bei dir", sagte sie und fürchtete sich bereits vor seiner Reaktion.

Seine Antwort war eine Überraschung. „Okay. Ich entscheide folgendermaßen: Du bleibst hier und ruhst dich aus, während ich mit dem Buick zu der Tankstelle fahre, an der wir vorbeigekommen sind. Wenn ich getankt habe, hol ich dich ab, und wir fahren weiter."

Elsie schaffte es, die Augen weit genug aufzureißen, um sein Gesicht zu mustern. „Wohin fahren wir?"

„Na, nach Florida natürlich. Warum sind wir denn sonst unterwegs?"

„Aber du hast doch gesagt, dass wir nach Coalwood zurückfahren."

Er schaute sie an. „Tun wir ja auch. Nachdem wir in Florida gewesen sind. Was hast du denn gedacht, was ich gemeint habe?"

„Ich weiß nicht. Wahrscheinlich hat mich der Wein benebelt."

„Ganz bestimmt. Als ich zurückkam, hast du gerade getanzt."

Sie blickte auf und suchte in seinem Blick nach Zeichen von Ärger, doch sie entdeckte nur Schmerz und Enttäuschung. Das nächste *Tut mir leid* lag ihr schon auf den Lippen, doch sie biss sich auf die Zunge. „Du schuldest mir übrigens immer noch einen Tanz von damals, als du mich in der Highschool versetzt hast."

Er zuckte mit den Schultern. „Ich kann nicht tanzen. Das war noch der andere Grund, warum ich gekniffen hab und nicht mit dir ausgegangen bin."

„Ich wette, du könntest richtig gut tanzen, Homer. Wenn du es nur mal versuchen würdest."

Wieder sah sie den Schmerz in seinen Augen stehen. „Irgendwie glaube ich ja, dass ich in dieser Kategorie ziemlich weit abgeschlagen auf dem zweiten Platz landen würde."

Elsie schwieg, weil es die Wahrheit war.

„So, ich fahr dann mal zum Tanken", sagte Homer schließlich in fröhlichem Tonfall, doch Elsie hörte genau, dass er gekünstelt war. „Ich hab schon gefrühstückt, aber ich hab dir ein bisschen Brot und Käse rausgelegt. Gleich neben dem Lagerfeuer."

„Wo ist Albert?", fragte Elsie.

„Ich hab ihn in der Nacht ins Auto getan, damit ihm nicht kalt wird. Heute Morgen sind wir spazieren gegangen. Jetzt schläft er wieder auf dem Rücksitz. Wenn du ihn nicht unbedingt wecken willst, würde ich ihn einfach liegen lassen."

„Du hast dich gestern Abend um ihn gekümmert? Und bist du heute früh mit ihm Gassi gegangen?"

„Er hat nicht mal versucht, mich zu beißen."

„Albert wollte dich noch nie beißen. Er wollte immer nur spielen."

Homer antwortete nichts. Er ging einfach weiter. Nachdem sie gehört hatte, wie der Buick startete und davonrumpelte, blieb Elsie sitzen, bis ihre Kopfschmerzen nachließen. Sie trank den Kaffee aus, warf die Decke von sich und stand auf. Abseits des Feuers atmete sie tief durch. Der Duft von Geißblatt war immer noch präsent, es roch noch viel frischer in der kühlen Morgenluft. Das Frühstück konnte warten.

Und wieder begann sie zu tanzen, wenn auch ganz langsam, damit ihr Kopfweh nicht wieder aufflammte. Einen Schritt nach links, einen nach rechts, zwei vorwärts, zwei rückwärts und eine Umdrehung.

7. Kapitel

Als Homer an der Tankstelle an der Kreuzung sein Benzin bezahlen wollte, konnte der Kassierer, ein junger Mann mit Papierhut, seinen Fünfzigdollarschein nicht wechseln. „Sie können ihn in der Bank eintauschen lassen", sagte er und deutete mit einem Nicken Richtung Stadt.

Homer bedankte sich, versprach, bald zurückzukommen, fuhr in die Stadt, wo er gegenüber von einem Gebäude mit der Aufschrift BAUERNBANK UND KREDITGESELLSCHAFT parkte. Der Hahn, der die ganze Zeit auf Albert gesessen hatte, sprang auf den Sitz, schaute sich um und flatterte dann aus dem Auto. „Du bist schon ein komischer Vogel", murmelte Homer, während der Gockel davonrannte, als hätte er einen dringenden Auftrag zu erledigen.

Als Albert dem Hahn hinterherkriechen wollte, legte Homer dem Alligator rasch die Leine um den Hals. Albert zog kräftig in die Richtung, in die der Hahn gelaufen war, und seine Klauen kratzten auf dem Gehweg, während er das Grunzen von sich gab, mit dem er kundtat, dass er unzufrieden war. In Homers Ohren hörte sich das Geräusch ein bisschen so an, als würde er *No-No-No* sagen.

„Tut mir leid, Albert", sagte Homer. „Der ist zu schnell. Den fängst du nie." Auf einmal fühlte er sich ein bisschen einsam. „Mir wird er auch fehlen."

Die Tür der Bank ging auf, und heraus kam der Pfarrer vom Vortag. Er tippte sich grüßend an den Hut. „Na, Sie sind ja nicht weit gekommen", stellte er fest. „Und warum gibt Ihr Alligator so ein unglückliches Geräusch von sich?"

„Sein Hahn ist davongelaufen."

„Ich werde dafür beten, dass er zurückkommt."

„Dieser Gockel hat seinen eigenen Kopf." Homer sagte es mehr zu sich selbst als zum Pfarrer. „Ich weiß nicht mal, warum er überhaupt mit uns gekommen ist."

„Vielleicht ist er ein Engel, der beschlossen hat, Ihnen auf Ihrem Abenteuer beizustehen. Warum sind Sie eigentlich hier, wollen Sie die Bank überfallen?"

Homer schaute ihn entgeistert an. „Wie meinen Sie das?"

„Na ja, wir haben gehört, dass Bankräuber in der Gegend sind. Sie könnten Albert ja als Waffe benutzen."

„Oh. Nein, wie gesagt, ich bin Bergwerksarbeiter. Banküberfälle hab ich gar nicht im Angebot. Ich will hier nur einen Fünfzigdollarschein wechseln."

Der Pfarrer tippte sich noch einmal an den Hut. „Na, dann Gottes Segen, junger Mann. Und richten Sie Ihrer hübschen Frau aus, dass ich auch für sie Gottes Segen erbitte."

„Danke, Sir", sagte Homer und berührte mit den Fingerspitzen seine Stirn. „Ich richte es aus."

Bevor er ging, hielt der Pfarrer Homer und Albert noch die Tür auf. Der Alligator zerrte immer noch verzweifelt in die Richtung, in der er den Hahn zum letzten Mal gesehen hatte. „Na, mach schon, Albert", sagte Homer und zog ihn über den polierten Holzboden der Bank. Albert zischte und winselte, dann senkte er den Kopf und warf ihn vor und zurück.

Hinter dem Schalter schaute ein älterer Herr mit grüner Schirmmütze von seinem Buch auf. „Wen haben wir denn da?", fragte er in einem Ton, der die Vermutung nahelegte, dass er schon so gut wie alles gesehen hatte.

„Ich müsste bitte einen Fünfzigdollarschein wechseln", sagte Homer. Er zog an Alberts Leine, weil er an das Fenster des Bankschalters treten wollte. „Na, komm schon, mein Junge."

Der Mann am Schalter betrachtete die Szene. „Ich arbeite hier jetzt seit vierzig Jahren, und ich glaube, das ist das erste Mal, dass ich ein Krokodil in meiner Bank sehe."

„Das ist ein Alligator."

„Was hat er denn? Er sieht verstört aus."

„Er vermisst seinen Hahn."

„Verstehe", sagte der Mann trocken. „Hat er ihn gefressen?"

„Er ist davongerannt."

„Das wundert mich nicht", fügte der Mann noch trockener hinzu. „Aber jetzt zu Ihrem Dilemma. Sie wollen einen Fünfziger wechseln? Ich glaube, da kann ich Ihnen weiterhelfen."

Albert kroch unter einen Tisch an der Wand, streckte die Pranken heraus, grub die Klauen in den Boden und machte seinen unglücklichen Grunzlaut. Homer zog an der Leine, aber der Alligator klammerte sich fest. „Na gut, Albert", seufzte Homer. „Schmoll ruhig. Ich muss mich um wichtigere Geschäfte kümmern."

Homer ließ die Leine los und ging einen Schritt auf den Schalter zu, doch allzu weit kam er nicht, denn auf einmal flogen die Türen auf und zwei Männer platzten herein, beide mit Gewehren bewaffnet. „Hände hoch, das ist ein Überfall!", schrie einer von den beiden.

Trotz seines Schocks fiel Homer auf, dass der Mann, der da geschrien hatte, sehr klein war, nicht viel größer als ein Meter fünfzig. Der andere, ein großer Schwarzer, schlenderte auf Homer zu und drohte ihm mit dem Gewehr. „Keine falsche Bewegung", kommandierte er.

Der kleine Mann trat an den Schalter und richtete seine Waffe auf ihn. „Ihr ganzes Geld! *Sofort!*"

Der Mann am Schalter blinzelte, und das tat er so langsam, dass es Homer vorkam, als würde er gleich einnicken. Dann erwiderte er: „Nein, ganz bestimmt nicht."

Der kleine Bankräuber war völlig verdattert. „Warum denn nicht?"

„Ich verwahre das gesamte Geld im Safe – in einem *geschlossenen* Safe –, und der ist aus gehärtetem Stahl, den würden Sie mit drei Dynamitstangen nicht aufkriegen. Außerdem gehe ich jetzt." Der Mann stand auf und ging zur Hintertür, die gerade mal zwei Schritte hinter seinem Platz war, warf noch einen Blick über die Schulter und ging dann achselzuckend hinaus.

„Warum hast du ihn nicht erschossen?", fragte der Große.

Der Kleine schob die Lippen vor. „Falls es dir noch nicht aufgefallen ist, Huddie, aus diesem Winkel konnte ich nicht auf ihn zielen. Jetzt komm her und hilf mir über den Tresen."

„Okay, Slick", sagte der Große, der sich offenbar Huddie nannte, zu dem Kleinen, der sich offenbar Slick nannte.

Huddie half ihm durchs Schalterfenster, und Slick

plumpste auf der anderen Seite vernehmlich zu Boden. Homer hörte ihn murmeln. „Verdammt, das Ding ist abgeschlossen. Was ist denn los mit den Menschen heutzutage? Vertrauen die denn gar keinem mehr?"

„Der Mann meinte doch, wir könnten den Safe mit drei Dynamitstangen sprengen", sagte Huddie.

„Falls du es noch nicht gemerkt haben solltest, du Blödmann, wir haben nicht mal *eine* Stange Dynamit dabei."

„Dann sollten wir uns wohl welches besorgen."

„Hört, hört, das Genie hat gesprochen!"

Homer hörte Slick noch etwas rumoren, dann sah er eine glänzende Münze über den Tresen fliegen. Sie prallte einmal auf den Boden und landete dann neben Homers Schuh. Es war ein Cent, die Seite mit dem Kopf zeigte nach oben.

„Mehr ist hier nicht", verkündete Slick.

„Was machen wir denn jetzt?", fragte Huddie.

Slick deutete mit einem Nicken auf Homer. „Schau nach, ob der Bauer was dabei hat."

„Ich bin kein Bauer, ich bin Bergwerksarbeiter."

Huddie bohrte Homer den Gewehrlauf in die Wange. „Wenn du nicht gleich die Taschen leer machst, bist du ein *toter* Bergwerksarbeiter."

In dem Moment begann Huddie zu schreien, vor allem weil sein rechtes Bein direkt unter dem Knie zwischen den Kiefern eines Alligators steckte. Er drückte den Abzug, und das Gewehr gab einen Schuss ab, glücklicherweise aber nur in die Decke. Putz regnete herab, als Homer sich auf den Boden warf.

Huddie schrie weiter, während Homer sich aufsetzte und sich Stückchen vom Putz aus dem Haar strich. Dabei entdeckte er, dass Huddie das Gewehr hatte fallen lassen. Er hob es auf und rappelte sich hoch. „Keine Bewegung", sagte er zu dem riesigen Bankräuber, dessen Bein immer noch zwischen Alberts Kiefern steckte.

Huddie starrte Homer an. „Sie können das Gewehr wieder weglegen, Mister. Slick hat mir nur eine Patrone gegeben, und wie Sie vielleicht gemerkt haben, hab ich die gerade abgefeuert. Helfen Sie mir lieber, dieses Ding hier loszuwerden. Bitte, ich flehe Sie an."

Homer öffnete den Lauf des Gewehrs, und da er sah, dass Huddie die Wahrheit gesagt hatte, legte er es aus der Hand. Er hob auch den Penny auf und steckte ihn in die Tasche, denn unter Bergwerksarbeitern galt ein Cent, bei dem der Kopf oben lag, als Glücksbringer, und er hatte gerade welches gehabt. Er warf einen Blick hinter den Schalter, doch von Slick keine Spur. Offensichtlich war der durch dieselbe Tür geflohen wie der Bankangestellte. Homer wandte sich an Huddie. „Albert, lass den Mann los. Das hast du sehr gut gemacht. Braver Alligator."

Zwei Männer betraten die Bank, der Mann vom Schalter und der Pfarrer. „Jetzt schau sich das einer an", sagte der Bankangestellte. „Hat der doch glatt einen Bankräuber gefangen."

„Rufen Sie die Polizei", schlug Homer vor, während er versuchte, Albert die Kiefer aufzubiegen und von Huddies Bein zu lösen. Schließlich kapierte Albert und machte das Maul auf, dann blickte er grinsend zu Homer auf. „Bravo", sagte Homer.

„Wir haben keine Polizei in der Stadt", erklärte der Bankangestellte, „aber ich hab die Bundespolizei gerufen."

Draußen hielt mit quietschenden Bremsen ein alter, zerbeulter Pick-up mit ausgeblichenem roten Lack. „Komm, Huddie!", schrie der kleine Mann namens Slick.

Huddie rappelte sich auf, stieß Homer beiseite und humpelte am Bankangestellten und am Pfarrer vorbei, die keinerlei Anstalten machten, ihn aufzuhalten. Dann sprang er auf die Ladefläche, und der Pick-up schoss davon, dass die Reifen nur so qualmten.

„Ich schätze, ich sollte die Bundespolizei noch mal anrufen und ihnen sagen, dass sie nach einem alten roten Pick-up Ausschau halten müssen", meinte der Mann vom Schalter. Er streckte Homer die Hand hin. „Trotzdem danke, Mister."

Homer schüttelte ihm die Hand. „Bedanken Sie sich bei Albert."

„Danke, Albert."

„Gott segne dich, Albert", fügte der Pfarrer hinzu.

Albert schaute zu ihnen auf und stieß seinen *Yeah-Yeah-Yeah*-Glückslaut aus.

„Ich brauche aber immer noch Kleingeld für meinen Fünfziger", sagte Homer.

Der Bankangestellte strahlte ihn an. „Sollen Sie haben, Sir."

***

Nachdem er nicht bloß einen, sondern gleich beide Fünfzigdollarscheine gewechselt hatte, führte Homer Albert über die leere Straße zurück zum Auto, lockte ihn in den Waschzuber und setzte sich daneben. Homer war ganz komisch gestimmt. „Weißt du, Albert", sagte er, „manchmal braucht es einen großen Schrecken, damit man etwas über andere und über sich selbst lernt. Tja, wir haben gerade so einen Schrecken überstanden, und ich sehe ein, dass ich mich vielleicht doch in dir getäuscht habe. Ich möchte mich bei dir entschuldigen. Du bist ein feines Tier. Es war gemein von mir, dich nicht zu mögen." Er überlegte kurz, dann fügte er hinzu: „Wenn du es genau wissen willst: Ich war eifersüchtig, weil Elsie in dir Buddy Ebsen sieht." Er tätschelte dem Alligator den Kopf. „Entschuldige bitte, ja?"

Homer erwartete keine Antwort von Albert, und der antwortete auch nicht, sondern gab nur ein leise grollendes Schnarchen von sich, während er wegdöste. Trotzdem wurde Homer ganz warm ums Herz, als er sich hinters Steuer seines Buicks setzte und sich auf den Heimweg machte. Nachdem er an der Tankstelle bezahlt hatte, fuhr er zu der alten Plantage. Unterwegs begegnete ihm Elsie, die an der Straße entlangspazierte. Sie winkte ihm zu, dass er anhalten sollte. Ihr Gesicht war von Sorge gezeichnet. „Ich dachte, du hättest mich verlassen."

„Tut mir leid. Ich bin aufgehalten worden."

Sie kletterte ins Auto. „Was ist denn passiert?"

„Man könnte sagen, Albert und ich haben eine Bank überfallen." Er fasste in seine Tasche und holte den glänzenden Cent hervor. „Hier, siehst du?"

„Verdammt, Homer, wenn du mich schon anlügst, dann denk dir wenigstens eine gute Geschichte aus." Sie musterte ihn. „Warum hast du denn Putz in den Haaren?"

Homer, der gerade erst dem Tod entkommen war, fühlte sich verwegen und etwas aufmüpfig. „Es hat auf einmal geschneit", sagte er. „Ein total verrückter Schneesturm." Elsie verdrehte die Augen.

Sie fuhren zur alten Plantage zurück und luden das Essen und die Decken und die anderen Sachen ins Auto. Dann fuhr Homer zurück zur Kreuzung, wo er stehen blieb, um nach rechts und links zu schauen. Kein Verkehr in Sicht. Bevor er abbiegen konnte, gab es plötzlich ein großes Geflatter, und der Hahn mit dem grünen Schwanz kam durchs offene Fenster geflogen und landete auf seiner Schulter.

Elsie runzelte die Stirn. „Wo ist *der* denn gewesen?"

„Ich weiß nicht, aber ich freu mich, dass er wieder da ist", sagte Homer.

Auf dem Rücksitz machte Albert wieder sein glückliches *Yeah-Yeah-Yeah*. Der Hahn schaute ihn an und krähte. Elsie hielt sich die Ohren zu und kniff die Augen zusammen. „Halt den Schnabel, du blöder Gockel! Ich merk den Wein von gestern immer noch!"

Kichernd bog Homer auf die Straße und fuhr an der Stelle vorbei, wo am Vortag der umgekippte Heuwagen gelegen hatte. Erfreut nahm er zur Kenntnis, dass er nicht mehr dort lag; die Straße nach Florida lag offen vor ihnen. Der Hahn mit seinen warmen Federn kuschelte sich neben seinem Ohr ein. Elsie lehnte sich zurück und machte die Augen zu. Albert kroch ans Fenster, damit er alles angrinsen konnte, was dahinter vorbeizog. Summend fuhr der alte Buick dahin, und Homer, dem der Cent in seiner Hosentasche auf einmal die Zuversicht gab, dass jetzt alles gut gehen würde, pfiff ein fröhliches Liedchen.

Mit dreiundvierzig lebte ich eine Zeit lang in North Carolina, um für ein Buch über das Leben auf den Outer Banks, einer Inselkette vor North Carolina, im Zweiten Weltkrieg zu recherchieren. Nachdem ich mich mehrere Wochen nicht bei meinen Eltern gemeldet hatte, rief ich zu Hause an, und meine Mutter nahm ab. „Wo bist du denn die ganze Zeit, Sonny?", fragte sie.

„North Carolina, Mom. Ich hab dir doch gesagt, dass ich etwas über die deutschen U-Boote vor der Küste schreiben will."

U-Boote interessierten sie nicht, aber North Carolina offenbar umso mehr. „Gefällt es dir dort? Sind die Leute nett?"

Nachdem ich ihr erzählt hatte, wie gut es mir gefiel und wie nett die Leute hier waren, sagte sie: „Du vertraust den Menschen zu sehr. Deswegen wirst du auch immer wieder verletzt. Du musst vorsichtiger werden."

Ich wusste, woher das rührte. Ich hatte gerade eine schmerzhafte Scheidung hinter mir, und eine Mutter ergreift meist Partei für ihren Sohn, auch wenn er im Unrecht war. Sie senkte die Stimme, und ich vermutete, sie wollte Dad nicht mithören lassen, was sie jetzt sagte. „Dein Vater und ich sind einmal durch North Carolina gefahren. Wir dachten schon, wir kommen da nie durch. Ständig hielt uns irgendetwas auf. Erst waren es die Radikalen. Dein Vater hat sie Kommunisten genannt. Ehrlich gesagt fühlte ich mich irgendwie zu ihnen hingezogen. Ich hab sogar überlegt, ihnen beizutreten."

„Du wolltest Kommunistin werden?"

„Nein, eine Radikale. Weil ich das Gefühl hatte, dass sie wirklich tun würden, was sie ankündigten."

Ich wusste in ungefähr, auf welche Zeit sie anspielte, und riet einfach. „Das war damals, als ihr Albert nach Hause gebracht habt, oder? Wollte der auch ein Radikaler werden?"

„Mach dich nicht lustig. Das waren ernste Zeiten damals. Die Leute verhungerten. Sie lebten in Lagern am Straßenrand und fanden keine Arbeit. Deswegen waren ja auch die Radikalen unterwegs. Sie sagten, dass sie alles verändern würden, die Armen reich und die Reichen arm machen würden. Das klang gut in meinen Ohren."

„Und was hielt Dad davon?"

„Dein Vater ... ich erzähle dir die Geschichte, aber du musst versprechen, dass du der Polizei nichts verrätst." Sie senkte die Stimme noch weiter. „Es könnte sein, dass nach uns immer noch gefahndet wird."

„Gefahndet nach ... Mom, was redest du da eigentlich?"

„Ich rede von Strumpffabriken, mein lieber Sohn. Und Vertrauen. Und Dynamit."

II. TEIL

Wie Elsie unter die Radikalen ging

8. Kapitel

Elsie – jetzt sind wir offiziell in North Carolina", sagte Homer, als sie ein Schild erreichten, auf dem *Willkommen in North Carolina, dem Staat der Teersohlen* geschrieben stand. "Nun müssen wir nur noch South Carolina und Georgia schaffen, dann sind wir auch schon in Florida."

Elsie war gerade in einen kleinen Schlummer verfallen, wachte jedoch von den Worten ihres Mannes auf. "Wie lang brauchen wir noch?"

"Vier Tage, würde ich sagen, und dann vielleicht noch einen Tag bis nach Orlando. Wenn wir zügig weiterfahren, können wir es immer noch innerhalb meiner Vierzehntagesfrist zurück nach Coalwood schaffen."

"Ah, das wäre wirklich ganz wunderbar."

Falls Homer ihren Sarkasmus bemerkte, kommentierte er ihn nicht. "Wollen wir Mittag essen?"

Elsie meinte, sie könne durchaus schon ein Mittagessen vertragen, und wenig später entdeckten sie auch schon einen Picknicktisch am Straßenrand. "Kein Wort zu unserem Hahn", sagte Homer, "aber ich hätte jetzt gern ein Sandwich mit einer seiner Exfreundinnen."

"Er ist dein Hahn, nicht meiner", erwiderte Elsie. "Ich rede sowieso nicht mit ihm."

Elsie holte die Zutaten für die Sandwiches aus dem

Auto, deckte den Picknicktisch und zweigte ein paar Brocken Hühnerfleisch für Albert ab, der inzwischen allein aus dem Auto gekrochen war und mit dem Bauch aufs Gras plumpste, wo er sich jetzt auf den Rücken drehte, um sich kraulen zu lassen. Nachdem Elsie die Sandwiches zubereitet hatte, kam sie seinem Wunsch gerne nach. Der Hahn sprang auch noch aus dem Auto und begann, im Kies zu picken. Er schien gänzlich unbeeindruckt von der Tatsache, dass seine Exfreundinnen jetzt zwischen Brotscheiben, Tomaten, Zwiebeln und Käse ruhten. Und in Alberts Magen.

Als Elsie das Geräusch von zurückschnalzenden Zweigen hörte, blickte sie auf und sah ungefähr ein Dutzend Kinder aus dem kleinen Wäldchen hinter dem Picknickplatz kommen. Eine jämmerliche Rotznasentruppe, denen die Lumpen nur noch an den knochigen Körpern hingen. Sehnsüchtig musterten sie das Essen auf dem Tisch.

„Wahrscheinlich haben Landstreicher ihre Zelte hier in der Nähe aufgeschlagen", meinte Homer.

Sofort begann Elsie das Herz zu schmelzen. „Wir müssen ihnen was abgeben", sagte sie.

Doch die Kinder warteten die milden Gaben gar nicht ab, sondern rannten plötzlich los. Die eine Hälfte räumte den Picknicktisch leer, während die andere die Autotüren aufriss und die restlichen Lebensmittel hinauswarf. Sie waren so schnell und gründlich und professionell mit ihrem Raubzug, dass Elsie und Homer nur ein paar wirkungslose Ohrfeigen austeilen und dann verblüfft zusehen konnten, wie die Kinder wieder im Wald verschwanden. Das letzte hatte ein gefiedertes Tier unter dem Arm. „Die haben tatsächlich alles mitgenommen", stellte Homer erstaunt fest, „sogar den Hahn!"

„Was sollen wir jetzt tun?", fragte Elsie.

„Wir setzen Albert ins Auto und sperren es ab. Und dann schauen wir, ob wir uns unseren Proviant zurückholen können. Und den Hahn."

Nachdem sie Albert versorgt hatten, durchquerten Elsie und Homer den Wald, bis sie eine staubige Lichtung entdeckten, auf der abgerissene Zelte und Schutzdächer aus alten Planen standen. Rauch stieg von den Lagerfeuern auf, die Frauen rührten in den Töpfen. „Da unten ist unser Essen", sagte Homer.

Sie stiegen ins Lager hinunter. „Wir brauchen Hilfe", sagte Homer zu jedem Menschen, der ihnen zuhören wollte. „Unser Essen ist von Kindern gestohlen worden, die von hier gekommen sind, und wir brauchen es zurück. Wir sind nicht reich. Wir haben auch nicht viel." Die Leute aus dem Lager wichen zurück und sahen mit leerem Blick zu, wie das Paar zwischen den Zelten und Planen umherlief und seine Bitte wiederholte. Kinder waren nirgends zu sehen.

„Höre ich da etwa einen Hilferuf?", ertönte eine Männerstimme.

Elsie und Homer drehten sich um und sahen einen Mann, der aus einem der Zelte getreten war. Ein dünner Kerl mit sanften Augen, einem Schnurrbart und breiter Stirn. Er trug einen grauen Anzug, eine Weste, ein offenes Hemd und einen teuren Filzhut. Er hatte das Flair eines zivilisierten, kultivierten Mannes. Ganz offensichtlich war er kein Landstreicher. „Ja, das waren wir", antwortete Elsie. „Eine Gruppe Kinder aus diesem Lager hat uns ausgeraubt." Sie deutete auf den Wald. „Wir haben dahinter geparkt. Wir hatten nur angehalten, um etwas zu Mittag zu essen."

Der Mann zeigte ihnen sein Mitgefühl mit einem Schulterzucken. „Die Umstände haben sogar die Kleinsten zu Dieben gemacht, mehr kann ich dazu nicht sagen. Was die sich von Ihnen geholt haben, bekommen Sie sicher nicht zurück. Diese Leute sind am Verhungern."

„Aber das war unser gesamter Proviant", protestierte Elsie.

„Und unseren Hahn haben sie auch mitgehen lassen", fügte Homer hinzu.

„Wie sah der aus?"

„Rot mit grünem Schwanz und dickem, rotem Kamm. Ziemlich einzigartig."

„Tut mir sehr leid", erwiderte der Mann. „Den hab ich nicht gesehen."

„Wer sind Sie eigentlich?", fragte Elsie unverblümt.

„Ich bin Schriftsteller. Diese Leute sind amerikanische Nomaden, ständig auf Achse, um sich und ihre Familien zu ernähren. Ich überlege, ob ich ein Buch über sie schreiben soll. Mein Name ist John Steinbeck. Vielleicht haben Sie von mir gehört."

„Nein, tut mir leid", meinte Elsie nach kurzem Überlegen. „Wie ist es, ein Schriftsteller zu sein?"

Steinbeck lächelte. „Es stellt mich vor eine gewisse Herausforderung."

„Ach, wissen Sie, Mr. Steinbeck, ich bin die Frau eines Bergwerksarbeiters", gab Elsie zurück, „das stellt mich auch vor eine gewisse Herausforderung."

Steinbeck lupfte den Hut. „Das bezweifle ich nicht im Geringsten, Madam. Ist das Ihr Mann?"

Homer streckte ihm die Hand hin. „Ich bin Homer Hickam, Mr. Steinbeck. Das ist meine Frau Elsie. Ich habe zwei von Ihren Büchern gelesen, *Tortilla Flat* und *Das rote Pony*. Ich fand sie großartig."

„Er liest viele Bücher", warf Elsie ein, und die leise Eifersucht in ihrer Stimme war nicht zu überhören.

Steinbeck schüttelte Homer die Hand. „Darf ich fragen, in welche Richtung Sie unterwegs sind?"

„Richtung Süden", sagte Homer.

„Nach Florida", fügte Elsie hinzu.

„Halten Sie es wohl für möglich, mich mitzunehmen? Ich würde mir gern mal die Textilfabriken südlich von hier ansehen. Die haben dort Probleme mit der Arbeiterschaft, die mich interessieren."

„Es wäre uns ein Vergnügen, Sie mitzunehmen", sagte Elsie.

„Dann gehen wir aber besser gleich, bevor noch jemand unser Auto klaut", sagte Homer nervös.

„Danke. Warten Sie kurz, ich hole nur meine Tasche."

Homer ging ihnen durch den Wald voraus, Elsie und Steinbeck folgten ihm. Als sie den Buick erreichten, stellte Homer Steinbecks Tasche in den Kofferraum, dann machte er die Tür auf und zeigte ihm Albert.

„Ist das ein Krokodil?", erkundigte sich Steinbeck höflich.

„Albert ist ein Alligator", sagte Elsie. „Haben Sie noch nie einen gesehen?"

„Ich bin in Kalifornien aufgewachsen", erwiderte Steinbeck. „Jetzt wohne ich in New York City. Weder dort noch in Kalifornien gibt es Alligatoren."

„Ich hab mich immer gefragt, wie es wohl wäre, in Kalifornien oder New York City zu leben", sagte Elsie.

„Da lebt es sich auch nicht viel anders als an jedem anderen Ort, Mrs. Hickam."

Elsie schien das zu bezweifeln. „Glauben Sie mir, Mr. Steinbeck. Ich bin sicher, dass diese beiden Orte sich sehr stark von einem Leben in Coalwood, West Virginia, unterscheiden."

Steinbeck nickte. „Aber jetzt sagen Sie mal – warum besitzen Sie einen Alligator?"

„Wir bringen ihn heim nach Florida."

„Wo ist er denn vorher gewesen?"

„Er hat bei uns gewohnt", sagte Homer, dann wechselte er das Thema. „Was für Probleme gibt es denn mit der Belegschaft in den Textilfabriken?"

„Streiks, Aussperrungen, Schießereien und Morde. Manche Leute behaupten, dass die Kommunisten dahinterstecken, und ich möchte herausfinden, ob das stimmt."

„Die Gewerkschaften sind bei uns in den Kohlebergwerken aufgekreuzt, und schon war der reinste Krieg ausgebrochen", erzählte Homer. „Haben Sie jemals von Mother Jones und dem Pine-Creek-Minen-Krieg gehört?"

„Ja, in der Tat. Ein Riesenunglück, am Ende musste die Armee eingreifen."

„Ich könnte mir vorstellen, dass das noch öfters passiert, bis diese Wirtschaftskrise überstanden ist", meinte Homer. „Aber wir fahren jetzt lieber weiter. Elsie und ich haben einen engen Zeitplan und müssen so schnell wie möglich nach Florida und zurück."

„Sie können vorne sitzen, Mr. Steinbeck", sagte Elsie. „Ich setze mich zu Albert nach hinten."

„Danke. Und bitte, nennen Sie mich doch John."

„Das ist sehr nett von Ihnen ... John."

Als Elsie neben Albert Platz nahm, schaute er zu ihr empor und machte sein trauriges *No-No-No*-Geräusch.

„Ich glaube, er vermisst den Hahn", sagte Elsie.

„Ich auch", gestand Homer. Dann lenkte er den Buick vom Rastplatz. Keine zwei Kilometer später erreichte er eine Kreuzung, überlegte kurz und fuhr dann geradeaus weiter.

„Ich glaube, in die Richtung liegt Süden", erklärte er.

„Warum weißt du das nicht sicher?", fragte Elsie.

„Weil die Kinder auch unsere Karten gestohlen haben."

Obwohl die Kinder der Landstreicher ihre Reise in Gefahr gebracht hatten, konnte Elsie ein Kichern nicht unterdrücken.

„Kismet", sagte sie.

9. Kapitel

„Wenn wir an einem Markt vorbeikommen", sagte Steinbeck nach ein paar Kilometern, „würde ich mich freuen, Ihnen ein paar Lebensmittel kaufen zu dürfen, um Ihren Verlust auszugleichen."

„Nein, danke", sagte Homer.

„Jetzt sei nicht so stolz, Homer", sagte Elsie. „Danke, John. Wir würden das wirklich zu schätzen wissen."

Homer schluckte seinen Stolz herunter. „Ich bin neugierig, John – warum haben Sie eigentlich kein Auto?"

„Ich habe beschlossen, per Anhalter zu fahren, damit ich mehr Leute kennenlerne. Auf die Art kommt man ganz schön rum."

„Würde es Ihnen was ausmachen, wenn wir uns übers Schreiben unterhalten?", fragte Elsie.

„Das würde mir sogar richtig gefallen. Was genau möchten Sie denn wissen?"

„Na ja, ich hatte mir gedacht, dass ich vielleicht auch mal etwas schreiben möchte. Mein Bruder Victor wäre auch Schriftsteller geworden, aber er ist sehr jung gestorben."

„Wie traurig. War er begabt?"

„Er war erst sechs, als er starb, aber ich glaube, er war sehr begabt. Er hat so gerne Geschichten erzählt."

„Das ist schon mal sehr gut. Der Trick ist dann nur noch

der, das Ganze in ein Buch zu verwandeln. Glauben Sie, Sie könnten das?"

„Na ja, als ich in Orlando gewohnt habe, bin ich auf die Sekretärinnenschule gegangen, und mein Professor hat mein Talent im Tippen ebenso bewundert wie mein Ausdrucksvermögen."

Steinbeck lachte. „Ja, hat er das? Na, wenn Sie tippen und sich gut ausdrücken können, haben Sie ja schon die halbe Miete. Was für Bücher würden Sie denn gern schreiben?"

„Vielleicht lustige. Ich hab meiner Mutter mal einen Brief über Albert geschrieben, und sie meinte, sie hätte sehr darüber gelacht."

„Hatten Sie beabsichtigt, dass es komisch ist?"

„Nein, wahrscheinlich fand sie die Beschreibungen einfach nur komisch."

„Das sind die besten Geschichten. Erzählen Sie einfach und machen Sie sich keine Gedanken darüber, ob es komisch ist oder nicht. Wenn Sie versuchen, lustig zu schreiben, wird es meistens nichts. Deswegen schreiben die Komiker aus dem Radio auch keine Romane. Wenn sie das täten, wäre es nur eine Aneinanderreihung von einzelnen Pointen."

„Sie bringen mir so viel bei!", sagte Elsie begeistert. „Und jetzt, wo ich darüber nachdenke, hätte ich auch schon eine tolle Idee für einen Roman. Er würde von einer jungen Frau handeln, die in einem Bergwerksstädtchen aufwächst und dann nach Orlando in ein schönes Haus zieht, wo sie viele interessante Menschen kennenlernt, mit denen sie viel lacht und sich gut fühlt."

„Nenn es doch *Als Elsie Buddy kennenlernte*", ätzte Homer.

Elsie zog eine Grimasse hinter seinem Rücken. „Wir reden hier von Fiktion, Homer."

„Tatsächlich?"

Als sie nicht antwortete und in gekränktes Schweigen verfiel, schämte sich Homer, sie angegriffen zu haben. Er war nur einfach so schrecklich eifersüchtig. Jetzt suchte er nach irgendetwas, womit er die Situation retten konnte. „Vielleicht solltest du einfach über Albert schreiben."

„Großartige Idee", meinte Steinbeck.

„Ich werd überhaupt nichts schreiben", schmollte Elsie.

Homer wusste, dass er jetzt besser nichts sagte. Er presste die Lippen zusammen und fuhr weiter, wobei er hoffte, dass sie irgendwo auf einen Markt oder eine Imbissbude stießen. Als weder das eine noch das andere auftauchen wollte und die Sonne langsam unterging, hielt er nach einem billigen Motel oder einem geeigneten Feld Ausschau, wo sie die Nacht verbringen konnten.

Nachdem sie den höchsten Punkt eines Hügels erreicht hatten, sah Homer zwei Absperrungen auf der Straße. Er fuhr dicht an sie heran und stoppte den Wagen. Drei Männer in Anzügen und Filzhüten und mit einem irgendwie autoritären Auftreten traten in das Scheinwerferlicht. Einer der Männer kam zum Buick geschlendert und schob dabei absichtlich seinen Mantel etwas zur Seite, um zu zeigen, dass er eine Pistole im Halfter hatte, auf der er seine Hand ruhen ließ. Einer der anderen Männer ging auf die Beifahrerseite und schaltete eine Taschenlampe ein. Steinbeck blinzelte ins grelle Licht. Der dritte Mann trat hinter den Buick, und der erste fragte ihn: „Na, ist es der Richtige, Claude?"

„Kennzeichen ist aus West Virginia. Ja, der muss es wohl sein."

Der Mann neben Homers Tür beugte sich zu ihm herunter. „Steigen Sie aus."

„Worum geht es eigentlich?", wollte Homer wissen.

„Darum, dass Sie aus Ihrem verdammten Auto aussteigen sollen!"

Elsie mischte sich vom Rücksitz ein. „Wir sind nur auf der Durchreise nach Florida."

Der Mann wirkte überrascht. „Sie haben eine Frau dabei? Na ja, ist vielleicht gar nicht so überraschend. Frauen können ja auch rot sein."

Homer war verwirrt über diese Bemerkung. „Sie hat ein bisschen Cherokee-Blut, aber sie ist größtenteils weiß", sagte er.

Doch der Mann interessierte sich offensichtlich nicht für Elsies Vorfahren. „Ich hab gesagt, du sollst aussteigen, *Genosse*." Mit diesen Worten zog er seine Pistole aus dem Halfter.

Homer war noch nie „Genosse" genannt worden. Tatsächlich hatte er nie jemanden gekannt, der so genannt worden wäre, außer in den Zeitungen, normalerweise in Geschichten über Russen und so. Gerade wollte er nach einer Erklärung fragen, als zwei Autos neben ihm hielten, eines rechts vom Buick, eines links.

Die drei Männer in Anzügen zogen sich hinter eine der Absperrungen zurück. Ein Mann mit kariertem Hemd und Stoffkäppi lehnte sich von der Fahrerseite des linken Wagens aus dem Fenster.

„Was ist denn hier los?", fragte er. „Seid ihr von der Polizei?"

„Wir sind vom Bürgerkomitee." Der Mann war offenbar der Anführer der drei. Homer sah, wie seine Begleiter langsam nach ihren Pistolenhalftern griffen und die Kolben befingerten. „Dreht mal schön um und geht dahin zurück, wo ihr herkommt. Solche wie euch brauchen wir hier nicht."

„Solche wie uns? Wen meinen Sie damit? Männer, die arbeiten wollen?"

„Nein, eine Truppe von dreckigen Roten. Dreht lieber um, sonst fangt ihr euch eine Tracht Prügel ein."

„Wir fangen uns überhaupt nichts ein, denn wenn ich das richtig sehe, haben wir als Amerikaner das Recht dazu, auf einer mit Steuergeldern bezahlten Straße zu fahren, und deswegen werden wir unseren Weg jetzt fortsetzen." Bevor die drei Männer reagieren konnten, trat der Mann im Ford das Gaspedal durch. Der Fahrer im Auto auf der anderen Seite des Buicks drückte auf die Hupe. „Fahr los, du Blödmann!", brüllte er Homer zu.

Gehorsam stieg Homer aufs Gaspedal, lenkte den Wagen um die Überreste der Blockade und fuhr weiter, das andere Auto dicht hinter ihm.

„Was ist denn los?", fragte Elsie erschrocken.

„Das hat mit dem Arbeitskampf zu tun, von dem ich euch erzählt habe", sagte Steinbeck.

Als sie ein paar Kilometer zurückgelegt hatten, sah Homer den Ford am Straßenrand stehen. Der Mann mit dem Stoffkäppi war ausgestiegen und winkte Homer an die rechte Fahrbahnseite. Homer machte Anstalten vorbeizufahren, aber das Auto hinter ihm überholte ihn und schnitt ihn, sodass er nicht umhinkam, ebenfalls stehen zu bleiben. Der Mann mit dem Käppi kam zu ihnen und knipste seine Taschenlampe an, mit der er erst Homer in die Augen leuchtete, dann Steinbeck, dann Elsie und zuletzt Albert, dessen Augen das Licht rot reflektierten. „Ein Krokodil?"

„Das ist ein Alligator", korrigierte Elsie.

„Ihr seid von der Partei, hab ich recht?"

„Von der Partei?", echote Homer verständnislos.

„Er ist Bergwerksarbeiter", sagte Elsie.

„*Der* Bergwerksarbeiter?" Der Mann streckte seine Hand in den Buick. „Freu mich, dich kennenzulernen, Bruder! Wir haben schon auf dich gewartet!"

Höflich schüttelte Homer seine Hand, dann ließ er wieder los. „Worauf gewartet?"

„Wir haben die Ware. Das hat man dir doch ausgerichtet, oder? Ich heiße Malcolm. Ich weiß schon, was ihr ausgemacht habt. Wir nennen dich immer nur den Bergwerksarbeiter, nicht wahr? Das hat man uns schon gesagt."

„In Wirklichkeit heiße ich aber …"

„Hey, Grimes!", schrie Malcolm. „Es ist der Bergwerksarbeiter!"

Malcolm grinste Homer an. „Fahr mir nach, ich bring dich dorthin, wo die Ware ist", sagte er. Dann stieg er in den Ford und fuhr los.

Als der Mann im anderen Auto auf die Hupe drückte, ließ Homer widerstrebend den Buick an und folgte dem Ford, während der andere ihm dicht an der Stoßstange hing. Er warf dem Schriftsteller einen Blick zu. „Was halten Sie davon?"

„Ich glaube, wir haben richtig Glück. Das sind genau die Männer, über die ich schreiben möchte."

Homer ärgerte sich über die Fröhlichkeit des Schriftstellers. „Dann lassen wir Sie einfach bei Ihnen zurück. Alles in Ordnung, Elsie?"

„Ich bin noch nicht ganz sicher, ob ich Angst haben sollte oder nicht", entgegnete sie.

„Ich werde dich beschützen", versprach Homer. Er war enttäuscht, als Elsie weder ihre Dankbarkeit ausdrückte noch irgendeine andere Antwort gab. Dabei wusste sie doch bestimmt, dass er es ernst meinte!

Malcolm fuhr auf eine unbefestigte Straße ab, auf der er mehrere Kilometer weiterfuhr, bis er an ein Feld kam, auf dem ungefähr ein Dutzend Zelte stand, die von innen durch Laternen erleuchtet wurden, sodass Homer die Silhouetten mehrerer Männer erkennen konnte.

„Ich würde gern kurz mit Ihnen sprechen", sagte er zu Malcolm, nachdem sie ihre Autos abgestellt hatten und sie ausgestiegen waren.

„Zuerst zeig ich dir die Ware", sagte Malcolm, und als Homer zögerte, fügte er hinzu: „Deiner Frau wird nichts passieren. Die Jungs werden sie in ein Zelt bringen."

„Wir brauchen kein Zelt", sagte Homer. „Sie haben sich in der Person geirrt. Ich bin nicht der, für den Sie mich halten."

Der zweite Fahrer trat neben sie. „Bist du etwa nicht der Bergwerksarbeiter?"

„Ich bin *ein* Bergwerksarbeiter, nicht *der* Bergwerksarbeiter."

Der zweite Fahrer streckte ihm die Hand hin. „Ich bin Grimes", stellte er sich vor. „Ich freue mich, dass du bei uns bist."

„Aber haben Sie denn nicht verstanden, was ich Ihnen gerade erklärt habe?", fragte Homer. „Ich bin nicht der Bergwerksarbeiter, ich bin ..."

„Ich würde Ihre Ware gerne sehen", mischte sich Steinbeck ein. „Ich bin Schriftsteller und interessiere mich sehr für die Arbeiterbewegung."

Grimes runzelte die Stirn. „*Bewegung*? Wir sind keine Bewegung, Mister, wir sind die Welle der Zukunft. Eines Tages werden unsere Gewerkschaften mächtiger sein als die Firmen. Wir werden unsere eigenen *Präsidenten* haben!"

Malcolm hielt eine Petroleumlaterne in die Höhe, um Homer und Steinbeck besser betrachten zu können. „Ich weiß, dass man vorsichtig sein muss", sagte er zu Homer, „aber wir sind in der Partei. Vielleicht sind wir parteilich nicht so engagiert wie du, aber wir bemühen uns. Schau dir die Ware einfach an, mehr verlange ich gar nicht. Dein Freund muss aber hierbleiben, das ist nicht für jedermanns Augen bestimmt."

Homer musterte Malcolms Gesicht. Er hatte nicht die Züge, die man bei einem gemeinen, gefährlichen Menschen erwarten würde. Das Kinn war ein bisschen zu schwach ausgeprägt, und die Miene des Mannes sah eher so aus, als wäre er auf Bestätigung aus. „Lassen Sie uns gehen, wenn ich mir anschaue, was Sie da haben?"

„Natürlich. Aber du wirst beeindruckt sein, das kann ich dir versprechen."

„Ich werde einen Blick daraufwerfen", versicherte Homer, „aber dann fahren wir, haben Sie das verstanden?"

„Natürlich, natürlich", sagte Malcolm und lächelte ihn schmeichlerisch an. „Wenn du immer noch fahren willst, nachdem du meine Ware gesehen hast, werd ich keinen Ärger machen."

Nachdem Homer dem Schriftsteller mit einer Geste zu verstehen gegeben hatte, dass er auf ihn warten sollte, folgte er Malcolm zu einem großen Leinwandzelt. Vor dem Eingang stand ein bulliger Mann und hielt Wache. Malcolm nickte ihm zu, dann schlug er die Zeltplane zurück und winkte Homer hinein. Der trat ein und sah vier Pinienholzkisten mit der gestempelten Beschriftung: TUG RIVER KOHLEBERGBAU. Eine der Kisten stand offen, und Homer war nicht sonderlich überrascht, als er die zylindrischen roten Stangen darin sah. „Dynamitstangen", sagte er. „Die Sorte haben wir in den Minen vor ungefähr zehn Jahren benutzt."

„Funktionieren die noch?", fragte Malcolm und nahm eine Stange in die Hand.

„Könnte gut sein, dass die ein bisschen heikel sind."

„Inwiefern?"

„Wenn Sie eine fallen lassen, wäre es durchaus möglich, dass sie explodiert."

Behutsam legte Malcolm die Stange zurück in die Kiste. „Also, wie zünden wir die Dinger nun richtig?"

Homer merkte, wie es ihm kalt über den Rücken lief. „Was haben Sie denn vor?"

„Siehst du die vielen Männer da draußen? Die haben alle für die Stroop-Strumpffabrik gearbeitet, bevor der verdammte Besitzer sie auf die Straße gesetzt hat. Höchste Zeit, dass wir Stroop mal zeigen, dass wir uns das nicht gefallen lassen. Es wird Zeit, etwas zu tun, das der ganzen Welt sagt, wie ernst wir es meinen."

Um sich zu vergewissern, dass er Malcolm richtig verstanden hatte, fragte Homer noch einmal nach. „Sie wollen eine Strumpffabrik in die Luft jagen?"

„So ist es, Bergarbeiter. Bist du bereit, mir zu helfen?"

„Nein! Und ich gehe jetzt. Auf der Stelle!"

Hastig verließ Homer das Zelt. Als er wieder beim Buick war, konnte er weder Elsie noch Steinbeck entdecken und Albert genauso wenig. Er drehte sich um und wäre beinahe mit Malcolm zusammengestoßen, der ihm offenbar gefolgt war. „Wo ist meine Frau?", fragte Homer.

„Immer mit der Ruhe", sagte Malcolm. „Ich hab dir gesagt, dass meine Jungs die Dame zu einem Zelt bringen werden. Das große, da drüben, siehst du? Du kannst zu ihr gehen. Hey, hab dich nicht so, denk bitte noch mal darüber nach."

„Ich hab schon darüber nachgedacht. Die Antwort lautet Nein."

Malcolm zuckte mit den Schultern und bedachte ihn mit einem weiteren Schmeichlerlächeln. „Bleib über Nacht." In diesem Moment wurde Homer klar, dass das keine Bitte war, sondern ein Befehl.

In dem Zelt, das mit zwei Feldbetten mit dünnen Decken und einem kleinen Klapptisch mit einer Kerosinlampe ausgestattet war, fand Homer Elsie. Sie saß auf einem der beiden Betten, Albert lag auf dem Boden neben ihr. Als Homer eintrat, blickte sie auf. „Auf dem Tisch sind noch ein paar Schinkenbrötchen. Albert hat eines gegessen, sie schienen ihm zu schmecken."

Homer ließ sich auf das andere Feldbett plumpsen. „Diese Kerle wollen eine Strumpffabrik in die Luft jagen."

„Warum das denn?"

„Weil sie Schwierigkeiten mit dem Besitzer haben. Und weil sie wahnsinnig sind." Er nahm sich ein Brot vom Tisch und biss hinein. „Malcolm hat gesagt, dass er Wachen vor unserem Zelt postiert hat, heute Nacht kommen wir also nicht weiter. Dann können wir auch genauso gut schlafen gehen. Wo ist John?"

„Ich glaube, den haben sie in ein anderes Zelt gebracht."

Eine gute Stunde später schlief Elsie, doch Homer lag immer noch wach und grübelte über einen Ausweg aus ihrer Situation. Eines war sicher: Er würde diesen Aufständischen bestimmt nicht zeigen, wie sie ihr Dynamit richtig zündeten.

Da hörte er Schritte am Eingang. „Könntest du bitte rauskommen?", rief Malcolm.

Malcolm führte Homer zu einer Feuerstelle und deutete mit einem Nicken auf eine roh gezimmerte Holzbank, die davor stand. „Hat es dein Mädchen bequem?"

Homer setzte sich auf die Bank. „Sie ist meine Frau, und ja, ich würde sagen, es geht ihr gut. Hören Sie, Malcolm, lassen Sie es mich noch einmal erklären. Ich bin nicht der, für den Sie mich halten. Ich bin nur ein ganz normaler Mann, der mit seiner Frau und einem Alligator nach Florida fährt, und unterwegs haben wir einen Schriftsteller aufgegabelt. Das ist alles. Können Sie mich nicht einfach gehen lassen?"

„Weißt du, wie man das Dynamit zündet?"

„Natürlich weiß ich das, ich bin Bergwerksarbeiter. Aber ich werde es Ihnen nicht zeigen."

Malcolms Miene sprach von großer Enttäuschung. „Ich

hätte nie gedacht, dass ihr mich derart auf die Probe stellt. Wo ist deine Knarre?"

„Meine was?"

„Deine Pistole. Hast du sie in deiner Socke versteckt?"

„Ich hab keine Pistole. Hör zu, bei Sonnenaufgang fahren wir. Fertig, aus."

Malcolm holte tief Luft. „Die Fabrik gewinnt jeden Tag ein paar mehr Streikbrecher. Wenn wir den Laden in die Luft jagen, ist das ein Statement, das der Partei gefallen wird."

„Von welcher Partei reden Sie da eigentlich immer?"

Malcolm schüttelte ungläubig den Kopf. „Du hältst mich immer noch für einen Bullen, oder?"

„Nein, ich halte Sie für einen Agitator, und wahrscheinlich sind Sie Kommunist."

„Ja, genau, wir sind vom selben Schlag. Hör zu, Stroop hat die Arbeiter ausgesperrt, und ein paar Schläger und Streikbrecher stehen ihm zur Seite. Ich habe keine andere Wahl, ich muss die Fabrik in die Luft jagen."

Homer versuchte sich vorzustellen, was der Captain zu Malcolm sagen würde. „Ich werde mal versuchen, logisch mit Ihnen zu argumentieren", sagte er. „Wenn Sie die Fabrik sprengen, gibt es keine Arbeitsplätze mehr."

„Ach, noch eine Probe. Okay. Aber wenn wir die Stroop-Fabrik sprengen, wird den anderen Textilfabrikanten dämmern, dass wir es ernst meinen."

Homer nahm noch einen Anlauf. „Wenn Sie die Stroop-Fabrik sprengen, könnten die anderen Fabrikanten es mit der Angst zu tun kriegen und schließen. Dann sind alle arbeitslos."

Malcolm musterte Homer, dann lachte er. „Du liebe Güte, noch eine Probe? Langsam müsste ich doch mal bestanden haben! Übrigens, zündet eigentlich eine Dynamitstange alle anderen mit oder müssen sie untereinander verbunden sein?"

Homer konnte sich seine Antwort sparen, da mehrere Autos und Pick-ups vorfuhren, deren Scheinwerfer über das kleine Lager glitten.

„So, Leute, legt eure Waffen nieder!", schrie jemand in der Dunkelheit. Malcolm sprang auf.

„Komm mit!", rief er Homer zu.

Homer kam nicht mit Malcolm, sondern rannte zum Zelt und schnappte sich Elsie, die gerade aufgewacht war und am Eingang stand. „Komm, weg hier!"

„Albert!", keuchte Elsie. Sie schlüpfte noch einmal ins Zelt und kam rasch wieder heraus. Sie hatte die Arme um Alberts Kopf geschlungen und schleifte ihn hinter sich her. Homer packte Alberts Schwanz, damit sie ihn hochheben konnten, und sie rannten zu ihrem Buick, um sich dahinter zu verstecken, während schreiende Männer an ihnen vorbeiliefen und in der Dunkelheit verschwanden. Sie hörten einen Pistolenschuss, dann noch mehr Geschrei, gefolgt vom Geräusch von Fäusten, die auf Körper einschlugen. Dann zündeten die Angreifer ein paar Zelte an, sprangen wieder in ihre Autos und rasten davon.

Homer und Elsie warteten eine Weile, um sicherzugehen, dass die Eindringlinge weg waren, dann verstauten sie Albert im Auto und gingen zurück ins Lager, um nachzusehen, was passiert war. Sie fanden Malcolm im Schneidersitz auf dem Boden hockend. Sein Gesicht, unglücklich, aber unversehrt, wurde vom Lichtschein eines brennenden Zeltes beleuchtet. Neben ihm lag ein Mann auf dem Boden.

„Was waren das für Männer?", fragte Homer.

„Stroops Streikbrecher.

„Ich hab einen Schuss gehört."

„Sie haben einen meiner neuen Freiwilligen angeschossen. Hier liegt er nun, dabei hat er sich uns erst gestern angeschlossen." Malcolm streckte die Hand aus und hob das Hosenbein des Mannes etwas an, um seine blutige Wunde freizulegen.

Homer glaubte sowohl den Verletzten als auch die Wunde zu erkennen. Als sich der Mann aufsetzte und Homer ihn genauer sehen konnte, war er ganz sicher.

„Ich weiß ja nicht, was er Ihnen erzählt hat, aber er heißt Huddie, und das da ist keine Schusswunde, sondern ein Alligatorenbiss. Dieser Mann ist ein Bankräuber."

„Bin ich gar nicht", knurrte Huddie.

Malcolm zuckte die Schultern. „Bankräuber wie John Dillinger sind die Helden unserer Zeit."

„Huddie ist kein Dillinger. Eher eine Witzfigur."

Malcolm winkte ab, zog Homer beiseite und senkte die Stimme. „Ich hatte ja mit so was in der Art gerechnet. Nachdem du einen Blick daraufgeworfen hast, haben meine Freunde das Dynamit in einem Heuhaufen versteckt, an unseren Plänen hat sich also nichts geändert. Bist du dabei?"

„Nein!"

„Du bist gut, das muss ich dir lassen. Wann hört diese Probe eigentlich auf, Bergwerksarbeiter?"

Homer schüttelte den Kopf, dann ging er mit Elsie zurück zum Auto. „Du schläfst im Wagen, ich halte draußen

Wache", sagte er. „Und bei Tagesanbruch fahren wir los, ganz egal, was kommt."

Schläfrig rollte sich Elsie auf dem Vordersitz zusammen. Homer war fest entschlossen, die ganze Nacht wach zu bleiben und Wache zu halten, doch bald wurden ihm die Lider bleischwer. Er setzte sich gegen das Vorderrad auf der Beifahrerseite gelehnt neben den Buick und blendete alles andere aus, bis er am nächsten Morgen davon aufwachte, dass Steinbeck unter dem Auto hervorgekrochen kam und sich zu ihm gesellte.

„Was für eine Nacht", meinte der Schriftsteller und blinzelte in die rosafarbenen Sonnenstrahlen, die gerade fächerförmig auf den östlichen Rand der Wiese fielen.

„Haben Sie Ihre Sachen gepackt? Wir fahren in ungefähr zehn Minuten."

„Wollen Sie denn nicht sehen, wie das hier ausgeht?"

„Ich weiß, wie das ausgeht. Es gibt Verletzte. Manchmal sogar Tote. Wie immer, wenn die Kommunisten sich einmischen."

„Wenn ich das recht sehe, haben besagte Kommunisten aber einfach nur an ihren Lagerfeuern gesessen oder in ihren Zelten geschlafen, bis ein Kapitalist einen Schlägertrupp vorbeigeschickt hat, um sie zu verprügeln."

„Versuchen Sie nicht, mich durcheinanderzubringen", murrte Homer.

Malcolm kam zu ihnen herüber. Er hatte einen rot gefleckten Lumpen um den Kopf gebunden, obwohl Homer sich nicht entsinnen konnte, am Abend zuvor eine Kopfwunde bei ihm bemerkt zu haben.

„Ich rufe heute Morgen alle für einen Appell zusammen", sagte Malcolm. "Willst du sehen, wie ich das mache?"

"Nein", sagte Homer.

"Ja", sagte Steinbeck.

Elsie und Albert stiegen aus dem Buick.

"Wir erledigen mal kurz unser Geschäft", erklärte Elsie und führte Albert an der Leine zum Plumpsklo hinter den Zelten.

"Sieht so aus, als wäre dein Mädchen noch nicht so ganz bereit zum Aufbruch", sagte Malcolm. "Außerdem will sie bestimmt noch was frühstücken. Komm, ich zeig dir, wie ich dabei vorgehe."

Steinbeck sah Homer bittend an. "Ich würde wirklich gerne zuschauen, für mein Buch."

Auf einmal war Malcolm ganz neugierig. "Bist du ein echter Schriftsteller, so richtig mit veröffentlichten Büchern und so?"

"Ein, zwei Bücher, ja", erwiderte Steinbeck mit einem Hauch von Selbstgefälligkeit. "Vor Kurzem ist mein Roman *Der fremde Gott* erschienen."

Malcolm blinzelte nachdenklich. "Nie gehört. Aber noch bevor das hier vorbei ist, werde ich ein Buch über arme Männer schreiben, die eine kapitalistische Strumpffabrik mit Dynamit in die Luft jagen."

Steinbeck runzelte die Stirn. "Menschen in die Luft jagen … ich bin nicht sicher, ob die Leute so was gern lesen würden."

"Machst du Witze?", lachte Malcolm. "So ein Kerl namens Hemingway schreibt Bücher über Blut und Eingeweide, und ich würde sagen, der verkauft viel, viel mehr als du."

Steinbeck wirkte beleidigt. „Dazu kann ich nichts sagen."

„Na los", sagte Malcolm. „Hör dir an, wie ich die Männer anfeuere."

Malcolm führte sie zu einer grasbewachsenen Erhebung mitten auf der Wiese. Dort saß bereits Huddie und neben ihm ein sehr kleiner Mann, den Homer ebenfalls wiedererkannte. Sie hockten auf einem Brett, das sie quer über zwei Baumstümpfe gelegt hatten. Malcolms Stellvertreter trieben gerade die Männer zusammen.

„Bist du bereit, Huddie?", fragte Malcolm.

„Er ist bereit", sagte der kleine Mann.

„Ich dachte, du bist immer noch auf der Flucht, Slick", sagte Homer.

„Hallo, Fremder. Ich glaube, du verwechselst mich mit jemandem."

„Slick ist für die Partei tätig." Malcolm lächelte Homer an und schüttelte den Kopf. „Hätte ich gleich wissen müssen, dass ihr euch kennt. Aber mir die ganze Zeit weismachen wollen, dass du nicht in der Partei bist! Hab ich die Probe jetzt endlich bestanden?"

„In Sachen Blödheit haben Sie sicher schon bestanden", raunzte Homer.

Malcolm grinste. „Ich werde weiterhin versuchen, dein Vertrauen zu gewinnen." Er wandte sich an Huddie. „Krempel dein Hosenbein hoch. Nein, das andere."

Als der große Mann dem Befehl folgte, legte Malcolm ihm die Hand auf die Schulter und wandte sich an die Männer, die sich ringsum versammelt hatten. „Hört her, Leute. Ich möchte, dass ihr euch jetzt diesen Mann und die Wunde an seinem Bein anschaut. Warum ist er verletzt? Aus demselben Grund, aus dem sie uns gestern Nacht zusammengeschlagen und unsere Zelte niedergebrannt haben. Dieser Kerl ist ein Radikaler, stimmt's? So haben sie ihn genannt, bevor sie auf ihn schossen, so haben sie uns alle genannt: *Radikale!* Was ist ein Radikaler? Jemand, der sich Kerlen wie dir und mir anschließt, um seiner Familie Essen auf den Tisch und ein Dach über dem Kopf zu verschaffen. Das ist ein Radikaler! Deswegen haben uns diese Streikbrecher niedergeknüppelt und diesen armen Kerl verwundet."

„Zumindest ist er nicht tot!", schrie einer aus der Menge.

„Nein, tot ist er nicht", stimmte Malcolm ihm zu. „Aber sie wollten ihn töten. Warum? Weil er gefährlich ist! Und wisst ihr was? Einfach indem ihr hier seid, seid ihr auch gefährlich. Nächstes Mal werden sie uns alle niedermetzeln. Wollt ihr euch das gefallen lassen?"

„Verdammt, ganz sicher nicht!", brüllte Grimes.

„Bist du radikal?"

„Ja, zur Hölle! Wir sind alle radikal!"

„Werdet ihr zulassen, dass uns diese Streikbrecher aufhalten?"

„Nein, nein, nein!"

Malcolm hob die Hände und bat um Ruhe, obwohl außer seinem Stellvertreter keiner ein Wort gesagt hatte. In dem Moment sah Homer, wie Elsie mit Albert im Schlepptau auf sie zukam. Jeder wich zurück, um dem Alligator Platz zu machen. Albert zischte die Männer an und sperrte die Kiefer auf.

Malcolm ließ sich von dem Reptil nicht einschüchtern und senkte den Kopf. „Warum beten wir nicht um Gerechtigkeit?"

„Wir wollen nicht beten!", schrie Grimes mit heiserer Stimme. „Wir wollen diese Streikbrecher aus unserem County jagen!"

„Genau", fuhr Malcolm fort. „Wir werden marschieren. Wann wollt ihr loslegen?"

„Jetzt sofort!" Das war wieder Grimes.

Malcolm lächelte. „Ihr inspiriert mich. Sehr sogar. Gut, dann marschieren wir jetzt." Als nicht mal Grimes reagierte, fügte er hinzu: „Aber erst machen wir ein paar Transparente."

„Und, was meinen Sie?", fragte Homer Steinbeck, nachdem die lustlosen Streikenden davongetrottet waren.

„Ich finde es aufregend", erwiderte der Schriftsteller.

Homer fuhr sich mit der Hand durchs Haar. „John, ich glaube, Sie haben noch nicht besonders viel Blut gesehen. Gestern Nacht war nur ein Vorgeschmack. Wo ich herkomme, haben Minenbesitzer Maschinengewehre gegen streikende Arbeiter eingesetzt, und die Streikenden haben den Spieß umgedreht und die Minenbesitzer aus dem Hinterhalt attackiert oder in der Nacht ihre Familien umgebracht. Bei einem Streik habe ich zum ersten Mal richtigen Hass auf dem Gesicht eines Menschen gesehen. Hass ist etwas Entsetzliches. Er fährt in dich hinein und lässt dich Dinge tun, von denen du dir im schlimmsten Traum nichts hättest vorstellen können. Deswegen habe ich um einen Job in Coalwood gebettelt und war froh, ihn zu bekommen. Jetzt will ich ihn nicht verlieren. Der Besitzer dort – Mr. Carter – und sein Inspektor – Captain Laird – geben ihren Arbeitern ein Gehalt, von dem sie leben können, anständige Häuser, in denen sie wohnen können, und einen firmeneigenen Laden, in dem man nicht übers Ohr gehauen wird. Er spendet sogar Geld für die Schulen vor Ort. Sie haben einen Spielplatz mit lauter neuen Geräten gebaut. Und sogar Bücher für die Bibliothek gestiftet. Wahrscheinlich sind da sogar ein paar von Ihren dabei. Solange die Besitzer solche Dinge tun, bekommen die Gewerkschaften keinen Fuß in die Tür und der Hass genauso wenig."

Steinbeck verfolgte Homers kleine Rede aufmerksam. „Die Textilfabriken in der Gegend scheinen mit der Philosophie Ihres Mr. Carter nicht viel anfangen zu können."

„Nein, ich befürchte nicht."

Steinbeck musterte Homer. „Wie würde es Ihnen gefallen, diese Fabrik mal von innen zu sehen und vielleicht auch diesen Stroop mal kennenzulernen? Zu diesem Bauernhof dort geht eine Telefonleitung. Und ich bin schließlich ein klein wenig berühmt, ich glaube, mit ein paar Anrufen könnte ich uns schon eine Einladung verschaffen."

Homer überlegte. „Okay", sagte er schließlich. „Vielleicht kann ich dem Besitzer erzählen, wie es in Coalwood läuft, und er ändert seine Strategie und setzt diesem ganzen Unfug ein Ende. Malcolm hat es sich fest in den Kopf gesetzt, diese Fabrik in die Luft zu sprengen. Der Besitzer – dieser Mr. Stroop – hat es sich in den Kopf gesetzt, Leute zusammenzuschlagen. Man erntet, was man sät, sagt die Bibel."

„Sind Sie sicher, Homer? Vielleicht könnte ich Malcolm eine Weile ablenken, und dann könnten Elsie und Sie das Weite suchen."

Homer schüttelte den Kopf. „Wissen Sie, ich sehe das so: Wenn jeder vor schlimmen Dingen davonlaufen würde, statt einen Versuch zu unternehmen, sie zu verhindern, dann würden auf der Welt nur noch schlimme Dinge geschehen."

„Toller Ausspruch. Vielleicht klau ich den."

Homer zuckte mit den Schultern. „Machen Sie Ihre Anrufe", sagte er.

10. Kapitel

Elsie fühlte sich nicht ganz wohl in ihrer Haut. Nachdem Homer und Steinbeck Malcolm von ihrer Absicht in Kenntnis gesetzt hatten, waren sie zur Fabrik gegangen, und Elsie war als eine Art Geisel zurückgeblieben. Gerade als ihr Magen sie daran erinnerte, dass sie noch nicht gefrühstückt hatte, kam Malcolm mit einer Papiertüte und einer Tasse Kaffee auf sie zu.

„Frühstück", sagte er.

Elsie mochte die Art nicht, wie Malcolm sie anschaute. Als wäre sie ein Stück Fleisch. Wortlos nahm sie seine Gabe an, und um ihm aus dem Weg zu gehen, lief sie in ihr Zelt, das zu den wenigen gehörte, die nicht verbrannt waren. Sie setzte sich auf ein Feldbett und nahm einen großen Schluck Kaffee. Er war schwarz, genau so, wie sie ihn am liebsten mochte. Sie machte die Tüte auf und nahm einen Keks heraus, der schwerer war als jeder andere Keks, den sie je in der Hand gehabt hatte. Als sie ein Stückchen davon kostete, stellte sie fest, dass er zu hart war. Sie musste das Gebäck in ihren Kaffee tunken, um es überhaupt kauen zu können.

Malcolm steckte dreist den Kopf in ihr Zelt. „Tut mir leid wegen dem Brikett", sagte er. „Aber was anderes hab ich nicht."

„Was für ein Brikett?"

„Na ja, dieser Haferkeks. Den Hafer hab ich aus einem Pferdestall genommen."

Elsie legte den Keks weg, trank aber den Kaffee aus. Als sie aufblickte, stand Malcolm immer noch da. Da sie Angst hatte, er könnte ins Zelt kommen, stellte sie die Tasse ab, nahm Albert bei der Leine und führte ihn hinaus.

„Wohin gehst du?", fragte Malcolm.

„Geht Sie das was an?", fragte Elsie zurück.

Er streckte die Hand nach ihr aus, doch als Albert ihn anzischte, zog er sie schnell wieder zurück. Sein Gesichtsausdruck bekam etwas Verbittertes. „Du hast alles, oder? Einen Mann, der in der Parteispitze tätig ist, und einen bösartigen Alligator."

Elsie schaute ihn an. „Und was haben Sie, Malcolm, abgesehen von Ihrem Hang zur Unzüchtigkeit?"

Malcolm machte mit der Hand eine unbestimmte Geste zum Feld. „Ich habe diese Männer, die ich nachher zusammentrommle, um mit ihnen zur Fabrik zu marschieren."

„Und was werden Sie damit erreichen?"

„Wir werden gegen unsere schlechte Bezahlung und die Sicherheitsmängel am Arbeitsplatz protestieren."

Elsie zuckte mit den Schultern. „Es ist eine Strumpffabrik. Man braucht keine besondere Ausbildung, um dort zu arbeiten. Kein Wunder, wenn die Leute schlecht bezahlt werden. Und Sicherheitsmängel? Da gibt es viele Maschinen auf engstem Raum. Wie wollen Sie das denn ändern, wenn Sie dort aufmarschieren und Ihre Transparente schwenken?"

Malcolm hob die Nase, als wollte er die Niedertracht erschnüffeln, mit der Elsie ihn gestraft hatte. „Das hat Karl Marx schon alles erklärt."

In diesem Moment schoss Elsie der Gedanke durch den Kopf, dass es immer Männer waren, die den Großteil der Probleme auf der Welt verursachten, und dazu gehörten auch der Captain, Homer, Malcolm, Karl Marx und sogar Buddy Ebsen. Es machte sie wütend, dass die Frauen nicht nur Kinder zur Welt bringen und großziehen mussten, sondern auch noch Männer zu ertragen hatten, die durch Männeraugen auf die Welt blickten. Diese Gedanken trieben sie zu der Frage: „Wie sieht es denn für die Frauen aus, Malcolm? Was können Frauen tun, außer Hausfrau, Sekretärin, Krankenschwester, Lehrerin zu werden oder in Ausbeuterbetrieben wie dieser Fabrik zu arbeiten? Ein Mann kann zumindest versuchen, Vorarbeiter in der Fabrik zu werden. Er könnte sogar Arzt oder Ladenbesitzer oder Bankmitarbeiter werden, wenn er sich entsprechend bildet."

Malcolm musterte sie. „Hier geht es nicht um Frauen."

„Was ist mit Mother Jones? Ist die nicht so eine Art heilige Suffragette für die Kommunisten?"

„Ich bin kein Kommunist. Ich bin demokratisch-progressiver Sozialist. Und Mother Jones hat Gewerkschaften organisiert, sie war keine Suffragette. Die Gewerkschaften werden Gleichheit für alle erkämpfen, auch für die Frauen."

Elsie schaute über das Feld. Die Männer sollten Transparente schreiben, aber die meisten von ihnen taten nicht viel. Manche waren sogar eingeschlafen, andere tranken.

„Dieser Haufen wird keine Gleichheit erkämpfen, nicht für sich selbst und erst recht nicht für andere."

Malcolm grinste. „Ja ja, du könntest sie bestimmt ganz anders aufwiegeln. Als wenn die auf eine Frau hören würden."

„Auf ihre Mütter haben sie schließlich auch mal gehört, oder?" Als Malcolm nicht antwortete, sondern nur weitergrinste, marschierte Elsie zu den Männern hinüber.

„Hört her, Männer! Bei meiner Heirat habe ich den Namen Hickam angenommen, aber ich bin durch und durch eine Lavender. Meine Familie ist 1712 in die Vereinigten Staaten gekommen, nachdem man sie erst von England nach Irland verjagt und dann auch noch aus Irland vertrieben hat. Sie kamen als vertragsgebundene Diener nach Amerika, was nichts anderes bedeutet, als dass sie Sklaven waren. Aber das war ihnen egal. Sie arbeiteten, bis sie sich ihre Freiheit erkaufen konnten, dann zogen sie weiter in den Westen und kämpften mit den Indianern und allen anderen, die sich ihnen in den Weg stellten. Sie nahmen ein Stück Land in Besitz, pflügten die steinigen Hügel und bearbeiteten den Boden im Schweiße ihres Angesichts, bis Obst und Gemüse wuchsen und der Honig floss. Sie zogen ihre Kinder an einem Ort auf, den sonst niemand haben wollte. Sie waren frei!"

Die wachen Männer starrten Elsie an, dann stupsten sie die schlafenden an, und die anderen, die Flaschen in der Hand hielten, stellten sie ab. Die feuchten geröteten Gesichter der Streikenden schienen in der Sonne zu glänzen, als sie ihre Blicke auf Elsie richteten.

Elsie warf einen Blick zu Malcolm, der immer noch grinste. Sie nahm eine kämpferische Haltung an. „Dann kamen Männer mit Zylindern und stahlen uns das Land und schickten uns unter die Erde, wo wir Kohle aus dem Boden hämmern und den grässlichen Staub einatmen und unsere Lungen kaputt machen mussten. Sie steckten uns in Lager, wo die kleinen Jungs im Sommer nur an einem einzigen Ort spielen können, an einem Bach, einem schmutzigen. Sie holen sich Krankheiten, die ihre kleinen Körper so aufheizen, dass sie fast verbrennen, und dann sterben sie. Sie bringen uns um, und dann wollen sie nicht verstehen, warum wir sagen, dass wir es nicht mehr hinnehmen wollen, dass wir uns behaupten wollen. Das haben die Leute in meiner Heimat getan, dem Land der Mother Jones. Wir haben für unsere Rechte gekämpft! Und jetzt empfehle ich euch verdammten Faulpelzen, dass ihr endlich auf die Beine kommt und dasselbe tut. Steht auf, egal wer ihr seid. Steht auf, Männer aus North Carolina, und schließt euch mir an! Steht auf, *wir wollen marschieren!*"

Ein paar Sekunden lang sahen die Männer sie schweigend an, und dann standen sie alle gleichzeitig auf, als hätten Engel sie hochgehoben, und während Malcolm nur mit offenem Mund zuschauen konnte, hielten sie ihre Transparente in die Höhe und brüllten, dass sie auch bereit wären, direkt in die Hölle zu marschieren, solange Elsie Lavender Hickam sie führte.

11. Kapitel

Homer war überrascht, wie klein die Fabrik war. Er hatte eine große Anlage erwartet, deren Schornsteine dicke Rauchwolken ausstießen, doch was er vorfand, war nur ein kleines Ziegelgebäude mit einem dünnen Rohr auf dem Dach. Zwei durchhängende Stromkabel, auf denen eine Schar Spatzen saß, liefen vom Gebäude zu einem schiefen Strommast. Die großen rechteckigen Fenster, die sich über die beiden Stockwerke erstreckten, waren einheitlich grau. Ein Maschendrahtzaun umgab das Gelände, über dessen Haupteingang ein Schild prangte, auf dem STROOPS STRUMPFFABRIK stand. Auf einem Zaunpfahl hing ein kleineres, handgeschriebenes Schild mit der Aufschrift: *Wir stellen ein.*

Vor dem Tor standen drei vierschrötige Männer in Anzügen und breitkrempigen Hüten und warteten. Sie zogen ihre Mäntel beiseite, um die Pistolen an ihren Hüften zu entblößen. Furchtlos stiegen Homer und Steinbeck aus dem Buick und gingen auf sie zu. Steinbeck stellte sich selbst vor. „Ich habe Mr. Stroop angerufen, und er hat uns die Erlaubnis gegeben, aufs Gelände zu gehen."

„Haben wir schon gehört", sagte eine der Wachen und nickte einem anderen zu, der das Tor weit aufmachte.

Auch die Eingangstür der Fabrik ging auf, und ein schick angezogener Mann im Dreiteiler trat heraus. Ihm folgten zwei Männer mit Gewehren. „Mr. Steinbeck", sagte der gut gekleidete Mann.

„Mr. Stroop." Steinbeck deutete mit einem Nicken auf Homer. „Mein Assistent. Er heißt Homer."

Stroop musterte Homer. „Das ist ein Arbeiter. Das sehe ich an seiner Haltung."

„Ich bin Bergwerksarbeiter", sagte Homer. „Aber heute bin ich für Mr. Steinbeck tätig."

„Na gut, kommen Sie rein", sagte Stroop. „Ich hab heute nur die halbe Schicht auf Trab zu bringen."

„Wegen der streikenden Arbeiter?", fragte Steinbeck.

„Es gibt keine streikenden Arbeiter. Sobald ein Mann nicht zur Arbeit erscheint, ist er entlassen."

Als sie eintraten, sah Homer sich den Fabrikbesitzer genauer an. Sein Mantel war abgetragen, die Ellbogen fadenscheinig, und die Hose glänzte, weil sie schon zu oft gebügelt worden war. Bestimmt waren seine Schuhe früher einmal elegant und hübsch gewesen, doch jetzt sahen sie ganz schön durchgelaufen aus. Entweder hatte er heute seine ältesten Sachen angezogen oder seine Fabrik warf nicht besonders viel Gewinn ab.

Im ersten Raum, den sie betraten, herrschte großer Lärm, die Webstühle ratterten, und brauner Staub schwebte in der Luft.

„Sie müssten zur Sicherheit Wachen an diesen Maschinen aufstellen", sagte Homer zu Steinbeck. „Schauen Sie, wie tief diese Frau da hineingreift und das Garn zurechtzupft – sie könnte sich dabei jederzeit die Hand einklemmen."

Stroop hatte seine Bemerkung gehört. „Das muss sie

aber machen, sonst verknotet sich das Garn. Wir achten bei der Ausbildung darauf, dass die Frauen flink arbeiten."

„Und wenn eine dann müde wird, passiert trotzdem was", antwortete Homer. „Bevor Sie sichs versehen, könnte ihr dieser Webstuhl einen Finger oder einen Arm abreißen."

„Ich entwerfe diese Maschinen nicht", erwiderte Stroop. „Ich benutze sie nur. Meine Angestellten können sich nicht verletzen, wenn sie sorgfältig arbeiten."

„Gibt es denn gar keine Chance, dass Sie die streikenden Arbeiter wieder einstellen?", versuchte es Steinbeck.

„Nein, verdammt! Ich suche nach neuen Männern und Mädchen. Wir leben in der Wirtschaftskrise, die Leute suchen verzweifelt Arbeit. Kann sein, dass es eine Weile dauern wird, aber ich bekomme meine Arbeiter schon zusammen."

„Es wird seine Zeit dauern, bis Sie die neuen an den Geräten ausgebildet haben", gab Steinbeck zu bedenken.

Stroop schnaubte. „Lieber das, als einen Haufen Gewerkschafter zu beaufsichtigen."

Homer musterte einen Stapel Kisten mit Strümpfen. „Wem verkaufen Sie eigentlich Ihre Strümpfe, Mr. Stroop?"

„Jedem, der sie kaufen will."

„Sieht so aus, als hätten Sie ein ganz schön volles Lager."

„Im Moment lässt die Nachfrage nach, das muss ich zugeben."

Homer zog Steinbeck beiseite. „Die Fabrik steht vor dem Aus, Streik hin oder her."

„Woher wollen Sie das wissen?", fragte Steinbeck. „Die wirtschaftlichen Zusammenhänge sind doch ziemlich komplex."

„Wenn sie keine Socken verkaufen, gehen sie pleite. Das ist nicht komplex."

„Glauben Sie, die Gewerkschaft verschwendet ihre Zeit mit dieser Fabrik?"

„Ich glaube, Malcolm will sich in der Partei einen Namen machen, wofür auch immer die stehen, und er dachte sich, dass das hier keine harte Nuss wird. Wie sich herausgestellt hat, ist es schwieriger als gedacht, deswegen geht er jetzt aufs Ganze."

„Was soll das heißen?"

„Das soll heißen, dass er wirklich vorhat, diese Fabrik in die Luft zu jagen. Irgendwie müssen wir das verhindern."

„Einverstanden. Aber wie?"

Homer überlegte. „Er glaubt, dass ich eine wichtige Persönlichkeit in der Partei bin. Vielleicht kann ich mir Zugang zum Dynamit verschaffen und es fortschaffen."

„Und was, wenn er Ihnen auf die Schliche kommt? Das hört sich gefährlich an."

„Ich bin Bergwerksarbeiter, Mr. Steinbeck. Meine Arbeit ist immer gefährlich."

Steinbeck blinzelte. „Wissen Sie was? Elsie hat einen ganz schönen Fang mit Ihnen gemacht. Ich verstehe nicht, warum sie immer noch über diesen Berufstänzer aus Florida redet."

„Gegen einen Traum kann man nur schwer ankommen", erwiderte Homer. „Und einen Traum aufzugeben, ist vielleicht noch schwerer."

„Und was ist mit Ihnen, Homer? Wie sieht Ihr Traum aus?"

„Ich möchte einfach in Coalwood leben, Kohle abbauen und eine Familie haben."

„Klingt so einfach, dass es eigentlich klappen müsste."

„Mit Elsie", sagte Homer, „ist gar nichts einfach."

12. Kapitel

Elsie und Malcolm marschierten in der ersten Reihe der streikenden Arbeiter, die auf das Tor der Stroop-Strumpffabrik zuhielten. Beim Aufbruch aus dem Lager war die Stimmung noch aufgeheizt gewesen, aber als sie sich der Fabrik näherten, war ihr Mut bereits verebbt. Ihre Schlachtengesänge klangen kraftlos, die Plakate trugen sie nur noch auf halbmast. Um ihre Geister wiederzubeleben, reckte Elsie ihr Plakat – STROOP IST EINE RATE! – gen Himmel und schrie: „Bleibt hinter mir, Männer! Bleibt hinter mir, und wir können siegen!"

Neben ihr saß Albert in seinem Waschzuber auf einem Spielzeugwagen, den sie aus dem Garten des Bauern genommen hatten, auf dessen Gelände sie kampierten. Einer der Arbeiter zog ihn. Auf dem Wagen war ein Schild angebracht: DER UNGERECHTIGKEIT DIE ZÄHNE ZEIGEN. Ein anderer Mann trug einen Eimer Wasser, mit dem Albert später erfrischt werden sollte.

„Wie hast du sie dazu gebracht, das für dich zu tun?", fragte Malcolm Elsie zwischen zusammengebissenen Zähnen.

„Ich hab sie einfach gebeten."

„Elsie, kannst du dir überhaupt vorstellen, wie viel Macht du über diese Männer hast?"

„Und können Sie sich vorstellen, wie viel Macht sie als

Männer über uns Frauen haben? Aber ich sage Ihnen eines: Irgendwann kommt der Tag, an dem sich das ändern wird."

Bevor Malcolm etwas erwidern konnte, kamen die Streikenden zum Stehen, und statt zu schreien, murmelten sie üble Verwünschungen vor sich hin. Stroop war mit seinen großen, gefährlich aussehenden Leibwächtern am Zaun erschienen. Homer und Steinbeck standen neben ihm.

Das Tor ging auf, um Homer und den Schriftsteller hinauszulassen. „Du solltest nicht hier sein, Elsie", sagte Homer. Sein Blick fiel auf ihr Plakat. „Ratte schreibt sich mit zwei T."

„Ich weiß, aber ich hatte keinen Platz mehr."

Homer nahm sie beim Arm. „Du kommst mit mir."

Sie machte sich von ihm los. „Nein. Der einzige Grund, warum diese Männer hier stehen, bin ich."

„Das stimmt gewissermaßen", stimmte Malcolm zu.

„Sie halten sich da raus, Malcolm", schnauzte Homer ihn an. „Das ist eine Sache zwischen meiner Frau und mir." Er beugte sich vor, um Elsie etwas ins Ohr zu sagen. „Warum tust du das? Versuchst du, mich in meine Schranken zu verweisen?"

„Nein. Ich will mich über meine hinwegsetzen." Sie schob Homer beiseite und baute sich vor dem Fabrikbesitzer auf. „Sie sind ein gemeiner Mann, Mr. Stroop, und das gilt auch für Ihre Schläger!"

„Sei bloß vorsichtig, Mädchen!", knurrte Stroop. „Ich habe Respekt vor Frauen, aber wenn du hier Transparente schwenkst, lernst du mich bald von der schlechten Seite kennen!"

„Sie haben doch überhaupt keine gute Seite!", schrie Elsie, dann drehte sie sich um und wandte sich an die streikenden Arbeiter. „Hört her! Hier steht er – Stroop! Er hat euch eure Arbeitsplätze weggenommen und sie Schlägern gegeben. Ihr habt gesagt, dass ihr euch das nicht gefallen lassen werdet."

Eine Stimme ertönte. „Nein, das lassen wir uns nicht gefallen!"

„Erzählt das nicht mir. *Erzählt es ihm!*"

Ein leises, fast schon entschuldigendes Gemurmel erhob sich. „Lassen wir uns nicht gefallen. Lassen wir uns nicht gefallen."

„Verdammt, das kann ja wohl nicht sein!", rief Elsie. „Schreit es raus! Keine Schläger mehr!"

Die Schreie wurden ein bisschen lauter. „Keine Schläger mehr! *Keine Schläger mehr!*"

„Elsie, du spielst Stroop doch bloß in die Hände", sagte Homer. „Schau ihn doch an, wie er dasteht und grinst. Der wird seine Männer gleich auf sie loslassen."

Elsie ignorierte ihren Mann, warf ihr Plakat auf den Boden und formte mit den Händen einen Trichter an ihrem Mund. „Stürmt die Fabrik! Stürmt die Fabrik!"

„Hör auf, Elsie", sagte Homer.

„Erzähl mir nicht, was ich tun soll. Erzähl mir *nie wieder*, was ich tun soll!"

„Ich bin dein Mann. Ich muss dir erzählen, was du tun sollst."

Elsie funkelte Homer an, und Homer funkelte zurück, während die streikenden Arbeiter und Stroop und Malcolm und sogar die Fabrik sich in einen grauen Nebel auflösten und für die beiden fast nicht mehr existierten.

„Buddy hätte mir nie erzählt, was ich tun soll", sagte sie.

Homers Augen erstarrten zu blauem Eis. „Buddy ist nicht hier. Der ist in New York und tanzt mit anderen Frauen. Unzähligen anderen Frauen."

„Das kannst du überhaupt nicht wissen."

„Vielleicht nicht, aber ich glaube, du weißt es."

Auf einmal löste sich der Nebel auf, und um sie herum wurde die Welt wieder scharf. Stroop gab einen Befehl, und seine Wachen rannten aus dem Tor, um den Arbeitern Fausthiebe zu versetzen, sie zu Boden zu schlagen und auf sie einzutreten. Steine flogen, und einer davon traf Elsie am Kopf. „Oh …", sagte sie mit leiser, überraschter Stimme und sackte in sich zusammen, doch Homer konnte sie auffangen, stützte sie und schnappte sich Alberts Wagen. Während er mit dem einen Arm die benommene Elsie stützte, zog er mit dem anderen Albert durch das Schlachtfeld hinter sich her, bis sie in Sicherheit waren.

In einem kleinen Wäldchen in der Nähe half Homer Elsie, sich hinzusetzen und gegen einen Baum zu lehnen.

„Tut es weh?", fragte er.

Verwirrt starrte sie ihn an. „Was soll wehtun?"

Er zog ein Taschentuch hervor und tupfte die Wunde an ihrem Kopf ab. Der Stoff war blutig, und er zeigte es ihr, doch Elsie versuchte unerschrocken, sich wieder aufzurappeln.

„Bleib sitzen." Homer drückte sie wieder zu Boden. „Du bist von einem Stein getroffen worden."

„Ist mir egal", protestierte sie. „Meine Männer kassieren viel schlimmere Prügel."

Homer warf über die Schulter einen Blick zurück. Die streikenden Arbeiter hatten sich abgesetzt, ihre Transparente lagen zertrampelt auf der Erde. Die einzigen, die noch da waren, lagen entweder auf dem Boden oder humpelten gerade davon.

„Sie sind geschlagen", sagte er. „Es ist vorbei."

„Das ist nicht recht." Elsie konnte es nicht glauben. „Stroop sollte verlieren, und jetzt hat er gewonnen." Sie blickte zu Homer auf. „Und du willst nicht helfen, oder? Du bist auf seiner Seite. Du bist ein ... ein Kapitalist."

Homer drückte sie an sich, aber er schwieg. Über seine Schulter blickend sah Elsie, wie die Männer sich zerstreuten. Manche stützten andere, aber die meisten gingen allein davon. Auch die Streikbrecher tummelten sich unter ihnen, sie lachten und warfen die Plakate auf einen Haufen.

„Was ist nur los mit dieser Welt, Homer?", flüsterte sie.

„Nichts, was du in Ordnung bringen könntest, Elsie."

„Warum nicht?"

„Ich weiß nicht."

„Du solltest es aber wissen. Du bist mein Mann."

Homer sagte nichts. Er drückte sie nur noch fester an sich.

13. Kapitel

Als sie ins Lager zurückkamen, brachte Homer Elsie und Albert zurück ins Zelt, dann half er ihr, sich auf ein Feldbett zu legen. Er wusch sein blutiges Taschentuch aus und benutzte es dann, um das getrocknete Blut von ihrer Wunde zu tupfen.

„Wie fühlst du dich?"

„Schrecklich", sagte sie. „Hast du gesehen, wie diese Männer davongerannt sind?"

„Sie wurden zusammengeschlagen, Elsie", sagte Homer. „Das sind Fabrikarbeiter, keine professionellen Schläger."

„Ich muss darüber nachdenken."

„Na, jetzt entspann dich erst mal. Nachdenken kannst du später noch."

Steinbeck tauchte auf und warf einen Blick ins Zelt. Homer ging hinaus, um sich mit ihm zu unterhalten.

„Tja, das ist wohl nicht so gut gelaufen", meinte der Schriftsteller trocken.

Homer sah Malcolm in seinem Auto eintreffen.

„John, würden Sie bitte kurz ein Auge auf Elsie haben?"

„Es ist mir ein Vergnügen. Was haben Sie jetzt vor?"

„Mir dieses Dynamit unter den Nagel reißen und diese Geschichte beenden, bevor es noch schlimmer kommen kann."

Bis auf ein paar müde Nachzügler, die jetzt noch eintrafen, war das Lager so gut wie leer. Malcolm schaute sie verdrossen an, als Homer auf ihn zuging.

„Wie sieht Ihr Plan für die Sprengung der Fabrik aus?"

„Auf der Rückseite des Fabrikgebäudes befindet sich ein verschlossenes Tor. Wir müssen einfach nur das Schloss aufbrechen und uns hineinschleichen."

„Und Stroops Wachen?"

„Deswegen habe ich mich noch ein bisschen dort umgeschaut – ich wollte sehen, was sie tun. Die sind geschlossen saufen gegangen, weil sie denken, ihre Arbeit ist erledigt, der Streik vorbei."

„Wo ist das Dynamit? Ich muss es mir noch einmal ansehen, damit ich sicherstellen kann, dass es auch wirklich zündet."

„Das wird zünden. Außerdem ist es sowieso schon unterwegs. Slick und Huddie transportieren es gerade hin."

Homer hatte sich schon gefragt, was Slick und Huddie mit den streikenden Arbeitern zu tun hatten, und jetzt, wo ihm wieder der Hinweis des Bankangestellten einfiel, wie viel Dynamit es zur Sprengung eines stählernen Tresors brauchte, glaubte er Bescheid zu wissen.

„Sie haben den beiden wirklich Ihr Dynamit anvertraut?"

„Natürlich. Sie haben nicht bloß den Pick-up, sie haben sich auch freiwillig für die Arbeit gemeldet."

Homer senkte das Kinn und schüttelte den Kopf. „Wissen Sie, Malcolm, mein Chef zu Hause in West Virginia ist ein Mann namens Captain Laird. Er ist ein großer Mann und kennt sich wirklich aus. Einmal hat er zu mir gesagt: ‚Hab niemals Angst davor, einem Mensch zu sagen, dass er nicht gut ist, denn wie soll er gut werden, wenn er nicht weiß, dass er schlecht ist?' Tja, Malcolm, Sie sind schlecht, aber ich bin nicht sicher, ob es reicht, wenn ich Ihnen das sage. Ich schätze, ich muss es Ihnen zeigen. Wo ist die nächste Bank?"

„In Stroopsburg, schätze ich", antwortete Malcolm und runzelte die Stirn. „Warum? Brauchen Sie Geld?"

„Nein, aber ich schätze, Slick und Huddie brauchen welches."

Homer ging zum Bauernhaus und klopfte an die Tür. Eine grauhaarige Frau in einem geblümten Kleid und einer weißen Schürze öffnete ihm.

„Madam, darf ich bitte Ihr Telefon benutzen?", fragte Homer.

Die Frau sah verärgert aus. „Ich würde schon Ja sagen, aber das Ding funktioniert nicht. Funktioniert den ganzen Tag schon nicht."

Als Homer die Veranda verließ, schaute er um die Ecke und entdeckte, warum das Telefon nicht funktionierte. Am letzten Telefonmast war die Leitung gekappt worden. Er ging zurück zu Malcolm. „Die Telefonleitung ist durchtrennt worden."

„Das hätte ich Ihnen gleich sagen können. Die hab ich selbst durchgeschnitten. Ich wollte nicht, dass irgendjemand Stroop vor dem warnt, was wir hier vorhaben."

Homer ging zurück zu Elsie, um nachzusehen, wie es ihr ging, und er entdeckte sie auf einem Klappstuhl mitten in der Lektüre von *Das rote Pony*, das ihr wahrscheinlich Steinbeck gegeben hatte. Albert lag zu ihren Füßen, sein Kopf ruhte auf dem Boden. Er sah unglücklich aus. Wahrscheinlich vermisste er immer noch den Hahn, dachte sich Homer, dem es nicht anders ging.

„Elsie, hör mal, ich muss mit dem Buick los und ein paar Dinge erledigen. Wie geht's deinem Kopf?"

Elsie hob den Blick und befühlte die Beule direkt hinter ihrem Haaransatz. „Mir geht's gut. Es ist bloß eine Schramme." Sie schaute weg und biss sich auf die Lippe. „Was ich da vorhin über Buddy gesagt habe ... Ich war nur einfach so wütend."

„Ich weiß. Ich war auch wütend. Aber im Moment muss ich eines wissen: Willst du immer noch bei den Radikalen bleiben? Denn wenn ja, dann weiß ich nicht, wie wir es nach Florida schaffen sollen."

Sie ließ das Buch auf ihren Schoß sinken. „Hast du gesehen, wie diese Männer davongerannt sind? Ich hab für sie alles getan, was ich konnte. Lass uns einfach packen und fahren."

„Ich habe erst noch etwas zu erledigen. Wo ist John? Er sollte eigentlich ein Auge auf dich haben."

„Er meinte, er würde sich eine Mitfahrgelegenheit in die Stadt organisieren, um ein paar Telefonate zu erledigen. Ich hab ihm gesagt, dass es mir gut geht und er ruhig fahren kann." Elsie musterte ihn. „Du siehst ja richtig fassungslos aus", sagte sie.

„Weil mich diese Situation einfach fassungslos macht."

Malcolm kam dazu und unterbrach sie. „Bist du bereit, Bergwerksarbeiter? Wie geht's, Elsie?"

Elsie funkelte ihn an. „Sie sind auch weggerannt, Malcolm."

„Um ein andermal weiterkämpfen zu können."

So ganz schien Elsie ihm nicht zu glauben. Malcolm sah, was für ein Buch sie in der Hand hatte. „Ich dachte, du liest *Das Kapital*, das ich dir gegeben hatte."

„Hab's versucht. Das ist mit Abstand das langweiligste Buch, das ich je gelesen habe."

„Dieses Buch hat die Welt entflammt!"

Elsie rümpfte die Nase. „Dann muss die Welt ja trocken wie Zunder gewesen sein."

„Vielleicht gibt Elsie doch keine so gute Kommunistin ab", erklärte Homer, „wobei sie zur Kapitalistin auch nicht so wirklich taugt."

„Ich könnte beides sein, wenn ich wollte", gab Elsie zurück. „In der Tat kann ich *alles* sein, was ich sein will. Ich muss nur rausfinden, was das ist. Wenn ich das erst mal weiß …"

„Dann wirst du die Welt entflammen", beendete Homer für sie den Satz, „und sie bis auf den Grund niederbrennen."

Elsie wandte sich wieder ihrem Buch zu. „Na, geh schon, erledige, was du noch zu erledigen hast", sagte sie und wedelte mit der Hand.

Homer nickte. Wie immer fühlte er sich ein bisschen hilflos, wenn Elsie ihre entschiedene Art aufsetzte. Er stieg in den Buick, und Malcolm nahm auf dem Beifahrersitz Platz. Es überraschte ihn, als Elsie ihm nachrief: „Spreng dich nicht selbst in die Luft, ich brauch dich noch."

Das gefiel Homer so gut, dass er grinste wie ein Schuljunge. „Wirklich?"

„Ja. Ich brauche dich, weil du Albert und mich nach Florida bringen musst."

Homers Grinsen erlosch.

„Sie hat nicht vor, bei dir zu bleiben, hm?", meinte Malcolm unterwegs.

„Ich weiß nicht", sagte Homer.

„Muss hart sein, Tag für Tag mit so was zu leben."

„Wenn sie nicht bei mir bleibt, werd ich trotzdem für jeden Tag dankbar sein, den sie mit mir zusammen gewesen ist."

Malcolm lachte. „Oh Gott, ich wünschte, ich könnte eine so lieben."

„Nein, das wünschen Sie sich nicht. Hören Sie, Malcolm, wir fahren nicht zur Fabrik. Wir fahren nach Stroopsburg. Slick und Huddie wollen die Bank dort überfallen."

„Das glaube ich nicht", sagte Malcolm.

„Sie werden schon sehen", gab Homer zurück.

In Stroopsburg entdeckten sie Steinbeck auf der Treppe vor dem Büro der Western Union. Neben ihm stand ein selbst gebastelter Käfig, in dem ein verloren aussehendes Geflügel hockte. „Ich hab diesen Hahn gekauft", sagte er. „Ist das Ihrer?"

Homer schaute genauer hin, dann lachte er vor Freude auf. „Ja. Wo haben Sie den denn her?"

„Ich bin ein paar von den Leuten aus Hooverville begegnet, wo wir uns getroffen haben. Als ich gesehen hab, dass sie versuchen, einen Hahn zu verscherbeln, hab ich getippt, dass es Ihrer sein dürfte, und hab ihn gekauft."

Homer war glücklich, den Hahn wiederzuhaben. „Das ist wirklich der größte Glückspilz von einem Gockel, den es jemals gab", sagte er. „Ich zahle Ihnen, was immer er Sie gekostet hat."

„Nur eine Fünfcentmünze."

Homer durchsuchte seine Taschen. Er fand die Scheine – der kleinste ein Fünfdollarschein –, gegen die er seine zwei Fünfziger eingewechselt hatte, und den Cent, den er aus der Bank gestohlen hatte. Da er alles Glück gewiss schon verbraucht hatte, das ihm dieser Cent bringen konnte, reichte er ihn dem Schriftsteller. „Dann schulde ich Ihnen jetzt noch vier Cent. Können Sie sich erinnern, Slick und Huddie hier gesehen zu haben?"

Steinbeck stand auf und klopfte sich den Staub vom Hosenboden. „Kann ich nicht behaupten."

Homer blickte die Straße hinunter. „Wo ist denn hier die Bank?"

„Die ist zu. Seit dem ersten Jahr der Wirtschaftskrise. Behauptet jedenfalls der Mann, bei dem ich gerade ein Telegramm aufgegeben habe. Ich wollte eigentlich einen Scheck einlösen."

„Ich schätze, was die beiden angeht, hast du dich geirrt", sagte Malcolm.

Homer schaute ihn an. „Was glauben Sie, wo die beiden sind?"

„Bei der Fabrik natürlich."

„Können Sie mich wieder zum Lager mitnehmen?", fragte Steinbeck.

Homer schüttelte den Kopf. „Tut mir leid, John. Malcolm und ich haben noch was zu erledigen. Aber Elsie liest gerade *Das rote Pony*. Ich bin sicher, sie würde gern mit Ihnen darüber reden."

Steinbeck strahlte. „Wirklich, sie liest es? Na, ich würde gerne hören, was sie dazu sagt." Er stellte den Käfig mit dem Hahn auf den Rücksitz des Buicks. „Ich hab vorhin einen Bauern auf seinem Traktor in die Stadt kommen sehen. Vielleicht kann der mich ja mitnehmen."

Homer wünschte dem Schriftsteller viel Glück und lenkte den Wagen dann auf die Straße Richtung Fabrik.

„Ihnen ist schon klar, dass ich Ihnen nicht erlauben werde, die Fabrik in die Luft zu sprengen, oder?"

Malcolm starrte ihn an. „Na, das ist jetzt aber der Gipfel. Sind Sie von der Bundespolizei oder ein ganz normaler Polizist?"

„Weder noch. Ich bin einfach nur ein Bergwerksarbeiter, was ich bereits ich weiß nicht wie oft versucht habe, Ihnen klarzumachen. Was haben Sie Slick und Huddie gesagt, wo sie den Wagen abstellen sollen?"

„Warum sollte ich Ihnen helfen?"

„Wenn Sie es nicht tun, werde ich dieses Auto anhalten, Sie herauszerren, bewusstlos schlagen und anschließend überfahren."

„Ich glaube nicht, dass du das tun würdest", erwiderte Malcolm. „Bei meiner Ausbildung in der Gewerkschaft hab ich auch gelernt, die Neigungen eines Mannes zu identifizieren. Du bist keiner, der andere Menschen zusammenschlagen oder überfahren würde."

Homer hielt den Wagen an und packte Malcolm am Kragen. „Möchten Sie meine Neigungen genauer erforschen?"

„Bleib einfach weiter auf dieser Straße. Ich sag dir dann, wo du abbiegen musst."

Homer folgte seinen Anweisungen zu einer unbefestigten Straße, die sich durch einen Pinienwald schlängelte und hinter der Fabrik endete. Er sah zwar den Pick-up dort stehen, von Slick und Huddie jedoch fehlte jede Spur.

Sie stiegen aus, und Malcolm schaute auf die Ladefläche. „Das Dynamit ist weg", sagte er. „Das versteh ich nicht. Sie sollten doch auf uns warten."

„Das sind Banditen, Malcolm. Alles, was sie tun, tun sie nur für sich selbst."

„Tja, wir können nicht da reingehen, bevor die beiden nicht wiederkommen und uns verraten, wo sie das Dynamit hingebracht haben."

„Doch, können wir schon", sagte Homer. „Und das tun wir auch. Und denken Sie nicht daran, einfach wegzulaufen. Wenn Sie das tun, breche ich Ihnen den Hals."

Reflexartig legte Malcolm eine Hand an seinen Hals und schluckte. Homer drängte ihn zum Zaun. Das Tor war nur angelehnt, daneben lag ein aufgebrochenes Schloss. „Ich hab ihnen Bolzenschneider gegeben", erklärte Malcolm.

Homer stieß das Tor auf. „Gehen wir."

Die Hintertür des Fabrikgebäudes war unversperrt, und Homer und Malcolm traten ein. Im ersten Stock warfen sie einen Blick durch eine angelehnte Tür und sahen, dass die Maschinen ruhten. Als sie die Treppe in den zweiten Stock erklommen hatten, stießen sie auf Stroop, der nachdenklich eine Kiste Dynamit musterte.

Stroop fuhr herum. „Das ist Privatbesitz! Raus mit Ihnen!"

Homer ging zu der Kiste. Aus einer Ladung ragte eine Lunte heraus. Dann sah er, dass der Fabrikbesitzer eine Schachtel Streichhölzer in der Hand hatte.

„Ich hab Sie gefragt, was Sie da tun."

Stroop musterte Malcolm. „Ein verdammter Radikaler in meiner Fabrik. Raus!"

Malcolm betrachtete das Dynamit und die Streichhölzer. „Sie wollen Ihre eigene Fabrik hochjagen?"

„Es ist meine. Ich kann damit machen, was ich will."

„Aber ... in die Luft sprengen?"

„Ich glaube, ich weiß schon, warum", sagte Homer. „Er ist pleite. Ihr Streik, Malcolm, war die Antwort auf seine Gebete. Und Ihr Dynamit ebenso. Die Fabrik in die Luft jagen, Ihnen die Schuld geben, die Versicherungssumme für die Anlage einstreichen und sich dann davonmachen. Kommt das so ungefähr hin, Mr. Stroop? Wie viel haben Sie Slick und Huddie gezahlt, damit sie Ihnen das Dynamit bringen?"

Erst schien ihm Stroop widersprechen zu wollen, doch dann zuckte er bloß mit den Schultern. „Es gibt keine Versicherung. Die konnte ich mir schon lange nicht mehr leisten. Aber die Fabrik ist ein Familienbetrieb – ich durfte nicht einfach so zumachen und gehen. Jeder hätte gedacht, dass ich ein schlechter Geschäftsmann bin. Ich wollte die Pleite den Kommunisten in die Schuhe schieben."

„Ich bin kein Kommunist", erklärte Malcolm. „Ich bin demokratisch-progressiver Sozialist."

Homer verdrehte die Augen, dann nahm er dem Fabrikbesitzer die Streichhölzer aus der Hand. „Was Sie sind, Malcolm, ist mir im Moment herzlich egal. Hören Sie, Mr. Stroop, die Fabrik sieht doch ganz gut aus. Was wäre nötig, damit sie wieder Gewinn abwirft? Haben Sie schon mal darüber nachgedacht, was Sie noch tun könnten, statt einfach aufzugeben?"

„Natürlich hab ich das! Meine Arbeiter müssten für ein Jahr einen bedeutenden Gehaltseinschnitt hinnehmen. Das würden sie natürlich nie tun, aber wenn sie es täten, könnten wir uns vielleicht wieder erholen. Vor allem wenn wir einen einigermaßen fähigen Vertreter hätten. Wir stellen nämlich wirklich gute Strümpfe her."

Malcolm war verblüfft. „Eine Gehaltskürzung! Meine Arbeiter brauchen mehr Geld, nicht weniger!"

„Ich habe nur eine ehrliche Antwort auf die Frage gegeben, Mr. Stalin", antwortete Stroop.

„Stalin? Ich heiße Malcolm Lee. Ich bin mit Robert E. Lee verwandt. Ich bin ein genauso guter Amerikaner wie Sie, Sie verdammter Geldgeier!"

Homer brachte Malcolm zum Schweigen. „Haben Sie Ihre Arbeiter gefragt, ob Sie einer Gehaltskürzung zustimmen würden, Mr. Stroop? Vielleicht würden sie das sogar tun."

Nur schien Stroop da seine Zweifel zu haben. „Mit Fabrikarbeitern reden? So was ist hier nicht üblich."

„Was meinen Sie, Malcolm?", sagte Homer. „Glauben Sie, Ihre Kameraden könnten bereit sein, für weniger Geld zu arbeiten, wenn sie die Chance haben, ihre Arbeitsstellen zu behalten und später wieder mehr zu verdienen?"

Malcolm zog eine Augenbraue hoch und legte den Kopf auf die Seite. „Verhandeln wir hier gerade, Mr. Stroop?"

Der Fabrikbesitzer musterte Malcolm. „Angenommen, wir verhandeln – sind Sie bereit, Tacheles zu reden?"

„Zeigen Sie mir die Bücher. Wenn es sich so verhält, wie Sie sagen, könnte es sein, dass ich verhandlungsbereit bin. Aber nur für den Zeitraum, den es dauert, bis die Fabrik wieder Profit macht. Sobald Gewinne fließen, gehen sie an meine Leute."

„Sie haben ein paar Trümpfe in der Hand, das muss ich Ihnen wohl lassen. Wenn Sie Ihre Leute dazu bringen, einer vorübergehenden Gehaltskürzung zuzustimmen, unterschreibe ich Ihren verdammten Gewerkschaftsvertrag."

„Wie gesagt, unterschreiben werden wir erst, wenn ich mir Ihre Bücher angeschaut habe. Und ich möchte, dass rund um Ihre Maschinen Sicherheitslinien eingezeichnet werden."

„Farbe ist teuer."

„Arme und Beine auch, Mr. Stroop. Wenn Sie wieder gut dastehen, möchte ich, dass meine Leute von der Firma unterstützt werden, wenn sie sich bei einem Arbeitsunfall verletzt haben."

Stroop schaute missbilligend drein, doch dann wurde sein Gesichtsausdruck sanfter. „Ich wollte nie, dass sich jemand verletzt. Natürlich. Ich werde tun, was in meiner Macht steht. Bis Sie kamen, waren meine Arbeiter für mich wie Familienmitglieder."

„Warum sind Sie dann nie auf die Idee gekommen, ihnen zu helfen und Sicherheitsvorkehrungen zu treffen? Warum muss ein Radikaler wie ich daherkommen, um Sie zur Vernunft zu bringen?"

Stroop seufzte, dann streckte er Malcolm die Hand hin. „Ein Radikaler? Das glaube ich nicht. Ich glaube, wir werden eine interessante Beziehung haben, Mr. Gewerkschaftler. Glauben Sie, Sie könnten Strümpfe genauso gut verkaufen wie Ihr *Kommunistisches Manifest*?"

Malcolm streckte ebenfalls die Hand aus, doch bevor die beiden Männer ihren Pakt besiegeln konnten, platzten Slick und Huddie herein. Slicks Augen waren vor Panik geweitet.

„Was tun Sie da, Stroop?", fragte er. „Zünden Sie die verdammten Dinger endlich an, und dann nichts wie raus hier!"

Stroop lächelte die beiden Bankräuber an. „Das ist nicht nötig. Ich habe beschlossen, die Fabrik weiterzuführen."

„Sie kapieren aber auch gar nichts, Sie Idiot!", schrie Slick. „Wir haben die Lunte von der anderen Kiste im Erdgeschoss schon angezündet. Rennen Sie!"

Slick und Huddie rannten los. Ohne Zögern stürzten Stroop, Malcolm und Homer hinterher. Gerade als der Letzte den Hinterausgang passiert hatte, explodierte die Fabrik. Rauchwolken stiegen auf, Ziegel flogen. Eine zweite Explosion vollendete, was die erste nicht geschafft hatte. Homer warf sich hinter einen Baum und schützte seinen Kopf mit den Armen, bis keine Trümmer mehr herabregneten und der schlimmste Staub sich gelegt hatte. Was eine ganze Weile dauerte.

14. Kapitel

Elsie wachte auf, weil Homer neben ihrem Feldbett stand.

„Elsie, wir fahren!"

Sie setzte sich auf und starrte ihren Mann an, der über und über mit rotem Ziegelstaub bedeckt war. „Immer wenn du weggehst, kommst du staubig wieder zurück", sagte sie milde erstaunt.

„Ich hab jetzt keine Zeit für Erklärungen. Pack dein Zeug, und dann los."

Sie schwang die Beine aus dem Bett und zog die Schuhe an. Albert war wach und schnüffelte an ihrem Bein. „Na, bist du auch bereit zum Aufbruch, mein kleiner Junge?"

„Ja, ist er. Beeil dich. Nimm du ihn vorne, ich heb ihn am Schwanz hoch."

„Was ist mit John?", fragte sie, als sie ihre Seite des Alligators anhob.

„Der fährt mit uns bis Winston-Salem und nimmt ab da den Zug."

„Wir fahren nach Winston-Salem?"

„Jetzt schon."

„Du hast mir immer noch nicht erzählt, warum du so mit Staub bedeckt bist."

„Das erzähl ich dir später."

„Aber Albert wird davon niesen müssen."

„Ich wasch mich an der Pumpe am Bauernhof und zieh mich um. Und jetzt beeil dich!"

Elsie und Homer trugen Albert zum Buick, und ihr fiel auf, dass das Auto ebenfalls eingestaubt war. Es hatte auch ein paar neue Dellen, einen Riss im Verdeck, und hinter dem Lenkrad spähte ein nur zu vertrautes gefiedertes Tier hervor.

„Ist das unser Hahn?"
„Ja. John hat ihn gerettet."
„Wie hat er das denn angestellt?"
„Er hat ihn für einen Nickel gekauft."
„So viel ist der doch gar nicht wert."
„Dann wird es dich sicher freuen, dass ich ihm nur einen Cent gegeben habe. Aber jetzt komm, beeil dich!"

Homer schnappte sich ein paar saubere Kleidungsstücke aus dem Kofferraum und zog los, um sich zu waschen und nach Steinbeck Ausschau zu halten. Nach ein paar Minuten kam er sauber und mit dem Schriftsteller im Schlepptau zurück.

Homer packte Steinbeck auf den Beifahrersitz, Elsie und Albert auf den Rücksitz, wartete kurz, bis der Hahn es sich wieder auf seiner Schulter gemütlich gemacht hatte, und dann verließ er die Lagerstelle der Gewerkschaftler und folgte der Richtung, die ihm die Sonne als Süden anzeigte. Unterwegs erzählte er Elsie und Steinbeck, wie die Fabrik zerstört worden war. Beide reagierten mit entrüstetem Schweigen, während auf der Gegenfahrbahn mehrere Polizeiautos mit heulenden Sirenen an ihnen vorbeirasten.

„Im Grunde könnten sie gleich auch noch ganz Stroopsburg in die Luft jagen", meinte Steinbeck. „Das Städtchen wird sich niemals vom Verlust der Fabrik erholen."

„Ich weiß nicht", sagte Homer. „Es könnte schon funktionieren, wenn Mr. Stroop und Malcolm die Polizei geschickt ausspielen. Vielleicht könnten sich die beiden zusammentun und eine bessere Fabrik aufbauen, in der glückliche Arbeiter schöne Strümpfe herstellen."

„Was meinen Sie, wie groß die Chance ist?"

„Sie geht gegen null", musste Homer zugeben.

Kilometer um Kilometer legten sie zurück, und die zerstörte Fabrik lag bald weit hinter ihnen. Auch Elsie ließ alles weit hinter sich, was dort passiert war. Wenn alle Radikalen wie Malcolm waren, dann wollte sie nichts mehr mit ihnen zu tun haben, hatte sie beschlossen. *Auf geht's nach Florida.*

Schon bald waren Steinbeck und sie in ein weiteres Gespräch über ihre literarischen Ambitionen vertieft.

„Ich werde eine Schreibmaschine brauchen, wenn das überhaupt etwas werden soll", verkündete Elsie.

„Ich würde Ihnen eine *Hermes Baby* empfehlen", sagte Steinbeck. „Die ist tragbar, und die Farbbänder lassen sich leicht auswechseln. Für Gewichtigeres empfehle ich eine *Royal* oder eine *Underwood*."

„Ich kann mich entsinnen, dass Onkel Aubrey eine *Remington* hatte", sagte Elsie, „aber ich kann mir schon eine eigene zusammensparen."

„Ein Bleistift und ein Zettel reichen auch, wenn eine Geschichte aus Ihnen heraussprudeln will", erklärte Steinbeck. „So schreibe ich auch, immer in Schüben. Ganz plötzlich kommt mir dann ein Kapitel in den Sinn, und ich muss es festhalten, bevor es wieder weg ist. Ich schreibe auch gern zu Musik, vor allem zu Bach. Und vielleicht ein bisschen Strawinsky."

„Bach klingt schön", antwortete Elsie nachdenklich. „Bei Strawinsky wäre ich mir jetzt nicht so sicher. Jetzt, nachdem Sie die Arbeit der Gewerkschaft aus der Nähe beobachten konnten – wie wird der Titel Ihres nächsten Buches lauten?"

Steinbeck lachte leise. „Nachdem ich Malcolm erlebt habe, habe ich mich für *Ein fragwürdiger Kampf* entschieden. Ich werde seine Figur natürlich ein bisschen aufpolieren müssen, und ich muss ihn viel klüger machen. Und die streikenden Fabrikarbeiter aus North Carolina werde ich gegen Obstpflücker aus Kalifornien austauschen. Mit Kalifornien kenne ich mich nämlich viel besser aus als mit North Carolina, wissen Sie?"

„Sie finden also, dass man immer über das schreiben sollte, was man kennt?"

„Oder zu kennen glaubt. In Wirklichkeit kennen wir auch viele von den Dingen nicht, die wir zu kennen glauben. Was zum Beispiel würden Sie als Grund für Ihre Reise nennen?"

Da Elsie die Antwort schuldig blieb, sprang Homer ein. „Wir bringen Albert nach Hause."

„Oh, ich glaube aber, dass wesentlich mehr dahintersteckt", meinte Steinbeck.

Weder Homer noch Elsie protestierten gegen Steinbecks Bemerkung. Vor allem deswegen, weil sie wahr war. Eilig lenkte Homer das Gespräch wieder ins literarische Fahrwasser. „Und was schreiben Sie nach dem *Fragwürdigen Kampf*, John?"

„Sie können sich doch bestimmt noch an diese Nomaden erinnern, in dem Lager, in dem Sie mich gefunden haben? Ich hab mir überlegt, ob ich nicht einen Roman über eine arme Familie schreiben soll, die diesen Leuten sehr ähnlich ist – nur dass sie aus Oklahoma stammt und zur Traubenernte nach Kalifornien unterwegs ist."

„Haben Sie schon einen Namen dafür?"

„Noch nicht, aber der erste Titel, der mir in den Sinn kam, lautet *Die Erntezigeuner*."

„Das ist ein schrecklicher Titel", fand Elsie. Sie überlegte kurz. „Trauben pflücken. Früchte. Da gab es doch so ein Lied aus Bürgerkriegszeiten, da kam so eine Zeile über Früchte drin vor, die ziemlich dramatisch klang. Wie ging das noch? Es liegt mir auf der Zunge."

„Die Schlachthymne der Republik", sagte Homer. „Sie zertrampeln die Weinernte, wo die Früchte des Zorns gelagert werden."

„Genau!", rief Elsie. „*Die Früchte des Zorns!* Das ist doch perfekt!"

Steinbeck runzelte nachdenklich die Stirn, dann zuckte er mit den Schultern. „Na gut, ich werde noch mal darüber nachdenken, wenn ich das verdammte Ding jemals schreiben sollte."

„Oh, Sie müssen", sagte Elsie. „Und Sie werden es auch."

„Na, vielleicht nur für Sie, Elsie", lachte Steinbeck. „Vielleicht nur für Sie."

Ich war sechzehn und versuchte, meinen Platz in der Welt zu finden. Außerdem stand ich kurz davor, meinen Führerschein zu machen, und wie alle jungen Männer dachte ich, dass mir dieser Schritt bei meiner Selbstfindung helfen würde. Am Prüfungstag ließ Dad mich ans Steuer seines Buicks, mit dem ich uns von Coalwood bis zur Polizeiwache hinter dem Berg fahren durfte. Aus irgendeinem Grunde liebte Dad Buicks. Eine andere Marke hat er nie gefahren.

Mein Vater beäugte mich kritisch, während ich den Wagen vorsichtig durch die Serpentinen lenkte. „Pass immer schön auf die Geschwindigkeit auf, wenn du mit dem Polizisten fährst", riet er mir. „Wenn du auch nur einen Stundenkilometer zu schnell unterwegs bist, lässt der dich mit Pauken und Trompeten durchfallen."

Ich schwitzte – nicht wegen der bevorstehenden Prüfung, sondern weil mein Vater mich beobachtete. Er konnte seinen zweiten Sohn ganz schön kritisieren. „Ich achte darauf, Sir", versprach ich.

„Und wenn du deinen Führerschein hast, dann sei in Gottes Namen vorsichtig. Wenn du verunglückst, würde deine Mutter wahrscheinlich irgendeinen Weg finden, mir die Schuld daran zu geben."

Zu meiner Verteidigung fiel mir nur ein Gemeinplatz ein. „Mom fährt fast immer zu schnell."

„Ganz recht", knurrte mein Vater. „Das hat sie gelernt, als sie mit diesen verdammten Schmugglern unterwegs war."

Bevor ich etwas darauf sagen konnte – nicht, dass ich überhaupt eine gute Antwort gehabt hätte –, fügte er hinzu: „Ich war nicht bei ihr, sonst hätte ich der Sache einen Riegel vorgeschoben. Ich war woanders und hab ein Gedicht geschrieben."

Ich dachte, dass Dad einen Witz machte, aber als ich in sein Gesicht schaute, konnte ich seinem Ausdruck entnehmen, dass es keiner war. „Du hast ein Gedicht geschrieben?"

„Mein erstes und letztes."

„Das verstehe ich nicht."

Er schüttelte den Kopf. „Na, wenn wir schon so weit sind, kann ich dir wohl auch noch den Rest erzählen."

Ich steuerte durch die nächste Kurve und durch die nächste und war dankbar, dass sein prüfender Blick nicht mehr auf mir ruhte.

„Es war Nacht", begann er, „und wir waren in North Carolina ... Bist du sicher, dass deine Mutter dir nie davon erzählt hat?"

„Nein, Sir. Kein Wort." Sie hatte zwar davon gesprochen, aber ich wollte, dass er weiterredete.

„Weißt du, was eine Stupsnase ist? Nein? Tja, das ist eine kleine Pistole mit kurzem Lauf, wie sie gern von Ganoven benutzt wird. Merk dir das gut."

III. TEIL

Wie Elsie die
Thunder Road entlangfuhr,
Homer ein Gedicht schrieb
und Albert die Wirklichkeit
transzendierte

15. Kapitel

Irgendwann fand Homer den Weg nach Winston-Salem, einfach durch schieres Raten und ein paar Straßenschilder hier und da. Inzwischen war Elsie eingeschlafen, ebenso Albert in seiner Steppdecke sowie der Hahn auf dem Rücken des Alligators.

Am Bahnhof stieg Steinbeck leise aus dem Buick und kam auf die Fahrerseite, um ihm noch einmal die Hand zu schütteln.

„Es war mir ein Vergnügen", sagte er. „Geben Sie gut auf Elsie acht. Sie ist eine ganz besondere Frau."

„Solange sie mich in ihrer Nähe duldet, werde ich das tun", erwiderte Homer.

„Sie klingen nicht gerade zuversichtlich."

„Ich weiß nicht, John. Das Mädchen ist wirklich schwer zu durchschauen."

„Ich würde Ihnen einen guten Rat geben, wenn ich einen wüsste. Die einzigen Frauen, die ich verstehe, sind die, die ich für meine Bücher erfinde, aber was soll ich Ihnen sagen – die Hälfte der Zeit versteh ich nicht mal die."

Homer nickte grimmig. „Adios, John Steinbeck. Ich freue mich schon drauf, weitere Bücher von Ihnen zu lesen. Und vielen Dank für den Hahn."

Steinbeck ging davon, doch dann blieb er noch einmal stehen und drehte sich um. „Dieser Hahn hat auch etwas ganz Besonderes an sich", sagte er, "obwohl ich nicht recht sagen könnte, was es ist. Es kommt mir so vor, als ... na ja, als würde er sich selbst übertreffen, als würde viel mehr in ihm stecken, als man denkt."

„Es ist nur ein Hahn, John."

Steinbeck nickte. „Ja. Natürlich, Sie haben schon recht." Er tippte sich mit den Fingern an die Hutkrempe und marschierte davon. Homer blickte ihm nach, bis er sicher im Bahnhofsgebäude war.

Der Hahn sprang ihm auf die Schulter und kuschelte sich ein. „Warum bist du hier, Gockel?", fragte Homer, doch da das Tier keine Antwort gab und sich nur noch enger an ihn schmiegte, lenkte Homer den Buick durch die Stadt und schlug dann die Richtung ein, in der er den Süden vermutete.

Als Homer ein paar Stunden später auf einer von Wald gesäumten Straße durch die Dunkelheit fuhr, befand er sich nur noch in Gesellschaft eines leise schnarchenden Alberts, eines verschmusten Hahns und einer schlafenden Elsie. Er fragte ungern nach dem Weg, aber da er nicht mal eine ferne Petroleumlampe in der Finsternis erspähen konnte, die ihn umgab, wünschte er sich allmählich doch, es wäre jemand da, den er fragen könnte. Womöglich hatte diese Straße überhaupt keinen Endpunkt und lief für immer so weiter, bis ans Ende der Welt und darüber hinaus. Derartig unsinnige Gedanken waren natürlich nur trügerische Streiche, die ihm sein Kopf spielte, aber er konnte sie nicht abschütteln. Der dunkle und geheimnisvolle Wald schien mit jedem Kilometer näher an sie heranzurücken.

Um die Dinge noch schlimmer zu machen, hatte der

Motor des Buicks hie und da kleine Aussetzer. Homer hielt schon Ausschau nach einer Lichtung, auf der er halten und den Morgen abwarten konnte, um die nötigen Reparaturen vorzunehmen, da entdeckte er eine winzige, aber gut beleuchtete Tankstelle. Daneben befanden sich eine Werkstatt und ein paar Schrottautos. Als die Scheinwerfer des Buicks auf ein Schild mit der Aufschrift *Varmint's Kraftstoff und Reparaturen* fielen, hatte Homer das Gefühl, einen Glücksgriff getan zu haben.

In der erleuchteten Werkstatt sah er zwei Männer in Arbeitsoveralls, die sich über die Motorhaube eines ramponierten Pick-ups beugten. Überrascht hoben sie die Köpfe, als der Buick angetuckert kam und mit einem letzten Rasseln vor der Werkstatt erstarb. Einer der beiden Mechaniker kam auf ihn zu und wischte sich dabei die Hände an einem schmutzigen Lappen ab. „Hört sich so an, als hätten Sie da ein Problem, Mister", sagte er. Als er in den Buick spähte, stieß er einen leisen Pfiff aus. „Na, was die Frauen angeht, haben Sie wohl eher keine Probleme. Das ist ja ein hübsches Mädchen da drin. Ist das Ihre Schwester?"

„Meine Frau", antwortete Homer. Die Bemerkung des Mannes gefiel ihm nicht, aber er brauchte Hilfe und verbarg deshalb seine Gereiztheit. „Der Motor hatte ein paar Aussetzer. Ich schätze, ich kann das schon in Ordnung bringen, aber ich müsste mir Werkzeug von Ihnen leihen, wenn das für Sie okay ist."

Der andere Mann, dessen glatt zurückgekämmtes öliges Haar im grellen Licht der Werkstatt glänzte, gesellte sich zu ihnen. „Na, wen haben wir denn da, Varmint?"

„Jetzt, wo Mildred nicht aufgetaucht ist", erwiderte Varmint, „haben wir hier vielleicht genau das, was wir brauchen."

Als noch ein Mann herauskam, diesmal aus der Tankstelle, fühlte sich Homer allmählich umzingelt. Der dritte Mann trug eine Segeltuchhose und ein schmutziges T-Shirt und war ungefähr so alt wie die anderen beiden, Mitte zwanzig, hätte Homer geschätzt. Alle drei starrten vor Dreck und hatten Zahnlücken. Er war kurz davor, seinen Buick wieder anzulassen – wenn er denn überhaupt wieder angesprungen wäre –, als Varmint ihn freundlich ansprach. „Ich hab schon gemerkt, dass ich Sie mit der Bemerkung über Ihre Frau aufgeregt habe. Ich entschuldige mich. Wahrscheinlich bin ich einfach ein bisschen überarbeitet, ich weiß schon gar nicht mehr recht, was ich sage. Schauen Sie – Sie brauchen Hilfe. Ich helfe Ihnen. So machen wir das hier. Sind Sie einverstanden?"

Varmints Gesichtsausdruck war so aufrichtig, dass Homer sich entspannte. „Natürlich. Danke schön. Ich wäre Ihnen wirklich dankbar."

Genau in diesem Moment wachte Elsie auf, gähnte, streckte sich und sah dann die Lichter und die Werkstatt und die Tankstelle. Sie streckte den Kopf aus dem Fenster. „Ich muss mal pinkeln. Muss ich da in den Wald oder gibt es hier ein Plumpsklo?"

Der Mann mit den öligen Haaren deutete auf die Tankstelle. „Hinter dem Gebäude ist ein Plumpsklo, Ma'am."

Elsie stieg aus dem Buick, ließ die Tür offen stehen und marschierte rasch in die dunkle Gasse zwischen Werkstatt und Tankstelle. Homer machte die Motorhaube des Buicks auf und warf einen Blick in den Motorraum. „Die Zündkerzen sind höchstwahrscheinlich hinüber", sagte er. „Die aus unserem Firmenladen sind meist schon älter, wenn sie ins Sortiment kommen."

„Ich bin nicht sicher, ob wir passende Zündkerzen für Ihren Wagen auf Lager haben", meinte Varmint. „Aber wir können sie ausbauen, versuchen, ob wir sie sauber kriegen, und vielleicht rausfinden, woran es sonst noch hakt."

„Wie viel würde das kosten?", erkundigte sich Homer.

„Ach, zum Teufel", sagte Varmint. „Zündkerzen sauber machen kostet überhaupt nichts. Schauen wir einfach mal."

***

Als Elsie zurückkam, sah sie zu ihrer Zufriedenheit, wie Homer und einer der jungen Männer bereits am Motor des Buicks werkelten. Sie lockte Albert aus dem Wagen, damit er sich die Beine vertreten konnte, und führte ihn an den beiden anderen Männern vorbei, die an dem alten Pick-up lehnten.

„Na, aber hallo, junge Dame", sagte der mit den öligen Haaren, der andere stand schweigend mit offen stehendem Mund neben ihm.

Elsie bemühte sich immer, zumindest höflich zu sein. „Hallo", gab sie daher zurück.

„Ich heiße Troy", sagte der Haaröl-Mann.

„Ich bin Flap, Ma'am", meinte der Mann mit dem offen stehenden Mund.

„Ich bin Elsie", sagte Elsie. „Und das ist Albert."

„Was zum Teufel *ist* das?", fragte Flap. „Ein Krokodil oder so was?"

„Das ist ein Alligator aus Florida. Wir bringen ihn nach Hause."

„Die Viecher haben Häuser? Wie sehen die denn aus?"

„Nein, ich meinte, er stammt aus Orlando."

Flap sah verwirrt aus, während Troy eher nachdenklich dreinblickte. „Sagen Sie mal, Ma'am, ich kann mich täuschen, aber wenn ich mir Ihren Alligator so anschaue und noch so einiges andere an Ihnen, dann hab ich den Eindruck, Sie sind eine Frau, die ein bisschen anders ist als der Durchschnitt. Oder sehe ich das falsch?"

Einen Moment musste Elsie überlegen. „Ich muss sagen, ich bin nicht sicher, wie Sie das meinen."

Den Kopf zur Seite gewandt, spuckte Troy einen Strahl Kautabaksaft aus, dann wischte er sich den Mund ab. „Sie sind dafür bekannt, dass Sie ab und zu mal ein Risiko eingehen, die Würfel entscheiden lassen und dann richtig abgedrehte Sachen machen – hab ich recht?"

„Ich weiß immer noch nicht, wie Sie das meinen."

„Na, ich glaube, Sie wissen ganz gut, was ich meine."

Elsie gefiel es nicht, wie Troy und Flap sie anschauten. Es war wie bei Malcolm, nur schlimmer. Mit ein paar Zündkerzen in der Hand, die er gerade zur Werkstatt trug, ging Homer an ihr vorbei. „Wie lange braucht ihr noch?", fragte sie.

„Ich arbeite, so schnell ich kann", sagte er und ging mit Varmint in die Werkstatt.

Als sie seinen musternden Blick auf sich spürte, wandte sie sich an Troy. „Wussten Sie, dass Albert einem Mann ein Bein abgebissen hat?"

„Ich glaube, Sie lügen. Dafür sieht er nicht groß genug aus." Troy grinste.

„Es war ein kleiner Mann. Genau wie Sie."

Da verging ihm das Grinsen. „Wenn er mich angreift, bring ich ihn um."

„Bleiben Sie einfach auf Abstand, dann tut er Ihnen auch nichts."

Wenig später kam Homer aus der Werkstatt und baute mit Varmint die Zündkerzen ein. Dann startete er den Buick, setzte sich ans Steuer und ließ den Mechaniker auf dem Beifahrersitz Platz nehmen. „Wir müssen die kurz ausprobieren", sagte er zu Elsie.

„Komm gleich wieder zurück."

„Ich bin keine fünf Minuten weg", versprach er, bevor er den Buick auf die Straße lenkte und davonfuhr.

Homer hatte die Situation nicht besonders klug eingeschätzt, befand Elsie. Genau wie sie selbst; schließlich hatte sie ihn nicht darum gebeten, sie mitzunehmen. Zitternd schlang sie die Arme um sich, obwohl es eine warme Nacht war.

16. Kapitel

Fünf Minuten verstrichen. Dann zehn. Sicherheitshalber zog sich Elsie mit Albert in die Tankstelle zurück, die zumindest hell erleuchtet war. Sie ging neben ihrem Alligator in die Hocke und tätschelte ihm den Kopf, um sich selbst Mut zu machen. Flap und Troy traten herein, holten sich Limonade aus einem Automaten und setzten sich dann auf zwei Stühle, die neben einem alten schwarzen Ofen standen.

„Hätte ja nie gedacht, dass ich in dieser Gegend mal so ein Viech sehen würde", meinte Flap und musterte Albert, während Troy seinen Blick auf Elsie heftete.

Draußen hielt ein Auto zum Tanken an, und Elsie überlegte schon, ob sie den Fahrer um Hilfe bitten sollte. „Das ist mein Cousin Stuart", fiel Flap ihr dazwischen und ging hinaus, um ihm den Tank zu füllen.

Inzwischen hatte sich Troy hinter dem Tresen postiert, ohne Elsie auch nur einen Moment aus den Augen zu lassen. Alles an ihm war ihr zuwider. Sein Geruch, seine schmutzigen Sachen, sein Haar, das er sich mit einem Eimer voll Motoröl zurückgekämmt hatte. Ebenso wenig wollte ihr das süffisante Grinsen gefallen, das beständig um seine Lippen spielte, als wüsste er etwas, das sie nicht wusste.

Troy warf einen Blick auf die Uhr an der Wand. „Hm, sieht so aus, dass Ihr Mann und Varmint irgendein Problem haben. Ich glaube, wir zwei sollten mal losziehen und schauen, was mit ihnen passiert ist."

„Fahren Sie allein", sagte Elsie. „Ich leiste Albert Gesellschaft."

„Nein, Sie müssen mitkommen. Nur Sie wissen sein Kennzeichen, und wenn wir die beiden nicht finden, können wir zur Polizei fahren und ihnen sagen, wonach sie suchen müssen."

„Ich schreibe Ihnen das Kennzeichen einfach auf."

„Zahlen konnte ich noch nie gut lesen."

„Jetzt, wo ich so drüber nachdenke – ich weiß unser Kennzeichen auch nicht auswendig", sagte Elsie. „Ich hab nie genauer hingeschaut. Ich weiß nur, dass West Virginia draufsteht. Das können Sie sich doch wohl merken, oder?"

Troy kam hinter dem Tresen hervor, und Elsie erstarrte, wäre um ein Haar einfach weggelaufen, doch als er einen weiteren Schritt auf sie zu machte, riss Albert die Kiefer auf und zischte lauter, als sie ihn je zuvor gehört hatte. Das Geräusch konnte es mit mindestens zehn pfeifenden Teekesseln aufnehmen. Abrupt blieb Troy stehen, griff in seine Hosentasche und holte eine Stupsnase hervor, deren kurzen Lauf er auf Albert richtete. „Ich hab Ihnen gesagt, dass ich das Ding umbringe, wenn es mich angreift."

„Dann gehen Sie wieder hinter Ihren Tresen", sagte Elsie, als Flap in die Tankstelle zurückkam.

„Hey, Troy, steck die Waffe weg", sagte er und wischte sich die Hände an einem fettigen Lumpen ab.

Troy grinste schon wieder. „Ich will mir bloß dieses Viech vom Leib halten."

„Irgendwas ist da schiefgelaufen", stieß Elsie hervor und wandte sich an Flap. „Ich mach mir langsam Sorgen, dass Varmint Homer irgendetwas angetan haben könnte. Bitte, Flap. Sie machen einen netten Eindruck auf mich. Rufen Sie bitte die Polizei?"

Flap schüttelte den Kopf. „Wir brauchen keine Polizei, Ma'am. Mensch, Sie schätzen uns völlig falsch ein. Alles in bester Ordnung, kein Grund zur Sorge. Der alte Varmint ist ein feiner Kerl, der könnte niemandem auch nur ein Härchen krümmen."

„Ich hab der kleinen Maus hier schon gesagt, dass wir rausfahren und die beiden suchen sollten, aber sie ziert sich", sagte Troy mürrisch.

Elsie war überzeugt, dass Troy gleich über sie herfallen würde. „Mit Ihnen werde ich bestimmt nicht fahren, Troy. Mit Flap schon."

Troy und Flap tauschten einen Blick, dann zuckte Troy mit den Schultern. „Ganz wie Sie möchten. Du hast gehört, was die Frau gesagt hat, Flap. Fahr mit ihr los und such ihren Mann und Varmint."

„Albert kommt auch mit", verlangte Elsie.

„Nein, Ma'am", sagte Flap. „Keine Chance, dass ich das Viech neben mir in meinem Pick-up sitzen lasse."

Weil Troy einen erneuten Versuch unternahm, seinen Platz hinter dem Tresen zu verlassen, zischte Albert ein weiteres Mal und ließ die Kiefer in der Luft zuschnappen, woraufhin Troy einen Satz nach hinten machte. „Wenn Sie ihn bei mir lassen, ist er tot, wenn Sie zurückkommen", drohte er.

„Wir könnten ihn in die Werkstatt sperren", schlug Flap vor. „Da kann ihm nichts passieren."

Elsie streichelte Albert tröstend, dann nickte sie, weil sie keine andere Wahl hatte, wenn sie von Troy fortkommen und Homer finden wollte. „Einverstanden", sagte sie. „Albert, sei schön brav, ich komme bald wieder."

Nachdem sie Albert in die Werkstatt gesperrt hatten, kletterte Elsie in den Pick-up und setzte sich auf den Beifahrersitz, der völlig fettverschmiert war. Flap setzte den Wagen in Bewegung und fuhr auf die Straße. Die Scheinwerfer leuchteten nicht besonders hell, und Elsie sah nur den Teil der Straße, der direkt vor ihnen lag, und den dunklen Wald zur Rechten und zur Linken. Obwohl sie Flap nur ein wenig mehr traute als Troy, wusste sie nicht, was sie sonst hätte tun können. Also sprach sie im Stillen ein Gebet, dass Albert in der Werkstatt in Sicherheit war und sie Homer bald wiederhaben würde. Dem würde sie ganz schön was erzählen, darauf konnte er Gift nehmen – sie einfach so stehen zu lassen!

Nach ein paar Kilometern bog Flap auf eine unbefestigte Seitenstraße. „Hier wohnt Varmint", erklärte er. „Ich dachte, wir schauen als Erstes mal hier nach."

Das fand Elsie sogar halbwegs sinnvoll, obwohl sie immer noch gewisse Zweifel hatte, ob Flap die Wahrheit sagte. Sie ließ die Hand am Türgriff, bereit, jeden Moment hinauszuspringen und davonzurennen, wenn nötig. Die Straße war holprig und gewunden, und nach ein paar Kilometern sagte Elsie: „Ich glaube, Sie sollten lieber umdrehen." In diesem Moment erblickte sie eine Hütte, in deren Fenster eine Kerze brannte. Mehrere alte Autos standen davor, eines davon auf Zementblöcken aufgebockt.

Flap parkte vor der Hütte, stieg aus, umrundete den Pick-up und machte die Tür auf. „Gehen Sie hinein", sagte er.

„Wer ist da drin?", fragte sie.

„Ein Freund. Er wird wissen, wo Varmint Ihren Mann hingebracht hat."

Als sie zögerte, streckte Flap die Hand nach ihr aus, aber Elsie wich seinem Griff aus und stieg selbst aus dem Wagen. Gerade wollte sie davonrennen, da packte Flap sie und drehte ihr den Arm auf den Rücken. „Es wird Ihnen nichts geschehen", versprach er. „Gehen Sie einfach hinein und sprechen Sie mit dem Mann da drinnen."

Flap stieß die Tür der Hütte auf, dass sie in den rostigen Angeln quietschte, und schob Elsie hinein. An einem kleinen Tisch saß ein Mann, der ein weißes Hemd mit roten Ärmelhaltern und einen schicken Filzhut trug. Er blickte auf. Obwohl er einen sorgfältig gestutzten Bart trug, war er sehr jung, und trotz ihrer unglücklichen Lage dachte sich Elsie, dass er einer der hübschesten Männer war, den sie je zu Gesicht bekommen hatte. „Wer ist das Weib?", fragte er, dann lehnte er sich zurück und musterte Elsie von oben bis unten. Sie bemerkte, dass er blaue Augen hatte, noch blauer als die von Homer, die auch schon blauer waren als alle anderen, die sie je zuvor gesehen hatte. Doch Homers blaue Augen waren durchdringend. Die blauen Augen dieses Mannes waren warm. Sehr warm.

„Elsie heißt sie", sagte Flap.

Der Mann schob seinen Stuhl zurück, stand auf, kam um den Tisch herum und griff ihr dreist in die Haare. Erschrocken wich sie zurück. „Ganz ruhig, Mädchen", sagte der Mann, dann wandte er sich an Flap. „Wie viel hast du ihr bezahlt?"

„Er hat mir überhaupt nichts gezahlt", sagte Elsie. „Wer sind Sie, und warum bin ich hier?"

Der Mann runzelte die Stirn. „Ist sie denn keine Tänzerin?"

„Konnte keine auftreiben", sagte Flap. „Aber vielleicht ist sie sogar besser. Kein Make-up, süß und unschuldig. In Charlotte werden sie sicher drauf reinfallen!"

„Ich will sofort gehen", verlangte Elsie. „Sie haben mich entführt und sich damit gewaltigen Ärger eingehandelt."

Der Mann nahm den Hut ab. Sein Haar hatte einen schönen Braunton und war in der Mitte gescheitelt. Er lächelte sie an, und Elsie sah, dass er gute Zähne hatte, die nicht eine Spur von Kautabakflecken trugen wie die von Troy und Flap und Varmint.

„Tja, ich entschuldige mich, Ma'am", sagte er. „Ich habe Troy und Flap losgeschickt, damit sie ein Täubchen für mich finden, aber eine entführte Frau kann ich natürlich nicht gebrauchen. Du bist ein Idiot, Flap. Geh raus zum Auto und lad das Zeug ein. Wir unterhalten uns später noch."

Flap zuckte mit den Schultern, ging auf die Veranda und zog die Tür hinter sich zu. Elsie schaute die geschlossene Tür an und dann den Mann in seinem weißen Hemd und den roten Ärmelhaltern, und jetzt, wo er aufgestanden war, konnte sie auch seine frisch gebügelte graue Hose bewundern. Ja, dieser Mann war aus ganz anderem Holz geschnitzt als die drei von der Tankstelle.

„Wer sind Sie?", fragte sie. „Was wollen Sie von mir?"

„Mein Vorname lautet Denver", antwortete er. „Meine Mutter ist einmal in Colorado gewesen und hat das nie ganz überwunden."

„Denver ist doch ein ganz anständiger Name", sagte Elsie.

„Haben Sie Durst?"

„Nicht auf dieses Gesöff, das Sie da offenbar in Ihrem Glas haben. Aber ich könnte tatsächlich ein Glas Wasser vertragen."

Denver ging zur Küchenspüle. Er nahm ein Glas vom Regal, pumpte Wasser hinein, schwenkte es kurz aus, bevor er es noch einmal füllte. Er reichte Elsie das Glas, dann schob er ihr einen Stuhl hin. „Haben Sie Hunger?"

„Nein", sagte Elsie, obwohl sie sehr wohl hungrig war. Es war gut möglich, dass er ihr Drogen verabreichen würde, sie in das ungemachte Bett in der Ecke schleifen und mit ihr tun würde, wonach ihm gerade der Sinn stand. Sie setzte sich auf den angebotenen Stuhl und trank das Wasser. Da er es gerade frisch gepumpt hatte, ging sie davon aus, dass sie damit kein Risiko einging. Es schmeckte süß, und sie wischte sich diskret den Mund mit dem Ärmel ab. „Warum bin ich hier?"

Denver setzte sich an den Tisch und musterte sie. „Ich mache heute Nacht eine Fahrt", sagte er schließlich. „Bis nach Charlotte. Wenn ich eine Frau dabeihabe, wird die Polizei mich für einen ganz normalen Kerl halten, der mit seiner Ehefrau oder seiner Freundin unterwegs ist. Ich hab Troy gebeten, mir eine Tänzerin zu suchen, die diese Rolle spielen kann."

„Ich bin keine Tänzerin, aber eine Ehefrau bin ich", sagte Elsie.

Denver lächelte. „Dann wären Sie perfekt geeignet für eine Fahrt mit mir. Wie würde es Ihnen gefallen, sich hundert Dollar zu verdienen? Nein, das nehme ich zurück. Zweihundert."

Elsies Augen weiteten sich, aber sie antwortete: „Unmöglich. Ich muss meinen Mann finden. Er ist mit Varmint in unserem Auto unterwegs, um zu testen, ob es nach der Reparatur in der Tankstelle noch funktioniert."

„Wenn er mit Varmint weggefahren ist, kann ihm nichts passieren. Der ist völlig harmlos. Jetzt verstehe ich endlich, was passiert ist. Irgendein Missverständnis. Woher kommen Sie?"

„Aus West Virginia. Aber ich habe eine Weile in Florida gelebt."

Denver lächelte. Elsie konnte nicht anders, sie musste sein charmantes Lächeln einfach bewundern. „Ich sag Ihnen was", fuhr er fort. „Wenn Sie möchten, können Sie hierbleiben, und sobald ich von meiner Fahrt zurückkomme, schicke ich Varmint eine Nachricht, damit er Ihrem Mann sagt, wo Sie sich befinden. Aber wenn Sie heute Nacht mit mir fahren, schicke ich Flap sofort los, um Ihren Mann zu holen. Dann können wir uns alle in Charlotte treffen."

„Es wäre mir lieber, wenn Sie Flap gleich losschicken könnten, um meinen Mann zu holen", sagte Elsie.

„Das geht nicht. Ich brauche ihn, bis er die komplette Ware verladen hat. Außerdem könnte es Ihrem Mann einfallen, zur Polizei zu gehen. Nein, es ist am besten, wenn sie uns nach der Fahrt in Charlotte treffen."

„Und mein Alligator?", fragte Elsie.

„Sie haben einen Alligator?"

„Das ist der Grund, warum wir überhaupt unterwegs

sind. Wir bringen ihn heim nach Florida, aber ich musste ihn an der Tankstelle zurücklassen wegen diesem ganzen Durcheinander hier. Er heißt Albert, und wenn er oder mein Mann irgendwie Schaden nehmen, werde ich jeden Einzelnen von Ihnen finden und umbringen." Sie reckte das Kinn. „Glauben Sie nicht, dass das eine leere Drohung ist. In meinen Adern fließt das Blut eines Cherokee."

Denver lachte leise. „Dann sage ich Flap eben, dass er Albert auch holen soll", versprach er. „Hauptsache, Sie begleiten mich nach Charlotte."

Elsie überlegte eine Weile, dann musterte sie die Karten auf dem Tisch. „Diese Patience wird nicht aufgehen", stellte sie fest.

„Ich bin kein toller Kartenspieler."

„Welche Ware muss Flap da eigentlich verladen?"

Denver hob das Glas und prostete ihr zu. „Alkohol. Schwarzgebrannten. Cider, Kornschnaps, Klaren. Das beste Zeug in North Carolina, völlig konkurrenzlos."

„Dann sind Sie also nicht nur ein Kidnapper", sagte Elsie, „Sie sind auch noch ein Schmuggler."

Denver lächelte, dann schüttelte er langsam den Kopf. „Nein, Ma'am, ich bin ein Fahrer. Der beste in diesem und ein paar anderen Staaten. Wir transportieren das illegale Zeug nachts von mehreren örtlichen Brennereien."

„Und jetzt wollen Sie, dass ich mich Ihrer Bande anschließe?"

„Wir sind keine Bande. Ich arbeite allein."

„Und was ist mit Troy, Flap und Varmint?"

„Flap ist mein Bruder. Troy und Varmint sind Cousins. Sie helfen mir bloß ab und zu aus."

Elsie überlegte noch einmal. „Sind Sie sicher, dass Flap Homer und Albert nach Charlotte bringt?"

Denver streckte ihr die Hand hin. „Ja, Ma'am. Ich schwöre Ihnen, genau das wird er tun."

Elsie sah Denver in die Augen, die nicht nur sanft und warm waren, sondern auch aufrichtig. Sie gab ihm die Hand. „Aber meine zweihundert Dollar möchte ich im Voraus."

Denver schüttelte ihr die Hand, dann stand er auf. „Wir haben unsere Abmachung getroffen, das reicht fürs Erste. Wir könnten uns natürlich noch ein bisschen umarmen und vielleicht küssen, um unser Geschäft zu besiegeln."

Denver sah ziemlich gut aus, und eine Umarmung und ein Kuss von ihm wären ihr nicht gänzlich unwillkommen gewesen, wenn sie sich unter anderen Umständen begegnet wären. Doch das waren sie nicht, also sagte Elsie: „Ich bin bereit, mit Ihnen zu fahren, aber eines sag ich Ihnen gleich: Wenn Sie mich anfassen, sind Sie ein toter Mann."

Denver warf den Kopf in den Nacken und lachte. „Na, Sie sind wirklich die grimmigste Frau, die mir seit langer Zeit über den Weg gelaufen ist!" Er musste immer noch lachen, als er aufstand. „Es wird Ihnen gefallen. Glauben Sie mir."

Elsie merkte, dass sie sich unerklärlicherweise tatsächlich auf das freute, was vor ihr lag. „Ich hab mich immer gefragt, wie es wäre, eine Ganovenbraut zu sein", gab sie zu.

Denver schüttelte den Kopf. „Nein, Elsie, ich bin kein Ganove, und Sie sind ganz sicher keine Ganovenbraut."

„Ich könnte Gedichte schreiben, wie Bonnie, von Bonnie und Clyde. Wie ging das noch gleich? *Von Jesse James habt ihr alle gehört, von seinem Leben und Sterben. Doch Bonnie und Clyde sind auch hörenswert, sie sind seine würdigen Erben.* Denver und Elsie lässt sich natürlich schlechter in einen Reim fassen, aber ich kann ja dran arbeiten. Darf ich auch mal ans Steuer?"

„Nein! Das ist kein Thema für ein Gedicht, und es ist auch keine Sonntagsfahrt. Das ist mein Job. Und Ihr Job ist es, einfach neben mir zu sitzen und schön still zu sein, wie ein braves kleines Täubchen."

Elsie runzelte die Stirn. Trotz seiner warmen blauen Augen und seiner gefährlichen Aura erinnerte sie Denver in seiner herrschsüchtigen Art an Homer, und das gefiel ihr überhaupt nicht. Tatsächlich war sie eigentlich ganz froh, Homer mal eine Weile los zu sein, auch wenn sie es sich kaum eingestehen mochte. Er hatte sie schwer beeindruckt, als er so freundlich reagierte, nachdem sie ihn so unselig mit Buddy verglichen hatte. Und als sie die Fabrikarbeiter anführte und von einem Stein getroffen worden war, hatte er sie in den Arm genommen und ihr versichert, dass alles okay war, obwohl sie sehr gut wusste, dass er das alles überhaupt nicht okay fand. Tatsächlich hatte er bei ihrer Fahrt nach Florida noch gar nicht versucht, ihr ständig Vorschriften zu machen. Ihre Gefühle für Homer waren so verwirrend, dass sie beschloss, nicht weiter darüber nachzudenken. Stattdessen konzentrierte sie sich darauf, was ihr mit diesem Mann bevorstand, dessen ausgeprägte Männlichkeit sie ganz schön beeindruckte. Elsie hatte ziemlich weiche Knie, als er ihr die Tür seines Coupés öffnete und sie aufforderte, sich neben ihn zu setzen und – wie er es formulierte – „das Leben mal von seiner wilden Seite kennenzulernen".

17. Kapitel

Homer fuhr den Buick die Straße entlang. Der Motor machte kein Klopfgeräusch mehr, allerdings lief er immer noch nicht ganz rund.

„Jetzt muss die Dame sich bloß noch den allerletzten Dreck von den Zündkerzen schütteln", meinte Varmint. „Geben Sie mal ordentlich Gas."

Homer trat aufs Gaspedal, und der Motor hustete, dann fing er sich und begann zu schnurren. Nach zwei, drei Kilometern fuhr Homer wieder langsamer.

„Dann kehren wir jetzt am besten wieder um und fahren zurück."

„Nein, fahren Sie zur Sicherheit lieber noch ein paar Kilometer."

„Ich glaube, ich dreh lieber um", widersprach Homer. „Elsie wird sich Sorgen machen."

„Sie werden nicht umdrehen", sagte Varmint mit einem Hauch von Drohung in der Stimme, „sondern schön tun, was ich Ihnen sage. Fahren Sie weiter."

Homer hatte fast etwas in dieser Art erwartet. Er umklammerte das Lenkrad und trat auf die Bremse, so fest er konnte. Varmint wurde gegen das Armaturenbrett geschleudert und schlug sich den Kopf an der Windschutzscheibe an. Schockiert setzte er sich wieder und sah Homer an. Ein Rinnsal Blut sickerte ihm über die Stirn.

„Warum zum Teufel haben Sie das denn jetzt gemacht?"

Homer stieg aus, ging auf die Beifahrerseite, zerrte Varmint aus dem Wagen und stieß ihn auf die Straße. „Ich würde mal sagen, Sie gehen jetzt zu Fuß nach Hause", erklärte er.

Varmint rappelte sich auf die Knie hoch. Seine Nase blutete ebenfalls, das Haar hing ihm in die Augen, doch er war noch geistesgegenwärtig genug, in seine Hosentasche zu greifen und eine Pistole herauszuziehen. „Sie steigen nicht wieder ein", sagte er. „Gehen Sie da rein." Er deutete mit seiner Waffe auf den Wald.

Homer blieb stehen. „Warum tun Sie das? Sind Sie auf mein Geld aus?"

„Ich will Ihr Geld nicht. Ich will Ihre Zeit." Wieder fuchtelte Varmint mit seiner Waffe. „Jetzt gehen Sie da rüber und setzen sich auf den Baumstumpf und halten die Klappe, oder ich erschieße sie. Sie wären nicht der Erste."

Homer schaute die Pistole an, dann den Baumstumpf. Er ging hinüber und setzte sich. Varmint hockte sich auf einen Felsen neben dem Baumstumpf und wischte sich mit dem Handrücken die Nase ab. Er inspizierte das Blut auf seiner Hand und betastete dann seine Stirn, die ebenfalls blutig nass war. „Mann, da haben Sie ganz schön was angerichtet", jammerte er.

„Wie lange muss ich hier sitzen?", fragte Homer nach ein paar Minuten.

„Die ganze Nacht", erwiderte Varmint. Er wedelte mit seiner Pistole vor seinem Gesicht herum, um die Stechmücken zu verscheuchen.

„Bis dahin haben uns die Mücken aufgefressen."

„Wenn Sie von diesem Baumstumpf aufstehen, können die Blutsauger gleich an der Schusswunde loslegen."

Ein Motorengeräusch war zu hören, und Homer blickte auf. Er überlegte sich, ob er winken sollte, doch Varmint schien seine Gedanken erraten zu haben.

„Denken Sie nicht mal dran. Ich schwöre Ihnen, ich erschieße Sie, wenn Sie auch nur einen Finger krumm machen oder einen Mucks von sich geben."

Das Auto, ein langer, tief liegender Packard, hielt an, und der Fahrer ließ das Fenster herunter. „Da wird Ihnen noch jemand ins Auto fahren, wenn Sie das so mitten auf der Straße stehen lassen", sagte er.

„Kümmern Sie sich um Ihren eigenen Kram", antwortete Varmint, der seine Pistole verborgen hatte.

Der Fahrer zuckte mit den Schultern und fuhr weiter. Danach kam kein Auto mehr, dafür fielen wie erwartet die Mücken über sie her. Nicht ohne eine gewisse Dankbarkeit für die Insektenwelt zu empfinden, stellte Homer fest, dass die Viecher ganz besonderen Geschmack an Varmints Blut zu finden schienen.

Als eines von ihnen Varmint allzu herzhaft in die Wange stach, schlug der Mann mit der Hand darauf, die die Waffe hielt, woraufhin sich ein Schuss löste und ihm ein Stück Ohr abriss. Varmint warf die Waffe weg, schrie und wälzte sich fluchend auf dem Boden hin und her, dann setzte er sich auf, presste die Hand aufs Ohr und begann zu wimmern. In dem Moment sah er, dass Homer aufgestanden war und auf ihn zueilte. Varmint blickte sich um und griff nach seiner Pistole, doch Homer hatte sie sich bereits geschnappt. Die zwei Männer kämpften einen Moment um die Waffe, doch Homer war viel stärker. Er nahm Varmint die Pistole ab und stand auf.

„Laufen Sie", sagte er. „Und zwar so weit und so lang Sie können."

Varmint warf einen Blick auf die Pistole in Homers ruhiger Hand, dann begann er zu rennen. Homer hörte ihn noch eine Weile fluchen und durchs knacksende Unterholz laufen, bis er auf einmal einen lauten Schrei hörte und dann nichts mehr. Was auch immer passiert sein mochte, Homer musste annehmen, dass es nichts Gutes war. Vielleicht war Varmint von einer Klippe gestürzt oder von einem Bären gefressen worden. Doch was immer ihm passiert war, es sollte nicht Homers Problem sein. Er stieg wieder in seinen Buick, legte die Pistole ins Handschuhfach, wendete den Wagen und fuhr zurück zur Tankstelle. Er wusste nicht, was ihn dort erwartete, doch er befürchtete Schlimmes.

18. Kapitel

Denver steuerte mit einer Hand, seine Rechte lag auf der Lehne des Vordersitzes. Elsie tat so, als würde sie den Umstand ignorieren, dass seine Hand sehr nah an ihrer Schulter ruhte. Es war nach Mitternacht. Die graue Straße flog auf sie zu und verschwand hinter ihnen wieder in der Dunkelheit.

Am Ende einer geraden Strecke schoss Denver durch eine scharfe Kurve – die Reifen quietschten ganz leicht –, und Elsie rutschte ungewollt in seine Richtung, sodass er sie an der Schulter berührte. Als er das tief liegende Coupé auf die nächste Gerade lenkte, rückte Elsie wieder von ihm ab. Sie strich sich das Haar aus der Stirn und bemühte sich zu verbergen, wie nervös es sie machte, dass Denver so schnell fuhr und sie an der Schulter berührt hatte.

Eine Siedlung aus mehreren kleinen Häusern kam in Sicht. In keinem davon brannte Licht, und es gab auch keine Straßenlaternen. Nur die Scheinwerfer des Autos beleuchteten die Häuser kurz im Vorbeifahren. „Eins", sagte sie.

„Wie war das?" Denver spielte mit einem Finger an ihrer Schulter herum.

Elsie zog ihre Schulter weg. „Ich habe eine Kuh auf meiner Seite gesehen. Wenn wir jetzt Kuh spielen würden, läge ich um eine in Führung."

„Wovon reden Sie denn da?"

„Das ist ein Reisespiel. Sie zählen die Kühe, die Sie auf Ihrer Seite sehen, ich zähle die Kühe auf meiner Seite. Ein weißes Pferd bringt zehn Punkte. Ein Friedhof auf Ihrer Seite, und all Ihre Punkte sind verfallen."

Denver lachte. „Sie spielen wohl gern Spiele, Mädchen?"

„Ja, aber wahrscheinlich nicht die Art Spiele, die Sie gerne spielen."

„Sie sehen nur das Schlechte in mir."

Elsie griff zu ihrer Lehne und schubste seine Hand ganz fort. „Ich sehe Sie ganz klar, Denver. Sie halten sich für den großen Liebling der Damenwelt. Kann schon sein, dass Sie das sind, aber diese Dame hier ist verheiratet."

„Das hab ich schon gehört", sagte er und legte beide Hände ans Steuer. „Aber ich hab im Laufe meines Lebens schon ein paar verheiratete Frauen gekannt. Gekannt im biblischen Sinne."

„Jetzt reden Sie aber schmutzig daher."

Auf einmal trat Denver so heftig aufs Gaspedal, dass es Elsie in den Sitz drückte. „Halten Sie sich gut fest", sagte er.

Wenig später hörte Elsie eine Sirene, und von hinten fiel Licht durch die Heckscheibe. Denvers Gesicht wurde vom Widerschein erleuchtet, und Elsie konnte sein teuflisches Grinsen sehen.

Doch egal, wie schnell Denver fuhr, er konnte ihre Verfolger nicht abschütteln. „Sieht so aus, als hätte der Sheriff einen Neuen eingestellt, und der macht seinen Job nicht schlecht", bemerkte Denver, während er mit Vollgas eine Haarnadelkurve nach der anderen nahm. Die Reifen quietschten, doch er hatte das Fahrzeug völlig in der Gewalt.

Da sah Elsie zwei am Straßenrand geparkte Autos und ein halbes Dutzend Taschenlampen, deren Lichter hin und her schwenkten. Sie bekam Angst, als Denver kein bisschen verlangsamte, und machte sich schon auf einen Aufprall gefasst, indem sie die Füße gegen den Boden stemmte und den Sitz zwischen ihren Beinen mit beiden Händen umklammerte, und im letzten Moment trat Denver auf die Bremse. Das Coupé schlidderte und drehte sich gegen die Fahrtrichtung. Als er dann wieder voll aufs Gas ging, dachte Elsie schon, er müsste mit dem Fuß gleich durchs Bodenblech stoßen. Ihre Schreie gingen im Quietschen der Reifen unter, und der Gestank von verbranntem Gummi erfüllte den Wagen.

Nun rasten sie auf das Auto zu, das sie verfolgt hatte. Seine Scheinwerfer leuchteten das Innere des Coupés aus, um dann von einer Sekunde auf die andere zu verschwinden. Als sie daran vorbeischossen, sah Elsie zu ihrem Entsetzen die Unterseite des Wagens, und als sie sich umdrehte, konnte sie durch die Heckscheibe erkennen, dass das Auto in den Graben gefahren war.

Es war ihr gar nicht bewusst gewesen, doch Denver hatte die ganze Zeit geschrien. „Yippie!", brüllte er immer und immer wieder. Er fuhr noch eine Weile weiter, bevor er auf eine unasphaltierte Straße bog. Als er schließlich zum Stehen kam, schaltete er den Motor aus, und das heiße Metall machte klickende Geräusche, die sich anhörten wie kleine Grillen.

Elsie versuchte, wieder zu Atem zu kommen, doch bevor sie wusste, wie ihr geschah, legte Denver ihr den Arm um die Schultern und zog sie an sich. Er roch verschwitzt und männlich, und Elsie machte sich ein wenig widerstrebend aus seinem Griff los, wofür sie sich in Gedanken schalt, wenn auch nicht allzu empört. „Fahren können Sie, Denver, das muss ich Ihnen lassen. Aber Sie können mich nicht küssen. Es sei denn …"

Er lehnte sich zurück und grinste süffisant. „Es sei denn?"

„Es sei denn, wir kommen bis nach Charlotte. Wenn Sie uns sicher in die große Stadt bringen, werde ich Sie küssen. Aber nur, wenn Sie das schaffen."

Sein Grinsen verschwand. „Wie meinen Sie das – ‚wenn ich das schaffe'?"

„Wie viele Polizisten warten denn noch darauf, Sie zur Strecke zu bringen?"

„Ein ganzer Haufen. Aber sie haben mich noch nie erwischt."

„Gut, dann sag ich es jetzt noch einmal, Denver: Sie können mich in Charlotte küssen, aber Sie müssen uns sicher in die Stadt bringen. Warum suchen Sie sich keine andere Route, auf der wir nicht verfolgt werden?"

„Das würde zu lange dauern."

„Na und? Wenn wir nach Sonnenaufgang dort sind, sind wir nur noch ein Auto unter vielen. Die Bullen würden überhaupt keinen Verdacht schöpfen."

„Die Bullen? Wo haben Sie denn das aufgeschnappt? Im Kino?" Er lachte gutmütig, bevor er nachdenklich wurde. „Wissen Sie, dumm sind Sie nicht." Er schaute Elsie an. „Sind Sie sicher, dass ich nicht schon eine Anzahlung auf diesen Kuss kriegen könnte?"

Elsie holte tief Luft und kämpfte die Versuchung nieder, die sie lockte, Dinge zu tun, die sie einfach nicht tun konnte – nicht tun *durfte*. „Charlotte, mein Freundchen", sagte sie, wobei ihre Stimme ganz unmerklich zitterte.

19. Kapitel

Als Homer bei der Tankstelle ankam, fand er Troy vor. Nach dessen erstauntem Gesichtsausdruck zu urteilen, hatte er nicht damit gerechnet, Homer wiederzusehen. Vor allem nicht damit, dass er ihm sofort nach dem Eintreten Varmints Pistole unter die Nase halten würde.

„Wo ist Elsie?", fragte Homer.

Troys Hand zuckte zu der Waffe, die er im Gürtel stecken hatte.

„Lass das schön bleiben", warnte Homer. Er griff nach Troys Pistole und steckte sie sich selbst in den Gürtel. „Ich frage Sie jetzt noch einmal, und ich würde Ihnen nicht raten, mich anzulügen. Ich schwöre, wenn Sie mich anlügen, erschieße ich Sie. Wo ist meine Frau?"

„Flap und sie sind losgefahren, um Sie zu suchen."

„Sie lügen." Homer gab einen Schuss an die Decke ab und duckte sich vor dem herabregnenden Putz. Als sich Pulverdampf und Staub gelegt hatten, wiederholte er seine Frage. „Wo ist meine Frau? Sagen Sie es mir, sonst schwöre ich, die nächste Kugel trifft direkt in Ihr Gesicht!"

Troy machte den Mund auf, um eine Lüge zu erzählen, doch dann sah er, wie sich Homers Finger auf dem Abzug anspannte. „Vorsicht mit dem Ding, Mister. Flap hat sie zu einem Mann gebracht, der die Route auf der Thunder

Road fährt. Er brauchte eine Frau zur Tarnung, damit er aussieht wie ein Familienvater, der nur zufällig mit hundertvierzig Sachen durch die Nacht fährt."

Homer nahm Troys Geständnis zwar auf, aber er konnte sich keinen Reim darauf machen. „Was ist die Thunder Road?"

„So heißt jede Straße, auf der man Selbstgebrannten nach Charlotte transportiert. Der Mann, mit dem sie unterwegs ist, heißt Denver, und er ist der beste Fahrer weit und breit."

„Sagen Sie mir, wie ich ihn finde."

„In Charlotte logiert er meistens im Sunshine Motel."

Homer sah sich um. „Wo ist der Alligator?"

„In der Werkstatt eingesperrt."

„Und der Hahn?"

„Was soll das eigentlich? Fragen Sie mich als Nächstes, wo sich die Bären im Wald rumtreiben? Ich weiß nichts von irgendeinem Hahn."

Homer sah an Troy vorbei auf einen Schrank, in dem gestapelte Öldosen standen. „Gehen Sie in den Schrank", befahl er.

„Nein, verdammt!"

Homer gab noch einen Schuss in die Decke ab, duckte sich abermals unter dem herabrieselnden Putz, und Troy rannte in den Schrank und warf die Tür hinter sich zu. „Wenn Sie die wieder aufmachen, bring ich Sie um", sagte Homer.

„Ich mach sie nicht auf", hörte er Troys erstickte Stimme aus dem Schrankinneren.

Homer ging zur Werkstatt und stellte fest, dass die Tür mit einem Vorhängeschloss gesichert war. Er sah sich um, entdeckte einen rostigen alten Schraubenschlüssel und schlug damit auf das Schloss ein, bis es zerbrach. In der Werkstatt fand er Albert schlafend im Inneren eines riesigen Traktorreifens. Der Hahn war bei ihm. „Kommt, Jungs, wir müssen los!"

Homer, dem die Angst ganz neue Kräfte verlieh, hob Albert hoch und trug ihn zum Buick, wo er ihn in seine Wanne legte. Der Hahn sprang auch hinein und stellte sich auf Alberts Rücken. Homer klemmte sich hinters Lenkrad. In dem Moment kam Troy mit einer abgesägten Schrotflinte aus der Tankstelle gerannt.

Mit aller Kraft stieg Homer aufs Gaspedal, wendete den Buick und fuhr wieder auf die Straße. Einen guten Kilometer später, als ihm sein Pulsschlag nicht mehr in den Ohren dröhnte, schickte er ein Stoßgebet zum Himmel. „Lieber Gott, bitte lass mich nicht zu spät zu Elsies Rettung kommen!"

Wie sich herausstellte, war es Gott offenbar gleichgültig, ob Homer zu spät kam oder nicht. Nachdem er eine Stunde lang in die Richtung gefahren war, in der er Charlotte vermutete, wurde Homer klar, dass er vollkommen, restlos und rettungslos verloren war. Der Buick fing wieder an zu spucken und zu husten. In seiner Verzweiflung bog Homer aufs Geratewohl mal hier und mal dort ab, doch er stieß nur auf Zäune, die Weiden mit Kühen, Schafen oder Ziegen umgaben.

Schließlich gab das Auto ein letztes dramatisches Scheppern von sich und blieb einfach stehen. Homer blieb nichts anderes übrig, als auszusteigen und zu Fuß weiterzugehen. Er führte Albert an seinem Seil und kam einen knappen

Kilometer weit, als der Alligator auf einmal die Klauen in die Erde grub und sein *No-No-No* von sich gab. Homer hob ihn auf die Arme und trug ihn wie ein Baby. Der Hahn stolzierte ihnen voraus, als würde er eine Weile den Weg bahnen, doch dann kletterte er auf Homers Schulter und ließ sich ebenfalls tragen. Mit großer Erleichterung erspähte Homer endlich einen Bauernhof. Er wusste, dass es ein Bauernhof war, weil er neben dem Haus noch eine Scheune und ein Gehege sah, in dem ein Schimmel stand. „Zehn Punkte", sagte Homer, dem das Reisespiel wieder eingefallen war, das Elsie unterwegs so viel Spaß machte. Der Gedanke machte ihn ganz unglücklich, weil Elsie jetzt irgendwo mit einem Thunder-Road-Fahrer unterwegs war, der womöglich auch noch ein Mörder sein konnte. Er bemühte sich, seine Traurigkeit nicht in Panik umschlagen zu lassen, denn damit wäre niemandem geholfen. Das hatte der Captain seinen Vorarbeitern in der Ausbildung immer wieder eingeschärft. „Ein Mann, der den Kopf verliert, ist zu gar nichts mehr zu gebrauchen. Sie müssen sich angewöhnen, jede Situation in Ruhe zu überdenken. Tun Sie nichts, bevor Sie nicht sicher sind, dass es das Richtige ist."

Während er so dahinging, hatte Homer versucht, die Situation zu überdenken, doch ihm fiel nichts anderes ein, als den Buick reparieren zu lassen und dann nach Charlotte zum Sunshine Motel zu fahren, wo er auch Elsie zu finden hoffte. Als er den Bauernhof erreichte, war er todmüde. Auf der Veranda standen zwei Schaukelstühle und eine Hollywoodschaukel. Er überlegte, ob er klopfen sollte, doch die Bewohner lagen höchstwahrscheinlich schlafend in ihren Betten und würden ihn wohl auch nicht hereinbitten, vor allem nicht, wenn sie Albert sahen. Außerdem liefen keinerlei Drähte zum Haus, sodass Homer davon ausgehen musste, dass es hier ohnehin weder Elektrizität noch ein Telefon gab. Die Schaukelstühle lockten ihn, und Homer setzte sich ganz leise auf einen und zog die Schuhe aus, in denen er sich so leicht Blasen lief. Er blieb kurz sitzen, wackelte mit den Zehen, schaukelte leicht und überlegte, ob er die Bewohner des Bauernhauses vielleicht doch wecken sollte. Oder vielleicht noch ein Stück weitergehen, bis er ein Telefon fand. Aber nach ein paar Minuten war er einfach eingeschlafen.

Als er wieder aufwachte, hörte er mehrere Hähne krähen. Hinter der Weide auf der anderen Straßenseite stieg die Sonne gerade ganz langsam über den Horizont. Da hörte er ein Geräusch, und als er aufblickte, schaute er in ein Paar graue Augen. Ein hagerer Mann im Overall saß im Schaukelstuhl neben ihm.

Der Mann hatte ein seltsames Gesicht, und Homer dachte bei sich, dass er noch nie etwas Derartiges gesehen hatte. Seine Haut war weiß wie die Wand und sein Haar ebenfalls. Es war so weiß, dass es aussah, als hätte er seinen Kopf in einen Eimer Tünche gesteckt. Er war kein Albino, dachte Homer, denn er hatte mal gehört, dass Albinos rosarote Augen hatten, und die Augen dieses Mannes waren grau, aber trotzdem fehlte nicht viel.

Homer bückte sich und griff nach seinen Schuhen. „Entschuldigung", sagte er. „Ich hab mich bloß ausgeruht."

„Oh, bitte bleiben Sie", sagte der Mann. Sein Ton war freundlich. „Unsere Veranda ist eigens für diese Ruhepausen gebaut worden, und es scheint mir, als hätten Sie in diesem Sinne von ihr Gebrauch gemacht. Das macht mir Freude."

Homer zog die Schuhe an und zuckte zusammen, als sie gegen seine Blasen drückten. „Mein Auto ist liegen geblieben, und ich musste zu Fuß weiter", erklärte er, „und dabei bin ich müde geworden. Ich muss so schnell wie möglich nach Charlotte – können Sie mir helfen?"

Der Mann ignorierte Homers Bitte. „Ich hab auch gesehen, dass Sie einen Alligator dabeihaben. Und einen Hahn. Einen stillen Hahn. Als meine Hähne gekräht haben, hat er keinen Mucks gemacht."

„Mir kommt es so vor, als wäre er einfach ein sehr höflicher Vogel", bestätigte Homer. „Der Alligator heißt Albert und ist das Haustier meiner Frau. Wir bringen ihn nach Hause nach Florida."

„Verstehe", sagte der Mann. „Und wo ist Ihre Frau?"

„Deswegen muss ich ja nach Charlotte. Sie ist von einem Mann namens Denver gekidnappt worden, der auf der Thunder Road fährt."

Die Mundwinkel des Mannes hoben sich ganz leicht. Es war fast ein Lächeln. „Ja, ich weiß, wen Sie meinen. Denver transportiert schwarzgebrannten Alkohol nach Charlotte. Normalerweise hat er immer eine Frau zur Tarnung dabei, damit er aussieht wie ein braver Familienvater. Ich schätze, dass Ihre Frau dafür herhalten musste, und wenn das so ist, müssen Sie sich keine Sorgen machen. Denver ist kein Vergewaltiger oder Mörder. Er fährt nur sehr gern sehr schnell. Ich habe gesehen, wie Sie zusammengezuckt sind, als Sie Ihre Schuhe wieder angezogen haben. Haben Sie Blasen an den Füßen?"

Homer, den die Neuigkeiten über Denver erleichterten, betrachtete unglücklich seine Schuhe. „Ja. Die Schuhe sind noch relativ neu und nicht unbedingt für Unternehmungen wie diese hier gedacht. Wie kann ich diesen Denver denn finden?"

„Wenn er nach Charlotte fährt, bleibt er dort normalerweise eine Woche. Ich habe gehört, dass er am liebsten im Sunshine Motel übernachtet. Höchstwahrscheinlich wird er dort sein. Ich heiße übrigens Carlos, und Sie?"

Homer war noch erleichterter, als ihm bestätigt wurde, dass Denver das Sunshine Motel angesteuert hatte. „Ich heiße Homer", sagte er.

Carlos klatschte in die Hände. „Wunderbar! Sie sind nach dem einzig wahren Gelehrten, Schriftsteller und Dichter benannt! Ich schreibe auch ein bisschen. *Sturmgepeitschter Sog der Frau, kostbares V des Lebens und der Liebe, will einen Mann auf Knien sehen, den Götternektar eilig fördern.* Das hab ich erst letzte Woche geschrieben."

„Das ist wirklich gut", sagte Homer, obwohl er es in Wirklichkeit gar nicht so toll fand.

„Schreiben Sie auch, Homer?"

„Na ja, ich führe mein Minentagebuch, weil Captain Laird möchte, dass all seine Vorarbeiter das machen, also mach ich es auch, obwohl ich noch kein richtiger Vorarbeiter bin."

„Können Sie mir ein Beispiel Ihrer Prosa geben?"

Homer überlegte, dann sagte er: „Zweiunddreißig Tonnen in West Drei geladen. Wasserpumpe kaputt gegangen. Mit Draht geflickt, wird aber höchstwahrscheinlich nicht lange halten."

Carlos schaute hingerissen in den Himmel, obwohl das Verandadach im Weg war. Schließlich senkte er den Kopf wieder. „Mir fällt es zwar schwer, Ihnen zu folgen, aber ich spüre, dass ein tiefer Sinn darin liegt."

Durch die Fliegengittertür hörte Homer das Geräusch leichtfüßiger Schritte, dann trat eine Frau auf die Veranda. Homer schoss durch den Kopf, dass das vielleicht die schönste Frau war, die er jemals gesehen hatte. Ihre olivfarbene Haut war makellos, ihre Nase majestätisch, ihre Lippen voll. An der Hand trug sie goldene Ringe mit Steinen, die wie Rubine und Granate aussahen, an den Handgelenken verschiedene goldene Armbänder, ein weißes Tuch um den Kopf und einen blauseidenen Morgenmantel um ihren exquisiten Körper.

Homer stand auf, nicht weil sie so schön und exotisch war (obwohl sie das natürlich war), sondern weil seine Mutter ihm beigebracht hatte, in Anwesenheit einer Frau, die er gerade erst kennengelernt hatte, immer aufzustehen.

„Soufflé", sagte Carlos, „wir haben einen Gast. Er heißt Homer und ist Schriftsteller. Er reist mit einem Alligator namens Albert. Der rostfarbene Hahn mit dem hellgrünen Schwanz da drüben hat keinen Namen – denn es gibt viele Götter und Engel, die keinen Namen tragen –, aber er gehört auch zu seiner Reisegesellschaft. Homer, das ist Soufflé. Sie ist meine Geliebte."

„Von Beruf bin ich in Wirklichkeit Bergwerksarbeiter", merkte Homer an. Ihm war aufgefallen, dass Carlos diese wunderbare Frau als seine Geliebte bezeichnet hatte, nicht als seine Frau. Er war noch keinem unverheirateten Paar begegnet, das als Mann und Frau zusammengelebt hätte, abgesehen von einem seiner älteren Brüder, der mit seiner Schwester in Anawalt Mountain in der Nähe von Gary wohnte.

Die Frau musterte Albert, der ihren Blick ungefähr mit demselben Ausdruck erwiderte, der sonst allein Elsie vorbehalten war – dem schierer Bewunderung. Dann schaute Soufflé zu Homer, der nicht umhinkonnte zu bemerken, dass ihre Augen so schwarz waren wie ein bodenloser Brunnen, ein Brunnen, in den Homer in diesem Moment am liebsten für immer gefallen wäre. Außerdem hatte er das beunruhigende Gefühl, dass sie genau wusste, was er dachte.

„Sie sind uns sehr willkommen in unserem Haus", sagte Soufflé. „Werden Carlos und Sie zusammen schreiben?"

„Na ja ... ich bin eigentlich unterwegs, um meine Frau zu retten."

„Er sucht Denver, den Fahrer, der sie gekidnappt hat. Er macht sich ganz unnötig Sorgen deswegen", erläuterte Carlos. „Ja, wir werden zusammen schreiben. Aber zuerst wollen wir unser morgendliches Mahl einnehmen!"

Homer hatte nicht vor, mit irgendjemand zu schreiben, doch in der Hoffnung, sie davon überzeugen zu können, dass sie ihm helfen mussten, folgte er Soufflé und Carlos durch den Flur, der mit prächtigen Möbeln eingerichtet war, alle vergoldet und in roten Samt gefasst und prächtiger als alles andere, was er jemals gesehen hatte. Von dort gelangten sie in die Küche, wo bereits der Tisch gedeckt war. Er setzte sich auf den Stuhl, auf den Carlos zeigte, und dann tischte Soufflé ihnen Pasteten und Eier und eine seltsam geformte Frucht auf, die so ähnlich wie Feigen schmeckte, nur leckerer. Sie servierte auch Kaffee, der dunkler und aromatischer war als jeder andere, den er zuvor gekostet hatte.

Als Homers Teller gefüllt war, entschuldigte sich Soufflé und sagte, dass sie jetzt Albert füttern würde. Wenig später kam sie zurück und meinte: „Hühnchen scheint ihm zu schmecken, aber ich habe trotzdem das Gefühl, dass der Hahn sein Freund ist."

„Ich bin nicht sicher, was die beiden sind", erwiderte Homer, der gerade mit Genuss die feigenartige Frucht kaute. „Der Hahn sitzt gerne auf Alberts Kopf, und Albert scheint es nichts auszumachen."

„Sie sind ganz offensichtlich ein bemerkenswerter Mann", sagte sie, „wenn Sie mit solchen Tieren unterwegs sind. Der Hahn ist viel mehr, als er scheint, und das gilt auch für den Alligator. Aber das wissen Sie natürlich."

Homer wusste es nicht, aber er nickte, als würde er es wissen. Des Weiteren fiel ihm auf, dass Carlos seiner Geliebten nicht vorschlug, sich zu ihnen an den Tisch zu setzen, und dass sie ihr Kopftuch nicht abnahm, obwohl die Küche von dem Holzofen und den durchs Fenster fallenden Sonnenstrahlen sehr warm war. Kaum hatte Soufflé die Küche wieder verlassen, fragte Homer nach dem Tuch. „Sie werden sie niemals ohne ihren *Hidschāb* sehen", sagte Carlos. „Den muss sie immer tragen, wenn ein Mann anwesend ist, der nicht ihr Ehemann ist. Da ich nicht ihr Ehemann bin, trägt sie ihn also ständig."

„Ist das so Gesetz in North Carolina?", wollte Homer wissen.

Carlos lehnte sich zurück und lachte herzlich. „Nein, Homer. Das macht sie, weil sie Muslimin ist, eine Anhängerin Mohammeds, des arabischen Propheten. Sie ist allerdings Perserin. Alle guten muslimischen Frauen befolgen diese Regel."

Homer hatte schon von Muslimen gehört, aber was er über sie wusste, vermischte sich in seinem Kopf mit den Geschichten, die er als Junge über Ali Baba und die vierzig Räuber und Aladdin und seinen fliegenden Teppich gelesen hatte.

„Selbstverständlich legt sie den *Hidschāb* ab", fügte Carlos hinzu, „wenn wir intimere Beziehungen pflegen. Dann besteht sie jedoch auf absoluter Dunkelheit, damit ich ihr Haar nicht sehen kann."

Homer errötete. Er stellte sich vor, dass Soufflés Haar üppig und ebenholzschwarz und dick und lang sein musste, alles Eigenschaften, die er an Frauenhaar liebte. Trotzdem fragte er sich, in was für einen Sündenpfuhl er hier geraten war, wo ein unverheiratetes Paar unter demselben Dach leben und intime Beziehungen pflegen konnte. Er warf einen Blick auf Carlos und überlegte, ob der Mann vielleicht so blass war, weil er krank war. Und dann wunderte sich Homer, wie Carlos bei einer so großartigen und starken Frau wie Soufflé seinen Mann stehen konnte. Aber das war natürlich ein sündiger Gedanke, also schob Homer ihn beiseite und konzentrierte sich aufs Essen. Er brauchte schließlich Nahrung, wenn er Elsie finden wollte.

„Vielen Dank, Carlos", sagte er, als er aufgegessen hatte. „Aber jetzt muss ich gehen."

„Wohin?"

„Ich muss zurück zu meinem Auto und versuchen, es zu reparieren."

„Sie haben nichts von einem Auto erwähnt. Ich habe eine perfekt ausgestattete Werkstatt, in der Sie Ihren Wagen reparieren können. Ich habe auch einen Traktor, mit dem können wir zu Ihrem Auto fahren und es abschleppen."

„Na, das wäre natürlich toll", meinte Homer.

„Da wäre nur ein Problem", sagte Carlos. „Der Traktor muss auch repariert werden, und ich verstehe nichts von Maschinen. Soufflé hat schon versucht, ihn wieder instand zu setzen. Vielleicht können Sie ihr ja ein bisschen behilflich sein?"

„Na ja …" Homer überlegte eine geraume Zeit. Es hatte ja wenig Sinn, zu seinem Auto zu fahren, wenn er es dann doch nicht vom Fleck bewegen konnte. Wenn er Elsie wiederfinden wollte, war der Traktor der Schlüssel. „In Ordnung. Wo steht er?"

Carlos lächelte, und Soufflé, die gerade wieder in die Küche kam, lächelte auch, und Homer beschloss, ebenfalls zu lächeln. Als Soufflé ihn aufforderte, ihr zu folgen, stand er auf und ging mit ihr zu der Scheune, in der das Fahrzeug wartete.

Nachdem er die Hühner verscheucht hatte, die über dem Motor nisteten, inspizierte Homer den alten Traktor und kam zu dem Schluss, dass nicht viel kaputt war. Die Luftfilter und der Vergaser mussten gereinigt werden, man musste einen Ölwechsel vornehmen, den Keilriemen und ein Leck in der Heizung flicken. Homer führte die Reparaturen durch, so schnell er konnte, aber er brauchte trotzdem den gesamten Vormittag.

Nachdem der Traktor angesprungen war, gab Soufflé

Homer einen Kuss auf die Wange. „Sie sind ein Genie", sagte sie. Sie stand sehr nah vor ihm. Noch nie hatte eine Frau, die nicht seine Frau war, so nah vor Homer gestanden. Er spürte Schweiß auf der Stirn.

„Wir sollten mal wieder was essen", bestimmte Soufflé. „Ich mach uns ein kaltes Gericht mit Nüssen und Datteln. Bleiben Sie hier, ich komme gleich wieder."

„Ich muss wirklich los und mein Auto holen."

„Nur einen Moment noch, mein guter Mechaniker. Ohne Verpflegung gehen Sie nirgendwohin."

Homer war klar, dass es unhöflich gewesen wäre, Soufflés Angebot abzuschlagen, und was die Verpflegung anging, hatte sie vielleicht sogar recht. Er ging nach draußen in den kleinen Verschlag, in den er Albert gesteckt hatte, vergewisserte sich, dass es dem Alligator gut ging, dann lief er zurück und wartete in der Scheune. Wenig später kam sie auch schon mit einem Teller mit Nüssen und Datteln zurück und einem Krug Wein dazu. „Den keltern wir aus unseren eigenen Trauben", erklärte sie.

Soufflé deckte einen niedrigen Tisch und setzte sich auf einen Haufen frisches Heu. Sie klopfte auf den Platz neben sich. „Komm. Lasssen Sie uns essen und trinken und die Reparatur unseres Traktors feiern."

Homer setzte sich neben sie ins Heu. „Kommt Carlos nicht dazu?", erkundigte er sich, als sie ihm Wein einschenkte.

„Der liebe Mann", sagte sie, „er arbeitet so hart an seinen Gedichten, dass er mittags ruhen muss. Er hat sich auf sein Feldbett gelegt und wird jetzt ein paar Stunden schlafen. Kosten Sie mal den Wein hier, er ist sehr lecker."

Homer nippte an seinem Glas. Der Wein war tatsächlich sehr gut.

„Und die Datteln. Und die Nüsse. Die passen ausgezeichnet dazu – nach jedem Bissen müssen Sie einen Schluck trinken." Ein paar Strähnen von Soufflés glänzendem Haar schauten unter ihrem *Hidschāb* hervor. Homer war überrascht von der Wirkung, die der Anblick ihres Haars auf ihn hatte. Er spürte, wie ihm ganz heiß wurde. Sie goss ihm noch Wein ein, dann hielt sie ihm wieder den Teller mit den Datteln und Nüssen hin. Er nahm eine Handvoll.

„Schön, was wir da gemacht haben", sagte Soufflé, stellte den Teller mit den Nüssen und Datteln auf den Tisch und lehnte sich dann auf dem Heuhaufen zurück. „Ein Bauernhof ohne Traktor ist kein Bauernhof. Genauso, wie ein Mann ohne Frau kein Mann ist und eine Frau ohne Mann keine Frau."

Homer versuchte zu verstehen, was Soufflé da gerade gesagt hatte, doch der Wein hatte seine Denkfähigkeit bereits stark eingeschränkt. „Ein Bauernhof ohne Mann ist keine Frau?"

Sie lächelte und streckte sich wohlig. „Eine Frau ist kein Bauernhof ohne Mann." Sie berührte seine Hand und ließ ihre Finger über seinen Arm gleiten. „Aber eine Frau mit einem Mann ist ein Bauernhof, der einen Traktor braucht."

Alles, was Soufflé sagte, erschien Homer plötzlich auf eine seltsame Art sinnvoll, und der Wein schmeckte köstlich. Während ihre Hände sich hinter seinem Nacken schlossen, dachte er sich, dass er sich noch ein wenig Wein nehmen sollte und vielleicht auch noch ein paar Datteln und Nüsse. Vielleicht hätte er es auch getan, doch seine Lider waren so schwer, dass er die Augen nicht mehr offen halten konnte. Als er wieder aufwachte, lag er auf dem Bauch und hatte einen Strohhalm im Mund.

20. Kapitel

Denver jammerte ununterbrochen darüber, dass sie wegen der Bedingung, die Elsie gestellt hatte, schon die ganze Nacht unterwegs waren, ohne sich auch nur ein bisschen zu amüsieren. Elsie widersprach ihm nicht. Sie war nur froh, dass sie nicht mehr in halsbrecherischem Tempo und mit Polizisten im Nacken über die Straße jagten. Als Denver irgendwann gestehen musste, dass er sich verfahren hatte, hielt er hinter einer verlassenen Scheune. Während Elsie sich auf dem Rücksitz schlafen legte, lehnte Denver sich auf dem Fahrersitz zurück und döste, bis die Morgensonne sie beide weckte. Kaum hörte Elsie, wie er aus dem Auto stieg, stellte sie sich schlafend, bis sie vernahm, wie er den Kofferraum öffnete. Sie setzte sich auf. „Haben Sie sich wirklich verfahren?", fragte sie.

„Ziemlich", gab er zu. „Ich dachte immer, ich kenn mich aus auf diesen Straßen, aber ein paar sind dieses Frühjahr überschwemmt worden." Er schraubte eine Thermoskanne auf und goss sich etwas Kaffee in den Deckel. „Haben Sie Hunger?"

„Glaube schon", sagte sie. Schwungvoll machte sie die Tür auf, stieg aus und stellte sich mit nackten Füßen ins Gras. „Gibt es in dieser Scheune wohl eine Toilette?"

„Ich hab die Rückseite benutzt. Können Sie auch machen, wenn Sie wollen. Sie müssen bloß den nassen Fleck meiden."

Elsie blinzelte zur Scheune, dann ging sie los. Als sie wieder zum Auto kam, hatte Denver einen Korb mit Orangen und Äpfeln hervorgeholt. Sie entschied sich für einen Apfel und trank dazu Kaffee aus dem Deckel der Thermoskanne. „Noch ein bisschen", sagte sie, und Denver goss ihr zuvorkommend den letzten Rest ein.

„Wir müssen den Highway wiederfinden", verkündete er, nachdem er den Korb weggeräumt hatte. „Das ist der einzige Weg, wie wir heute noch nach Charlotte kommen. Könnte sein, dass wir noch ein paar Kilometer auf der Thunder Road fahren müssen. Sind Sie bereit?"

„Nein", sagte Elsie. „Ich habe beschlossen, dass ich keine Ganovenbraut sein will. Wie wär's, wenn Sie mich irgendwo aussteigen ließen?"

„Ihr Mann wird aber in Charlotte sein. Wenn Sie ihn sehen wollen, müssen Sie bei mir bleiben."

„Und was, wenn Sie angehalten werden und ich mit Ihnen verhaftet werde?"

Denver zuckte mit den Schultern. „Das wäre nicht das Schlimmste, was passieren könnte."

„Ach nein? Was wäre denn das Schlimmste?"

„Das da!", sagte er, als ein Auto mit heulender Sirene über die unbefestigte Straße heranraste. Schüsse ertönten.

„Das ist die Bundespolizei! Steigen Sie ins Auto!"

Elsie zögerte keine Sekunde. Sie stieg ins Auto, und Denver trat aufs Gaspedal und fuhr über die Weide und durch die Büsche. Wie sich herausstellte, verbarg sich unter den Büschen ein Zaun, der sich im Handumdrehen in tausend kleine Splitter verwandelte. Das Polizeiauto mit der heulenden Sirene folgte ihnen im gleichen halsbrecherischen Tempo, und auf der Beifahrerseite lehnte sich ein uniformierter Beamter halb aus dem Fenster und gab Schüsse auf sie ab.

Denver wendete, fuhr zurück, durchbrach den Zaun an einer weiteren Stelle und passierte das Polizeiauto, das schleudernd zum Stehen kam und dann ebenfalls wendete, um sie weiter zu verfolgen. Elsie merkte, dass sie grinsen musste. Denver merkte es ebenfalls. „Gefällt Ihnen das?"

„Ich glaube schon", gestand Elsie.

„Vielleicht würden Sie ja doch eine gute Ganovenbraut abgeben?"

Denver lenkte den Wagen durch einen Graben und zurück auf die Straße

„Okay, jetzt weiß ich auch wieder, wo wir sind. Der Highway ist dort, ich hab letzte Nacht einfach diese Gabelung übersehen."

„Da sind sie wieder!", sagte Elsie, als hinter ihnen erneut die Sirenen aufheulten.

Denver warf einen Blick in den Rückspiegel. „Halten Sie sich gut fest!"

Elsie hielt sich fest, während sie auf eine überdachte Brücke zurasten. Ein großes Schild an der Einfahrt verkündete: EINSTURZGEFAHR, NICHT BEFAHRBAR! Hatte ihr die Verfolgungsjagd eben noch ein wohliges Schaudern beschert, spürte sie jetzt nur noch Angst.

Denver lenkte das Auto ins Innere der Brücke, die unter dem Erdbeben zitterte, das der schwere Motor des Coupés in ihr ausgelöst hatte. Sie durchquerten die Brücke und landeten rumpelnd wieder auf dem Highway. Elsie warf einen Blick zurück über die Schulter und sah, dass das Polizeiauto vor der Brücke gehalten hatte.

„Wir haben sie abgehängt!", krähte sie.

Elsies Freude war nicht von Dauer, denn in diesem Moment durchschlug eine Kugel die Heckscheibe, und die Glasscherben landeten in ihren Haaren. Sie schrie auf. Ein neues Auto war ihnen auf den Fersen, ebenfalls mit heulender Sirene.

„Jetzt passen Sie gut auf!", rief Denver. Er zog einen Hebel, dann schaute er in den Rückspiegel. „Ach, verdammt, hat nicht funktioniert. Eigentlich hätte hinten jetzt Öl rausspritzen und die Straße glitschig machen sollen."

„Da bräuchten Sie aber eine ganz schöne Menge Öl", meinte Elsie. Ein Blick nach hinten bestätigte ihr, dass ihre Verfolger immer weiter zurückfielen. Das beruhigte sie so weit, um sich kurz die Scherben aus dem Haar zu schütteln. „Und Öl fließt auch nicht besonders gut, dazu ist es zu zähflüssig."

Denver überlegte einen Augenblick. „Sie wissen ganz schön viel für ein Mädchen aus West Virginia."

„Und Sie wissen nicht besonders viel für einen Mann", erwiderte sie schnippisch. „Haben Sie nicht eine Schachtel Reißnägel? Die könnte ich aus dem Fenster schmeißen, dann würden sie sich einen Platten fahren."

Denver lachte. „Da hab ich was Besseres. Klettern Sie mal auf den Rücksitz und klappen Sie die Lehne vor. Dahinter ist eine Schachtel, bringen Sie mir die nach vorn."

Pflichtbewusst krabbelte Elsie nach hinten, klappte die Sitzlehne vor und fand den Karton. Als sie wieder auf dem

Vordersitz war, machte sie die Schachtel auf und erblickte ein halbes Dutzend Zylinder, jeweils in Bananengröße „Was ist das? Dynamit?"

„Nein, selbst gebastelte Feuerwerkskörper. Im Handschuhfach liegen Streichhölzer. Schmeißen Sie ein paar Kracher aus dem Fenster."

„Wird sie das nicht wütend machen?"

„Sie haben uns immerhin schon unser Fenster zerschossen", stellte Denver fest. „Wenn Sie das jetzt nicht machen, ist es gut möglich, dass sie uns kriegen. Das wollen Sie doch nicht, oder? Aber seien Sie vorsichtig, Sie müssen die Dinger gleich rauswerfen, sowie sie angezündet sind."

Elsie warf ihm einen missbilligenden Blick zu, doch als Denver absichtlich vom Gas ging, um das Polizeiauto aufschließen zu lassen, begann sie die Feuerwerkskörper anzuzünden und aus dem Fenster zu werfen. Die ersten beiden Kracher landeten neben der Straße, aber dann bekam sie den Bogen heraus und schaffte es, einen Knaller passgenau auf die Motorhaube ihrer Verfolger zu schleudern. Prompt kam der Polizeiwagen ins Schlingern, fuhr in den Straßengraben, überschlug sich und begann zu brennen.

„Du liebe Güte!", rief Elsie. „Wir müssen zurück!"

Denver kaute auf seiner Unterlippe, dann stieß er einen tiefen Seufzer aus. Er verlangsamte, drehte um und fuhr zurück zum auf dem Dach liegenden Polizeiwagen. Die Flammen waren schon wieder erstickt, jetzt stieg hauptsächlich Qualm aus der Motorhaube. Der Fahrer und einzige Insasse, ein uniformierter Polizist, hatte sich aus dem Wagen gehievt und lag jetzt auf dem Rücken im Gras.

Elsie sah, dass der Polizist ein ganz junger Mann war. „Wachen Sie auf, Officer", flehte sie. „Oh Gott, Denver, ist der jetzt tot?"

Denver kniete sich neben ihn und tätschelte dem Mann die Wangen. „Na, wach schon auf, Junge."

Der Polizist wachte auf, schaute Denver mit trüben Augen an, dann setzte er sich auf, wenn auch langsam. Er rieb sich den Schädel. „Dafür werden Sie bezahlen, Denver", stöhnte er.

Ein weiteres Polizeiauto hielt neben ihnen, und ein großer Mann stieg aus und gesellte sich zu ihnen.

Er hatte einen altmodischen Schnurrbart und trug eine andere Uniform als sein jüngerer Kollege. „Hättest du ihm nicht einfach davonfahren können, Denver?"

„Ich dachte mir, wir haben ein bisschen Spaß", erwiderte Denver. „Elsie, das ist Sheriff Sanders. Einer von seinen Jungs hat sich letzte Nacht überschlagen. Geht es ihm gut, Sheriff?"

„Es geht ihm gut, aber das ist schon der zweite Totalschaden für mein Revier dieses Jahr. Ich hab dich doch gebeten, solche Sachen zu lassen. Meine Jungs wissen schon, dass sie dich nicht verfolgen sollen."

Elsie war verwirrt, aber sie riet einfach: „Steckt ihr zwei etwa unter einer Decke?"

„Der Sheriff ist mein Cousin ersten Grades", sagte Denver.

Der Sheriff bedachte Elsie mit einem schiefen Grinsen. „In was für einem Laden arbeitest du denn, Süße?"

„Ich bin keine Tänzerin. Ich bin gekidnappt worden."

„Das ist mehr oder weniger richtig", gab Denver zu.

Sanders zuckte mit den Schultern. „Hey, Bobby Hank",

sagte er zu dem Bundespolizisten, der sich auf seine gestiefelten Füße hochgerappelt hatte. Der ganze Mann knirschte vor lauter Leder und Rechtschaffenheit.

Polizist Bobby Hank hakte seine Daumen in den Gürtel. „Wenn Sie glauben, dass ich bei Ihren verbrecherischen Komplotten mitspiele, haben Sie sich aber gründlich getäuscht. Sie sind alle verhaftet."

„Nachdem Sie sich überschlagen hatten und Ihr Auto anfing zu brennen, sind wir zurückgekommen, um nachzusehen, wie es Ihnen geht", gab Elsie zu bedenken.

„Wenn Sie keine Feuerwerkskörper auf mein Auto geworfen hätten, hätte ich mich weder überschlagen noch hätte mein Auto überhaupt gebrannt."

„Sie sind immer noch zu einem gut Teil selbst schuld", beharrte Elsie. „Deswegen können Sie uns auch nicht verhaften."

Bobby Hank schien zu überlegen und hatte offenbar Schwierigkeiten, Elsies unlogischer Logik zu folgen. „Wissen Sie was?", fragte er dann. „Die werden mir ganz schön einheizen, weil ich das Auto zu Schrott gefahren habe. Wahrscheinlich werden Sie mir mein Gehalt stutzen, also schuldet ihr mir was, Leute."

„Wie viel?", fragte Denver.

„Ein Viertel vom Profit Ihrer Ladung. Nein, sagen wir, gleich die Hälfte."

„Zahl es ihm, Denver", riet Sheriff Sanders. „Der gute alte Bobby Hank bietet uns einen ehrlichen Deal an."

Denver schüttelte den Kopf, doch dann drehte er in einer resignierten Geste die Handflächen nach oben. „Wollen Sie mit uns mitfahren?", bot er Bobby Hank an.

„Nein. Ich habe kurz vor dem Unfall meine Position durchgegeben. Die Verstärkung wird bald hier sein, beeilen Sie sich also lieber. Wissen Sie, wohin Sie mir mein Geld schicken müssen?"

„Ich werde Sie finden", versprach Denver.

Denver und Elsie stiegen wieder in ihr Coupé und fuhren ohne weitere Zwischenfälle nach Charlotte, wo Denver sie zum Motel begleitete. Als sie nach Homer fragte, konnte ihr der Rezeptionist keine Auskünfte erteilen. „Wollen Sie ein Zimmer, Ma'am?"

„Sie kann in meinem Zimmer wohnen, Clyde", sagte Denver.

„Und du?", fragte der Rezeptionist.

„Ich komm ein bisschen später."

Nachdem er Elsie zum Zimmer geführt hatte, blieb Denver an der Tür stehen. „Was ist mit dem Kuss, den Sie mir versprochen hatten?"

„Sie hatten mir auch versprochen, dass mein Mann hier sein würde."

„Das wird er auch. Möchten Sie jetzt vielleicht die Lippen spitzen, damit ich Sie küssen kann?"

„Nicht, bis ich meinen Mann gesehen habe. Außerdem schulden Sie mir zweihundert Dollar."

„Verdammt, Mädel!", rief Denver. „Sie sind wirklich ein harter Knochen."

„So werden wir erzogen in West Virginia."

„Dann bin ich ja froh, in North Carolina zu leben."

„Geben Sie mir mein Geld und bringen Sie mir meinen Mann wieder, Denver."

Denver war sichtlich verlegen und rieb sich den Nacken. „Ich werde Ihnen das Geld schicken müssen, ich habe nämlich nie so viel in bar dabei, und mit dieser Ladung ist ja auch noch so einiges schiefgegangen. Wie lautet Ihre Adresse?"

„Für den unwahrscheinlichen Fall, dass Sie sich entschließen, ehrlich zu sein, können Sie mein Geld an meine Mutter schicken, Minnie Lavender, Thorpe, West Virginia. Mehr ist nicht nötig, sie wird es bekommen."

Denver nahm einen Stift vom Nachttisch, notierte sich die Adresse auf einem Fetzen Zeitungspapier und schob es sich in die Hemdtasche.

„Ich verspreche Ihnen, Sie werden Ihr Geld bekommen."

„Und was ist mit meinem Mann?"

„Den bekommen Sie auch noch. Vertrauen Sie mir."

„Eher würde ich einer Schlange vertrauen."

Denver grinste. „Ein Kuss ist also absolut nicht drin?"

„Bis später, Denver", sagte Elsie und schubste ihn aus dem Zimmer.

Sie beobachtete, wie er die Treppen vor dem Motel hinunterging, sich ans Steuer seines Wagens setzte und davonfuhr. Den Arm voll frischem Bettzeug, kam der Rezeptionist des Motels herein. „Normalerweise lässt Denver seine leichten Mädchen nicht im Motel zurück", erklärte er Elsie. „Wie wär's mit einem Kuss?"

Elsie zog die Stupsnase, die sie Denver gemopst hatte, aus der Tasche ihres Kleides. „Ich weiß, wie man die benutzt."

Der Rezeptionist drückte ihr hastig das Bettzeug in die Hand. „Tut mir leid, Ma'am."

„Es wird Ihnen noch mehr leidtun, wenn Sie so etwas noch einmal versuchen", sagte Elsie, griff sich das Bettzeug und machte die Tür zu. Sie malte sich aus, wie sie jetzt eine heiße Dusche nehmen würde, sich dann in ihr weiches Bett legen und nach einer kurzen Wartezeit Homer auftauchen würde, um sie und Albert – *oh, bitte, lass es so sein!* – nach Florida zu fahren.

Während sie duschte, wurde ihr klar, dass sie etwas gelernt hatte. Sie fand die Art Mann, zu der Denver gehörte, definitiv anziehend. Er fuhr schnell, war gefährlich und gut aussehend, aber, so überlegte sie, auf seine eigene Art war er doch ein armes Würstchen. Wenn er sich nicht vor einem hübschen Mädchen produzieren konnte, gab er wahrscheinlich eine ziemlich jämmerliche Figur ab, dachte Elsie. Sie war froh, nicht die ganze Fahrt nach Florida mit so einem Mann aushalten zu müssen. Für diese Aufgabe war Homer gerade der Richtige, trotz all seiner Fehler – von denen die meisten mit seinem grundanständigen Charakter zu tun hatten, wie sie sich eingestehen musste.

21. Kapitel

Nachdem sich Homer den Strohhalm aus dem Mund gepflückt und sich einen Weg aus dem dichten Weinnebel gebahnt hatte, weckte er Soufflé auf, die neben ihm döste, sprang auf den Traktor und fuhr ihn aus der Scheune. Obwohl es nur einen Sitz gab, bestand Soufflé darauf, ihn zu begleiten, wenn er den Buick holte. Sie setzte sich hinter ihn, schlang ihm die Arme um die Taille, ohne die fast leere Weinflasche loszulassen, und drückte sich fest an ihn, bis sie dort waren. Auf dem Rückweg ebenso.

„Kein Rücken auf der Welt könnte besser riechen als deiner", sagte sie laut genug, um das Tuckern des Motors zu übertönen.

Homer wusste nicht, was er sagen sollte. Er hatte nie darüber nachgedacht, ob Rücken verschieden riechen könnten. Er hoffte nur, den Buick schnell genug reparieren zu können, um Elsie zu finden.

Als sie den Buick erreichten, trank Soufflé den Wein aus und warf die leere Flasche auf den Rücksitz, während Homer ein Abschleppseil an seinem Auto befestigte. Zurück am Bauernhof, erwartete Carlos sie schon vor dem Scheuneneingang. Sie brachten den Buick nach drinnen, der laute Traktor wurde ausgemacht. „Mir ist nicht entgangen", sagte Carlos zu Soufflé, „dass unser geschätzter Gast und du ein

Mittagessen aus Nüssen, Datteln und Wein zu euch genommen habt, während ihr auf eurem Heubett lagt."

Sein Blick glitt zu Homer. „Ich bin sicher, Soufflés Mittagessen hat Ihnen gemundet, Sir?"

Homer errötete wider Willen. „Es war sehr lecker", sagte er. „Anschließend habe ich ein Nickerchen gehalten."

„Ja?" Carlos griff sich eine Heugabel, die an der Wand lehnte. Ihre Zinken glänzten im Sonnenlicht auf, das durch das offene Scheunentor hereinfiel. Homer hielt es für besser, auf dem Traktor sitzen zu bleiben, während Carlos näher kam, denn der hielt die Heugabel hoch erhoben, als wollte er gleich damit zustechen.

„Als ich Ihren Abdruck im Heu und die Überreste des Mittagessens gesehen habe", sage er, „hat mich das sehr inspiriert – und diese Heugabel hat mich ebenfalls inspiriert. Würdet ihr gern hören, was ich unter dem Einfluss dieser Inspirationen geschrieben habe?"

„Sehr gern, Liebling", sagte Soufflé. „Du weißt, wie ich deine Arbeit bewundere."

„Und Sie, Homer?", fragte Carlos. „Bewundern Sie meine Arbeit auch?"

Homer blieb die Antwort schuldig – in erster Linie deswegen, weil er gar keine Antwort gewusst hätte.

„Natürlich nicht", sagte Carlos. „Sie haben noch nicht genug gehört. Aber ich bin sicher, Sie haben mit meiner Soufflé einiges an Poesie erlebt."

„Ach, gar nichts hat er erlebt, mein Lieber", sagte sie. „Ich befürchte, der Wein war einfach zu schwer für ihn."

„Stimmt das, Homer?"

„Soweit ich weiß", meinte Homer vorsichtig.

Carlos drehte sich um und rammte die Heugabel in den Weizensack, woraufhin die Körner herausrieselten wie goldene Tränen. Dann zitierte er sich selbst:

Dein Körper hat scharfe Zinken wie eine Heugabel,
Die in mein Herz dringen und meinem kochenden
Blut Erleichterung verschaffen
Und meinen verführten Eifer über den Horizont der
Wonne hinausführen.
Dort, meine geliebte Seele, auf einem Bett aus Hitze
und Öl und Stroh
Hast du mir mit meinen rasenden Gedanken einmal
mehr deine Nektarlippen gezeigt
Und die Freude aneinander, von der ich abhängig
bin, wie du wohl wissen musst.

Das Gedicht ging noch weiter, doch Homer verstand kein Wort. Als Carlos fertig war, atmete er schwer, als wäre er kilometerweit gerannt.

„Du hast es wieder mal geschafft!" Soufflé applaudierte begeistert.

Carlos blickte zu Homer empor. „Schreiben Sie jetzt etwas mit mir, Homer?"

„Ich muss mein Auto reparieren", sagte Homer.

„Eine prosaische Anforderung des Lebens", seufzte Carlos. „Aber ich werde Sie nicht von dem abhalten, was Sie mit Ihrem Auto machen müssen. Ich bestehe jedoch darauf, dass wir zusammen etwas schreiben, bevor Sie fahren, Homer."

Er streckte Soufflé die Hand hin. „Und wir zwei haben noch eine Verabredung, meine Liebe, meinst du nicht auch?"

Sie lächelte, und ihre Miene verriet Freude und Lust. „Allerdings meine ich das, mein Geliebter."

Hand in Hand ging das Paar aus der Scheune und ließ Homer allein zurück. Er war erleichtert, dass sie weg waren, und ebenso erleichtert, dass ihm die Heugabel erspart geblieben war. In der Hoffnung, das Auto instand setzen zu können, bevor Carlos und Soufflé zurückkamen, machte er sich an die Arbeit. Er konzentrierte sich vor allem auf den Vergaser, weil er den Verdacht hatte, dass das Benzin in den Südstaaten nicht besonders rein war.

Zu seiner Enttäuschung war Soufflé schon wenig später wieder da, aber sie setzte sich nur ins Stroh und beobachtete ihn mit ihren großen, sanften, dunklen Augen, wobei er sich ziemlich unwohl fühlte. Trotzdem machte er weiter, reinigte den Vergaser und befestigte etwas Klebeband auf dem Verdeck, um das Loch zu schließen, das die Trümmer der explodierenden Textilfabrik hineingerissen hatten. Als er fertig war, baute er alles wieder zusammen und ließ den Buick probeweise an. Das Auto gab ein kräftiges Rumpeln von sich, das sich bald in ein Schnurren verwandelte. In dem Moment stand Soufflé auf und streckte ihm die Hand hin. „Sie haben Ihr Auto reparieren können, weil Sie meinen Traktor und meine Werkzeuge benutzen durften. Zur Belohnung darf ich Sie jetzt mitnehmen."

„Ich muss mich um Albert kümmern", protestierte Homer, weil er mit dieser Frau nirgendwohin gehen wollte. Außerdem war es jederzeit denkbar, dass Carlos ihm mit der Heugabel auflauerte, wenn er tatsächlich mit ihr ging.

„Ich bestehe darauf", sagte sie. „Von Carlos haben Sie nichts zu befürchten. Kommen Sie mit mir. Es wird zu Ihrem Vorteil sein."

Sie nahm Homers Hand und umklammerte sie fest. Ihre Hand war überraschend kräftig und leicht schwielig, die Hand einer Bäuerin. Sie führte ihn aus der Scheune zu einem kleinen Teich voller Schilf und Rohrkolben, und da entdeckte er Albert, genauer gesagt Alberts Augen, die aus dem schlammigen Wasser herausragten.

Soufflé ergriff auch seine andere Hand, und Homer kam es vor, als würde sie beide eine Art Elektrizität durchströmen. „Sie glauben, dass Sie nichts brauchen", sagte sie. „Sie glauben, dass Sie sich gut kennen. Das Paradoxe ist, dass Sie auf dieser Reise sind, um zu entdecken, wer Sie wirklich sind."

„Aber ich bringe doch nur Albert nach Hause", widersprach Homer.

„Mein Lieber, wir kennen uns zwar erst seit ein paar Stunden, aber ich weiß trotzdem, dass Sie weit mehr tun als das. Was haben Sie auf Ihrer Reise bis jetzt gelernt?"

„Dass es viel länger dauert, Virginia und North Carolina zu durchqueren, als ich gedacht hätte."

Sie lächelte. „Das ist schon mal eine nützliche Erkenntnis. Die meisten Dinge dauern länger, als wir glauben. Aber wie ist es mit der Liebe? Wird die Liebe länger brauchen, als Sie dachten?"

„Ich weiß nichts über die Liebe."

„Das ist allerdings wahr", stimmte sie ihm zu. „Trotzdem legen Sie jede Meile dieser Reise nur für diese Sache zurück, über die Sie nichts wissen."

Homer blinzelte, und in diesem Moment schoss ihm eine Ahnung vom wahren Zweck dieser Fahrt durch den Kopf. „Ich muss Elsie finden."

„Wo ist sie?"

„In Charlotte. Im Sunshine Motel."

„Wie werden Sie sie finden?"

„Ich werde in mein Auto steigen und jemanden nach dem Weg fragen."

„Ja, aber wie werden Sie *sie* finden?"

Homer überlegte, „Ich weiß es nicht", sagte er dann.

„Indem Sie Albert nach Hause bringen", fuhr Soufflé fort, „aber das wissen Sie ja schon. Sie wissen nur nicht, dass Sie es wissen. Nun hören Sie mir gut zu: Wir gehen jetzt zurück, und Sie werden sich mit Carlos zusammensetzen und zusammen ein Gedicht schreiben, und Sie werden die Seiten mit den Dingen füllen, die Sie in Ihrem Herzen tragen und schon immer mit sich herumgetragen haben."

„Aber das wird mir auch nicht helfen, Elsie zu finden."

„Es ist das Einzige, was Ihnen dabei helfen wird."

Das war das Letzte, was Homer von diesem Moment auf der endlosen grünen Weide mit dem Teich, den er vorher nicht bemerkt hatte, in Erinnerung blieb – und Alberts Augen, die wie scharlachrote Glühwürmchen in der Dunkelheit schwebten. In einem sehr weißen Zimmer, in dem sogar die Luft weiß zu sein schien, füllte er die Seiten mit allem, was er wusste und zu wissen hoffte und wissen wollte. Er schrieb in einem fort, bis die Sonne aufging, und dann schrieb er noch etwas mehr, bis er zu guter Letzt all das geschrieben hatte, was er zu sagen hatte. Danach verwandelte sich der Raum zurück in eine Küche, und er saß am Tisch, gegenüber von Carlos und Soufflé, die lasen, was er geschrieben hatte. Soufflé blickte auf und lächelte ihn an.

„Sie sind wieder da", sagte sie. Sie hielt ein Blatt Papier hoch, auf dem er seine Handschrift erkannte. „Und schauen Sie sich an, was Sie geschrieben haben. Sie haben eine Wahrheit enthüllt, die so wichtig ist wie die Erkenntnis, dass sich die Erde um die Sonne dreht."

„Ziemlich erstaunlich", pflichtete Carlos ihr bei.

Homer las seine eigenen Worte und merkte auf einmal, wie es ihm den Atem verschlug. Er entschuldigte sich, ging hinaus hinter die Scheune, bis er zu einer unebenen Grasfläche auf der Wiese kam. Offensichtlich war hier vor Kurzem ein neues Grab neben einigen älteren ausgehoben worden. Er starrte die Gräber an und überlegte, wer wohl darin liegen mochte.

„Das waren keine Dichter", sagte Carlos, der neben ihn getreten war. „Sie hatten keine Wahrheiten zu enthüllen."

„Was … *wer* waren sie?", fragte Homer.

„Obwohl ihre Seelen zu einfach gestrickt waren für die Kunst, hat Soufflé ihnen einen Moment poetischer Freuden bereitet, und dann habe ich ihnen den perfekten Tod geschenkt."

Homer wartete ab, ob Carlos noch etwas hinzufügen würde, vielleicht auch einfach nur lachen und erklären, dass es nur ein Scherz gewesen war, doch nachdem eine Weile vergangen war, kam er zu dem Schluss, dass Carlos nichts dergleichen tun würde.

„Ich glaube, ich fahr jetzt lieber", sagte Homer.

Carlos nickte. „Ja, ich glaube auch, Sie sollten jetzt fahren."

Als Homer sich zum Gehen wandte, rief Carlos ihm nach: „Ihr Glück, dass Sie keinen Wein vertragen."

Nachdem Albert und der Hahn es sich auf dem Rücksitz bequem gemacht hatten, fuhr Homer davon. Im Rückspiegel sah er den Dichter und seine Geliebte auf ihrer Veranda stehen. Soufflé hielt ein Blatt hoch und deutete darauf. Er glaubte zu wissen, welches es war – das, auf dem eine echte Wahrheit offenbart wurde, wie sie gesagt hatte. Darauf hatte er geschrieben:

> *Lass mich dich finden.*
> *Wenn du es nicht tust,*
> *werde ich trotzdem weiter suchen.*
> *Wenn du mich nicht lässt,*
> *werde ich trotzdem weiter suchen.*
> *Wenn du es nicht kannst,*
> *werde ich trotzdem weiter suchen.*
> *Durch die Suche findet man die Liebe,*
> *nicht durchs Finden.*

Homer fuhr weiter und versuchte, Wirklichkeit und Träume von anderen Wirklichkeiten und Träumen zu trennen, und als es ihm nicht gelingen wollte, konzentrierte er sich wieder darauf, Elsie zu finden. „Das Sunshine Motel", sagte er sich vor, als wären die Worte allein schon eine Straßenkarte, und nachdem er mehrere Passanten nach dem Weg gefragt hatte, stand er irgendwann tatsächlich davor. Als Elsie ihm aufmachte, wollte er sie in die Arme nehmen, doch sie stieß ihn von sich. „Du hast mich im Stich gelassen."

„Stimmt. Es tut mir leid."

„Ich will Albert sehen."

Homer trat beiseite und sah zu, wie sie die Treppe zum Buick hinunterrannte, um die Tür aufzureißen und ihr grinsendes Reptil zu begrüßen. Er musste daran denken, was er erst vor ein paar Stunden auf dem Hof geschrieben hatte.

Er hatte Elsie gefunden.

Aber das war nicht das, was zählte.

Was zählte, war, dass er sie gesucht hatte.

Erst als er wieder hinterm Steuer saß, ging Homer auf, dass Soufflé und Carlos noch mehr getan hatten, als ihm zu einer wichtigen Einsicht zu verhelfen. Sie hatten sein ganzes Geld gestohlen, und dazu die beiden Pistolen, die er der Thunder-Road-Bande abgenommen hatte.

Ich war achtzehn, und es war Sommer. Zwischen meinem ersten und zweiten Jahr an der Virginia Tech arbeitete ich unter meinem Vater im Kohlebergwerk von Coalwood. Meine Mutter hatte Coalwood den Sommer über verlassen. Sie hatte meinen Vater zu guter Letzt überzeugen können, sich zu verschulden, um ihr ein Haus in der Nähe von Murrells Inlet in South Carolina zu kaufen.

Zur Feier des 4. Juli war ein Softballspiel zwischen einem Gewerkschaftlerteam und einem Team aus Mitgliedern der Führungsebene angesetzt. Da ich jung und noch nicht so abgearbeitet war wie die meisten älteren Bergwerksarbeiter, wurde ich ins Team der Gewerkschaft berufen. Das andere Team bestand hauptsächlich aus jungen Vorarbeitern. Zu meiner Überraschung übernahm mein Vater den Posten des Schiedsrichters. Mir war nicht bewusst gewesen, dass er sich mit Softball oder überhaupt irgendeinem Ballspiel auskannte.

Das Spiel wurde ausgetragen, und unser Team gewann. Ich schaffte sogar einen Homerun. Hinterher suchte mich Mr. Dubonnet, der Chef der Bergarbeitergewerkschaft, auf. Mein Vater und er lagen sich ständig in den Haaren wegen der Frage, wie die Mine geführt werden sollte, und obwohl sie zusammen in die Highschool gegangen waren, waren sie keine Freunde. „Deine Mutter hat mich gestern angerufen", sagte er. „Sie hat gehört, dass du aufgestellt wirst und Homer den Schiedsrichter spielt. Da dachte sie sich, du solltest da eine Geschichte über deinen Vater hören. Sie handelt auch von ihr."

Bei allem, was sie tat, hatte meine Mutter immer eine Absicht im Hinterkopf, also fragte ich natürlich nach. „Hat sie gesagt, warum?"

„Sie meinte, du weißt gar nicht wirklich, wer dein Vater ist, und es wäre höchste Zeit, dass du es erfährst." Er kratzte sich den Kopf. „Die Geschichte hat mich einiges über ihn gelehrt und über deine Mutter auch. Sie ist eine interessante Frau."

„Ja, Sir, das denke ich auch."

Mr. Dubonnet führte mich zum Ausschank und kaufte sich ein Bier und mir eine Royal-Crown-Cola. Ich trank sie und hörte mir die Geschichte meiner Mutter aus dem Munde des Gewerkschaftsführers von Coalwood an, einem Mann, den mein Vater überhaupt nicht leiden konnte, aber doch vollauf respektierte. Man muss wissen, Mr. Dubonnet war der Kapitän seiner Highschool-Football-Mannschaft. Derselbe Footballkapitän, dem meine Mutter einen Korb gegeben hatte, um mit einem gewissen blauäugigen, dünnen jungen Kerl namens Homer tanzen zu gehen.

IV. TEIL

Wie Homer seine
Baseball-Lektion lernte
und Elsie Kranken-
schwester wurde

22. Kapitel

Die Reise von Homer, Elsie, Albert und dem Hahn nahm eine abrupte Wendung mit dem Geräusch von zerbrechendem Glas. Splitter und Scherben prasselten auf Homers Gesicht, seine Brust und Hände, und verständnislos starrte er den glitzernden Haufen auf seinem Schoß an. Gerade zupfte er sich eine der Scherben aus der Wange, da sickerte ein dünnes Blutrinnsal aus dem kleinen Loch, das sie in seiner Haut hinterlassen hatte.

„Was ist passiert, Homer?", fragte Elsie schläfrig vom Rücksitz.

„Irgendjemand hat gerade unsere Windschutzscheibe kaputt gemacht", antwortete er.

„Wer tut denn so was?"

Homer antwortete nicht, weil er nicht sicher war. Sein erster Gedanke war, dass die Bande, die Elsie gekidnappt hatte, ihnen irgendwie gefolgt war und sie jetzt angriff, doch als er sich umschaute, konnte er weit und breit keine Bande entdecken. Er sah nur das freie Feld, auf dem er zum Übernachten gehalten hatte. Doch jetzt wurde ihm klar, dass es vielmehr der Parkplatz eines nahe gelegenen Sportstadions war. Als er genauer hinsah, verkündete das Schild über dem Eingang sowohl den Namen als auch den Zweck des Stadions:

FELDMAN-STADION
HEIMAT DER HIGH TOP FURNITURE MAKERS
MEISTER DER KÜSTENLIGA 1912

Homer stieg aus und entdeckte den Baseball, der seine Windschutzscheibe zertrümmert und ihn dadurch im Gesicht verletzt hatte. Wütend hob er ihn auf und schmiss ihn mit aller Kraft zurück. Er sah ihm nach, wie er über den Zaun und die Sitzreihen segelte. Obwohl er seinem Ärger mit diesem zornigen Wurf etwas Luft gemacht hatte, löste er damit doch nicht sein unmittelbares Problem: Wie sollte er die Windschutzscheibe reparieren – wenn man sie denn überhaupt noch reparieren konnte? Buick Cabrios Baujahr 1925 waren keine Massenware. Wer würde ihm im Hinterland von North Carolina eine passende Scheibe zur Verfügung stellen? Und selbst wenn es da jemanden geben sollte – Elsie und er hatten ja kein Geld mehr. Sie hatten nicht mal mehr Lebensmittel. Außerdem war es gut möglich, dass sie von der Polizei gesucht wurden als a) Zeugen eines Banküberfalls (bei dem Homer einen Cent gestohlen hatte), b) Komplizen bei der Zerstörung einer Textilfabrik, c) Mitwisser mehrerer mutmaßlicher Morde an mehreren Unbekannten auf dem Bauernhof eines Dichters und d) Helfer beim Transport von selbst gebranntem Alkohol auf der Thunder Road. Wie auch immer er diese Gedanken zu Ende dachte, er kam jedes Mal zum gleichen Schluss: Sie steckten ganz schön in der Klemme.

Elsie machte die Tür auf und stieg aus, um sich ein Bild von der Situation zu machen. „Was hast du denn angestellt, dass die Scheibe zerbrochen ist?", fragte sie.

„Ich hab überhaupt nichts angestellt. Das war ein Baseball." Homer deutete auf das Stadion. „Ich glaube, er kam von da." Er schaute sich um, um herauszufinden, wo genau sie eigentlich waren. Hinter dem Parkplatz und dem Stadion konnte er nur ein paar niedrige Ziegelgebäude erkennen, die irgendeine Stadt vermuten ließen. Er ging davon aus, dass er den Buick schon noch in die Stadt fahren konnte, aber ob er dort eine Möglichkeit finden würde, ihn reparieren zu lassen, oder wie er diese Reparatur bezahlen sollte, konnte er nicht sagen.

Da sah er, wie ein Mann unter der großen Tafel durch das Stadiontor lief, den Buick und seine Insassen bemerkte und direkt auf sie zuhielt. Er trug ein weißes Hemd mit Hosenträgern, eine graue Hose und zweifarbige Schuhe und hatte einen entschlossenen Blick. Er hielt den Baseball in die Höhe. „Haben Sie diesen Ball geworfen?", fragte er.

„Wenn das der Baseball ist, der gerade meine Windschutzscheibe zerschmettert hat, dann ja", erwiderte Homer.

Der Mann musterte blinzelnd die Scheibe. „Wer hier parkt, sollte eigentlich wissen, dass er Gefahr läuft, hie und da von einem Ball getroffen zu werden." Er warf Homer den Ball zu. „Werfen Sie ihn noch mal."

„Wohin?"

„Wieder ins Stadion."

Homer tat ihm den Gefallen und warf den Ball. Er flog mit bequemem Abstand über die Zuschauerreihen und verschwand. Wenig später erschien ein Mann in Baseballkleidung, ein Fänger, wenn man nach dem Gesichtsschutz und den Schonern ging. Er brachte den Ball, hielt ihn in die

Höhe und sagte: „Bis zum Spielfeldrand auf der anderen Seite, Mr. Thompson."

„Gib ihn dem jungen Mann zurück, Jared", sagte der Mann mit den Hosenträgern.

Der Fänger warf Homer den Ball zu, rannte ein Stückchen weiter und ging dann in die Hocke. „Hierhin", rief er und klatschte mit seiner Faust auf den Fanghandschuh.

„Werfen Sie ihm den Ball zu", sagte der Mann.

„Homer hat für das Coalwood-Robins-Team geworfen, die letztes Jahr die Meisterschaft gewonnen haben", warf Elsie ein.

„Sind Sie Profispieler?", erkundigte sich der Mann.

„Ich bin Bergwerksarbeiter", sagte Homer. Dann warf er den Ball zum Fänger.

Der Baseball sauste mit unbeirrbarer Geschwindigkeit direkt in den Fanghandschuh, und der Fänger jaulte auf, zog seine Hand aus dem Handschuh und schüttelte sie. „Der glüht ja richtig!"

Der Hosenträgermann schaute nachdenklich drein. „Diese Liga, in der Sie gespielt haben, war also keine Profiliga?"

„Die Bergbaugesellschaften sponsern die Teams", sagte Homer. „Wir werden fürs Spielen nicht bezahlt, wenn Sie das meinen. Wir tun es für die Ehre unserer Arbeitgeber."

„Haben Sie jemals darüber nachgedacht, unter die Profis zu gehen? Sie haben einen gewaltigen Wurfarm."

„Die meisten Bergwerksarbeiter haben einen gewaltigen Wurfarm", meinte Homer. „Das bringt unsere Arbeit so mit sich. Ich glaube nicht, dass ich außergewöhnlich gut bin."

„Er hat einen goldenen Pokal bekommen, als er die Meisterschaft gewonnen hat", erklärte Elsie.

„Den haben wir alle bekommen, Elsie. Der Captain hat sie für uns anfertigen lassen."

„Trotzdem. Du warst der beste Spieler im Team."

„Das glaub ich Ihnen sofort, Ma'am." Der Mann mit den Hosenträgern streckte ihm die Hand hin. „Jake Thompson. Ich bin Manager der High Top Furniture Makers. Küstenliga. Ich bin immer auf der Suche nach neuen Talenten. Möchten Sie es nicht mal probieren?"

Homer runzelte die Stirn. „Ich hätte eigentlich ganz gern, dass Sie mir meine zerbrochene Windschutzscheibe ersetzen. Wir sind auf dem Weg nach Florida. Wissen Sie jemanden in der Stadt, der mir das reparieren kann?"

„Ich glaube, da könnte ich schon jemanden auftreiben", antwortete Thompson. „Ich werde ein paar Anrufe machen. Dauert aber ein bisschen, bis die eingesetzt ist. Wahrscheinlich müssen wir sie extra bestellen und aus Detroit liefern lassen. Warum kommen Sie in der Zwischenzeit nicht mit rein, dann geben wir Ihrer Frau und Ihnen was zu essen, und Sie können auch unseren Waschraum benutzen, falls nötig. Und dann können Sie vielleicht noch ein paar Schläge vorführen. Ich würde mir gern mal anschauen, was Sie sonst noch so draufhaben."

„Homer hat fast in jedem Spiel einen Homerun geschafft", erzählte Elsie. „Sie haben schon angefangen, sie Homers zu nennen."

„Sie haben jeden Homerun einen Homer genannt, nicht nur meine", korrigierte Homer. Doch dann gestattete er sich doch ein verlegenes Lächeln. „Na ja, ich hab schon so einige geschlagen."

„Na ja, ich denke mal, die Werfer waren nicht unbedingt

auf dem Niveau unserer Liga", meinte Thompson. „Dann schauen wir mal, wie gut Sie heute in Form sind."

Elsie deutete mit einem Nicken auf Albert. „Unser Alligator hat auch Hunger."

Thompson betrachtete Albert, der jetzt ebenfalls aufgewacht war und den Kopf aus dem Fenster streckte.

„Hübsches Tierchen", sagte er.

„Er ist wunderschön, oder?"

Thompson zuckte mit den Schultern. „Natürlich, bringen Sie ihn gerne mit. Drinnen haben wir jede Menge Hotdogs. Und Popcorn für den Hahn, den Sie da auf dem Vordersitz haben."

Elsie hob Albert in die Wanne, und Homer und der Fänger trugen ihn ins Stadion und zum Hotdog-Stand, wo ein Koch gerade am Aufräumen war.

„Die Leute hier haben Hunger, Bob", sagte Thompson. „Mach ihnen noch ein paar Hotdogs, okay?"

Der Koch musterte die abenteuerliche Gesellschaft. „Ich könnte auch noch Eier und Toast machen."

„Dann mach mal. Stellen Sie sich doch solange aufs Schlagmal, Homer." Thompson steckte seine Finger in den Mund und pfiff. „Franco! Schwing deinen lahmen Arsch zum Wurfmal. Ich hab hier jemand, der ein paar Bälle schlagen will."

Es lagen ein paar Schläger auf dem Boden, und Homer hob den erstbesten auf. Er trat auf das Schlagmal, während sich der Fänger hinter ihn stellte.

„Vorsicht bei dem Kerl", sagte der Fänger. „Der versucht garantiert, dich direkt anzupeilen."

Homer war nicht sicher, was das bedeuten sollte, bis

der Baseball kerzengerade auf seinen Kopf zuflog. Er konnte sich gerade noch rechtzeitig ducken, und der Ball landete mit einem lauten Klatschen im Handschuh des Fängers.

„Hör auf damit, Franco!", schrie Thompson zum Wurfmal. „Wirf ihn einfach geradeaus."

Franco, ein dünner Jugendlicher in einer Kluft, die ihm mindestens eine Größe zu groß war, spuckte auf den Ball, dann zuckte er mit den Schultern. „Wird gemacht, Chef", sagte er und holte aus.

Der Ball flog aus der Hand des Werfers und schien in der Mitte der Flugbahn zu schlingern. Homer kannte den Trick: Spitballs gab es auch in der Coalfield-Liga. Die perfekte Technik für einen logisch denkenden Spieler mit schneller Auffassungsgabe. Homer musste nur das Taumeln des Balles verfolgen, den Verlauf der Kurve berechnen und den Schläger entsprechend einsetzen, und genau das tat er auch. Er drosch mit dem schwersten Teil des Schlägers darauf, dass der Ball in die Luft schoss und über den hinteren Stadionzaun flog.

Thompson, der die Daumen in die Hosenträger eingehakt hatte, ließ sie klatschend los. „Verdammt aber auch", sagte er.

„Der hat einen ganz schönen Schlag drauf, nicht wahr, Mr. Thompson?", sagte Elsie stolz lächelnd.

„Sieht ganz so aus, Ma'am. Franco, gib ihm noch einen Curveball und einen Slider. Streng dich richtig an."

Franco, der entschieden genervt aussah, holte aus und warf, und Homer schlug jeden einzelnen Ball mühelos aus dem Stadion.

„Wissen Sie, wie man einen Single wirft?", fragte Thompson. „Franco, wirf noch mal."

Franco schmetterte einen harten, schnellen und hohen Ball. Homer schlug ihn hinter die dritte Base, knapp innerhalb der Linie.

Thompson lächelte. „Kommen Sie mal hier rüber. Da ist jemand, dem ich Sie vorstellen möchte."

Homer folgte dem Manager, und Elsie schloss sich ihnen an. Gerade wurde ein Mann im Rollstuhl von einer jungen Frau auf das Spielfeld geschoben. Thompson ging zu den beiden. Die Frau war jung und blond und trug ein maßgeschneidertes marineblaues Nadelstreifenkostüm.

„Mrs. Feldman", sagte Thompson und hob die Hand grüßend an den Hut. „Mr. Feldman, ich würde diesen Jungen hier gerne für zwanzig Dollar pro Spiel anheuern, damit wir uns ansehen können, wie er sich macht."

„Zwanzig Dollar!" Elsie konnte ihr Erstaunen nicht unterdrücken. „Und wie viele Spiele wären das?"

Thompson bedeutete ihr mit einer Handbewegung, dass sie still sein sollte. „Was meinen Sie, Mr. Feldman? Ich glaube, der Junge ist wirklich gut."

Die Stimme des Mannes war zittrig und schwer verständlich. „Geeh inonnu", sagte er.

„Nein, mein Schatz, überlass das doch mir", sagte die Blonde.

„Was hat er gesagt?", fragte Elsie

„Er hat gesagt, dass er es genehmigt."

„Mein Mann ist auf dem Weg zur Kur nach Hot Springs, Georgia", erklärte die Frau dem Manager. „Deswegen sind wir gekommen, dass er sich verabschieden kann. In seiner Abwesenheit werde ich den Club managen."

„Nnnn", sagte Feldman. „Ffff ncht na Spring."

„Du musst jetzt los, Schatz", erwiderte seine Frau mit einer Spur von Gereiztheit in der Stimme. „Hier gibt es keine Schwestern, die sich um dich kümmern könnten."

„Ich wollte schon immer Krankenschwester werden", sagte Elsie.

„Sagten Sie, Sie sind Krankenschwester?", fragte Thompson.

„Eine richtig qualifizierte Krankenschwester?", fragte die junge Ehefrau.

„Ich habe ein Diplom", antwortete Elsie.

Wie Homer bemerkte, hatte Elsie wohlweislich unter den Tisch fallen lassen, dass es ein Diplom der Sekretärinnenschule war. „Elsie, du bist keine …"

„Wir brauchen das Geld, Schatz", presste Elsie mit erstarrtem Lächeln zwischen zusammengebissenen Zähnen hervor.

„Na bitte, Mr. Feldman", sagte Thompson, obwohl Mrs. Feldman immer noch aussah, als hätte sie ihre Zweifel. „Mit diesem jungen Paar haben wir einen neuen Werfer, der zudem lange Bälle schlagen kann, und eine Krankenschwester. Hätten wir's besser treffen können?"

„Da Alihatoa."

„Was sagten Sie, Sir?"

Feldman hob die lahme Hand und deutete mit einem zitternden Finger auf Albert. „Da Alihatoa."

Der Manager schaute, wohin der Mann deutete, und sah Albert, der einen Hotdog im Maul hatte und sich mit neugieriger Miene umschaute.

„Sagten Sie ‚Alligator'?"

„Ja. Da Alihatoa. Noo makottn."

„Ein neues Maskottchen", sagte Mrs. Feldman und verdrehte die großen blauen Augen.

„Albert als Maskottchen?", fragte Elsie.

„Albert als Maskottchen?", fragte Homer.

„Ein neues Maskottchen", sinnierte Thompson. „Stimmt eigentlich. Alligatoren sind schnell und fies. Aber wir sind Möbelschreiner, keine Alligatoren."

„Intesiht knn Schwn", gab Mr. Feldman zurück, womit die Diskussion beendet war.

23. Kapitel

Elsie hatte schon immer das Gefühl gehabt, dass ihr Leben ein Puzzle war, bei dem die Abbildung auf dem Karton fehlte, die ihr zeigte, was für ein Bild sie überhaupt zusammensetzen sollte. Doch als Homer anfing, für die *High Top Furniture Makers* zu spielen (die bald in *Chompers* umbenannt wurden, zu Ehren des neuen Maskottchens und seiner Beißerchen), kam es ihr zu ihrer Freude und absoluten Überraschung auf einmal so vor, als würden sich die Teile auf eine Art zusammenfügen, die durch und durch sinnvoll war. Homer schien wie ausgewechselt. Wenn sie sich sahen, sprach er nur noch über Baseball. Die zwei Wochen, die ihm der Captain für seine Reise zugestanden hatte, liefen ab, doch er erwähnte diesen Umstand oder Coalwood im Allgemeinen mit keiner Silbe. Elsie wusste nicht, was ihr Mann dachte, insbesondere über eine Rückkehr ins Kohlebergwerk, gab sich aber auch keine Mühe, es herauszufinden. Wie ihr Vater immer so schön sagte: Manchmal war es besser, schlafende Bergwerksarbeiter nicht zu wecken.

Homer hatte sich in der Besenkammer im Stadion einquartiert, während Elsie im Haus der Feldmans wohnte. Für sie war ihr Leben jetzt endgültig perfekt. Sie konnte tun, was sie wollte, und Homer konnte tun, was er wollte, und obwohl sie offiziell noch zusammen waren, lebten sie getrennt. Wenn das selbstsüchtig von ihr war, dann bekümmerte sie das nicht. Es war eben eine Tatsache, die sie nicht geplant hatte, sondern die einfach so passiert war.

Jeden Morgen schlüpfte Elsie mit Freuden in ihre gestärkte weiße Krankenschwesternuniform, Rock und Bluse und weiße Schuhe mit niedrigen Absätzen, die Feldman ihr gestellt hatte. Er war ein angenehmer Patient. Er war dankbar für alles, was sie tat, und es gab in der Tat viele Dinge, an die zuvor noch nie jemand gedacht hatte. Wenn er aufwachte, war sie mit einem selbst zubereiteten Frühstück zur Stelle – Eier, Speck, Toast und Kaffee – und schob den Haferschleim beiseite, den der Patient sonst bekam, wie die Köchin behauptete. Sie badete ihn, indem sie ihn alleine aus seinem Stuhl in die Wanne hob – schließlich war sie ein starkes Mädchen aus West Virginia –, und hinterher rollte sie ihn in seine Bibliothek, wo sie die Bücher heraussuchte, um die er bat, und gab ihm seine Tabletten, die er nicht mit Leitungswasser herunterspülte, sondern mit frischem Süßwasser aus dem Brunnen im Garten, das sie eigenhändig pumpte, weil er den Geschmack mochte und sie überhaupt glaubte, dass es besser für ihn war. Während er seine Bücher las, massierte sie ihm die Beine, bis sie rosa waren und nicht mehr aschfahl, und sie kämmte sein dünnes Haar und rieb ihm die knochigen Schultern und blieb in seiner Nähe, für den Fall, dass er etwas brauchte.

Mehr als alles andere liebte sie die Unterhaltungen mit Mr. Feldman, seine konfusen Worte, die im Laufe der Zeit immer verständlicher für sie wurden. Ihre Gespräche waren anregender als alles, was sie jemals mit Homer oder anderen Leuten im Bergbaustädtchen gesprochen hatte. Sie behandelten das Leben und vergangene Liebschaften (sie erzählte viel von Buddy und er von seiner ersten Frau, die an Tuberkulose gestorben war) und die philosophischen Theorien der antiken und modernen Welt (der New Deal war ihm zuwider, doch sie meinte, die Reformen könnten langfristig schon funktionieren), Hitler und Stalin, die beide ganz grauenvolle Menschen waren, und Mussolini, den Feldman eher für einen Komödianten als einen Bösewicht hielt, und Religion – Feldman war Jude, Elsie gehörte zu den Methodisten –, und sie kamen zu dem Schluss, dass sich ihre Religionen überhaupt nicht ähnelten, bis auf die Eigenschaften, in denen sie sich doch glichen, und so weiter. Innerhalb einer Woche konnte er ohne sie nicht mehr leben, und das sagte er auch, und zwar nicht nur zu ihr, sondern auch zur Jungen Mrs. Feldman (wie man sie allgemein nannte) und jedem anderen Menschen, der in seine Hörweite kam, einschließlich seines Arztes.

Die Stadt namens High Top war eine Kleinstadt mit einer Hauptstraße, die nur ein paar Hundert Meter lang war, und in der jedes Haus, ob alt oder neu, Herrenhaus oder Hütte, im Radius von anderthalb Kilometern zum Rathaus lag. Auf einem kleinen Hügel stand das Feldman-Anwesen, ein neogeorgianisches Gebäude mit großen Veranden und unzähligen Schlafzimmern, von denen man eines Elsie überlassen hatte. Sie liebte das geräumige Zimmer und das riesige Himmelbett und die antiken Stühle und Tische und Bücherregale, in denen lauter Klassiker mit goldgeprägten Titeln standen. Obwohl Feldmans Bibliothek schon sehr umfangreich war, ging Elsie trotzdem noch in die Leihbücherei neben dem Gerichtsgebäude und beantragte einen Leihausweis, und dann schnappte sie sich jedes Buch, das irgendwie mit der Wissenschaft und den Tätigkeiten des Krankenschwesternberufes zu tun hatte. Ihr Sortiment enthielt inzwischen so viele Bücher, die sich mit Fragen der Krankenpflege befassten, dass es Dr. Martin Clowers zu Ohren kam, dem einzigen Arzt in High Top und damit auch der Hausarzt, der sich für Mr. Feldmans Gesundheit verantwortlich zeichnete. Mit List und Tücke fädelte es der Arzt so ein, dass er Elsie eines Tages zwischen den Bibliotheksregalen traf.

Zu diesem Zeitpunkt trug Elsie ihre Schwesterntracht. „Schwester Hickam", sagte Dr. Clowers. „Ich bin Dr. Clowers. Sie kennen meinen Namen sicherlich, ich bin der Hausarzt von Mr. Feldman. Ich freue mich, so einen barmherzigen Engel wie Sie kennenzulernen."

Elsie schätzte ihn auf etwas über sechzig, ein distinguierter Herr mit Silberhaar und Schnurrbart und einer Melone, welche er sehr förmlich in der Hand hielt, während er mit ihr sprach.

„Mr. Feldman hat mir von Ihnen erzählt", sagte sie. Und das hatte er in der Tat. *Dammter Quasalber*, hatte er mehr als einmal gesagt. Es war das erste Mal, dass Elsie diesen Ausdruck hörte, aber sie begriff schon bald, was damit gemeint war. Aber es dauerte noch länger, bis sie verstand, dass Mr. Feldman das Wort zärtlich gebrauchte. Der Arzt und er waren alte Freunde.

„Feldman hat mir ebenfalls von Ihnen erzählt", fuhr Clowers fort. „Er scheint sehr zufrieden damit zu sein, wie Sie ihn pflegen. Aber sagen Sie mal, diese ganzen Bücher, die Sie sich hier ausleihen ... wie war das noch gleich, an welcher Schule hatten Sie Ihr Diplom gemacht?"

Die Frage des Arztes drängte Elsie in die Ecke, und ihr war klar, dass sie sich nicht herausreden konnte, also blieb sie lieber gleich bei der Wahrheit.

„Ich habe ein Diplom von der Sekretärinnenschule Orlando", sagte sie.

Dr. Clowers lächelte. „Dann sind Sie so etwas wie eine Betrügerin, junge Dame."

Elsie sah dem Doktor geradewegs in die Augen. „Ich habe nie behauptet, dass ich die Schwesternschule besucht habe. Es hat sich nur zufällig so ergeben, dass Mr. Feldman annahm, ich hätte ein Schwesterndiplom."

Dr. Clowers musterte sie amüsiert. „Wenn es nötig wäre, meinen Sie, Sie könnten Mr. Feldman dann eine Spritze geben?"

Elsie errötete. „Na ja … das hab ich ehrlich gesagt noch nie probiert."

Nachdem er seine Melone auf den Boden gelegt hatte, machte er seine schwarze Tasche auf, um ihr eine Orange und eine Spritze mit einer einschüchternd dicken Nadel zu entnehmen.

„Üben Sie mal hiermit." Er demonstrierte ihr die richtige Technik und drückte ihr dann Orange und Spritze in die Hand. „Hier, bitte."

Elsie versuchte es. „So?"

„Sie sind ein Naturtalent." Er grub noch tiefer in seiner Tasche und reichte ihr zwei Spritzen und mehrere Ampullen. „Sollte Feldman irgendwann mal unkontrolliert zittern oder sollten seine Augen zurückrollen oder sollte er anfangen zu keuchen, ohne sprechen zu können, dann injizieren Sie ihm dieses Medikament, am besten in die Hüfte. Ich verlasse mich darauf, dass Sie meine Augen und Ohren und manchmal auch meine Hände sind." Er klopfte auf ihren Bücherstapel. „Und das hier bleibt unser kleines Geheimnis."

Elsie nahm die Spritzen und die Medikamente und schob alles in ihre Handtasche, bedankte sich beim Arzt und wandte sich wieder ihrer Lektüre zu. Wie ihr gerade bewusst geworden war, waren Mr. Feldmans Bedürfnisse viel ernster und dringlicher, als sie gedacht hatte.

Bei einem ihrer Ausflüge in die Bibliothek las Elsie ein Buch, in dem ein Fieber beschrieben wurde, genau dasselbe, das ihren Bruder Victor befallen hatte. Ihr Blick wurde sanft, doch als sie weiterlas, wurden ihre Augen feucht. *Es ist enorm wichtig, das Fieber so schnell wie möglich zu senken. Eine sehr effektive Art, das zu erreichen, besteht darin, dem Patienten Eispackungen zu verabreichen.*

Elsie schnappte nach Luft, dann atmete sie tief durch. „Eispackungen. Ich hätte Victor also retten können!"

Außerdem hatte Elsie eine Biografie von Florence Nightingale gelesen, der ersten Krankenschwester, die Maßstäbe für alle nach ihr gesetzt hatte. Sie unterdrückte ihre Tränen, weil Nightingale der Meinung war, dass sie einer Schwester nicht würdig waren. Trotzdem konnte sie nicht verhindern, dass sie innerlich weinte. Immer und immer wieder kam ihr derselbe Gedanke in den Sinn. *Ich hätte Victor retten können!*

Elsie nahm Mr. Feldman oft mit ins Stadion, damit er seinem Team beim Training zusehen konnte beziehungsweise beim Match, wenn sie ein Heimspiel hatten. Es enttäuschte sie, dass Homer fast die ganze Zeit auf der Bank saß. Warum das so war, wollte ihr nicht in den Kopf, denn im Training sah sie, wie Homer den Ball mit einer Geschwindigkeit warf, wie Merkur seine Blitze schleuderte, und den Ball regelmäßig über den Zaun oder in die Zuschauerränge beförderte. Als der Manager einmal zu ihnen kam, um Feldman zu begrüßen, konnte Elsie kurz mit ihm unter vier Augen sprechen. „Mr. Thompson, warum spielt mein Mann denn gar nicht?"

Offensichtlich gefiel es Thompson nicht, einer Spielerfrau zu erklären, wie er sein Team organisierte, aber er ließ sich dann doch zu einer Auskunft herab. „Er wird spielen, Ma'am. Ich weiß schon, wann der richtige Zeitpunkt gekommen ist. Machen Sie sich keine Sorgen."

„Ich *mach* mir aber Sorgen", sagte Elsie. „Was, wenn Homer die Ersatzbank leid wird und sich entschließt, lieber wieder im Kohlebergbau zu arbeiten?"

„Alles zu seiner Zeit", erwiderte Thompson. „Nur Geduld."

Elsie überdachte seine Worte. „Mich würde ja mal interessieren, wie Mr. Feldman darüber denkt."

„Würden Sie sich bei unserem Boss über meine Entscheidungen als Trainer beschweren?" Thompson zog die Augenbrauen hoch.

„Beschweren nicht. Ich würde mich nur laut wundern, warum Homer so gar nicht zum Einsatz kommt."

Thompson schien über ihre Antwort nachzudenken. „Ich möchte Ihnen mal was erklären, Schwester Hickam. Die Küstenliga ist insofern eine Besonderheit, als sie zwei Meisterschaften hat. Und die Clubbesitzer meinen, dass sie mehr Zuschauer gewinnen, wenn ihre Teams öfter bei Meisterschaften mitspielen. Das macht den Trainern zwar manches Mal Kopfschmerzen, aber für die Besitzer ist es ein Segen, also wird es weiter so gehandhabt. Nächste Woche beginnt ein Rundenturnier, bei dem die zwei Finalistenteams bestimmt werden. Ihren Mann bewahre ich mir für diese Runde auf, damit ich ihn als höchsten Trumpf ausspielen kann."

„Sie meinen, Homer ist wie ein heimliches Ass, das Ihnen im Ärmel steckt?"

Thompson räusperte sich und nickte.

„Sagen Sie – wetten Sie etwa auf diese Spiele?", erkundigte sich Elsie.

Thompson räusperte sich erneut, hob die Hand grüßend an seinen Hut. „Schönen Tag noch, Ma'am", sagte er und ging davon. Blinzelnd blickte Elsie ihm nach und erwog mehrere Pläne, wie sie ihn zwingen könnte, Homer spielen zu lassen. Einen nach dem anderen musste sie verwerfen, bis sie wieder auf ihre anfängliche Idee zurückkam, nämlich Mr. Feldman davon zu überzeugen, dass der Trainer sich ihren Wünschen fügen musste.

Der Nächste, der Elsie einen Besuch abstattete, war Humphrey, der pummelige Balljunge, der sich auch um Albert kümmerte. „Ma'am", sagte Humphrey. „Ich hab vergessen, wie oft ich Albert füttern muss. Irgendwie kommt er mir immer hungrig vor."

Humphrey war so klein, dass die meisten Zuschauer ihn eher für einen Jungen hielten und ihn nicht auf sein tatsächliches Alter schätzten. Er war nämlich zweiunddreißig. Vor allem deswegen, weil er ihr so gern gefallen wollte, mochte Elsie ihn gerne. „Einmal am Tag reicht. Ist er ansonsten zufrieden?"

„Er kommt mir schon zufrieden vor. Obwohl er mich schon zweimal gebissen hat." Humphrey krempelte seinen Ärmel hoch, um ihr die Zahnabdrücke zu zeigen.

Elsie, ganz Krankenschwester, inspizierte Humphreys Verletzungen und blieb unbeeindruckt. „Hat das geblutet? Nein. Das sind eindeutig Warnsignale, dass Sie irgendwas falsch machen. Können Sie sich erinnern, was genau sich jeweils abgespielt hat?"

„Ich kann mich jedenfalls nicht erinnern, dass ich irgendwas falsch gemacht hätte, Ma'am. Obwohl ich natürlich nicht ganz sicher bin, wie man sich im Umgang mit einem Alligator richtig verhält. Vielleicht finden Sie es interessant, dass Albert mich in beiden Fällen gebissen hat, als diese zwei Männer da drüben in der Nähe waren. Ihre Gegenwart schien ihn nervös zu machen."

Elsie spähte zu den beiden Männern, die Humphrey ihr gezeigt hatte. Einer war ein großer, breiter Schwarzer, der andere war noch kleiner als Humphrey. Beinahe hätte sie die beiden für die zwei aus dem Lager der Gewerkschaftler gehalten, die Homer als Bankräuber bezeichnet hatte, aber das war natürlich ganz unmöglich. Trotzdem musterte Elsie das ungleiche Paar, weil sie vorhatte, Homer auf die beiden aufmerksam zu machen, damit er sie im Fall des Falles identifizierte. Allerdings hatten sie Elsie entdeckt, und der Kleine tippte sich kurz an den Hut, bevor sie wieder in der Dunkelheit verschwanden, aus der sie wohl ursprünglich stammten.

Elsie kam zu dem Schluss, dass die beiden nicht weiter wichtig waren. „Ich verlasse mich darauf, dass Sie sich um Albert kümmern", sagte sie zu Humphrey. „Hat er seinen Hahn noch?"

„Ja, Ma'am. Ich füttere ihn immer mit den Krümeln von den übrig gebliebenen Hotdog-Brötchen."

„Wunderbar. Gibt es sonst noch was? Nein? Na, dann zieh ab. Ich bin Krankenschwester und habe Verpflichtungen."

Humphrey salutierte, dann zog er ab. Elsie sah ihm nach und erlaubte sich einen leisen Seufzer. Obwohl sie ihr Bestes tat, war es nicht leicht, ihre Pflichten auf dem Spielfeld und zu Hause bei Mr. Feldman unter einen Hut zu bringen. Außerdem lastete ein schreckliches Wissen auf ihr. Sie sah Homer, der mit seinen Teamkameraden zum Spielfeld ging. „Ich hätte Victor retten können!", rief sie ihm zu.

Homer blieb in seinen Stollenschuhen stehen. „Was?"

„Ich hätte Victor retten können."

Er kam auf sie zu. „Wie?"

„Eispackungen. Hab ich in einem Buch gelesen."

Zweifelnd blickte Homer sie an. „Wo hättest du in Gary Hollow denn bitte Eis herkriegen sollen?"

In diesem Augenblick trat die Junge Mrs. Feldman neben Elsie.

„Sie haben meinen Mann hergebracht, ohne mir Bescheid zu geben", sagte sie in anklagendem Ton. „Ich bin seine Frau. Ich sollte in jedem Moment wissen, wo er sich aufhält."

„Ich hab es dem Chauffeur gesagt", erwiderte Elsie. „Ich dachte, er gibt Ihnen Bescheid." Während der vielen Zeit, die Sie im Privatzimmer des Chauffeurs verbringen, hätte sie hinzufügen können, doch sie unterließ es.

„Nun, er hat es mir nicht gesagt", sagte Mrs. Feldman und reckte die Nase. „Von jetzt an wird Mr. Feldman nirgendwohin gehen, ohne dass Sie mich informieren. Und Sie geben ihm auch kein Essen, ohne dass ich seinen Speiseplan abgesegnet habe, Sie geben ihm auch keine Medikamente ohne meine ausdrückliche Erlaubnis, und Sie dürfen auch nichts außerhalb unternehmen, was irgendwie mit seiner Pflege zu tun hat, wenn ich Ihnen nicht ausdrücklich gestattet habe, das Haus zu verlassen. Haben Sie mich verstanden?"

„Gilt das auch, wenn ich ihn auf die Toilette begleite?", erkundigte sich Elsie mit ihrer zuckersüßesten Stimme. „Da könnte ich Ihre Hilfe nämlich wirklich gebrauchen. Er ist nicht so besonders sicher auf den Beinen."

Mrs. Feldmans Gesicht verfinsterte sich. „Es wäre klug, wenn Sie sich vor Augen halten, wer Ihr Gehalt zahlt. Mr. Feldman ist es nämlich nicht."

Diese Bemerkung von Mrs. Feldman saß, weshalb sich Elsie die gespielte Freundlichkeit verkniff. „Ja, Ma'am", sagte sie knapp.

„Wissen Sie, Elsie, ich war auch mal arm", sagte die Frau.

Ja, ich wette, du wusstest nicht, wo du deinen nächsten Ehemann herzaubern solltest.

„Und ich arbeite ebenfalls", fuhr sie fort.

Aber natürlich tust du das, und solange es Straßenecken gibt, an die du dich stellen kannst, wirst du auch immer einen Job haben, der zu dir passt.

Elsie sprach diese Gedanken selbstverständlich nicht aus, aber sie dachte sie.

„Sobald er seinen dämlichen Ballspielern zu Ende zugeschaut hat, bringen Sie ihn nach Hause", befahl Mrs. Feldman, und dann ging sie mit klickenden hohen Absätzen über den Zementboden davon. Obwohl Elsie verärgert war, musste sie bewundern, wie die Junge Mrs. Feldman auf ihren Stilettos auf jedem beliebigen Untergrund gehen konnte.

Sie dachte auch daran, was Homer über Victor gesagt hatte. *Woher hättest du in Gary Hollow denn bitte Eis herkriegen sollen?* Das stimmte, es gab dort kein Eis, nicht mal im Laden der Firma, und ihre Eltern besaßen kein Auto und sonst auch keiner, außer vielleicht der Besitzer der Bergbaugesellschaft, aber es gab Pferde, auf denen ein entschlossenes Mädchen durchaus in die Bezirkshauptstadt hätte reiten können und Eis auftreiben und irgendeine Lösung finden, wie sie es nach Hause bringen konnte, ohne dass es ihr wegschmolz.

In der Tat wurmte Homers Bemerkung sie immer mehr, je länger sie darüber nachdachte. Hielt er sie etwa für nicht einfallsreich genug? Sie glaubte ganz sicher zu wissen, was Buddy Ebsen zu ihr gesagt hätte. Sie konnte geradezu seine Stimme hören: „Na, Elsie, wenn es überhaupt irgendjemand geschafft hätte, dann du. Aber du solltest dir keine Vorwürfe machen. Mach die Vorwürfe lieber der Bergbaugesellschaft, die kein Eis hatte."

Ja, dachte sie sich, genau diese Antwort hätte ihr Ehemann ihr geben sollen, nicht so diese übertrieben logische, ebendiese Frage, die so typisch für ihn war.

„Ich hätte es sehr wohl beschaffen können, mein Lieber", murmelte sie. „Wenn ich gewusst hätte, dass Victor welches braucht, dann *hätte* ich es beschafft."

Als sie wieder zu Hause waren, sagte Feldman, der das Gespräch zwischen ihr und der Jungen Mrs. Feldman offenbar belauscht hatte: *Tummileidassmnefausogemnesaahnzühnsaat*.

Elsie interpretierte das korrekterweise als: „Tut mir leid, dass meine Frau so gemeine Sachen zu Ihnen sagt."

„Geht schon in Ordnung, Mr. Feldman. Haben Sie schon mal von Florence Nightingale gehört?"

Eestekraanschesta.

„Genau, die erste Krankenschwester. Sie nimmt mich härter an die Kandare als Ihre Frau."

Er lächelte. *Magsieschestahickmm*.

Elsie schenkte ihm ein bezauberndes Lächeln. „Ich mag Sie auch, Mr. Feldman. Würden Sie jetzt gerne Ihr Bad nehmen? Übrigens, hab ich schon erwähnt, dass Homer bis jetzt bei keinem einzigen Match spielen durfte?"

24. Kapitel

Homer war an einem seltsamen Punkt in seinem Leben angekommen. Die kurze Reise mit Elsie, auf der er den Alligator seiner Frau nach Florida hatte bringen wollen, war komplett aus der Bahn geraten. Der Captain hätte es vielleicht Kismet genannt, aber auch wenn das stimmte, war es nicht wirklich wichtig. Es kam ihm vor, als wäre die ganze Welt außerhalb des Kohlebergwerks verrückt geworden. Homer schämte sich, dass er den Herausforderungen nicht gewachsen gewesen und jetzt hier gestrandet war. Er hatte schon überlegt, ob er den Captain telegrafisch um Geld angehen sollte, damit sie ihre Reise zu Ende bringen konnten, doch sein Stolz ließ das nicht zu. Nachdem die zweiwöchige Frist, innerhalb derer er wieder in Coalwood hätte sein sollen, verstrichen war, überlegte er, ob er dem Captain diesbezüglich telegrafieren sollte, doch nicht mal das brachte er fertig. Der Captain hatte einen Kalender und würde sicherlich bemerken, wie viele Tage Homer schon weg war, und dann würde er angemessene Maßnahmen ergreifen. Sicher brauchte er kein wehleidiges Telegramm von seinem ehemaligen Vorarbeitergehilfen, damit er wusste, was zu tun war. Nein, wenn Homer wieder in Coalwood war, würde er mit den hundert Dollar aufkreuzen, die er ihm schuldete, und bereit sein, seine bittere Medizin zu schlucken. In der Zwischenzeit blieb ihm nur der Versuch, sich wieder auf die Füße zu rappeln. Da das Baseballteam versprochen hatte, seinen Buick zu reparieren, und ihm und Elsie überdies Jobs verschafft hatte, sah er keine andere Möglichkeit, als zu bleiben, bis das Auto hergerichtet war und sie genug Geld beisammen hatten, um weiterzufahren. Mit dieser Philosophie im Hinterkopf entspannte sich Homer, fügte sich in seine seltsame Situation und machte das Beste daraus. Hie und da gestattete er sich sogar ein wenig von einem Gefühl, das er normalerweise für frivol hielt: dieses seltsame, ganz besondere Gefühl namens Spaß, das irgendwie so gar nicht zu West Virginia passen wollte.

Eines der Dinge, die in Homers Augen so richtig Spaß machten, war, sich neben der Spielerbank auf einen Pfosten zu stützen und übers Baseballfeld zu schauen. Er liebte das knallgrüne Gras auf dem Außenfeld und die grellbunten Farben der Werbung auf der Bande rundum, die rotbraunen Grundlinien und die Bases und das gelbliche Schlagmal mit dem grauen Netz dahinter, das die Irrläufer fangen sollte. Er liebte das Wurfmal, auf dem jedermann sich Ruhm und Ehre erarbeiten konnte, und er liebte die Zuschauerränge rundum, die immer vor Aufregung zu vibrieren schienen, auch wenn sie leer waren.

Er liebte auch den Geruch des Spielfelds. Das Gras duftete grün und lebendig, und die Erde verströmte einen üppigen, wurmigen Duft. Die Holztribünen rochen in der Mittagshitze nach Farbe und Teer, und das Aroma von heißem Popcorn lag ständig in der Luft. Er liebte den Duft seiner frisch gewaschenen Baumwolltrikots und den scharfen Geruch der Schuhcreme auf seinen mit Spikes versehenen

Schuhen. Er liebte sogar den Geruch seines Baseballkäppis – ehrlichen Schweiß und *Wildroot*-Haargel, und ganz besonders mochte er den frischen Rohledergeruch der Bälle.

Am allermeisten aber schätzte er, dass er jeden Tag wieder etwas Neues auf dem Spielfeld lernte. Er wusste, er hatte noch eine längere Lehrzeit vor sich, bis er ganz bereit war. Egal, wie talentiert seine Teamkameraden zu Hause in Coalwood gewesen sein mochten – Homer musste anerkennen, dass sie eben doch nur Bergwerksarbeiter waren. Für die Bergwerksliga waren Stärke und Einschüchterung entscheidend, und die Werfer warfen, so hart sie konnten, ohne allzu viele Tricks, abgesehen von einem gelegentlichen Spitball. In neun von zehn Fällen kam der Ball schnell und hart, entweder hoch, tief, irgendwo in die Schlagzone oder auf den Kopf des Fängers zugeflogen. Es gab Bergarbeiter-Schlagmänner, die von ihren Werfern niedergestreckt wurden. Läufern machte man das Leben schwer, indem man sie blockierte oder sie an den Armen festhielt oder zu Boden warf. Manchmal bekamen sie sogar eine Faust auf die Nase. Die Schiedsrichter handhabten die Sache sehr lax. Je mehr blutige Nasen und gebrochene Knochen, umso mehr Gefallen fanden die Bergarbeiter am Spiel, und das wussten die Schiedsrichter.

So eine Spielweise wurde in der Küstenliga gar nicht erst toleriert. Hier war Raffinesse gefragt. Das hatte Homer bei einem Übungsspiel festgestellt, als die gegnerischen Spieler drei Bases gleichzeitig besetzten und Mr. Thompson zu ihm ans Wurfmal trat.

„Ich weiß nicht, was ich falsch mache, Mr. Thompson", sagte Homer und kratzte sich unter seinem Käppi.

„Was du falsch machst, Homer? Du schmetterst den Ball jedes Mal so hart raus, wie du nur kannst. Und das wissen die Mitspieler inzwischen. Sie müssen nur noch den Schläger draufhalten, und schon fliegt der Ball aus dem Stadion. Ich möchte dich mal was fragen: Was für ein Werfer würdest du gern werden?"

„Na ja, ein guter, würde ich mal sagen."

Thompson spuckte seinen Kautabakstrahl aus. Er war kein guter Spucker, meistens traf er seine eigenen Schuhe oder Hose, aber mit Werfen kannte er sich aus.

„Ich hab eine Menge guter Werfer gesehen, die einfach kein Spiel für sich entscheiden konnten. Wenn du ein Werfer werden und Spiele gewinnen willst, dann hör auf, gut sein zu wollen. Schlag einfach den Schlagmann, der vor dir steht. Verstehst du?"

Homer verstand es sehr gut. Tatsächlich war es absolut logisch. Deswegen antwortete er auch: „Das ist absolut logisch, Sir."

„Gut. Ich hab dich beobachtet, und ich glaube, du bist der geborene Forkball-Werfer."

„Forkball, Sir?"

„Du hast große Hände, perfekt für einen Forkball, der manchmal auch Spalter genannt wird. Schau mal, wie ich den Ball anfasse. Du musst ihn etwas weiter unten halten und bloß so mittelfest, legst den Zeige- und Mittelfinger auf die Oberseite, hier beim Saum, und dann wirfst du ihn wie einen Fastball, nur dass deine Handfläche genau dorthin zeigt, wo der Ball hingehen soll. Dein Handgelenk musst du dabei ganz steif machen." Thompson deutete mit einem Nicken aufs Schlagmal. „So, und jetzt schau dir Burnoski da drüben an. Siehst du, wie er dich anstarrt und seinen Schläger schwingt? Er weiß genau, was du tun willst, und ist bereit für deinen Fastball. Nur dass du ihm jetzt etwas komplett anderes servieren wirst, was für ihn aufs Erste genauso aussieht wie deine üblichen Würfe – bis zu dem Moment, wo es für ihn zu spät ist. Hast du das verstanden?"

Homer hatte es verstanden. Er fuhr mit seinen Fingern über den Saum und fühlte die Fäden, als wären sie Straßen auf einer Landkarte.

„Werfen ist so, als würde man ein Haus bauen", fuhr der Trainer fort. „Zuerst muss man ein gutes Fundament legen. Du hast das Talent und die Fähigkeiten, Homer, nur mit der Mechanik hapert es noch. Aber ich glaube, du wirst es noch lernen. Und weißt du, warum ich glaube, dass du lernen wirst, was tausend andere nicht gelernt haben, die genauso gut oder besser waren als du?"

„Nein, Sir."

„Weil du nicht nur stark, sondern auch klug bist. Du hebst dieses Spiel auf eine intellektuelle Ebene. Du siehst, wie sich die einzelnen Elemente bewegen, wie die Abläufe alle ineinandergreifen."

Thompsons kleine Rede machte Homer ganz verlegen. „Ach, ich weiß ja nicht", murmelte er und errötete.

„Natürlich weißt du es! Du hast Muskeln aus Stahl." Thompson packte Homers rechten Arm. „Aber deine wahre Stärke ist hier oben!" Er deutete auf Homers Kopf. „Wenn du deine Wurftaktik erst ein paarmal gewechselt hast, wird der Schlagmann dich ansehen und einfach aufgeben. Er kann nicht anders. Er wird aufgeben, ohne dass er es selbst merkt. Du bist klüger als er, und irgendwo tief in seinem Inneren, auf einer molekularen Ebene, wird er es merken. Und noch was", fuhr Thompson fort. „Du hast Herz. Schneid. Charakter. Wie auch immer man es nennen will. Das hab ich gleich an dir gemerkt, als ich dich da auf dem Parkplatz gesehen habe. Du und ich, Homer, wir werden es noch bis ganz an die Spitze schaffen. Hast du schon mal an die *Major League* gedacht? Also, ich schon. Ein Trainer, der den richtigen Spieler trifft, kann es mit ihm bis ganz nach oben schaffen. Du bist das Ticket, das mich hier rausholen wird, mein Junge!"

Homer war zwar nicht sicher, ob das mit der Profiliga wirklich klappen würde, aber er fasste den Ball so, wie man es ihm gezeigt hatte, und warf ihn. Für jeden Zuschauer war es einfach ein schneller Ball, aber dann fiel er im letzten Moment auf Kniehöhe des Schlagmanns ab. Der überrumpelte Burnoski schwang hektisch seinen Schläger, und der Ball landete im Fanghandschuh.

Burnoski fluchte. „Das konnte ich nicht ahnen", sagte er zum Fänger.

Der Fänger starrte auf den Ball in seinem Fanghandschuh. „Ein Forkball. Ein gottverdammter Forkball", murmelte er. „Wer zum Teufel kann einen derart schnellen Forkball werfen?"

Es dauerte nicht lange, bis Homer noch mehrere andere Wurftechniken lernte. Er beherrschte den Curveball, den leichten Curveball und den Slider, aber in erster Linie arbeitete er daran, seine Spezialität zu perfektionieren, den Forkball. Außerdem studierte er die Schlagmänner der gegnerischen Mannschaft und machte sich Notizen im Hinterkopf über ihre Taktiken. Er konnte sogar eine Erfahrung, die er im Kohlebergbau gemacht hatte, auf das Baseballspiel übertragen: Wer genau studiert, was Erfolg bedeutet, wird selbst erfolgreich sein. Nach einer Weile begann Homer zu glauben, dass Thompson recht hatte. Wenn er nur hart genug arbeitete und wenn er es nur wollte, konnte er es bis in die Reihen der Profis schaffen.

Das glaubte er – bis eines Tages Ty Kerns auftauchte. Kerns hatte in verschiedenen Teams in der Profiliga gespielt, einmal sogar an einem Spiel der *World Series* teilgenommen. Er war ein griesgrämiger Mann, mit dickem Bauch, fleischigen Armen und rotem Gesicht, und vermittelte den Eindruck, als hätte man ihn direkt in die Hölle verbannt, als man ihn nicht etwa in ein AAA- oder AA- oder A-Liga-Team, sondern in einen Club nach North Carolina geschickt hatte, der sicher nicht mal gut genug für die B-Liga war. Als er zum ersten Mal ins Clubhaus kam, sprach er mit ein paar Spielern, die er kannte, sondierte, wer in dieser Mannschaft wer war, bevor er Homer seinen vollen Kleiderbeutel mit den daran festgeknoteten Baseballschuhen vor die Füße warf. Er war sichtlich entschlossen, diesen Amateuren mal zu zeigen, wie der Hase lief.

„Mach meine Sachen sauber, Anfänger", verlangte er.

Kein Mensch hatte Homer jemals dazu aufgefordert, seine Dreckwäsche zu waschen und seine Schuhe zu putzen, deswegen zögerte er. Kerns Augen verengten sich zu Schlitzen, und er reckte das bärtige Kinn vor. „Ich hab gesagt, du sollst meine Sachen sauber machen, Junge."

Solche Lehrbubenschikanen waren Homer nicht unbekannt. Neue Bergarbeiter mussten so was pausenlos mitmachen. Man hatte ihn schon geschickt, um das Schienenrichtwerkzeug zu holen, hatte ihm sein Mittagessen aus der Aluminiumbox gekippt und ihm Fett in die Stiefel getan. Mit solchen Dingen musste man eben rechnen. Doch dieser Kerl, dieser dicke Baseballspieler, war anders. Seinen Schikanen fehlten der Humor und die Gutmütigkeit, die Homer von seinen Kohlekumpels kannte. Deswegen erwiderte Homer: „Mach sie doch selbst sauber."

Kerns war perplex. „Ich bin Profispieler, ich stand sogar schon in der Zeitung. Und wer bist du? Ein Bergarbeiter, soviel ich gehört habe."

„Aber jetzt bin ich Werfer."

Kerns Lachen klang eher wie ein Knurren. „Du wirfst meistens von der Spielerbank aus, hat man mir erzählt. Wenn du da jemals runterkommen willst, dann mach jetzt meine Sachen sauber. Dann werd ich ein gutes Wort für dich einlegen."

„Du siehst ganz schön alt aus", erwiderte Homer gereizt. „Ich schätze, dass eher du derjenige sein wirst, der auf der Bank sitzt."

Kerns knurrte wie ein Bär, den man aus dem Winterschlaf aufgeschreckt hat. „Glaubst du etwa, du kriegst einen Ball an mir vorbei, Kleiner?"

„Einen? Ich könnte alle Bälle an dir vorbeikriegen."

Verblüfft griff Kerns in seine Innentasche und zog einen Riegel *Red-Man*-Kautabak heraus. Er schob sich ein Stück in den Mund, kaute ein paarmal darauf herum, setzte ein hinterhältiges kautabakfleckiges Grinsen auf und schaute zum Balljungen. „Du! Ja, du! Ich hab dir doch vorhin meinen Schläger zum Ölen gegeben. Bring ihn mir mal her."

Wie eine Schildkröte versuchte Humphrey den Kopf einzuziehen. „Ich muss jetzt aber den Alligator füttern, Mr. Kerns", sagte er mit hochgezogenen Schultern.

Kerns blieb der Mund offen stehen, dass ihm der Tabaksaft heraustropfte. „Den Alligator füttern? Du willst mich wohl veräppeln, Junge?"

Als der Balljunge zögerte, sagte Homer: „Der Alligator heißt Albert. Er gehört meiner Frau."

„Das ist unser Maskottchen", warf der zweite Baseman namens Ziff ein.

„Bin ich denn hier im Irrenhaus gelandet?" Kerns wischte sich den Kautabaksaft vom Kinn. „Hol meinen verdammten Schläger und vergiss den Scheißalligator!" Er zeigte mit einem zitternden Finger auf Homer. „Und du kommst aufs Spielfeld."

Hastig begannen die anderen Spieler untereinander Geldscheine zu wechseln und Wetten abzuschließen, dann folgten sie Kerns und Homer aufs Spielfeld. Homer hob einen Ball auf und ging zum Wurfmal, während Kerns ungeduldig beim Schlagmal wartete. Humphrey, der Albert an der Leine mitführte, kam mit Kerns Schläger aufs Feld.

„Wenn du den Schläger fallen lässt, du verdammter Zwerg, dreh ich dir den Hals um", knurrte Kerns.

Doch Kerns Drohung hatte genau die gegenteilige Wirkung, denn Humphrey ließ den Schläger prompt fallen. Albert, der nicht weiter darauf achtete, krabbelte rittlings darauf. Kerns wich zurück, als ihn ein Maul voller Alligatorenzähne anlachte.

Homer ging hinüber, packte Albert wortlos beim Schwanz und zog ihn vom Schläger. Dann kehrte er zurück zum Wurfmal, bückte sich und nahm einen Baseball in die Hand, die er sich auf den Rücken legte. Ungeduldig fingerte er am Ball herum.

Kerns warf Humphrey einen wütenden Blick zu, hob den Schläger auf und ließ zärtlich die Hände darüber gleiten, um den Staub zu entfernen. Nach ein paar Übungsschlägen trat er aufs Schlagmal und nickte Homer zu.

„Dann zeig mal, was du draufhast, du Anfänger!"

Homer schickte sofort einen Forkball los. Kerns stöhnte laut, als sein Schläger wirkungslos durch die Luft sauste und der Ball im Fanghandschuh landete.

Da war auch schon Thompson vor Ort und übernahm die Rolle des Schiedsrichters. „Erster Strike!", rief er mit einer gewissen Schadenfreude, dann schrie er zum Wurfmal hinüber. „Homer, gib dem Trottel doch mal einen Curveball, der nach links zieht." Er grinste Kerns an. „Du kannst den Ball eines Anfängers schon erwischen, wenn du weißt, wie er ihn wirft, oder, Tyrone?"

Homer warf den Curveball. Er kam angeflogen, beschrieb dann aber eine scharfe Kurve nach innen. Kerns holte gar nicht erst aus, sondern sah nur belämmert zu, wie er an ihm vorbeizischte. „Zweiter Strike", rief Thompson. „Homer, wirf dem alten Tyrone doch mal einen schnellen Ball zu, einfach nur geradeaus. Den sollte er doch zumindest schlagen können."

Homer warf den Ball, wie sein Trainer es ihm gesagt hatte, und Kerns holte aus. Wenn der Schläger rechtzeitig am rechten Fleck gewesen wäre, hätte er ihn getroffen, doch er kam zu spät, und der Fänger hinter ihm schüttelte bereits seine Hand, die von der Wucht des Balls wehtat, während Tyrone seinen Schlag zu Ende brachte. Ungläubig starrte der alte Spieler auf den Ball, den der Fänger hochhielt.

Während Homer zuerst noch stolz darauf gewesen war, diesen arroganten Kerl zu demütigen, begann er jetzt Mitleid mit ihm zu empfinden. Hinter Kerns Schlägen steckte viel Kraft, weit mehr, als er jemals bei irgendeinem anderen Schlagmann gesehen hatte. Er schaute ihn an und sah einen jämmerlichen Mann, dessen Augen sich mit trauriger Verzweiflung füllten. Es war der gehetzte Blick eines alten Mannes, der immer noch im Spiel der Jungen mitspielen wollte.

„Wirf noch einen!", schrie Kerns. „Ich weiß jetzt, wie du wirfst, Junge!"

Thompson schüttelte den Kopf. „Drei Mal, und du bist draußen, Kerns. Du kriegst keine weitere Chance."

„Das geht dich gar nichts an, Thompson", schnauzte Kerns ihn an. „Der Junge da hat behauptet, ich könnte keinen Ball treffen, den er wirft. Jetzt bin ich aufgewärmt. Los, mach schon, du Anfänger. Ich werd dir zeigen, wie ein Profi schlägt!"

„Tu's nicht, Homer!", rief Thompson, doch dann gab er nach, um sich anzusehen, was sein Schlagmann tun würde. „Jared, deine Ansage", sagte er zum Fänger.

Homer schaute auf das Zeichen des Fängers. Jared bat um einen Forkball. Homers Finger glitten geschickt zu den Nähten, doch dann schaute er vom Wurfmal zum Schlagmal, rückte seine Finger von den Nähten ab und legte sie stattdessen auf das glatte Rohleder. Er holte aus, warf und war kein bisschen überrascht, als Kerns den Ball so wuchtig traf, dass er immer noch weiter beschleunigte, als er bereits über den Zaun flog.

Einen Augenblick traf der Blick des alten Spielers den von Homer. Homer wusste, dass Kerns wusste, was hier gerade passiert war. Trotzdem lachte der Profi laut los und wandte sich zu Thompson. „Na, Trainer, was meinst du jetzt?"

„Dass du immer noch einen Ball über den Zaun schlagen kannst, das meine ich, Ty. Willkommen im Club."

Thompson fing Homer ab, als er vom Spielfeld kam. „Ich hab ganz schön Geld verloren wegen dir", sagte er.

Homer zuckte mit den Schultern. „Offiziell hab ich ihn geschlagen."

„Die Wette lautete aber, dass er keinen von deinen Bällen zurückschlagen kann. Du hättest nach dem dritten Wurf aufhören sollen."

„Ich schätze, an meinem Forkball muss ich noch ein bisschen arbeiten."

„Nein, musst du nicht. Du hast Kerns den Ball geschenkt. Ich frage mich nur – warum?"

„Ich wollte ihm seine Würde lassen."

Thompson blinzelte Homer an. „Ich glaube, ich hab mich in dir getäuscht, das ist schade. Du bist ein guter Spieler, Homer. Du könntest großartig werden. Aber jetzt merke ich, dass dir innerlich etwas fehlt. Wenn du Kerns auf die einfache Tour gewinnen lässt, heißt das, dass du Baseball für ein Spiel hältst, das man für die Spieler spielt. Diejenigen unter uns, die das Spiel lieben, können dir verraten, dass es überhaupt nicht für die Spieler gespielt wird. Man spielt für das Spiel selbst. Wer an das Spiel glaubt, wird den Gegner nie davonkommen lassen, nur weil der nicht auf dem erforderlichen Niveau spielen kann."

Thompson stapfte davon und ließ Homer stehen, damit er über seine Worte nachdenken konnte. Er schaute zur Spielerbank, wo die anderen Spieler Kerns applaudierten und ihm auf den Rücken klopften. Sosehr er sich auch bemühte, Homer konnte nicht bereuen, was er gerade getan hatte.

25. Kapitel

Für die Spiele, aus denen der Gewinner der Küstenliga hervorgehen sollte, wurden zuerst die besten drei aus fünf Mannschaften ermittelt. Die Chompers rutschten zurück in die Meisterschaft, nachdem die erstplatzierten Alexander City Clam Stompers zehn Spiele hintereinander verloren hatten, weil die Hälfte ihrer Spieler in die AA-Liga abgewandert war. High Top und die Marion Swamp Foxes waren die Teams, die noch übrig geblieben waren, und die ersten beiden Spiele wurden in Marion gespielt. Die Swamp Foxes waren ein talentierter Club mit lauter jungen aufstrebenden Profis, und niemand gab den Chompers eine nennenswerte Chance.

Elsie begleitete Mr. Feldman in seinem Cadillac mit Chauffeur nach Marion. Für jemanden mit Sprachschwierigkeiten hatte er ganz schön viel zu sagen, fand sie. Unterwegs unterhielten sie sich über ihre gewohnten Themen, über Philosophie, Religion und Politik. Sie fand sogar den Mut, ihm zumindest eine Wahrheit zu sagen.

„Wissen Sie, Mr. Feldman, ich bin keine professionelle Krankenschwester, ich habe überhaupt kein Vorwissen auf dem Gebiet."

„Weiich", antwortete Feldman. „Hammiaahztgesaat."

„Das hat der Arzt Ihnen gesagt? Dieser Schuft! Na ja …

es tut mir leid, dass ich gelogen habe, um meinen Job zu bekommen."

Feldman zitterte, als er ihr die Hand auf den Arm legen wollte. „Elsie, zaahl ... schule."

„Sie wollen mir die Schwesternschule bezahlen?" Sie küsste ihn auf die Wange. „Danke, Mr. Feldman!"

„Swäämieinefreue", sagte er und legte sich die Hand auf die Brust. „Swäämieinefreue."

„Ich komme danach zurück und arbeite weiter für Sie, das verspreche ich Ihnen!"

Feldman lächelte sie an. „Swäämieinefreue."

Die Spiele in Marion waren gut besucht und die Tribünen bis auf den letzten Platz besetzt, sodass man den überzähligen Zuschauern erlaubte, sich ihre eigenen Stühle mitzubringen. Auf Elsie machten die Leute hier einen sympathischen Eindruck, obgleich sie mit enthusiastischer Genugtuung verfolgten, wie ihre Jungs die Gegner zerlegten. Die glücklosen *Furniture Makers* oder *Chompers* oder wie auch immer sich die Jungs aus High Top nannten. Übrigens bewunderten die Fans aus Marion das neue Maskottchen ihrer Gegner maßlos.

Elsie war stolz darauf, wie gut Albert seine Rolle als Maskottchen spielte. Homer hatte einen Griff und Räder an der Wanne montiert, sodass Humphrey ihn durch die Gegend ziehen konnte. Um den Zuschauern eine Freude zu machen, lockte er Albert mit Hotdogs heraus. Nachdem man ihm einen winzigen Schläger gegeben hatte, den er sich zwischen die Zähne klemmen konnte, schlug Albert sogar ein paar Tennisbälle, die Humphrey ihm zuwarf, und er traf fast ausnahmslos. Fast alles schien Albert zu faszinieren: die Essensgerüche, die Aufregung der Zuschauermenge, der aufbrandende Jubel, die sprintenden Spieler, das *Tock!*, mit dem der Schläger auf den Ball traf, und der Rausch des Wettkampfs. Als Elsie von den Rängen herunterkam, um ihn zu begrüßen, schwang er begeistert seinen Schwanz hin und her und bedachte sie mit seinem zahnigsten Grinsen.

„Der liebt Sie wirklich", sagte Humphrey.

„Er war ein Geschenk von Buddy Ebsen, dem Tänzer und Schauspieler", erklärte Elsie. „Wir haben eine sehr schöne Zeit miteinander verbracht."

„Ich hab noch nie von Buddy Ebsen gehört", gab Humphrey zu.

„Das macht nichts, das werden Sie schon noch. Irgendwann wird er richtig berühmt sein."

„Weiß Mr. Hickam von ihm?"

Elsie war so erstaunt über die Frechheit des Balljungen, dass sie Alberts Kopf ein bisschen zu energisch rubbelte und der Alligator zurückwich. „Natürlich weiß er von ihm."

„Aber findet er nicht ..." Humphrey hielt inne.

Elsie runzelte die Stirn und blickte auf. „Findet er *was* nicht?"

Humphrey merkte nicht, dass er es an dieser Stelle hätte gut sein lassen sollen. „Na ja, wird Mr. Hickam nicht eifersüchtig auf Mr. Ebsen? Ich meine ... also, ich glaube, ich würde rasend eifersüchtig werden."

Elsie richtete sich auf und verengte die Augen. „Kümmere dich einfach um Albert, Humphrey."

Der Balljunge zog den Kopf ein. „Jawohl, Ma'am."

Elsie warf Humphrey einen letzten warnenden Blick zu und ging wieder zu Mr. Feldman auf die Tribüne, doch aus irgendeinem Grund, den sie nicht recht benennen konnte, machte sie einen Abstecher zur Bank. Dort saß Homer. Er war verblüfft über ihr Erscheinen und noch verblüffter, als sie „Wie geht es dir?" fragte, wobei ihre Stimmlage eher auf einen Befehl schließen ließ.

„G-gut", stotterte er. „Es ging mir nie besser. Hast du irgendwas?"

„Ich hab gar nichts."

„Doch. Ich weiß es immer, wenn du was hast."

„Nichts, wenn ich's dir doch sage."

Homer zuckte mit den Schultern, und Elsie drehte sich wieder um. „Weißt du, was dein Problem ist, Homer? Du hast keinen Ehrgeiz."

„Das ist es also", antwortete Homer. „Du weißt genau, dass das nicht stimmt. Bevor wir Coalwood verlassen haben, steckte ich mitten in der Ausbildung zum Vorarbeiter."

„Das war damals, jetzt ist jetzt. Wer auf der Ersatzbank sitzt und nicht protestiert, kann unmöglich ehrgeizig sein. Das ist meine Meinung dazu."

Homer sah sich um, ob ihnen irgendjemand zuhörte. In der Tat lauschten alle Spieler auf der Bank, taten aber so, als würden sie nichts hören. Homer stand auf, ging zu Elsie und beugte sich zu ihr. „Ich tue mein Bestes", erklärte er.

„Dann versuch es noch besser zu machen", gab sie zurück und marschierte davon. Eigentlich hätte sie erwartet, sich bestätigt zu fühlen, weil sie für ihren Mann getan hatte, was sie konnte, doch stattdessen schämte sie sich. Dieser dumme Balljunge war der Wahrheit sehr nahe gekommen.

Buddy Ebsen war immer noch in ihrem Herzen, wo eigentlich Homer hingehörte, und soweit sie das abschätzen konnte, würde er dort auch bleiben.

***

Die Chompers verloren null zu acht. Dabei setzten sie fünf von sechs Werfern ein – der sechste war Homer, der auf der Bank saß, aber nicht zum Einsatz kam. Auch am nächsten Tag spielte er nicht, und wieder verloren die Chompers. Wenn sie jetzt noch ein Spiel verloren, war alles vorbei.

Als Homer am Ende des Spiels von der Bank zurückkam, wurde er von zwei Männern aufgehalten, einem sehr kleinen und einem sehr großen, bulligen. Sie trugen Anzüge und Krawatten und teure Filzhüte.

Homer blieb stehen und starrte sie an. „Hau ab, Slick. Du auch, Huddie. Haut ab, bevor ich den Trainer rufe und euch der Polizei übergeben lasse."

„Das kannst du nicht", sagte Slick. „Wir haben eine Saisonkarte."

„Wie geht das denn?", fragte Homer.

„Wie geht es deinem Arm?"

„Meinem Arm geht es gut."

Slick warf einen Blick zu Huddie. „Was denkst du, Hud?"

„Fürs Denken werde ich nicht bezahlt", murrte Huddie und kratzte sich in der Achselhöhle.

„Es ist selten ein wahreres Wort gesprochen worden, mein Lieber", sagte Slick, dann legte er grüßend zwei Finger an die Hutkrempe und trottete mit Huddie im Schlepptau davon.

Homer sah ihnen nach und fühlte eine leichte Unruhe. Die beiden führten irgendetwas im Schilde. Aber was?

26. Kapitel

Am Tag des dritten Spiels der Meisterschaft spürte Elsie schon beim Aufstehen, dass irgendetwas anders war. Als sie auf den Balkon trat, um die Morgensonne zu begrüßen, tauchte ein Falke auf und legte eine flugakrobatische Vorführung hin, für die er neben seiner puren Lebensfreude offenbar keinen anderen Grund brauchte. Ein Blick nach oben bestätigte Elsie, dass die Wolken eine Form bildeten, die Albert unheimlich ähnlich war, ein Alligator mit weit geöffnetem lächelndem Maul. Im Erdgeschoss ging ein Fenster auf, und sie hörte, wie das Grammofon des Chauffeurs einen Cole-Porter-Song spielte, der ihr sehr gefiel – „What is this thing called love?".

Elsie sang eine Weile mit und empfand dabei ein klitzekleines bisschen Selbstmitleid, denn als sie das Lied zum letzten Mal gehört hatte, war sie in Gesellschaft von Buddy gewesen. Anschließend zog sie sich an und machte sich auf den Weg in Mr. Feldmans Schlafzimmer. Erst half sie ihm ins Bad und maß seinen Blutdruck und Puls, seine Atemfrequenz und die Körpertemperatur, dann ging sie in die Küche und holte sein Frühstück.

„Wernwiagewinn?", fragte er.

„Wenn Homer spielt, Mr. Feldman", antwortete Elsie, „dann werden wir gewinnen."

✲✲✲

Das Spiel begann. Beim fünften Inning hatte Marion schon drei Punkte gemacht und High Top gar keinen. Homer saß auf der Spielerbank, als Thompson vorbeikam. „Ab aufs Feld, Homer. Zeig uns, was du auf dem Kasten hast."

„Warum jetzt?"

„Weil es jetzt nötig ist. Jetzt ist der richtige Zeitpunkt. Jetzt bist du bereit."

„Vorhin kamen zwei Kerle zur Bank. Ein kleiner und ein großer. Ich kenne die beiden, ich glaube, die führen irgendwas im Schilde."

Thompson starrte Homer an. „Hier wird Baseball gespielt, Homer. Alles, was beim Baseball passiert, passiert *im* Spiel. Wenn diese Kerle auf der Tribüne sitzen, können sie das Spiel nicht beeinflussen. Und jetzt geh da raus und bring uns den Sieg."

Homer ging aufs Spielfeld. Der Schlagmann von Marion versuchte, seinen ersten Wurf zurückzuschlagen, und verfehlte den Ball. Homer fasste Mut und warf noch zwei, die der Schlagmann ebenfalls nicht traf, und so konnte kein Schlagmann aus Marion im restlichen Spiel auch nur einen einzigen Ball treffen. Nach dem Spiel stand es fünf zu drei für High Top, wobei Homer einen der Punkte erzielte, indem er einen gewaltigen Homerun über den linken Spielfeldrand hinlegte.

Als er die dritte Base passierte und zu guter Letzt auf das Schlagmal zuhielt, schaute er kurz zur Tribüne und sah Elsie neben Mr. Feldman stehen. Sie trug ihre Schwesterntracht und lächelte stolz. Kaum hatte er seinen Fuß aufs

Schlagmal gesetzt, lüftete er sein Käppi mit Blick in ihre Richtung. Sie winkte und warf ihm eine Kusshand zu, dass ihm die Brust schwoll.

Im zweiten Spiel begann Homer als Werfer, schaffte später zwei Homeruns, sodass die Chompers einen lässigen Sieg mit fünf zu null einfuhren.

Jetzt hing alles am letzten Spiel.

Thompson ließ Homer während der ersten fünf Innings ausruhen, bis es sechs zu sechs stand. Dann gab ihm der Trainer ein Handzeichen, und Homer ging zum Wurfmal. Als er dort war, beugte er sich vor, während er den Ball noch auf dem Rücken hielt, dann holte er aus und warf. Der Schlagmann und die ganze Zuschauermenge konnten den Ball nur schemenhaft erkennen. Der Schlagmann kam gar nicht dazu, mit dem Schläger auszuholen, ebenso wie bei den nächsten beiden Würfen, und der Ball klatschte jedes Mal mit einem satten Geräusch in den Handschuh des Fängers.

Doch der Punktestand blieb gleich. Auch während der nächsten beiden Durchgänge. Am Ende des neunten Innings durften die Chompers zum letzten Mal schlagen, und diesmal sollte Homer das übernehmen. Er erhob sich von der Bank. Bevor er das Spielfeld erreicht hatte, legte ihm Thompson die Hand auf die Schulter. „Kannst du dich noch daran erinnern, wie du Tyrone den Ball geschenkt hast?", fragte er. „Ich glaube, du hast mittlerweile genug gespielt, um zu wissen, dass das falsch war. Spiel für das Spiel, mein Junge. Spiel jetzt für das Spiel."

„Spiel für das Spiel", wiederholte Homer leise, während er die zehn Meter von der Spielerbank zu den Schlägern zurücklegte, die Humphrey am Abschlag aufgereiht hatte. Als Homer an Albert in seiner Wanne vorbeiging, begann Humphrey auf einmal, auf und ab zu springen und zu klatschen, wobei er die High-Top-Fans animieren wollte, es ihm nachzutun. Sobald sie darauf einstiegen, machte der Balljunge verächtliche Gesten in Richtung der Marion-Fans, bevor er auf Albert zeigte und mit den Armen zwei sich öffnende und schließende Kiefer andeutete. Homer glaubte Rufe zu hören, die klangen wie „Nieder mit dem Alligator!", was sehr seltsam war, weil die Marion-Fans normalerweise so höflich waren.

Noch ehe Homer die Schläger erreicht hatte, sprang ein Mann in schmutzigem Overall von der Tribüne, schnappte sich einen davon und rannte damit auf Albert zu. Instinktiv lief Homer los, um den Schlag abzufangen, und gerade als der Mann den Schläger sausen ließ, streckte Homer seine rechte Hand nach ihm aus und brachte ihn zu Fall, worauf er den Schläger auf den Boden warf und durch das Tor entkam.

Erst vergewisserte sich Homer, dass Albert unverletzt war. Das Reptil sah ihn nur verdutzt an. Dann schaute Homer suchend in die Ränge, um Elsie zu finden. Sie stand dort und erwiderte entsetzt seinen Blick. Dann schaute er auf seine Hand und merkte, wie ihm die Knie weich wurden. Schon rannten die Ärzte beider Clubs auf ihn zu, doch Thompson war als Erster bei ihm. Als sein Blick sich auf Homers zerschmetterte Hand und sein Handgelenk heftete, sah er aus, als müsste er sich gleich übergeben.

Dr. Clowers traf als Zweiter ein. „Setz dich hin und leg dich auf den Rücken, Homer", sagte er.

Homer tat wie geheißen. Seine Hand und das Handgelenk taten nicht weh, doch er wusste, dass sie das schon bald tun würden. Er hatte Hände gesehen, die unter Kohlenwagen zerquetscht worden waren, und Handgelenke, die von Bohrern zertrümmert worden waren, als sie in der Mine auf Fels stießen. Im ersten Moment machte der betroffene Bergarbeiter noch Späße, doch ehe man ihn aus der Mine transportiert hatte, wimmerte er schon wie ein Baby. Der Schmerz brachte diese Dinge zum Vorschein. Er war wie ein Raubtier auf der Lauer. Erst ganz leise, aber dann zeigt es auf einmal seine Zähne und Klauen.

Der Arzt ergriff Homers Hand und betastete sie. „Die Knochen sind auf jeden Fall kaputt", sagte er, „und dein Gelenk ist ebenfalls gebrochen. Wir müssen dich in meine Praxis bringen, ich muss dir einen Gips anlegen."

Homer zog die Hand weg. „Ich werde schlagen", sagte er zu Arzt und Trainer.

„Was redest du da?", fragte Thompson. „Mit gebrochener Hand und Gelenk kannst du einen Schläger nicht mal halten."

„Dann schlag ich eben mit der Linken. Verbinden Sie mich, Doc. Tun Sie es, oder ich bediene mich aus Ihrer Tasche und versorge mich selbst. Machen Sie den Verband, so fest Sie können."

Der Arzt schaute Thompson an, der senkte den Blick und schaute weg. Da griff der Arzt in seine Tasche, holte einen Verband heraus und wickelte ihn fest um Homers Hand. „Wenn du jetzt einen Schläger in die Hand nimmst, ist sie fürs Baseballspielen für immer zerstört."

„Sie ist bereits zerstört", erwiderte Homer. „Übrigens

haben Sie sich getäuscht, Trainer. Ich habe diese besondere Art nicht in mir, die Sie sich wünschen. Ich glaube nicht an das Spiel. Ich glaube an Menschen, und für die Menschen werde ich dieses Spiel jetzt auch gewinnen. Für einen Menschen vielmehr. Nämlich für Mr. Feldman, der so gut zu Elsie und mir gewesen ist."

Thompson runzelte die Stirn. „Homer, ich bin Baseballtrainer. Weißt du nicht, dass wir Trainer jede Menge Mist erzählen? Ich hab nicht die Hälfte von dem gemeint, was ich gesagt habe."

„Kann sein, aber ich meine alles, was ich sage", sagte Homer. Er griff sich einen Schläger und ging zum Schlagmal für Linkshänder. Er nickte dem Schiedsrichter und dem Fänger zu und hob den Schläger. Der Werfer aus Marion schaute Homer ungläubig an.

„Jetzt wirf das verdammte Ding schon!", schrie Homer. Er zuckte zusammen unter dem Schmerz seiner zerbrochenen Knochen, als er sich aufs Schlagmal stellte und den Schläger fest umklammerte. „Und häng dich rein!"

Der Werfer tat es. Er warf drei Mal, der Ball klatschte in den Fanghandschuh, und dann hatte Marion zwei Punkte gemacht und einen Ball ins Aus geworfen.

Beim vierten Wurf legte sich der Werfer so mächtig ins Zeug, wie es nur ging, und der Ball jagte durch die Luft wie zischender Dampf. Homer biss die Zähne zusammen und kniff die Augen zu, dann holte er aus. Der Schläger knallte wie eine Bullenpeitsche, und der Ball schrie auf. Oder vielleicht schrie auch nur Homer. Er hätte es selbst nicht sagen können. Er wusste nur, dass der Ball segelte, segelte und segelte, bis er weit weg über die Spielfeldbegrenzung flog.

***

„Er hat es geschafft!" Elsies Worte waren kaum mehr als ein Hauchen. „Homer hat es geschafft, Mr. Feldman!"

Doch trotz des Lächelns, das man immer noch auf seinem Gesicht sah, war Feldman tot. Elsie musste keine ausgebildete Krankenschwester sein, um das herauszufinden, als sie neben ihm in die Hocke ging und nach seiner Hand griff. „Ich hab Ihnen doch gesagt, wenn er spielt, werden wir gewinnen. Und jetzt haben wir gewonnen", flüsterte sie und drückte sich Feldmans erkaltende Hand an die heiße, gerötete Wange.

27. Kapitel

Mr. Feldmans Anwalt war ein distinguierter Gentleman namens Lewis Carter, der nach High Top gezogen war, um seinen zwei Frauen in New York City zu entfliehen. Er hatte versäumt, sich von ihnen scheiden zu lassen, und als sie voneinander erfuhren, reichten sie gemeinsam Anklage wegen Bigamie ein, in der Hoffnung, sein Geld zu bekommen. Nur wussten sie nicht, dass Lewis Carter sein ganzes Geld bereits an eine Reihe von Revuetänzerinnen verschwendet hatte.

Glücklicherweise war Carter auf New York nicht angewiesen, er hatte auch eine Zulassung für North Carolina, in erster Linie deswegen, weil er hier auf die Duke University gegangen war. Somit hatte er einen Platz, an dem er sich vor Gattinnen, Revuetänzerinnen und ihren jeweiligen Anwälten in Sicherheit bringen konnte. Seine Verbindungskameraden von der Duke University, zu denen auch der Gouverneur von North Carolina gehörte, freuten sich, ihn in ihrem schönen Staat zu haben. Sie hatten keinerlei Absicht, ihn zurück zu den Yankees zu schicken, damit die ihn verfolgen und ihm den Prozess machen konnten. Carter hatte sich eine nette kleine Praxis in High Top eingerichtet, zu deren Mandanten auch der äußerst wohlhabende Mr. Feldman gehört hatte.

Zwei Tage nach Feldmans Tod – noch bevor er begraben werden konnte – saß Lewis Carter am Kopfende eines Mahagonitisches und betrachtete mit wohlwollendem Interesse und einem nicht geringen Anteil siedender Vorfreude, wie Mr. Feldmans Verwandtschaft den Raum betrat. Die trauernde Witwe, die Junge Mrs. Feldman, tupfte sich immer noch mit einem Taschentuch die Augen (wobei ihre Wimperntusche jedoch erstaunlich wenig Schaden nahm). Ihr folgten Feldmans zwei Kinder, ein unwahrscheinlicher Flegel namens Amos und ein fetter Griesgram namens Ethel, die beide mit deutlicher Verachtung die theatralische Trauer ihrer mindestens ein Jahrzehnt jüngeren Stiefmutter beobachteten.

„Spar dir das bitte", sagte Amos. „Es ist zu spät, als dass er sein Testament noch ändern könnte. Also kannst du gerne heulen und mit den Zähnen knirschen, so viel du willst, aber nützen wird es dir nichts mehr."

„Und uns auch nicht", fügte Ethel hinzu, woraufhin die Junge Mrs. Feldman aufhörte zu weinen, mit schwachem Lächeln ihr Taschentuch verschwinden ließ und ihre Handtasche mit einem leisen Klicken zumachte.

Carter legte die Fingerspitzen aneinander. „In der Tat hat er sein Testament gerade erst vor zwei Wochen geändert."

Die schockierten Blicke der drei potenziellen Erben des Feldman'schen Vermögens wurden noch entsetzter, als die Tür aufging und Elsie Hickam, Feldmans Krankenschwester, eintrat. „Entschuldigen Sie die Verspätung", sagte sie.

„Warum ist *die* denn hier?", fragte die Junge Mrs. Feldman. Ihre Stiefkinder bekamen vor lauter Verblüffung kaum mehr den Mund zu.

„Weil sie im Testament genannt wird", sagte Carter. „Bitte, Mrs. Hickam, setzen Sie sich. Nein, bitte hier, neben mich." Nachdem Elsie sich gesetzt hatte, tätschelte Carter ihr die Hand. „Ich weiß, dass der Tod Ihres Patienten Sie sehr mitgenommen hat." Er schob ihr eine Schachtel Taschentücher hin. „Hier, falls Sie welche brauchen."

Elsie warf einen Blick darauf, rührte sie jedoch nicht an.

„Verlesen Sie endlich das verdammte Testament, Carter", knurrte Amos.

Carter nickte einer jungen Frau mit Brille zu, die mit steifer Förmlichkeit auf einem Stuhl an der Wand saß, mit Notizblock und erhobenem Stift.

„Das ist meine äußerst fähige Assistentin, Mrs. Jo Ann Nelson. Sie wird die Verlesung protokollieren, wenn Sie keine Einwände haben."

Da keinerlei Einwände erhoben wurden, schlug Carter die Ledermappe mit dem Dokument auf und breitete die Blätter aus. Er tat einen Moment so, als würde er sie ein letztes Mal genau betrachten, obwohl er sie auswendig hätte hersagen können. Ein guter Anwalt ist auch ein guter Schauspieler, und an dieser Stelle kam ihm eine dramatische Pause ganz angemessen vor. Als er aufblickte, sah er, dass die drei Verwandten des Verstorbenen gerade darum wetteiferten, wer die Krankenschwester am bösesten anstarren konnte. Er kam zu dem Schluss, dass die Junge Mrs. Feldman dieses Rennen mit einem Vorsprung von mehreren Längen für sich entscheiden konnte.

Carter räusperte sich und begann. Nachdem er den nötigen Juristensprech vom Stapel gelassen hatte, den das Gesetz des Staates North Carolina verlangte, enthüllte er die

Einzelheiten des Testaments. Die Junge Mrs. Feldman sollte drei Häuser und das Gestüt bekommen sowie hunderttausend Dollar. Ethel und Amos sollten auch jeweils hunderttausend Dollar bekommen. „Mein restliches Vermögen", las Carter weiter, „geht an meine Krankenschwester und Freundin Elsie Hickam."

„Das restliche Vermögen?" Ethel erbleichte. „Wie viel ist das?"

„Ungefähr drei Millionen Dollar, wobei der Wert des Baseballclubs nicht mit eingerechnet wurde. Außerdem gibt es einen Nachtrag mit der Auflage an Mrs. Hickam, dass sie den Club nicht verkaufen darf."

Die Junge Mrs. Feldman war erstaunlich ruhig, was Carter sofort alarmierte.

„Das wird einer Anfechtung nicht standhalten", sagte sie.

„Da sind wir wohl einer Meinung", sagte Ethel, und Amos nickte energisch.

„Das Ganze ist vollkommen legal", erwiderte Carter. „Sie können wenig dagegen tun."

Er wandte sich an Elsie. „Haben Sie etwas zu sagen, Mrs. Hickam?"

„Er war ein guter Mann", sagte sie.

„Das war er allerdings", sagte die Junge Mrs. Feldman hitzig. „Und leicht zu manipulieren."

„Natürlich war er leicht zu manipulieren! Er war krank!", rief Ethel. „Sie hat ihn manipuliert! Die reinste Gehirnwäsche war das!" Auf einmal sprang sie auf, lehnte sich über den Tisch und versuchte, Elsie an die Kehle zu gehen.

Die Junge Mrs. Feldman zog Ethel zurück und hob die Hand, um auch Amos zu bremsen, der sich schon halb von seinem Stuhl erhoben hatte. „Ich glaube, wir haben hier nichts mehr zu tun", sagte sie und nickte dem Anwalt ruhig zu. „Ich gehe davon aus, dass der verstorbene Mr. Feldman Sie bereits bezahlt hat? Dann entbinde ich Sie hiermit von allen Pflichten gegenüber der Feldman-Familie."

„Tun Sie das ruhig, aber das Testament bestimmt eindeutig mich zum Testamentsvollstrecker", erinnerte sie der Anwalt. Trotzdem spürte er Schweißperlen auf der Stirn. Mit der Jungen Mrs. Feldman war nicht zu spaßen. Bis zu diesem Moment war ihm das nicht bewusst gewesen. Es war die Art, wie sie Haltung bewahrte, ihr stählerner Blick, ihre zusammengepressten Lippen. Er ging jede Wette ein, dass sie auch die Pobacken so fest zusammenkniff, dass man kein Zehncentstück dazwischenstecken konnte.

„Wir sprechen uns noch", sagte die frisch gebackene Witwe. Würdevoll stand sie auf, strich sich den Rock glatt und nickte ihren Stiefkindern zu, die ebenfalls aufstanden und ihr hinausfolgten.

„Mrs. Nelson, könnten Sie uns wohl kurz allein lassen?", bat Carter.

„Natürlich, Sir", sagte die Assistentin und verschwand rasch.

„Na dann, Mrs. Hickam, meinen Glückwunsch", sagte Carter, sobald sie allein waren.

Nachdem das Testament verlesen worden war, hatte sich auf Elsies Gesicht keine Regung gezeigt. Jetzt, wo sich nur noch Carter und sie im Zimmer befanden, atmete sie aus und gestattete sich ein Lächeln. „Drei Millionen Dollar!

Und den Baseballclub. Ich kann nur sagen ..." Sie schaute zur Decke. „... danke, Mr. Feldman."

Carter lachte. „Nur, damit Sie es wissen, Mrs. Hickam – das war nicht nur als Belohnung für Sie gedacht. Es sollte auch eine Bestrafung der anderen sein. Er wusste sehr gut, dass ihn die Junge Mrs. Feldman bloß wegen seines Geldes geheiratet hatte, und er wusste, dass seine Kinder egoistische Ekel sind. So oder so – Sie werden sich noch etwas gedulden müssen. Es gibt noch eine Menge Papierkram zu erledigen, bevor Ihnen irgendetwas überwiesen oder übertragen werden kann. Und wenn einer von diesen dreien an Sie herantritt, sagen Sie kein Wort. Es hat keinen Sinn, mit ihnen zu diskutieren oder sie Ihre Häme spüren zu lassen."

„Kann ich das Geld so ausgeben, wie ich will?"

„Ich wüsste nicht, was dagegensprechen sollte."

„Könnte ich sogar ein Kohlebergwerk kaufen?"

„Sogar mehrere, könnte ich mir vorstellen."

Ihr Lächeln erlosch. „Was Homer wohl dazu sagen würde?"

„Ihr Mann? Ich war im Publikum. Wird er jemals wieder spielen können?"

„Nein, Sir. Das bezweifle ich."

Carter stand auf und schüttelte Elsie die Hand. Er blickte auf die Schachtel mit den Taschentüchern. „Sie haben gar nicht geweint. Ich hätte gedacht, Sie würden vielleicht in Tränen ausbrechen."

Elsie zuckte mit den Schultern. „Mr. Feldman wusste, dass er sterben würde. Er hat mir gesagt, ich soll nicht weinen, wenn es so weit ist. Er hat mir gesagt, ich sollte glücklich sein. Ich wusste nur nicht, dass er vorhatte, mir beim Glücklichsein zu helfen."

„Seien Sie vorsichtig, Mrs. Hickam", sagte Carter, als er sie zur Tür begleitete. „Ich habe so das Gefühl, der Jungen Mrs. Feldman ist es ziemlich egal, ob Sie glücklich sind oder nicht."

***

Als Elsie das Baseballstadion betrat, spielte ihr Kopf wie eine gesprungene Schallplatte immer wieder die Szene der Testamentsverlesung und deren Nachspiel ab. Sie konnte es kaum glauben, doch sie tat es. Warum sollte sie auch keine Belohnung für ihre Arbeit bekommen? Sie grinste bei der Vorstellung, was passieren würde, wenn sie die Coalwood-Mine kaufte. Als Allererstes würde sie den Captain in ihr Büro zitieren, und dann konnte er mal sehen, wie Kismet aussieht, der alte Heuchler!

Nach dem Spiel und Homers Verletzung hatten sie ein kleines Zimmer beim Stadion bezogen, in dem Mr. Feldman sich ab und zu ausgeruht hatte. Dort ging sie jetzt hin, doch ihr Mann war nicht dort. Sie fand ihn schließlich auf der Tribüne, von der er übers Spielfeld blickte. Er schien nachzudenken, also setzte sie sich neben ihn. „Worüber denkst du nach?"

„Ich hab gerade darüber nachgedacht, dass ich dieses Stadion mag. Es ist schön hier."

„Es freut mich, wenn du außer Coalwood noch andere Orte schön findest."

Homer hob seine verbundene Hand. „In Coalwood verdiene ich meinen Lebensunterhalt. Ich bin Bergarbeiter. Es soll so sein, dass ich im Bergwerk arbeite. Diese Hand ist der Beweis dafür."

Elsie lächelte, das süße Geheimnis ihres Besuchs bei Mr. Feldmans Anwalt im Hinterkopf. Liebend gerne würde sie Homers Gesichtsausdruck sehen, wenn sie ihm davon erzählte. Aber wann sollte sie es ihm sagen? Sie wollte das Geheimnis noch eine Weile für sich behalten. Schließlich kam es selten vor, dass sie so ein großes Geheimnis zu hüten hatte.

„Der Buick ist repariert, und ein bisschen Geld haben wir auch", sagte Homer. „Lass uns weiterfahren nach Florida, dann lassen wir Albert frei und fahren wieder nach Hause."

„Ich würde gern noch ein paar Tage bleiben", erwiderte Elsie und musste innerlich lachen. *Oh, das würde ein Gejohle geben, wenn sie ihm erzählte, dass sie Coalwood kaufen konnte!*

Jemand setzte sich hinter sie. Als Elsie sich umdrehte, sah sie, dass es Slick und Huddie waren.

„Haut ab", sagte Homer.

„Das ist jetzt aber nicht nett", sagte Slick.

Homer schüttelte den Kopf. „Gut, dann erzählt mir doch mal was, wenn ihr schon hier seid: War Humphrey in euren Plan eingeweiht?"

„Natürlich", antwortete Slick. „Und der Kerl, der dir die Hand gebrochen hat, ebenfalls. Bloß dass er dir die Hand bricht, war nicht geplant. Der Plan sah so aus, dass der Balljunge sich so gemein aufführt, dass die Marion-Fans sauer werden, was wiederum eine Erklärung dafür geliefert hätte, warum unser Mann aufs Spielfeld rennt und dem Alligator den Schädel einschlägt. Was wiederum Sie demoralisieren sollte. Natürlich war es noch besser, dass er Ihnen die Hand gebrochen hat." Er zuckte mit den Schultern und sah traurig aus. „Nicht, dass es uns was geholfen hätte."

Elsie war verwirrt. „Sie haben den Mann dafür bezahlt, dass er aufs Spielfeld rennt?"

„Ich weiß auch nicht, warum ich so böse Dinge tue." Slick machte ein unglückseliges Gesicht. „Vielleicht weil ich in einem Waisenhaus groß geworden bin. Die haben zwar durchaus versucht, mir den Unterschied zwischen Recht und Unrecht beizubringen, aber irgendwie hat es nicht gefruchtet. Vielleicht hätte es doch noch geklappt, wenn sie ein bisschen mehr Zeit gehabt hätten, aber dann hab ich schon das Waisenhaus abgefackelt ..."

Elsie war immer noch verwirrt. „Ich verstehe immer noch nicht, was da passiert ist."

„Der Mann ist aufs Spielfeld gelaufen, um Albert zu schlagen, Elsie", erklärte Homer müde. „Und zwar weil Slick ihn dafür bezahlt hat. Slick hatte darauf gewettet, dass Marion die Meisterschaft holt, verstehst du?"

„Nachdem Homer gespielt hat, glaubten die meisten Leute, dass High Top gewinnen würde, und wir hatten eine Stange Geld aufs gegnerische Team gesetzt. Ich hatte natürlich nie vorgehabt, ihn zu verletzen, nur den Alligator eben. Ich dachte, das wirft Homer genug aus der Bahn, dass er keinen Ball mehr trifft."

„Sie haben jemand dafür bezahlt, dass er Albert schlägt?" Elsie sprang auf und boxte Slick mit aller Kraft ins Gesicht, worauf er rücklings von der Bank fiel.

„Sie haben mir die Nase gebrochen", stöhnte er.

„Na und? Sie haben meine Hand verletzt", sagte Elsie und rieb sich die Finger. „Und Homers auch."

Homer legte Elsie eine Hand auf den Arm, um sie zurückzuhalten. „Immer mit der Ruhe, Schatz", sagte er.

Huddie war bereits die Tribüne hochgeklettert. „Schlagen Sie Slick bloß nicht noch mal", rief er Elsie von seinem Standort zu, an dem er außerhalb von ihrer Reichweite war.

Slick wischte sich das Blut von der Nase. Sogar mit frisch gebrochener Nase brachte er es fertig, verschlagen auszusehen. „Wissen Sie, wo Ihr Alligator ist? Ich habe gehört, dass er gekidnappt worden ist."

Elsie befreite ihren Arm aus Homers Griff und ballte die Faust. „Was haben Sie mit ihm gemacht? Raus mit der Sprache, sonst schlag ich Sie gleich noch mal!"

Slick griff in die Hosentasche und zog ein Taschentuch heraus, dann griff er in die andere Tasche und hielt ihr einen Zettel hin. Elsie schnappte ihn sich.

„Da steht, wo Sie ihn finden können", sagte Slick. „Beeilen Sie sich lieber. Sonst sehen Sie ihn vielleicht nie wieder."

„Wie meinen Sie das, Slick?", fragte Homer.

Slick stand auf und drückte sich das Taschentuch an die Nase. „Ich? Gar nichts. Ich bin nur der bezahlte Bote. Die Junge Mrs. Feldman meint, sie könnte Sie unter Druck setzen."

Homer runzelte verdutzt die Stirn. „Warum sollte sie ein Interesse daran haben, uns unter Druck zu setzen?"

„Fragen Sie Ihre Frau", erwiderte Slick, bevor er davonstolzierte und Huddie signalisierte, dass er ihm folgen sollte.

Elsie musterte Slicks Zettel. „Ich weiß, wo das ist! Madison Park! Das ist direkt am südlichen Stadtrand. Da bin ich immer mit Mr. Feldman hingegangen und hab ihn im Rollstuhl am Fluss entlanggeschoben. Wir müssen uns beeilen!"

„Gut, Elsie, wir beeilen uns, aber warum sollte uns Feldmans Frau überhaupt unter Druck setzen wollen?"

„Das ist kompliziert, ich erzähl es dir unterwegs. Komm!"

Und Homer kam.

„Okay, und jetzt erzähl", sagte er, als sie im Buick saßen.

„Mr. Feldman hat mir drei Millionen Dollar und den Baseballclub vermacht."

Homer starrte sie an. „Wenn ich gewusst hätte, dass du mich anlügst, hätte ich nicht gefragt."

Elsie verdrehte die Augen. „Bitte fahr einfach", sagte sie.

Madison Park war eine halbe Autostunde entfernt, und dann dauerte es nur wenige Minuten, bis sie Albert in seiner Badewanne auf Rädern unten am Fluss fanden. Humphrey war bei ihm. Kaum hatte der Balljunge Homer und Elsie gesichtet, rannte er davon. Weit kam er nicht, Homer holte ihn ein und brachte ihn zurück.

„Humphrey, wer hat Albert und dich hierhergebracht?", fragte Elsie.

„Niemand. Ich bin selbst gefahren."

„Aber du hast doch gar kein Auto, oder?"

„Nein, Ma'am, aber die Junge Mrs. Feldman. Sie hat gesagt, ich soll mit Albert herfahren, mir mit ihm einen schönen Tag am Fluss machen – und ich dürfte sogar ihren Cadillac benutzen. Aber sie hat mir aufgetragen, nicht vor Anbruch der Dunkelheit zurückzukommen. Sie hat auch gesagt, dass Sie vielleicht vorbeikommen, um ihn abzuholen."

„Warum bist du dann vor uns davongerannt?"

„Na ja, irgendwie sahen Sie beide ziemlich wütend aus."

Elsie dachte über die Auskünfte des Balljungen nach. „Sie hat Albert hergeschickt, damit wir die Stadt verlassen", folgerte sie. „Homer, wir müssen zurück nach High Top, zur Kanzlei von Anwalt Carter. Ich zeig dir den Weg. Los, so schnell wir können!"

„Wovon redest du denn da?", fragte Homer.

Elsie gab keine Antwort. Sie schnappte sich den Griff von Alberts Wanne und begann daran zu ziehen. Homer tat es ihr nach, dann half er ihr, Albert und die Wanne in den Buick zu laden. „Wann willst du mir eigentlich erklären, was hier los ist?", fragte er nochmals.

„Ich hab dich nicht angelogen, als ich dir von dem Geld erzählt hab. Mr. Feldman hat mir das wirklich vermacht, und das hat der Jungen Mrs. Feldman überhaupt nicht gefallen. Ich glaube, sie heckt irgendwas aus."

Homers Antwort war typisch Homer, fand Elsie. „Er hätte dir nicht so viel Geld hinterlassen sollen", sagte er, und das war tatsächlich ein Vorwurf.

„Ach, das alte Lied", sagte sie. „Du und dein Riesenstolz. Aber weißt du was? Ist ja gar nicht dein Geld. Sondern meins. Also halt die Klappe und fahr."

Homer hielt die Klappe und fuhr. Er kam nicht weit. An der Stadtgrenze musste er an einer Straßensperre halten, die der Sheriff aufgestellt hatte, ein Mann namens Posner, den Elsie bei den Spielen kennengelernt hatte.

„Was ist los, Sheriff?", erkundigte sich Homer.

„Warten Sie kurz", sagte der Sheriff. Er ging zu seinem Auto und kam mit dem Hahn zurück, den er zu Albert auf die Rückbank warf. „Ich dachte mir, das Ding wollen Sie vielleicht auch haben."

„Warum haben Sie unseren Hahn?", fragte Homer verwirrt.

„Weil Sie nicht in diese Stadt zurückfahren werden, und ich dachte mir, Sie wollen sicher noch Ihren Hahn haben. Wissen Sie, diese Straßensperre ist nur für Sie aufgestellt worden. Drehen Sie um und fahren Sie. Und kommen Sie nie wieder."

„Aber ich habe Geschäfte in der Stadt zu erledigen", protestierte Elsie. „Wichtige Geschäfte. Juristische Angelegenheiten, die ich mit Anwalt Carter besprechen muss."

Der Sheriff kratzte sich unter seinem Hut. „Tut mir leid, Mizz Elsie. Ich weiß nur, dass Mr. Carter gerade verreist ist. Genau, ich bin ganz sicher. Und ich sollte bei seinem Haus vorbeifahren und gut aufpassen, bis er zurückkommt."

„Der Sheriff lügt", sagte Elsie zu Homer. „Mr. Carter wäre niemals irgendwo hingegangen, bevor ich nicht mein Geld habe."

Elsie stieg aus, fasste den Sheriff beim Ellbogen und zog ihn auf den Grasstreifen am Straßenrand. „Hören Sie mir zu, Sheriff …"

„Nein, Sie hören mir zu, Mizz Hickam", unterbrach sie der Sheriff. „Mir gefällt die Sache keinen Deut besser als Ihnen, aber ich weiß, wer in High Top den Ton angibt, und das bin nicht ich, und daran musste auch Mr. Carter erinnert werden. Kaum zu glauben, aber er hat entdeckt, dass Mr. Feldmans Testament, das er Ihnen und den anderen vorgelesen hat, schlichtweg falsch war. In der neuen Fassung werden Sie mit keiner Silbe erwähnt, mehr brauchen Sie nicht zu wissen. Sie können mich natürlich auch umfahren, auf einer anderen Straße in die Stadt gelangen, die Leute anschreien und sämtlichen Beteiligten gründlich auf die Nerven gehen, aber das wird nichts ändern. Am besten, Sie fahren einfach weiter. Tut mir leid, Sie sind da in eine Sache geraten, die zu groß ist für Sie, und es tut mir leid, dass Ihr Mann verletzt wurde."

„Das ist nicht recht", sagte Elsie.

„Nein, Ma'am, recht ist es nicht", stimmte der Sheriff zu. Er schaute über seine Schulter auf die Stadt und schüttelte den Kopf. „Es gibt eine Menge Dinge, die nicht recht sind, ganz egal, wohin Sie gehen. Als ich Sheriff wurde, konnte ich ein paar davon in Ordnung bringen, aber bis jetzt … na ja, die Bilanz war eher enttäuschend, mehr will ich dazu nicht sagen. Sie müssen wissen, es war völlig ausgeschlossen, dass Sie jemals auch nur einen Cent von Feldmans Vermögen sehen. Mr. Feldman wusste es wahrscheinlich auch. Er wollte nur, dass die Junge Mrs. Feldman und seine beiden Kinder dafür arbeiten müssen, ein bisschen ins Schwitzen kommen. Er hat ihnen gesagt, was er von ihnen dachte – und Ihnen hat er das auch gesagt. Ich nehme an, das ist das Geschenk, das Sie von ihm kriegen können, wenn Sie mögen."

Homer kam dazu. Er hatte offensichtlich alles mitgehört. „Komm, Elsie. Es ist vorbei."

Elsie kochte vor Wut. Das war ihr Geld! „Ich gebe nicht auf! Ich gebe niemals auf!"

„Mr. Hickam? Sie müssen mit Ihrer Frau reden und sie zur Vernunft bringen."

Homer legte ihr den Arm um die Schultern. Sie versuchte ihn abzuschütteln, aber er verstärkte seinen Griff, dass sie kaum noch Luft bekam. „Komm, Elsie. Es ist vorbei. Lass uns fahren, solange wir noch unseren Stolz haben."

„Ich habe keinen Stolz", sagte sie mit erstickter Stimme an seiner Schulter.

„Eines noch, Sheriff", sagte Homer. „Da sind zwei Männer, einer auffällig klein, der andere groß und bullig. Ich hab sie auf dem Spielfeld zum letzten Mal gesehen. Die beiden sind Bankräuber und Kriminelle."

„Slick und Huddie? Die hab ich vor einer Stunde verhaftet. Man hat sie erwischt, als sie versuchten, den Leichenwagen des Bestattungsunternehmers zu stehlen. Keine Ahnung, was sie damit vorhatten."

„Ich würde vorschlagen, Sie schlagen die beiden kurz und klein", sagte Elsie, die aus Homers fester Umarmung auftauchte, um nach Luft zu schnappen. „Ich wünschte, du hättest nicht dieses Stück Kautabak in der Tasche gehabt. Ich wünschte, du wärst einfach für immer weg!"

„Ich weiß", sagte Homer leise.

„So, Mizz Elsie", sagte der Sheriff, „Sie und Ihr junger Bergarbeiter-Baseballspieler machen sich jetzt besser auf den Weg."

Elsies Zorn verpuffte, wie die Luft aus einem Ballon entweicht. Natürlich würde sie das Geld nicht bekommen. Hatte sie überhaupt jemals irgendetwas bekommen, was sie wollte?

Homer musste gemerkt haben, wie ihre Wut verrauchte, denn er ließ sie wieder los. Sie wandte sich ab und ging zum

Auto. Als er sich ans Steuer setzte, sah sie, wie er das Gesicht verzog.

„Deine Hand oder dein Handgelenk?", fragte sie ohne allzu viel Mitgefühl.

„Beide tun höllisch weh."

„Ich fahre", bot sie an und stieg aus, während er auf der Vorderbank nach rechts rutschte und sich zurücklehnte. Der Hahn bezog seinen Platz neben Homers Kopf, schlug mitleidig mit den Flügeln und kuschelte sich neben seinem Ohr ein.

Elsie wendete den Buick, griff nach hinten und tätschelte Albert auf die Schnauze, dann lenkte sie den Wagen zurück Richtung Madison Park, weil sie wusste, dass dort Süden war. Sie ließ den Park hinter sich, fuhr den ganzen Tag und beobachtete, wie die Sonne über den Himmel wanderte, bis sie schließlich zu ihrer Rechten war. Ihre Wut auf Homer wurde mal größer, mal kleiner und wand sich wie eine Gebirgsstraße. Wie konnte er ihr sagen, dass sie das Geld nicht verdiente? Wie konnte er es wagen, dieses Stück Tabak in der Tasche zu haben?

Sie war noch nicht weit gekommen, als ihr plötzlich einfiel, dass sie ihr Gehalt von Feldman in ihrem Zimmer im Stadion vergessen hatte. Sie fuhr an den Straßenrand und rüttelte Homer wach. „Homer, hast du Geld?"

Homer blinzelte schläfrig. „Geld?"

„Meines ist im Stadion. Hast du Geld dabei?"

Er deutete aufs Handschuhfach. „Da drin."

Elsie machte das Handschuhfach auf. Die kurzläufige Pistole, die sie Denver gestohlen hatte, war noch da – sie war überrascht, dass die Mechaniker, die den Buick repariert hatten, sie nicht gestohlen hatten. Es gab also zumindest noch ein paar anständige Leute in North Carolina! Ein wenig Geld lag auch darin, und sie nahm die Scheine heraus und zählte sie. „Achtzig Dollar? Das ist alles?"

„Ich hab den Rest an meinen Vater geschickt, damit er sie für uns verwahrt."

„An deinen Vater? Dein Vater spielt Poker *und verliert*!"

Angewidert legte sie das Geld zurück ins Handschuhfach und warf die Klappe zu. Sie überlegte kurz, ob sie umdrehen und nach High Top zurückfahren sollte, um ihr Geld zu holen, doch sie waren schon meilenweit entfernt, und höchstwahrscheinlich hatte man das kleine Zimmer ohnehin schon ausgeräumt. „Ach, verdammt!", klagte sie. „Was denn noch alles!"

Sie fuhr weiter, hielt einmal zum Tanken, brachte Homer auf die Toilette, kaufte dem Tankwart ein paar Aspirin ab, die sie Homer gab, und dann inspizierte sie seinen Gips. Oberhalb des Randes war der Arm rot und fühlte sich heiß an. Als sie ihn darauf ansprach, zuckte er nur mit den Schultern und bemühte sich vergeblich, nicht zu stöhnen. Sie war schwer in Versuchung, seine kaputte Hand zu drücken und ihm wehzutun, wie er ihr wehgetan hatte. Aber nein, sie würde sich weiter um ihren Mann kümmern, obwohl er diese Fürsorge eindeutig nicht verdient hatte.

Elsie fuhr weiter durch die Nacht, wählte die Straßen, die ihr am besten vorkamen, rollte durch Kleinstädte und vorbei an Baumwollfabriken und durch Felder – sie konnte allerdings nicht erkennen, was man dort anbaute –, bis sie auf einmal etwas roch, was vielleicht das Meer war. Große Bäume hingen über die Straße, und ihre Scheinwerfer erleuchteten das Louisianamoos, das von ihnen herabhing. „Ich hab mich verfahren", gestand sie. „Verfahren", wiederholte sie, konnte Homer damit jedoch nur ein Stöhnen entlocken.

Schließlich erreichte sie eine Stelle, an der sie zwangsweise anhalten musste, denn die Straße ging einfach nicht weiter. Die Scheinwerfer des Buicks beleuchteten ein altes Haus, und dahinter vermutete Elsie Wasser, weil der Lichtschein nicht so weit reichte. Meeresgeruch erfüllte ihre Nase, und im gleichen Moment begann sich Albert zu regen, der es vielleicht auch gewittert hatte. Homer stöhnte erneut. Nur der Hahn war ganz still.

„Verfahren", wiederholte Elsie, stellte den Motor ab und lehnte sich zurück, um das erste Sonnenlicht abzuwarten. Als die Sonne aufging, sah ihre Umgebung anders aus als alles andere, was sie bisher zu Gesicht bekommen hatte.

Ich war fünfzehn, als wir nach Myrtle Beach, South Carolina, in den Urlaub fuhren. Es war der dritte Sommer, den wir an einem Ort namens Lazy Hill verbrachten, einer Ansammlung von Hütten mit Schindelfassaden hinter einem kleinen Meeresarm. Die kleine Ferienanlage wurde von Mr. und Mrs. Glasgow betrieben. Er hatte früher Hollywood-Drehbücher geschrieben, sie hatte Statistenrollen in einigen seiner Filme übernommen und sie hatten viel zu erzählen.

Während unserer Zeit in Lazy Hill verließ Dad kaum das Gelände, und auch Mom ging nur manchmal die paar Straßen bis zum Strand hinunter, wo sie sich kurz in den Sand setzte und aufs Meer schaute, bevor sie wieder zurückging. Dad und sie schienen ganz glücklich damit zu sein, einfach nichts zu tun und nirgendwohin zu gehen.

Eines Morgens nach dem Frühstück kamen die Glasgows an unserem Haus vorbei. Mr. Glasgow baute gerade eine neue Hütte und brauchte ein paar Tipps von Dad, was er beim Betongießen zu beachten hatte. Nachdem sie gegangen waren, sagte Mrs. Glasgow: „Elsie, wie wär's, wenn wir meinen Jeep nehmen und zu Murrells Inlet runterfahren? Manchmal schwemmt die Flut da oben Schneckenhörner an. Es ist sehr schön dort, ich glaube, das würde dir gefallen."

Zu meiner Überraschung antwortete meine Mutter: „Ach, ich kenne den Strand schon. Fast jeden Zentimeter."

Mrs. Glasgow war ebenfalls überrascht. „Wie kommt das denn?"

„Ich bin mal eine Weile dort gewesen", lautete die Antwort. „Vor langer Zeit. Vor Jimmy und Sonny."

Jim war schon an den Strand gegangen, aber ich war im Haus geblieben, weil ich noch in meinem neuen Hardy-Boys-Buch lesen wollte. Als ich Moms Bemerkung hörte, fragte ich: „War das damals, als ihr Albert nach Hause gebracht habt?"

Mrs. Glasgow wandte sich zu mir. „Wer ist denn Albert?"

Ich konnte nicht anders, die Geschichte war einfach zu gut. „Ein Alligator!", platzte ich heraus. „Mom hat ihn in einer Badewanne großgezogen, aber Dad hatte Angst vor ihm! Der Schauspieler Buddy Ebsen hatte ihr den Alligator geschenkt!"

Moms Blicke verrieten mir, dass ich meine Grenzen überschritten hatte, doch jetzt war das Kind ohnehin schon in den Brunnen gefallen. Mrs. Glasgow setzte sich in den nächsten Stuhl. „Ich gehe hier nicht weg, bevor ich diese Story nicht gehört habe!"

Meine Mutter warf mir noch einen unglücklichen Blick zu, dann goss sie zwei Tassen Kaffee ein und reichte eine davon unserer Vermieterin. Ich legte mich auf den Boden und verschränkte die Hände hinter dem Kopf, starrte an die Decke und versuchte mir alles vorzustellen, während Mom ihre Geschichte erzählte. Sie fasste kurz zusammen, wer Albert war und warum er nach Hause gebracht werden musste, und dann sagte sie: „Als wir dann North Carolina hinter uns ließen, wusste ich nicht so richtig, wo wir waren, aber Homer und Albert waren dabei. Und der Hahn, obwohl ich damals genauso wenig wusste wie heute, warum der eigentlich dabei war …"

V. TEIL

Wie Elsie sich in
den Strand verliebte
und Homer und Albert
sich der Küstenwache
anschlossen

28. Kapitel

Die Pension von Captain Oscar, die direkt an einem Sund lag, war umgeben von Sumpfeichen, deren Zweige dicht mit Louisianamoos bewachsen waren. Es war ein wunderschönes altes Herrenhaus aus Zedernholzbrettern, die im Laufe der Jahre durch die Witterung grau geworden waren, und es hatte ein Dach aus Schieferschindeln und eine Veranda, auf der eine Schaukel und ein Dutzend Schaukelstühle Platz fanden. Der vor dem Haus liegende Garten bestand aus Sand, Binsenschneiden und Strandhafer und grenzte an einen gepflegten Holzsteg mit Eisenklammern für das Boot, das meistens hier vertäut lag: ein Fischkutter namens *Dorothy Howard*. Die *Dorothy*, wie man sie zärtlich nannte, war ein Arbeitsboot und ein guter Segler, auch wenn sie vielleicht nicht das Schiff war, auf dem man bei hohem Wellengang und starkem Wind unbedingt weit rausfahren wollte. Captain Bob, ihr Skipper, kannte all ihre Macken und Tricks und behandelte sie, wie er eine großzügige Großtante behandeln würde, also mit Achtung und Respekt.

In der Pension suchte man gerade nach Aushilfen, als ein Schild mit entsprechender Aufschrift Elsie am Morgen ihrer Ankunft begrüßte. Sie straffte die Schultern, strich sich mit den Fingern durch die Haare, glättete ihren Rock und klopfte an die Tür. Ein Mann in offizieller Kapitänsuniform – also eine marineblaue Jacke, passende Hose und Mütze mit weißem Schirm – machte ihr auf.

Elsie wies auf das Schild. „Was auch immer Sie brauchen", sagte sie, „kann ich Ihnen bieten, solange Sie mir ein anständiges Gehalt dafür zahlen."

Der Mann stützte sich auf seinen Stock und stapfte auf die Veranda, um von dort aus den Buick zu begutachten. Homer lag mit geschlossenen Augen auf dem Beifahrersitz, und Albert spähte äußerst interessiert aus dem offenen Fenster auf derselben Seite. Der Hahn stand auf dem Kopf des Alligators. „Da haben Sie ja eine ganz schöne Menagerie."

„Allerdings, Sir, und ich bin für die ganze Truppe verantwortlich. Mein Mann hat eine gebrochene Hand, und sein Handgelenk ist auch gebrochen, aber er bewirbt sich zumindest nicht für diesen Job, sondern ich."

„Warum haben Sie denn einen Alligator?"

„Wir kommen von den Kohlerevieren in West Virginia, einem sehr ungeeigneten Ort für einen Alligator. Wie für jeden anderen im Grunde auch. Deswegen bringe ich ihn nach Hause nach Florida. Er war ein Geschenk von Buddy Ebsen aus Orlando, dem Filmschauspieler und Tänzer."

„Ich hab mal einen Film in Chicago gesehen", sagte der Mann wehmütig. „Einen Stummfilm, obwohl natürlich ein Klavier auf der Bühne stand." Er trat neben den Buick und inspizierte Homer. „Er schwitzt und ist ganz bleich. Ich glaube, er ist ziemlich krank."

„Seine Hand hat sich entzündet", erklärte Elsie. „Das weiß ich, weil ich mal Krankenschwester war."

„Hey, Bob, komm mal her!", schrie er, worauf ein bärtiger junger Mann in Arbeitshose und Seemannsmütze vom Anleger auf sie zukam. „Hol doch mal unseren alten Quacksalber, Bob. Und zwar *toot sweet*, verstanden? Es kann gut sein, dass dieser junge Kerl hier uns gerade wegstirbt."

„Wen haben wir denn da, Pops?"

„Das ist jetzt nicht wichtig. Nimm Wilma mit und lauf!"

Bob tippte sich an den Hut, um Elsie zu grüßen, ging in den Schuppen und kam auf dem Rücken einer braunen Stute wieder heraus. Er ritt klappernd die Straße hinauf, die Elsie gestern Nacht fälschlicherweise eingeschlagen hatte. „Das ist Captain Bob, mein Sohn", sagte der Mann. „Ich werde Sie später mit ihm bekannt machen, aber jetzt müssen wir uns erst mal um die wichtigen Dinge kümmern. Ich bin Captain Oscar, der Inhaber dieser Pension. So, dann wollen wir uns Ihren Mann mal ansehen."

Elsie und Captain Oscar halfen Homer ins Haus und legten ihn auf ein Sofa im Wohnzimmer. „Wie geht es dir, Homer?", fragte Elsie mit kalter Stimme. Sie empfand kein Mitleid für ihn, nur Pflichtgefühl.

Homer gab keine Antwort. Er stöhnte nicht einmal, sondern schaute sie nur verständnislos aus glasigen Augen an.

„Wie hat er sich verletzt?", wollte Captain Oscar wissen.

„Man hat ihm mit einem Baseballschläger die Hand zertrümmert", antwortete Elsie. „Und sein Leben gleich mit."

Eine Stunde später traf der Arzt in einem klapprigen alten Ford ein und ging ins Haus, um sich seinen Patienten anzusehen. Nachdem er Homer untersucht hatte, fragte er: „Wer ist für diesen Mann verantwortlich?"

„Ich, Sir", sagte Elsie. „Er ist mein Mann."

„Seine Hand und das Handgelenk sind massiv entzündet, und die Infektion hat sich bereits bis in seinen Arm ausgebreitet. Wenn sich die Lage bis morgen nicht gebessert hat, muss ich ihn amputieren." Der Arzt reichte ihr eine Flasche. „Das ist Aspirin. Geben Sie ihm alle drei Stunden zwei Tabletten. Das wird sein Fieber senken. Mit der Infektion muss er allein fertig werden."

„Er ist Bergarbeiter", sagte Elsie, deren Stolz kurzfristig über ihren Ärger siegte. „Also sehr kräftig."

„Bakterien können selbst die kräftigsten Männer in die Knie zwingen", meinte der Arzt, als er seine schwarze Tasche zuschnallte. „Aber morgen werden wir ja sehen, wie es aussieht."

Sie brachten Homer in ein Schlafzimmer im Erdgeschoss, das zweite auf der linken Seite, und Captain Oscar, der zu diesen Männern gehörte, bei deren Alter man sich immer vertut, und der zwischen siebzig und neunzig alles sein konnte, bat Elsie, sich mit ihm eine Weile ins Wohnzimmer zu setzen.

„Sie brauchen einen Job", sagte er. „Und ich habe eine freie Stelle. Für ein Zimmermädchen."

„Ich kann als Zimmermädchen arbeiten", sagte Elsie. „Ich wollte schon immer Zimmermädchen werden."

„Und eine Köchin brauche ich auch."

„Ich kann als Köchin arbeiten", sagte Elsie. „Ich wollte schon immer Köchin werden."

„Und eine Managerin brauche ich auch." Er deutete mit der Hand auf das staubige Wohnzimmer und das leicht schimmelige Mobiliar. „Meine Frau hat diese Pension bis zu ihrem Tod geleitet, und dann hat meine Tochter Grace ihren

Platz übernommen, bis sie an Tuberkulose erkrankte. Jetzt befindet sich die ganze Pension in einem desolaten Zustand, wie Sie sehen können. Wären Sie bereit, Zimmermädchen, Köchin *und* Managerin meiner Pension zu werden? Ich kann Ihnen nicht mehr zahlen als Kost und Logis, bis wir mehr Profit machen, aber dann werde ich Ihnen einen Anteil am Gewinn auszahlen, den wir später noch verhandeln können. Was sagen Sie?"

„Ich wollte schon immer Managerin einer Pension werden", schwor Elsie und streckte ihm die Hand hin. Captain Oscar schlug ein, und damit wurde Elsie Zimmermädchen, Köchin und Managerin von Captain Oscars Pension, einer Einrichtung, die sich saubere Zimmer und gutes Essen – vor allem Fischgerichte – auf die Fahnen geschrieben hatte.

Am nächsten Tag kam der Arzt wie versprochen zurück und untersuchte Homers Arm. Homer reagierte weiterhin kaum, doch als der Arzt mit der Hand über seinen Arm fuhr, zuckte er zusammen. „Der Zustand seines Arms hat sich nicht verbessert", verkündete der Arzt. „Ich werde ihn abnehmen müssen."

„Sie werden nichts dergleichen tun", bestimmte Elsie, und dann beschrieb sie in bester Krankenschwesternmanier, was sie in der Nacht zuvor beobachtet hatte, als sie das Gewissen gepackt und sie ihren Mann versorgt hatte, obwohl sie seinen Anblick im Grunde kaum mehr ertragen konnte. „Sein Arm ist zwar nicht richtig verheilt, aber ein wenig doch. Das sehe ich an der leichten farblichen Veränderung, die Sie vielleicht gar nicht bemerken. Aber ich habe letzte Nacht überhaupt nicht geschlafen. Ich habe ihm seine Aspirin gegeben und ihn mit einem Handtuch gekühlt, das ich in Eiswasser getaucht und ihm auf die Stirn gelegt habe. Ich hab mich schon gefragt, warum Sie eine derartige Behandlung nicht angeordnet hatten."

„Es wäre mir nicht in den Sinn gekommen, dass Sie hier Eis haben", sagte der Arzt.

„Ich habe welches in der Gefriertruhe gefunden, wo wir den Fisch lagern. Ich denke, Sie sollten jetzt am besten den Gips entfernen – der sieht mittlerweile wirklich unappetitlich aus, und außerdem ist er zu eng – und ihm einen sauberen anlegen, der etwas lockerer sitzt."

„Madam, ich habe meinen Abschluss an einer staatlichen Ärzteschule gemacht und verfüge über jahrelange Erfahrung", gab der Arzt pikiert zurück. „Ich kann Ihnen versichern, wenn ich den Arm Ihres Mannes nicht amputiere, wird er in den nächsten Tagen sterben."

„Er wird seinen Arm behalten", widersprach Elsie energisch. „Und erst wenn er am Ende tot ist, werde ich zugeben, dass Sie recht hatten."

Der Arzt musterte Elsie, und sein Stirnrunzeln wich einem konsternierten Gesichtsausdruck. „Mein Kind, Sie sind ganz schön starrköpfig", sagte er, „und setzen damit das Leben dieses Mannes aufs Spiel."

„Er ist mein Mann", erwiderte Elsie. „Wenn eine Frau nicht mit dem Leben ihres Ehemanns spielen darf, wozu dann überhaupt heiraten?"

„Sie haben interessante Ansichten zur Ehe", antwortete der Arzt, doch dann machte er seine schwarze Tasche auf und entnahm ihr eine Säge und ein kleines Säckchen mit Gips. „Ich werde ihm einen neuen Gips anlegen, wie Sie wünschen."

„Und ich werde Ihnen assistieren", sagte Elsie. „Ich habe nämlich Erfahrungen als Krankenschwester, wissen Sie?"

Hinterher packte der Arzt seine Säge und das leere Säckchen wieder in seine schwarze Tasche. „Beten Sie, dass er stärker ist, als ich annehme. Ich komme erst zurück, wenn Sie nach mir schicken."

„Ich bezweifle, dass das nötig werden wird", gab Elsie zurück.

„Dann wünsche ich Ihnen noch einen Guten Tag, Madam", sagte der Arzt mit verkniffener Miene.

In den nächsten Tagen verabreichte Elsie Homer ab und zu ein Aspirin und kühlte ihn, indem sie ihn stündlich mit Eiswasser abrieb. Als das Eis aus der Fischtruhe ausging, fuhr sie mit dem Buick knapp zehn Kilometer zum Eishaus und kaufte auf Captain Oscars Rechnung welches nach.

Captain Oscar war beeindruckt von ihrer unermüdlichen Fürsorge. „Sie müssen Ihren Mann sehr lieben", sagte er, während er ihr mitten in der Nacht mit einer Kerosinlampe leuchtete, um ihr bei ihren Verrichtungen zu helfen.

„Ich hätte meinen Bruder Victor retten können, wenn ich ihm Eis gegeben hätte", sagte Elsie, während sie Homer abrieb. „So ein Fieber wird mich nicht noch mal unvorbereitet erwischen. Und wenn dieser Mann der schlimmste Verbrecher der Welt wäre, würde ich dasselbe für ihn tun, Captain."

Es dauerte zwei Tage, aber zu guter Letzt begann Homers Fieber zu sinken. Die Schwellung seines Arms und Handgelenks sowie seiner Hand ging zurück, und auch die bösen roten Streifen verblassten. Einmal blinzelte er kurz, als Elsie ihn versorgte, dann starrte er sie an. „Hallo, Elsie", sagte er. „Mir ist ganz schön kalt."

„Hallo, Homer", sagte Elsie. „Du hattest Fieber, aber ich hab dich durch eine Behandlung mit Eis gerettet." Sie tauchte ein Handtuch in den Topf mit Eiswasser und hielt es hoch, damit Homer es sehen konnte.

„Du hättest Victor trotzdem nicht retten können", sagte er.

„Sagst du", antwortete sie und drehte sein Gesicht zum Fenster, aus dem man die sandige, von Sumpfeichen gesäumte Straße sah. „Schau mal, wie schön es hier ist. Ich hab dich hierhergebracht."

„Wo sind wir?"

„In South Carolina, an der Küste."

„Wir sind von unserer Reiseroute abgekommen."

„Unsere Reiseplanung übernehme ich jetzt. Du hast diese Verantwortung abgegeben."

Homer hob seine kaputte Hand und wackelte mit den Fingern. „Sie funktioniert", sagte er, „aber nicht gut."

„Das wird noch besser", sagte Elsie, „und mehr musst du im Moment nicht tun – nur abwarten, bis es besser wird. In der Zwischenzeit sorge ich für uns."

Er starrte sie an. „Du wirkst so wütend."

„Ich bin auch wütend. Ich werde bis ans Ende aller Tage wütend sein. Du hast gesagt, dass mir das Geld nicht zusteht, das ich mir in High Top verdient hatte. Du hast dich nicht auf meine Seite gestellt, als ich dich brauchte."

Homer runzelte die Stirn, als versuchte er, sich zu erinnern. „Aber ich hab das eben so empfunden."

Elsie goss Homer den ganzen Topf Eiswasser auf den Schoß. „Und so empfinde ich das."

Elsie ließ Homer liegen, und es war ihr egal, dass er schon den Mund aufmachte, weil er protestieren oder weitere Fragen stellen wollte. Stattdessen machte sie sich daran, die Pension von oben bis unten zu putzen. Als sie im Obergeschoss mit Wischmopp, Eimer und Besen das zweite Zimmer auf der rechten Seite betrat, erblickte sie zu ihrer Überraschung eine junge Frau in einem Ohrensessel, der am Fenster stand, sodass man von dort über den Sund blicken konnte, den die Einheimischen „Spüle" nannten, wie Elsie mittlerweile gelernt hatte.

„Oh, Entschuldigung", sagte Elsie. „Ich wusste gar nicht, dass wir einen Gast haben."

Die Frau, die eine hochgeschlossene weiße Bluse, einen Brokatrock und schwarze Schnürstiefel trug, wandte ihren Blick vom Sund. „Ich bin kein Gast. Ich bin Grace, die Tochter von Captain Oscar. Und Sie sind Elsie, unser neues Zimmermädchen, die Köchin und Managerin."

Elsie hatte ganz vergessen, dass Captain Oscar seine kranke Tochter erwähnt hatte. Sie war davon ausgegangen, dass Grace in einem Sanatorium lebte. „Wenn ich lieber später wiederkommen soll ...", begann sie.

„Nein, bitte, kommen Sie rein", sagte Grace, und auf ihrem eingefallenen Gesicht breitete sich ein schwaches Lächeln aus. Mit einem Nicken deutete sie auf die Ausrüstung, die Elsie in der Hand hatte. „Dieser Wischmopp, der Eimer und der Besen gehörten mir, bevor ich die Schwindsucht bekam."

„Die Schwindsucht?", echote Elsie.

„Tuberkulose. Im Spaß nenne ich sie meine viktorianische Roman-Krankheit."

„Im Spaß? Ist es denn nicht ernst?"

Grace zuckte mit den Schultern, doch ihre knochigen Gelenke bewegten sich kaum unter ihrer Bluse. „Ich mache Witze darüber, um nicht zu weinen. Schlimm genug, dass ich mich in dieses Zimmer hier einsperre, damit ich mir ausmalen kann, was ich noch alles hätte erleben können. Ich bin sicher, zu meiner Zukunft hätte ein hübscher Mann gehört, intelligente, lebhafte Kinder und ein langes, romantisches Leben an der Küste."

„Ich bin sicher, Sie werden all das noch bekommen", sagte Elsie.

Die Frau ließ ein verschleimtes Husten hören und schüttelte den Kopf. „Mein Schicksal ist mir vorherbestimmt. Das habe ich jetzt begriffen. Und vielleicht", sagte sie nach kurzem Nachdenken, „ist es so gekommen, damit sich Ihr Schicksal erfüllen kann. Wer sind wir Sterblichen schon, dass wir die Pläne der Engel erraten könnten, die unsere Leben lenken?"

„Niemand", antwortete Elsie. „Mein Mann ist auch sehr krank."

„Ja, ich weiß", erwiderte Grace. „Ich hab mich ab und zu hinuntergeschlichen, um ihn anzuschauen. Aber er sieht stark aus, ich glaube, er wird bald wieder gesund." Sie sprach ganz sachlich. „Also, Elsie, erzählen Sie mal, was für Erfahrung bringen Sie denn mit?"

„Gar keine", gestand Elsie. „Aber ich bin begierig zu lernen."

Grace lächelte. „Was glauben Sie, warum mein Vater Sie eingestellt hat?"

„Er hat gesagt, ich war die Einzige, die sich beworben hat."

„Daran ist etwas Wahres", bemerkte Grace. „Aber ich schätze, es lag auch an Ihren hübschen Fesseln, die seinem alten Kennerblick nicht entgangen sind. Egal, ich glaube, er hat eine gute Wahl getroffen. Zuerst sollten Sie in der Küche in die obere rechte Schublade im Rollschreibtisch schauen. Dort finden Sie das Tagebuch, das ich in den Jahren geführt habe, als ich diese Pension leitete. Es wird Ihnen erklären, wie ich die Dinge organisiert habe. Lesen Sie es, und dann kommen Sie zu mir, und ich werde Ihnen alle weiteren Fragen beantworten."

„Ich bin sicher, ich werde so einige haben", sagte Elsie. „Ich hoffe, ich werde Ihnen nicht zur Last fallen."

„Niemals. Sie sind mir ein großer Trost. Sie sind die Antwort auf die Gebete meines Vaters – und auf meine."

„Sie könnten gar keine eifrigere Arbeiterin als mich finden", schwor Elsie.

„Sie müssen dafür sorgen, dass jeder besetzte Raum jeden Tag frische Bettwäsche bekommt."

„Ich habe Ihr Waschbrett, den Waschzuber und die Wäscheleine schon gefunden und werde alles genau so handhaben, wie Sie sagen."

„Und jeden Tag frische Blumen."

„Ich werde mir die Hacken ablaufen, um immer welche aufzutreiben."

„Die Küche muss dringend einmal von Grund auf geputzt werden, und unser Eiskasten ist auch leer."

„Ich werde die Küche schrubben, und wenn Sie mir Geld geben, fülle ich den Eiskasten mit Eis und frischem Gemüse und dem besten Fleisch, das ich auftreiben kann."

„Wunderbar. An der Straße finden Sie Bauern, die ihr selbst angebautes Obst und Gemüse sowie Fleisch anbieten, frisches und gepökeltes. Mein Bruder, Captain Bob, wird Ihnen jede Menge frischen Fisch bringen. Können Sie kochen?"

„In der Hinsicht gehöre ich leider nur zum Durchschnitt."

„Im Schrank über der Spüle finden Sie einige Rezepte. Halten Sie sich einfach ganz genau an die Anweisungen."

„Ich werde mich ganz sicher daran halten."

„Noch etwas", sagte Grace. „Hier in der Nähe lebt ein Kind namens Rose. Sie wohnt knapp zwei Kilometer nördlich von hier, und ich möchte, dass Sie sie einstellen. Sagen Sie ihr, dass sie in Naturalien bezahlt wird. Rose ist sehr klug und weiß, was wo ist und wen Sie wegen diesem oder jenem fragen können."

„Ich werde so bald wie möglich zu ihr gehen", versprach Elsie.

Sobald nach ein paar weiteren Tagen voller Putzarbeit alles einen ordentlichen Platz gefunden hatte, merkte Elsie, dass sie jetzt die Zeit hatte, das Mädchen Rose zu suchen und anzustellen. Sie wanderte in nördlicher Richtung am matschigen Ufer des Sunds entlang, bis sie auf ein halb verwittertes, windschiefes altes Häuschen stieß, das aus Treibholz und Müll zusammengezimmert war. Dort fand sie ein Mädchen, kaum älter als zehn, das auf der Veranda saß, als hätte es auf sie gewartet.

„Guten Tag, Misses", sagte das Mädchen und ließ die nackten Beine baumeln. „Ich heiße Rose."

„Ich weiß, wie du heißt, Rose. Würdest du gerne in Captain Oscars Pension für mich arbeiten? Ich würde dich mit Lebensmitteln bezahlen."

Rose legte den Kopf auf die Seite. „Ich hab gehört, dass Sie einen Alligator haben. Stimmt das?"

„Ja, das stimmt."

„Darf ich ihn anfassen?"

„Natürlich. Du darfst ihn sogar füttern, wenn du willst."

„Dann werde ich für Sie arbeiten." Rose sammelte ihre Sachen zusammen, es waren sehr wenige, und ging mit Elsie zu Captain Oscars Pension, wo sie sich ungefragt ihr Bett in einem Nebengebäude herrichtete, das früher ein Ziegenstall gewesen war. Dann putzte sie – ebenfalls ohne dass man ihr etwas gesagt hatte – sämtliche Fenster und scheuerte die Kupfertöpfe und -pfannen in der Küche, bis sie glänzten wie neue Pennys. Danach ging sie zu Elsie, die auf Händen und Knien den Wohnzimmerboden schrubbte. „Darf ich Albert jetzt mal anfassen?"

Elsie drückte sich die Faust in den Rücken und streckte sich, dann führte sie das Mädchen wortlos zu Albert, der in seiner Wanne auf der sonnengeschützten Veranda hinterm Haus lag. Der Hahn saß schlafend auf seinem Kopf, wachte aber auf und sprang herunter, als Elsie und Rose eintraten.

Albert grinste und grunzte ein Hallo, als Elsie sich neben ihn kniete und seinen Kopf streichelte. „Albert, ich würde dir gern jemanden vorstellen. Sie heißt Rose und ist ein Kind, das sehr hart arbeitet. Du solltest ihr erlauben, dich anzufassen."

Auf ihr Nicken hin kniete sich Rose hin und streckte ihre zitternde Hand nach dem knubbeligen Kopf des Alligators aus. Als sie ihn berührte, rollte Albert die Augen zurück. „Ich glaube, er mag mich", hauchte Rose.

„Albert ist ein sehr schlauer Junge", sagte Elsie. „Er weiß gleich, wer sein Freund ist."

„Ich *werde* deine Freundin sein, Albert", sagte Rose. „Für immer und ewig."

„Das ist eine lange Zeit", sagte Elsie nachdenklich.

„Zeit ist das beste Geschenk, das wir machen können, Misses", erwiderte Rose. „Zeit ist wirklich das einzige Geschenk, das wir von Gott bekommen und an andere weitergeben können."

Die Erwähnung von Gott ließ Elsie aufhorchen. Sie hatte in ihrer Kindheit die Gottesdienste in den Kirchen der Bergbaugesellschaften besucht, aber der Gedanke, dass Gott Geschenke verteilte, war ihr völlig neu. Kein Dogma und keiner der Prediger, dem sie zugehört hatte, war darauf zu sprechen gekommen. „Man hat mir erzählt, dass du sehr klug bist, Rose, und mir scheint, das ist wahr."

„Danke, Miss Elsie. Es freut mich, wenn Sie das denken."

Rose war nicht nur eine gute Arbeiterin; wie sich herausstellte, war sie auch angenehme Gesellschaft. Zum Beispiel zeigte sie Elsie, wie man Blaukrabben einfach nur mit einem alten Fischkopf, einer Schnur und einem Kescher fing und wie man sie dann putzte und zubereitete. Sie war furchtlos, und in dieser Hinsicht fühlte sich Elsie an sich selbst erinnert.

Rose hatte gerade eine knappe Woche für Elsie gearbeitet, als ein riesiger Hund im Garten auftauchte. Als Elsie auf die Veranda kam und sah, dass dem Tier der Schaum vom

Maul tropfte und seine Augen vor Hass funkelten, rief sie das Mädchen. „Der ist garantiert tollwütig", sagte Elsie, als Rose kam. „Und er wird nicht gehen, bevor er jemanden gebissen hat."

Rose musterte das Tier. „Ich kenne den Hund", sagte sie. „Das ist der alte Sandy, der gehört den Bufords. Sie haben ihn nie besonders gut gefüttert, deswegen musste er in den Wald gehen und sich selbst sein Futter suchen. Er muss von einem infizierten Waschbären gebissen worden sein."

„Wenn wir uns bewegen, wird er uns angreifen", sagte Elsie. „Ich hätte dich nicht rufen und in solche Gefahr bringen sollen."

„Oh, doch, Ma'am, Sie haben genau das Richtige getan!", erwiderte Rose. „Aber jetzt müssen wir zusammenarbeiten. Sehen Sie diesen Spaten, der da am Zaun lehnt? Ich hab ihn heute Morgen für die Gartenarbeit benutzt. Ich muss ihn holen, und dann kann ich tun, was zu tun ist. In der Zwischenzeit müssen Sie den alten Sandy ablenken, ohne sich beißen zu lassen."

Elsie überlegte, in welchem Winkel sie zu dem Hund stand. „Ich bemühe mich", sagte sie. „Aber hast du wirklich vor, das Tier mit dem Spaten zu erschlagen?"

„Das ist nicht mehr Sandy", erklärte Rose. „Sandy ist bereits gestorben."

„Ich weiß, dass du recht hast, aber es ist trotzdem schlimm."

„Schlimm oder nicht – es muss sein."

Elsie atmete aus. „Gut, meinetwegen. Bist du bereit?"

Rose nickte, und Elsie stampfte auf die Veranda. „Sandy! Sandy! Hier, hier! Komm, fang mich!"

Der Hund schüttelte den Kopf, dass die Schaumflocken vom Maul flogen, dann kam er mit seinem seltsamen, schiefen Gang auf Elsie zugerannt. Er stolperte auf den Stufen, aber als er sich wieder aufgerappelt hatte, lief er weiter. Elsie sprang auf das Geländer und balancierte darauf, während Rose über das Geländer sprang, die Schaufel aufhob, zur Veranda zurückrannte und den Köter mit einem einzigen gezielten Hieb niederstreckte. Das Schaufelblatt verursachte ein grässliches Geräusch, als es den Schädel des Tieres zerschmetterte.

Rose warf den Spaten weg und kniete sich neben den Hund. „Armer Sandy", sagte sie und ließ ihre Hand über dessen blutigen Kopf schweben.

„Fass ihn nicht an", sagte Elsie, als sie vom Geländer heruntersteig. „Er kann die Krankheit auch noch übertragen, wenn er schon tot ist."

„Er hatte ein miserables Leben", sagte Rose. „Aber er hat gelebt, bis er gestorben ist, und bis zum heutigen Tag hatte er noch keiner Menschenseele etwas getan." Rose blickte zum Himmel. „Herr, segne diesen alten Hund und gib ihm wenigstens im Himmel täglich eine gute Mahlzeit."

„Glaubst du, dass Hunde in den Himmel kommen?", fragte Elsie.

„Wenn nicht", antwortete Rose, „dann wäre Gott ein erbärmlicher Gott."

Elsie schaute Rose an. „Du hast mich gerettet."

„Man könnte behaupten, dass ich uns gerettet habe", erwiderte Rose. „Oder noch besser: Wir haben einander gerettet. Freunde machen das so."

Elsie griff über den toten Hund und streichelte über Roses Wange und ihr Haar. „Danke", sagte sie.

Rose war es auch, die Elsie an die Küste mitnahm, wo sie noch nie gewesen war. Sie spazierten um den Sund, dann durch einen flachen Meeresarm und erreichten so die Atlantikküste. Das Meer erstreckte sich endlos, wohin sie auch schauten. Elsie war begeistert vom Wind, den krachenden Wellen und dem Gefühl des Sandes zwischen ihren Zehen. „Diesen Strand nennt man den Grand Strand", erklärte Rose.

„Der Name passt", erwiderte Elsie. „Ich hätte mir nie einen so großartigen Strand ausmalen können."

Rose deutete auf die flachen runden Muschelschalen, die überall im Sand lagen. Sie hob eine auf und brach sie entzwei, worauf Elsie kleine weiße Gebilde erblicken konnte, die aussahen wie winzige Vogelskulpturen aus feinem Porzellan.

„Warum sind die da drin, wo niemand sie sehen kann?", wunderte sich Elsie.

„Das weiß niemand", sagte Rose. „Vielleicht ist es eine der verborgenen Herrlichkeiten Gottes. Man kommt ins Grübeln, was für andere Herrlichkeiten er noch vor uns verbirgt."

„Du hast schon früher von Gott gesprochen", sagte Elsie. „Was weißt du über ihn?"

„Ich habe noch nie eine Kirche betreten", antwortete Rose, „aber irgendwoher muss das alles doch kommen."

„Vernünftige Antwort", meinte Elsie, und ihre Bewunderung für das Kind wuchs.

Rose deutete auf das graue Treibholz, das die Dünenkette säumte und mit seinen bizarren Formen an mittelalterliche Wasserspeier erinnerte. „Die Seeleute sagen, dass sie von Meerjungfrauen gemacht wurden. Vielleicht machen die auch die Sanddollars."

Elsie hob etwas auf, was sie auf den ersten Blick für eine schwarze Pfeilspitze gehalten hätte. Ihr Bruder brachte ständig solche Fundstücke von ihren Wanderungen in den umliegenden Bergen mit nach Hause, aber diese hier sah ein bisschen seltsam aus. „Was ist das, Rose?", fragte sie.

„Das? Na, das ist ein Haizahn, Misses", antwortete Rose.

Elsie musterte den Zahn und bemerkte erst jetzt die feine Riffelung der Kanten, die an das Knochenmesser eines Metzgers erinnerten. Sie betastete ihn mit den Fingern, und die glatte Oberfläche fühlte sich gut an. „Aber warum ist der schwarz?", fragte sie.

„Das weiß ich nicht", meinte Rose. „Ab und zu hab ich mal gesehen, wie ein Fischkutter auch einen Hai mitbrachte, aber bei denen waren die Zähne immer weiß wie Elfenbein."

„Vielleicht sind schwarze Zähne einfach nur sehr alt", schlug Elsie vor. „Wie Dinosaurier."

„Normalerweise gehen Dinge im Meer kaputt, wenn sie alt werden", lachte Rose. Sie bückte sich und hob etwas Blaues auf, was im Wasser funkelte. „Wie dieses Stückchen Strandglas."

Elsie nahm das Glasstückchen in die Hand. Es war glatt und hatte abgerundete Ecken und glänzte in der Sonne wie ein Edelstein. „Das ist aber schön", sagte sie.

„Das ist nur ein Stück von einer alten Flasche", antwortete Rose. „Das Meer hat es eine lange Zeit im Sand herumgewirbelt. Du kannst es behalten."

Elsie schob das Strandglas und den Haizahn in die Tasche. „Danke, Rose."

Das Mädchen zuckte nur mit den Schultern, dann deutete es auf eine große Muschel direkt am Meeressaum. „Schau mal, da. Das ist eine Riesenflügelschnecke, eine echte Schönheit!"

Elsie folgte Rose zu der großen Muschel, die ganz in sich selbst verdreht war, rosa und weiß und glatt. Elsie hob sie auf und hielt sie sich ans Ohr. „Ich dachte, in solchen Muscheln hört man das Meer rauschen, aber ich kann gar nichts hören."

„Das liegt daran, dass das Tier noch darin lebt", sagte Rose, nahm die Muschel und zeigte Elsie den harten grauen Fuß des darin lebenden Seetiers. „Aber hier an der Luft und in der Sonne wird sie bald sterben."

„Dann werfen wir sie doch wieder ins Meer", schlug Elsie vor. Sie nahm die Muschel, watete ins Wasser, durch die ersten paar Wellenreihen hindurch, und warf die Muschel hinein. „So", sagte sie und ging wieder an Land.

„Das war jetzt aber ganz schön tollkühn, Misses", sagte Rose. „Um diese Jahreszeit schwimmen die Haie auch im flacheren Wasser."

„Das Glück ist auf der Seite der Tollkühnen", erwiderte Elsie, obwohl sie nach der verspäteten Warnung immer noch zitterte. Es gab so vieles, was sie über das Meer noch nicht wusste, und dazu gehörten auch die Gefahren, die es bereithielt. Doch aus unerfindlichen Gründen wollte Elsie das Meer herausfordern, einfach nur um zu sehen, was es tun würde.

Rose führte Elsie weiter am Strand entlang. Bei jedem

Schritt schien sie ein neues Wunder zu erwarten: das Ei eines Mantarochens, das aussah wie eine Damenhandtasche, eine Muschel in der Form und Farbe eines exotischen Schmetterlings, kleine Vögel, die am Meeressaum entlanghuschten, aber nie nasse Füße bekamen – „Strandläufer, Misses!", erklärte Rose.

Staunend bewunderte Elsie die seltsamen Wesen, die mit ihren knolligen Köpfen im seichten Wasser eher schwebten als schwammen – „Pfeilschwanzkrebse!" –, und die Luft selbst, die sauber und frisch war, aber dennoch nach einem riesigen Unterwasserkönigreich roch.

„Ich bin noch nie glücklicher gewesen", verkündete Elsie, eher zu sich selbst als zu Rose. Das war das Meer, das glorreiche Meer. Hier – am, im und in der Nähe des Meeres – fühlte sie sich geborgen. „Ich würde am liebsten für immer hierbleiben und alles lernen, was es darüber zu lernen gibt."

„Es gibt keinen Grund, warum Sie das nicht könnten", erwiderte Rose.

„Oh doch", sagte Elsie. „Jedes Mal, wenn ich dem Glück ganz nahe komme, wird es mir anscheinend wieder vor der Nase weggeschnappt. Wie ist es denn bei dir, Rose? Bist du glücklich?"

„So einigermaßen. Auch wenn ich eine Waise bin", antwortete Rose. „Ich werde nie vollauf glücklich sein, bevor ich nicht eine Familie gefunden habe."

Sie gingen eine Weile weiter, und Elsie dachte über Roses Worte nach. Schließlich sagte sie: „Wenn ich wüsste, wie mein Schicksal aussehen wird, würde ich dich sofort in meine Familie aufnehmen. Aber obwohl ich momentan einen Mann habe, bin ich nicht sicher, ob ich immer einen haben werde. Weißt du …"

„Oh, Misses, sagen Sie nicht so was!", rief Rose. „Es geht ihm schon besser. Ich gehe ab und zu in sein Zimmer, um ihn anzusehen, und ich bin sicher, dass er seine Gesundheit wiedererlangt."

„Was uns auseinanderbringt, ist nicht seine Gesundheit", sagte Elsie. „Sondern wer er ist und wer ich bin."

Rose wandte den Blick ab und schaute auf die Linie zwischen Meer und Himmel. „Schauen Sie mal, dort", sagte sie auf einmal. „Die Tümmler! Sehen Sie die flaschenförmigen Nasen und das Lächeln auf ihren Gesichtern? Das sind wunderbare, gute Tiere, die vielen ertrinkenden Seemännern das Leben gerettet haben. Außerdem bringen sie angeblich Glück."

Elsie beobachtete die herumtollenden Tiere, doch sie spürte keine Freude. Stattdessen überkam sie eine große Traurigkeit. Die Welt war tatsächlich schön, aber sie hatte immer noch viele Entscheidungen zu treffen.

29. Kapitel

Nachdem Elsie das Zepter ergriffen hatte, dauerte es nicht lange, bis der Ruf von Captain Oscars Pension sich so weit verbessert hatte, dass sie viele Zimmer wochenweise an Seeleute vermieten konnten. Außerdem trafen Dutzende von Wochenendbesuchern ein, die wegen des guten Essens und der schönen Aussicht auf den Sund angereist waren und um den freundlichen Alligator zu sehen, der immer zu lächeln schien. Um das Geschäft weiter anzukurbeln, hängte Captain Oscar ein Schild an einen Baum:

Kostenlos! Besuchen Sie Albert den Alligator!
Den ganzen Samstag und Sonntagnachmittag!
Frische Speisen und Getränke
Captain Oscars Pension

Anfangs wurde Albert noch an der Leine im Garten präsentiert, doch nachdem ein paar Jungs versucht hatten, ihn am Schwanz zu ziehen, baute Homer ein Gehege im Schatten einer Weide. Er stellte auch eine gefüllte Badewanne dazu (die er in einem verlassenen Schuppen gefunden hatte), in der sich der Alligator nach Belieben rekeln konnte. Wenn zu viele Besucher das Gelände bevölkerten, setzte Homer sich zu Alberts Schutz in einen Stuhl neben dem Gehege und las ein Buch, das er sich aus Captain Oscars Bibliothek ausgesucht hatte, *Moby Dick*, ein Roman, den Homer langatmig, aber großartig fand. Ab und zu teilte sich der Hahn das Gehege mit Albert und pickte ihm die Parasiten vom Rücken, dann wieder setzte er sich lieber auf Homers Schulter und kuschelte sich neben seinem Ohr ein. Manchmal erzählten die Eltern ihren Kindern, Homer sei Long John Silver und der Hahn ein Papagei. Geduldig und nachsichtig mit den Besuchern beantwortete Homer ihnen alle Fragen zu Albert, auch ob er und der Hahn nun ein Pirat und ein Papagei waren.

Es waren verwirrende Zeiten für Homer. Obwohl er langsam gesundete, ermüdete er immer noch leicht. Die Pension gefiel ihm, aber weniger die höflich distanzierte Art, mit der Elsie ihn behandelte. Teils wusste er, warum sie wütend war, nämlich wegen seiner Äußerung bezüglich Mr. Feldmans Testament. Trotzdem war er immer noch der Meinung, dass es nicht recht war, wenn sie so viel Geld von einem Mann erbte, mit dem sie nicht verwandt war. Er hatte jedoch keine Ahnung, was er tun könnte, um ihre Gunst zurückzugewinnen, oder ob ihm das überhaupt jemals gelingen würde.

Ihm war zwar bewusst, dass Captain Oscar einen Teil des Gewinns, den die Pension machte, an Elsie auszahlte, aber er wusste, dass das nicht so viel war. Und da er annahm, dass sie immer noch nach Florida weiterfahren wollte, hielt er es für angebracht, sich ebenfalls nach einem Job umzusehen. Eines Nachmittags, nachdem sein Gips abgenommen worden war, er die Hand wieder gut bewegen konnte und spürte, wie seine Kräfte zurückkehrten, fragte er Captain Bob, ob er sich irgendwie nützlich machen könnte.

„Inwiefern?", fragte der überraschte Captain.

„Na ja, ich könnte dir beim Fischen helfen", sagte Homer. „Wie ich sehe, fährst du jeden Tag mit der *Dorothy* raus."

Marley, der erste und einzige Maat, blickte vom Deck auf, das er gerade putzte. „Ich wünschte ja, es würde uns jemand helfen", sagte er. „Momentan sieht es aus, als würden wir überhaupt nichts mehr fangen."

Captain Bob überlegte kurz, dann meinte er: „Ich zahl dir einen Dollar täglich. Das kannst du so akzeptieren, ansonsten vergiss es. Aber fischen wirst du nicht. Du schneidest Köder, befestigst die Köder an den Haken, schrubbst das Deck, polierst die Messingbeschläge und machst alles, was Marley oder ich verlangen. Die Arbeitstage dauern so lang, bis alles zu meiner Zufriedenheit erledigt ist. Wenn du damit klarkommst, sehen wir uns morgen bei Sonnenaufgang."

Homer schlug ein und erschien mit der aufgehenden Sonne am Steg. So begann seine Fischerkarriere.

Drei Tage lang bestand sie darin, dass er an der Reling hing und die Fische mit seinem Mageninhalt fütterte, worauf Captain Bob beschloss, ihm für diese Tage keinen Lohn zu zahlen. Doch am vierten Tag hatte sich Homer ans Meer gewöhnt und machte sich an die Arbeit – er schnitt Köder, bestückte die Haken und schrubbte und wischte und polierte. Dank seiner unübersehbaren Lernbereitschaft, gepaart mit seinem Arbeitseifer, dauerte es nicht lang, bis er sich die widerwillige Bewunderung von Kapitän und Maat verdient hatte. Man gestattete ihm sogar, selbst zu fischen, doch er hatte nicht viel Glück.

Am zehnten Tag von Homers Fischerlaufbahn machte Elsie ihm eine große Freude, als sie ihn freiwillig zum Pier begleitete. Sie trug einen Hut und sah einfach reizend aus, wie ein kleines Mädchen, das erwachsen spielt. Homer war wieder bis über beide Ohren verliebt in seine Frau. „Was hast du heute vor?", fragte er.

„Brot backen", sagte sie. „Nach einem von Graces Rezepten. Ich wollte schon immer Bäckerin werden."

„Ich habe Grace immer noch nicht kennengelernt", gestand er. „Die kommt ja nie aus ihrem Zimmer raus."

„Sie ist auch viel zu krank, als dass sie mit der Kundschaft verkehren könnte."

Homer war gekränkt, dass sie ihn zur Kundschaft rechnete, ging aber über Elsies Kommentar hinweg. Sie legte ihm die Hand auf den Arm, ihre erste Berührung, seit er sich von seiner Verletzung erholt hatte. „Ich wollte mich bei dir bedanken, dass du diesen Job angenommen hast und dich an den Wochenenden um Albert kümmerst."

„Gern geschehen", sagte er und beugte sich vor, um sie auf den Mund zu küssen, doch stattdessen landeten seine Lippen auf ihrer schnell hingedrehten Wange. Er hob den Kopf. „Marley sagt, ich werde langsam ein ganz anständiger Seemann, jetzt, wo ich die Seekrankheit überwunden habe."

Zu seiner Freude lächelte Elsie zu ihm empor und legte die Hand auf ihren Hut, als eine frische Brise über den Sund wehte. Sie gab Homer ein schnelles Küsschen auf die Wange. „Fahr schon los, Seemann!"

Homer sah seine Frau zärtlich an, dann ging er über die Planke, die der *Dorothy* als Gangway diente. „Zurück auf den Steg mit dir, du Rüpel", spottete Marley. „Mach die Leinen los, und dann komm an Bord und hol die Planke ein. Ist dir nicht klar, wie ein Schiff den Hafen verlässt?"

Homer ging zurück, machte die Leinen ordentlich los, dann kam er wieder an Bord und holte die Planke ein. Captain Bob rief Homer ins Steuerhäuschen. „Nimm das Steuer", kommandierte er und trat beiseite.

Homer war verblüfft. „Du willst, dass ich das Schiff steuere?"

„Das hast du dir verdient. Steuer sie einfach gerade durch den Kanal zwischen diese Piers, dann kann nichts schiefgehen."

Homer übernahm das Steuerrad. Er konnte die Kraft der *Dorothy* spüren, während er sie zwischen den Piers hindurchlenkte und auf die Öffnung zuhielt, durch die sie das offene Meer erreichten.

„Gib mal ein bisschen mehr Gas", sagte Captain Bob, als sie sich der Stelle näherten. „Sonst haut dir die See eins um die Ohren."

Homer schob den Gashebel also nach vorne und fühlte, wie der Atlantik kraftvoll gegen das Boot drückte. Schweißperlen traten ihm auf die Stirn. „Vielleicht möchtest du es jetzt lieber wieder übernehmen", sagte er.

„Die *Dorothy* ist eine Sie, kein Es", korrigierte Captain Bob, riss ein Streichholz an und steckte sich seine Maiskolbenpfeife an. „Und du machst das ganz prima." Er klemmte sich die Pfeife zwischen die Zähne und nahm einen Zug.

Homer hatte durchaus nicht das Gefühl, dass er das ganz prima machte. Er hatte vielmehr den Eindruck, dass der Kutter ihm unter den nackten Füßen wegrutschte und dass eher die See die Zügel in der Hand hatte als er. Doch dann versetzten ihm die Wellen einen letzten harten Schlag, und das Schiff und er hatten die Passage hinter sich. Homer brachte seine Freude in einem breiten Grinsen zum Ausdruck, und für einen klitzekleinen Moment war er fast zufrieden.

„Jetzt übernehm ich sie wieder", sagte Captain Bob. „Geh hoch und schneid deine Köder."

Homer ging nach achtern und machte die Truhe auf, in der Tintenfische und Oktopusse lagen. Er griff sich ein Fischmesser und begann sie in kleine Vierecke zu schneiden, die sie für die vielen Haken brauchten, die sie ins Wasser werfen würden, sobald sie einen Ankerplatz fanden. Nachdem Captain Bob diesen Platz gefunden hatte, warf Marley eine Leine aus, um zu überprüfen, ob die Stelle etwas taugte. Ein kleiner Schnapper biss an, und Homer warf eine Boje ins Wasser, um die Stelle zu markieren und dann alle Angeln und Leinen auszuwerfen.

Am Ende des Tages hatten sie einen Zackenbarsch, einen Wahoo und drei Schnapper gefangen. „Das deckt ja kaum die Benzinkosten ab", murrte Captain Bob, als er den Bug küstenwärts richtete.

Auf dem Rückweg bewunderte Homer einen Moment die Pracht des Himmels, an dem die Sonne in lodernden Rosa-, Blau-, Lila- und Gelbtönen unterging, wie Homer sie noch nie gesehen hatte. Marley reichte ihm ein eiskaltes Bier. Homer mochte Bier nicht besonders, aber da er wusste, dass die Geste freundschaftlich gemeint war, nahm er es und trank mit gespieltem Vergnügen.

„Worüber denkst du nach, Homer?", fragte der erste Maat.

„Über die Brechung des Lichts", sagte Homer. „Die ist der Grund für diese ganzen Farben am Himmel."

Marley schob seine knorrige Hand unter seine Mütze und kratzte sich gründlich den Kopf. „Dann denkst du zumindest nicht über nichts nach", sagte er schließlich, „zumindest nicht über nichts, was irgendwie überlegenswert wäre."

Homer nippte an seinem Bier. „Worüber denkst du denn so nach?"

Der erste Maat grinste. „Frauen, was zum Saufen, ein warmes Bett, ein regenfestes Dach überm Kopf und Fisch."

„Ich beneide dich", sagte Homer und meinte es auch.

Nachdem die *Dorothy* vertäut und der Fisch ausgeladen war und Homer das Deck gewischt und sämtliche Metallteile gereinigt hatte, sprach Captain Bob ihn an. „Irgendwas stimmt nicht mit uns. Die anderen Kutter fangen alle Fisch, nur wir nicht."

„Ich glaube, wir haben schlechtes Juju, Captain", sagte Marley. „Das müssen wir auf Kurs bringen."

„Juju?", fragte Homer nach.

„Glück, Schicksal, was auch immer", erklärte Captain Bob.

Das interessierte Homer. „Wie helfen Seemänner ihrem Schicksal auf die Sprünge?"

„Na ja", sagte Marley. „Da gibt es schon die eine oder andere Art, denk ich. Auf einem Schiff zu pfeifen bringt

Unglück, aber man kann es wieder ins Gegenteil wenden, wenn man sich an den Kragen greift – wenn man denn einen hat. Schweine und Hühner auf Schiffen sollen auch Glück bringen. Hey, vielleicht sollten wir mal deinen Hahn mit an Bord nehmen! Der kommt mir schon vor wie ein Glücksvogel."

„Mir kommt ja immer der Alligator am glücklichsten vor", bemerkte Captain Bob.

„Albert hat auch Glück", gab Homer zu. „Er hat die ganze Strecke bis nach Coalwood in einem kleinen Schuhkarton zurückgelegt und wurde von einer Frau aufgenommen, die ihn besser umsorgt als die meisten Mütter ihre Kinder."

„Na ja, dann nehmen wir doch den mit", schlug Captain Bob vor. „Vielleicht kann er unser Juju auf Kurs bringen. Wäre den Versuch wert."

Homer schüttelte den Kopf. „Das kann ich nicht zulassen, am Ende wird er noch seekrank."

Captain Bob musterte ihn. „Du liebst diesen Alligator wirklich, oder?"

Homer lachte. „Ich bin nur Alberts Chauffeur. Und Elsies."

***

Als Captain Bob am selben Abend Elsie in der Küche besuchte, stand sie am Herd und briet Kartoffelpuffer nach einem Rezept von Grace, während sie einen riesigen, köchelnden Topf voller Shrimps im Auge behielt.

„Ich muss unser Schicksal auf Kurs bringen", sagte

er. „Ich würde Albert gern auf dem Kutter mit rausnehmen."

Elsie schob sich ein paar Haarsträhnen aus dem verschwitzten Gesicht. „Nein", sagte sie. „Das ist zu gefährlich."

„Ihr Mann geht auch mit mir fischen. Ist es für ihn auch zu gefährlich?"

„Das ist seine Verantwortung. Albert ist meine."

Captain Bob lächelte. „Ich finde, Sie sind das schönste Mädchen, das ich je gesehen habe. Was sagen Sie dazu?"

„Ich sage, ich bin verheiratet."

„Das ist doch nur ein Vorwand. Ihr Mann ist Ihnen ziemlich gleichgültig. Ich seh doch, wie Sie ihn die meiste Zeit ignorieren."

„Das geht Sie gar nichts an."

„Aha", sagte Captain Bob mit einem Nicken, „und das war die Bestätigung. Na dann, Elsie – hier stehen wir nun, der gut aussehende junge Kapitän und die bezaubernde junge Frau, die unglücklich am Strand steht und mehr braucht, viel mehr – von etwas, das dieser Seefahrer ihr nur zu gern geben würde."

Er legte ihr die Hand um die Taille. *„Gebt mir Frauen, Wein, Tabak, dass ich davon reichlich hab. ‚Halt ein', ruf ich wohl irgendwann – doch nicht, wenn ich noch weiter kann. Denn diese drei, sie sind für mich Dreifaltigkeit auf ewiglich!"*

„Also wirklich, Captain!" Elsie löste sich aus seinem Griff. „Glauben Sie wirklich, mir können Sie so einfach den Kopf verdrehen? Ich meine – Keats! Wer zitiert Keats, wenn er eine Frau verführen will? Ausgerechnet diesen alten Schwerenöter suchen Sie sich aus!"

Captain Bob nahm die Kapitänsmütze ab. „Ich wollte nur mal die Gewässer prüfen", sagte er. „Ich kenne ganz andere Gedichte, da würden Sie mich um einen Kuss anbetteln! Doch ich merke, dass dies weder die richtige Zeit noch der richtige Ort ist. Aber das wird sich noch ergeben. In der Zwischenzeit bitte ich Sie hochachtungsvoll, Albert an Bord der *Dorothy* gehen zu lassen."

Elsie schüttelte den Kopf. „Ausgeschlossen. Das ist viel zu gefährlich für meinen kleinen Liebling. Und jetzt gehen Sie mir bitte aus den Augen."

Captain Bob lachte leise, dann ging er aus der Küche. Elsie hingegen starrte wütend in ihre Shrimps.

„Keats!", murmelte sie.

***

In der Nacht, als sie in dem winzigen Raum lagen, der aus nichts als einem Schrank mit einer Tür und einem schmalen Bett bestand, fragte Homer: „Wohin wollen wir eigentlich, Elsie?"

„Wollen? Wie meinst du das?"

„Wollen wir noch weiter nach Florida oder hast du entschieden, dass wir hierbleiben?"

Elsie ließ sich Zeit mit der Antwort. „Ich weiß es nicht mehr", sagte sie schließlich flüsternd. Sie wandte ihrem Mann das Gesicht zu. „Was würdest du tun, wenn ich bleiben würde?"

„Ich bin kein Fischer."

„Dann würdest du also weggehen?"

„Das hab ich nicht gesagt. Ich weiß nicht, was ich tun würde."

„Ich liebe den Strand, ich liebe das Meer – ich liebe alles an diesem Ort."

„Liebst du ...?" Doch Homer brachte es nicht fertig, die Frage zu Ende zu sprechen, die er wirklich stellen wollte. „Liebst du Albert?", fragte er stattdessen. „Du hast gesagt, dass er in Coalwood niemals glücklich sein würde. Denkst du, er ist glücklicher, wenn er eingezäunt am Strand lebt?"

„Ich weiß es nicht. Ich werde darüber nachdenken."

Homer ließ nicht locker. „Hast du mir verziehen, dass ich das über Mr. Feldmans Geld zu dir gesagt habe? Zumindest ein bisschen?"

„Ich hab es fast vergessen. Ich hab fast schon alles vergessen. Ich interessiere mich fürs Hier und Jetzt."

Elsie drehte sich um und schlief ein. Homer starrte noch lange an die Decke. Was hatte Elsie denn vor? Das Einzige, was ihn davon abhielt, sie wachzurütteln und eine Antwort zu verlangen, war der Umstand, dass er auch einschlief.

Am nächsten Morgen ging Homer an Bord der *Dorothy*. Captain Bob und Marley schienen ihn irgendwie schief anzusehen, doch Homer verstand ihre Blicke nicht, nachdem er den Reißverschluss an seiner Hose überprüft und verschlossen gefunden hatte.

Auf dem offenen Meer verstand er, was es damit auf sich hatte.

„Wir haben Elsies Alligator shanghait", vertraute ihm der erste Maat an. „Schau mich nicht so an. Captain Bob und ich brauchen dringend gutes Juju. Albert ist unten. Der

Captain und ich, wir hatten unsere liebe Mühe, ihn hierherzubringen."

Homer riss die Luke auf, kletterte hinunter und war erleichtert, als er Albert entdeckte, der sich von seiner Wanne aus neugierig im Schiff umschaute. Nachdem er sich vergewissert hatte, dass der Alligator unverletzt war, stürmte Homer ins Steuerhaus.

„Ich kann nicht glauben, dass ihr Elsies Alligator gestohlen habt."

„Wir leihen ihn uns doch nur aus", sagte Captain Bob sanft. „Und wir werden ihn unversehrt wieder an Land bringen. Wo liegt das Problem?"

„Abgesehen davon, dass ihr Albert gekidnappt habt? Elsie wird davon ausgehen, dass ich euch dabei geholfen habe, genau darin liegt das Problem!"

„Du musst deine Frau besser unter Kontrolle kriegen", riet ihm Captain Bob. „Und jetzt – kraft der Autorität des mir verliehenen Amtes als Kapitän dieses Kahns – befehle ich dir, Marley zu helfen, Albert zum Bug zu tragen, wo die Götter des Meeres seiner ansichtig werden können."

Da jeder weitere Einwand zwecklos gewesen wäre und er das altehrwürdige Amt des Kapitäns nicht entwürdigen wollte, ging er nach unten und half dem ersten Maat, den Alligator zum Bug zu tragen. Dort angekommen, wurde Alberts Grinsen noch breiter, und er ließ ein glückliches *Yeah-Yeah-Yeah* hören.

„Es gefällt ihm!", krähte Marley.

Als Homer ihn wütend anstarrte, fügte er hinzu: „Das war die Idee von Captain Bob, bis ins letzte Detail."

„Aber du warst einverstanden. Ich dachte, du bist mein Freund."

„Ich bin ein Fischer, der zuallererst mal seine Familie satt kriegen muss."

„Glaubst du wirklich, dass es den geringsten Unterschied machen wird, wenn wir Albert an Bord haben?"

Marley zuckte mit den Schultern, und nachdem Captain Bob den passenden Angelplatz ausgesucht hatte, befestigte er einen Köder an einem Haken und warf ihn ins Meer. Erst passierte gar nichts, aber dann zog etwas an der Leine, und Marley holte den größten Zackenbarsch an Deck, den die *Dorothy* seit einem Jahr gefangen hatte. Homer bestückte noch mehr Haken mit Ködern und warf sie ebenfalls ins Wasser. Zu jedermanns Erstaunen an Bord – ausgenommen Albert vielleicht – begann das Meer mit Fischen in allen möglichen Formen und Größen geradezu zu schäumen. Es sah fast so aus, als wären sie ganz erpicht darauf, an Bord geholt zu werden.

Captain Bob heulte vor Vergnügen, als sich die Fische an Deck stapelten. „Albert, du altes Viech! Du bringst mehr Glück, als ein alter Fischer sich jemals erträumt hätte!"

Es war Homer immer ein Rätsel gewesen, wie Albert so einfach über Bord gehen konnte. Er wusste nur noch, dass er am Heck stand und rechts und links Fische einholte, als Captain Bob zu ihm kam. „Homer?" Er deutete aufs Meer. „Ist Salzwasser eigentlich schädlich für Alligatoren?"

Homer konnte es nicht mit Sicherheit sagen. Ein Blick in die angezeigte Richtung zeigte ihm, dass überhaupt nur noch eines sicher war, nämlich dass Albert sich gerade schwimmend vom Schiff entfernte und auf einen Schwarm Möwen zuhielt, die auf den Wellen schaukelten.

„Wir müssen ihm nach!", rief Homer.

Captain Bob war aufrichtig verblüfft. „Wir sollen den Angelplatz aufgeben? Mit den ganzen Fischen am Haken? Das wäre doch Wahnwitz!"

„Aber Albert hat euer Juju doch wieder in Ordnung gebracht!"

„Das allerdings." Captain Bob winkte dem davonschwimmenden Alligator nach. „Danke, Albert!"

Homer hatte keine andere Wahl. Er wusste, was für Verpflichtungen er gegenüber Elsie, Albert und vielleicht sogar dem ganzen Universum hatte. Er sprang über Bord in die schäumende See.

30. Kapitel

Das Meer war belebend und erschreckend zugleich, und seine Nässe erinnerte Homer an etwas, das in seiner Lage entscheidend war: Er konnte nicht so richtig schwimmen.

Er paddelte, so eifrig er konnte, und traute sich auch nicht einen Moment damit aufzuhören, obwohl er sich gerne umschauen und nachsehen wollte, ob die *Dorothy* ihm folgte. Er holte Albert nicht ein, vielmehr kehrte der Alligator um und schwamm zu ihm. Als sie Nase an Schnauze trieben, schlang Homer die Arme um den Alligator.

„Hilf mir, Albert!", schrie er.

Albert schwamm ein kleines Stück weiter, und Homer klammerte sich an ihn und hielt gleichzeitig Ausschau nach der *Dorothy*. Sie war nirgends zu entdecken. Er spürte, wie etwas an ihm zerrte, und ihm wurde klar, dass Albert und er in eine mächtige Strömung geraten waren, die sie rasch in eine Richtung trieb, in die sie wahrscheinlich nicht wollten, wie Homer annahm.

Wie viel Zeit vergangen war, wusste Homer nicht mehr, aber es waren auf jeden Fall schon Stunden vergangen, weil die Sonne am westlichen Horizont gerade unterging. Er hielt sich nur an Albert fest, der immer weiterschwamm. „Bring uns zurück zum Strand, Albert", flehte er, und das hätte der Alligator vielleicht sogar geschafft, aber dann erschien doch ein kleines Schiff neben ihnen. Homer schlotterte, der Atlantik raubte ihm bald seine letzte Körperwärme, aber er konnte den Kopf hoch genug heben, um zwei Männer in Arbeitsoveralls und Strohhüten zu erkennen, die ihn ansahen. Nach ihren Mienen zu urteilen waren sie beide nicht besonders begeistert, Homer oder Albert zu sehen.

„Na, das ist ja mal eine nette Überraschung", sagte der eine, ein Mann mit braun gebrannten Armen und Gesicht.

Der andere hatte rotes Haar und eine Zigarette im Mundwinkel. „Wir müssen ihn retten", sagte er.

„Nein, wir müssen weder ihn noch sonst irgendwen retten", antwortete der Mann mit dem braunen Gesicht.

„Ist das etwa ein Krokodil, auf dem er da schwimmt?"

„Ein Alligator", korrigierte Homer mit klappernden Zähnen. Ohne unverschämt sein zu wollen, fügte er hinzu: „Aber ich kann schon verstehen, wie man diesen Fehler machen kann."

Schließlich streckte ihm der Rothaarige die Hand hin, und Homer griff danach, während er sich mit seinen letzten Kräften an Albert festhielt, um ihn mit sich an Bord ziehen zu lassen.

„Danke", sagte Homer, drehte sich auf den Rücken und schnappte nach Luft. „Sie sind die Antwort auf meine Gebete. Wer hat mich gerettet?"

„Roy-Boy heißt er", sagte der Rothaarige. „Und wir sind ganz sicher noch nie die Antwort auf irgendwelche Gebete gewesen."

„Und er heißt Merganser", sagte der gebräunte Mann. „Und er hat recht, wir sind sicher nicht die Antwort auf irgendwelche Gebete. Und wer bist du, mein Junge?"

„Ich heiße Homer", sagte Homer, „und das ist Albert."

„Was zum Teufel machst du hier draußen mit diesem Reptil?", fragte Roy-Boy. „Du bist ja wohl kaum bei der Küstenwache, oder?"

„Ich bin von einem Fischkutter gefallen. Na ja, gefallen bin ich nicht wirklich. Irgendwie war Albert plötzlich im Wasser und …"

„Das ist ja eine schöne Bescherung", unterbrach ihn Merganser. „Wer hätte gedacht, dass wir plötzlich blinde Passagiere kriegen?"

„Technisch gesehen sind wir gerettete Schiffbrüchige", sagte Homer.

Roy-Boy winkte desinteressiert ab. „Hör mal, wenn du uns hier irgendwie in die Quere kommst, wandert ihr zwei ganz schnell wieder ins Meer, klar?"

„Tun Sie so, als wären wir gar nicht hier", sagte Homer.

Merganser war nicht recht überzeugt. „Was, wenn er uns verrät?", fragte er. „Vielleicht hätten wir ihm unsere Namen nicht verraten sollen."

„Du hast ihm meinen gesagt", sagte Roy-Boy anklagend. „Deswegen hab ich ihm auch deinen verraten." Roy-Boy ließ den Blick über den einsamen Ozean schweifen. „Aber wem soll er schon was erzählen?"

„Ich meine nicht jetzt. Später"

„Ich schwöre Ihnen, ich werde niemandem etwas erzählen", versprach Homer. „Albert und mir ist es ganz egal, was Sie treiben, wenn Sie uns nur irgendwie zum Strand mitnehmen können. Ich wohne – beziehungsweise meine Frau und ich wohnen – in Captain Oscars Pension bei Murrells Inlet. Haben Sie schon davon gehört?"

„Ja, ich hab davon gehört", sagte Roy-Boy. „Dann sind Sie also von der *Dorothy* gefallen, oder?"

„Ja, Sir. Von der *Dorothy*."

Merganser schüttelte den Kopf. „Wenn Captain Bob Wind davon bekommt, liefert er uns garantiert aus. Ich würde sagen, wir schmeißen diesen Kerl und sein Krokodil wieder ins Meer."

„Albert ist ein Alligator", erinnerte ihn Homer, doch dann dachte er sich, dass es vielleicht nicht angeraten war, einen Kerl zu belehren, der einen jederzeit ins Meer werfen und ertrinken lassen konnte.

Roy-Boy überlegte. „Nein, das können wir nicht tun", sagte er zu guter Letzt.

„Danke", sagte Homer erleichtert. „Auch von Albert", fügte er hinzu.

Er krabbelte mit Albert auf einen Stapel Wolldecken. Sie waren nass, aber Homer beklagte sich nicht.

„Möchten Sie einen Schluck Wasser?", fragte Merganser nach einer Weile. „Ich hab eine Flasche hier, falls Sie was brauchen."

Homer nahm die angebotene Flasche – eine alte Whiskyflasche – dankbar an und schüttete den Inhalt in sich hinein. Das Wasser war warm und ein bisschen schleimig. Er teilte sich den letzten Rest mit Albert, der nach dieser Erfrischung aus Homers Griff glitt und auf Roy-Boys Füße zulief. Der hob drohend ein Ruder. „Noch einen Schritt, und ich zieh dir eins übern Schädel, du verdammtes Krokodil!"

Albert blieb stehen und legte den Kopf schief, betrachtete das erhobene Ruder und zog sich dann wieder auf die nassen Decken zurück. Beschützend legte Homer einen

Arm um ihn, und die beiden blieben still liegen, bis es ganz dunkel war.

Die Sterne traten hervor, Millionen davon, alle hell und funkelnd, und dann schaltete Merganser den Motor aus und ließ das Schiff treiben. Homer nahm seinen ganzen Mut zusammen und sprach ihn an. „Sind wir schon irgendwo in der Nähe von Murrells Inlet?"

„Schnauze!", zischte Merganser. „Nein, sind wir nicht. Wenn du noch ein Wort sagst, ein einziges noch so kleines Wort, egal welches, dann schmeiß ich dich und dein Krokodil ins Meer. Ist das klar?"

„Ist klar", sagte Homer, und dann ging ihm auf, dass er ja kein Wort mehr sagen sollte, kein einziges noch so kleines Wort, aber Merganser war offenbar kein allzu penibler Mensch, und so verharrten Homer und Albert weiter allein und doch klamm auf dem Boden des Schiffs.

Am Himmel sah Homer violette Wolken vor der Mondsichel vorbeijagen. Die Wellen schlugen leise gegen den Rumpf. Auf einmal leuchtete eine Laterne auf das Boot, und dann schob sich etwas Riesiges neben sie, das aussah wie eine hölzerne Wand, über der drei riesige Bäume aufragten.

„Hallo, *Theodosia*", rief Merganser gedämpft.

Neben der Laterne erschien ein Gesicht. „Seid ihr bereit?"

„Vielleicht könntet ihr jemanden runterschicken, der uns hilft", antwortete Merganser. „Dann geht es schneller."

„Gut." Im Handumdrehen wurde ein Netz seitlich an der Schiffswand heruntergelassen, und dann erschien ein

Schwarzer in Jeans und Leinenjacke. Auf Alberts Zischen hin erblickte der Mann ihn und schrie auf. „Ein Krokodil!" So schnell es seine nackten Füße zuließen, kletterte er wieder hoch.

„Das ist ein Alligator", sagte Homer, aber dann wünschte er, er hätte den Mund gehalten, weil Roy-Boy ihm einen Tritt in die Rippen versetzte.

„Es ist nur ein kleines Krokodil", erklärte Merganser. „Komm wieder runter, das Viech tut nichts."

Der Mann kroch – so weit am Rand wie nur möglich – wieder herunter, aber seine Augen waren so groß wie Suppenteller. „Haltet mir das Viech bloß vom Leib", sagte er, bevor er von einem knarzenden Geräusch von oben abgelenkt wurde. Homer sah eine Schlinge, die von einer Stahlstange baumelte.

„Haltet die Dinger ruhig", sagte der Schwarze zu Roy-Boy, während er nach dem Netz an der Schlinge griff. Gemeinsam ließen sie es ins Boot herunter, wo das Netz herabrutschte und eine Reihe von Jutebeuteln enthüllte.

„Beeilt euch!", rief jemand von oben. „Angeblich soll ein Kutter da draußen rumfahren."

Der Schwarze zählte die Beutel durch. „Mist!", stöhnte er.

„Was ist los?", fragte Roy-Boy nervös.

„Ihr habt dreizehn Säcke bekommen."

„Fletcher!", rief die Stimme von oben. „Wenn ihr ausgeladen habt, komm wieder hoch!"

„Sie haben dreizehn Säcke bekommen, Mr. Marsh", rief der Schwarze zurück. „Das ist schlechtes Juju."

„Schwing deinen Arsch wieder rauf hier, Fletcher."

Der Schwarze gehorchte widerstrebend und kletterte am Netz wieder auf sein Schiff. Als der Mann mit der Laterne nach unten schaute, blickte Homer in ein vierschrötiges Gesicht mit breitem Mund und vielen Lachfalten.

„Damit wären unsere Geschäfte für heute Abend erledigt, Gentlemen. Nehmt die Säcke – nicht reinschauen, verstanden? – und bringt sie ohne Umwege zum Crab Pinch Inlet. Dort wartet ein Lastwagen auf euch. Und jetzt seht zu, dass ihr vorankommt. Wir haben die Motoren schon gestartet, und die Segel werden gesetzt, damit wir schneller sind."

Die Holzwand verschwand.

Merganser ließ den kleinen Motor ihrer Schute an und fuhr los.

„Geschafft!", jubelte Roy-Boy.

„Noch nicht. Du hast den Schmuggler gehört, da draußen ist irgendwo ein Patrouillenboot unterwegs. Aber wir werden schon daran vorbeikommen. Wenn sie uns sehen, werden sie glauben, dass wir bloß ein Trupp von betrunkenen Küstenbewohnern sind."

„Ja, und dazu ein halb ertrunkener Fischer und sein Krokodil."

„Alligator", sagte Homer, und da er so müde war, ließ er seine Neugier über seinen gesunden Menschenverstand siegen. „Was ist denn in diesen dreizehn Bündeln?"

„Sag nie wieder ‚dreizehn' auf einem Boot!", warnte ihn Merganser. „Das bringt Unglück."

Homer verkniff sich die Bemerkung, dass er nicht der Erste war, der auf diesem Boot „dreizehn" gesagt hatte. Diese Ehre blieb einem Schwarzen namens Fletcher vorbehalten.

„Und frag nicht, was da drin ist, weil wir es selbst nicht wissen. Man hat uns bloß dazu angeheuert, die Ware zu transportieren."

Das Boot tuckerte dahin, aber sie waren keinen Kilometer weit gekommen, als der Lichtkegel eines Scheinwerfers das Boot erfasste. „Sofort beidrehen!", kommandierte eine grobe Stimme, offenbar verstärkt durch ein Megafon. „Wir schießen, wenn ihr nicht tut, was wir sagen."

Im ersten Moment rissen Merganser und Roy-Boy die Arme hoch, um ihre Augen gegen das blendende Licht abzuschirmen, doch dann schrie Merganser: „Festhalten!" – und wendete das Boot in einem kühnen Manöver.

„Wir machen keine Witze!", rief die Stimme.

„Hahaa!", lachte Merganser. „Zuerst müsst ihr uns mal kriegen!"

Offensichtlich wurde die Herausforderung angenommen, denn Sekunden später erschütterte das Boot unter einer Reihe von Stößen, die Planken wurden zerfetzt, und die Holzsplitter prasselten auf Homer nieder, der sich schützend über Albert legte.

Das Hämmern dauerte an – mittlerweile war Homer klar, dass Schüsse gewechselt wurden –, bis er zuletzt zwei laute Klatscher hörte. Er schaute sich um, und Roy-Boy und Merganser waren offensichtlich verschwunden. Die Schüsse verstummten, und wenig später begriff er auch, warum, denn das Wasser rauschte unerbittlich in das sinkende Boot. Homer war wieder im Meer, diesmal jedoch ohne Albert, der seinem Griff entglitten war. *Elsie bringt mich um, wenn ich ihren Alligator verliere.*

Doch dann wurde ihm klar, dass sie ihn gar nicht umbringen musste. Denn erstens ertrank er gerade. Zweitens würde ihn außerdem gleich ein Schiff überfahren, denn eine leuchtende und vom scharfen Bug eines großen stählernen Schiffs geteilte Welle rollte direkt auf ihn zu.

31. Kapitel

Als die *Dorothy* an diesem Abend in den Hafen einlief, war ihr Laderaum zwar voller Fische, doch an Deck standen nur noch ein verlegener Kapitän und ein Maat, die Elsie erklären mussten, dass sie ihren Mann und Alligator bei ihrem erfolgreichen Fischzug verloren hatten. Elsies erste Reaktion auf die Nachricht war bitterster Kummer, und sie verfiel beinahe in Hysterie. Doch nach reiflicher Überlegung und in Anbetracht der stoischen Haltung der Bergwerksregion, die noch immer tief in ihrer Seele verankert war, stellte sie das wilde Heulen und Zähneknirschen wieder ein. Sie hielt sich vor Augen, dass Captain Bob nicht behauptet hatte, ihr Mann und ihr Alligator seien ertrunken, sondern nur, dass sie zum letzten Mal schwimmend im Meer gesehen worden waren. Soweit Elsie informiert war, konnten Alligatoren sogar ziemlich gut schwimmen. Bei Homer war sie nicht so sicher, aber die meisten Jungs aus Gary Hollow konnten sich zumindest mit einer Art Hundegepaddel über Wasser halten. Es gab also Hoffnung für beide.

Außerdem hatten sie zurzeit viele Gäste in der Pension, Seeleute von einem großen Fischdampfer aus den Outer Banks, und die wollten versorgt werden. Elsie fasste einen Entschluss. Sie war es Captain Oscar schuldig, ihre Arbeit zu machen. Sie würde also ihre Gäste verköstigen und dann entscheiden, was sie als Nächstes unternehmen wollte.

Dennoch sprach sie Captain Bob eine Warnung aus. „Wir zwei sind noch nicht miteinander fertig."

„Ich habe getan, was ich konnte, Elsie. Die See ist erbarmungslos."

„Genau wie ich."

Mit eisernem Willen zwang sich Elsie wieder ins Haus und an die Arbeit, um mit Roses Hilfe das große Abendessen zu kochen, mit dem der Wolfshunger der wartenden Seeleute gestillt werden sollte.

Nachdem sie alle satt von den Tischen aufgestanden waren, brachte sie Grace ein Tablett mit Essen. „Du isst nie, was ich dir bringe, aber ich dachte mir, ich versuche es einfach noch mal."

„Ich esse, was ich brauche", sagte Grace. „Und du brauchst mir nichts mehr zu bringen. Weißt du, nachts schleiche ich mich in die Küche und nehme mir, was ich möchte. Aber nun erzähl mal, was ist das für eine Geschichte mit deinem Mann, der im Meer verloren ging?"

Elsie brach in Tränen aus. Graces Worte hatten den Damm in ihrem Herzen einstürzen lassen. „Und mein Alligator", sagte sie. „Oh Grace, was soll ich nur tun?"

Grace beugte sich vor. „Tja, Elsie, was meinst du, was du tun solltest?"

Elsie wischte sich die Tränen ab. „Ich weiß nicht."

„Denk nach, Elsie. Dein Mann ist zur See vermisst …"

„Und mein Alligator auch."

„Ja, dein Alligator auch. Was solltest du also tun?"

Elsie überlegte. „Ich sollte sie suchen", sagte sie nach einer Weile.

„Auf See? Und wie würdest du das anstellen?"

Es gab nur einen Weg, und Elsie wusste es.

„Danke, Grace", sagte sie und ging auf die Veranda hinaus, wo Captain Bob und Marley mit den Fischern des Trawlers Hof hielten, die sich dort ausruhten, rauchten und ihr üppiges Mahl verdauten.

„Ich brauche Ihr Boot", sagte Elsie zu Captain Bob.

„Was reden Sie denn da, Elsie?", fragte Captain Bob und nahm die Maiskolbenpfeife aus dem Mund.

„Ich brauche Ihr Boot. Um Homer und Albert zu suchen."

Captain Bob schien über Elsies Bitte nachzudenken. „An dieser Idee sind zwei Dinge falsch", antwortete er herablassend. „Erstens kennen Sie sich mit Booten nicht aus. Zweitens ist es jetzt Nacht, und nachts ist die See ein gefährlicher Ort."

„Das ist mir egal", erwiderte Elsie. „Bringen Sie mich einfach raus, bringen Sie mich auf den richtigen Kurs, und ab da mach ich allein weiter. Ich wollte schon immer Matrose werden."

Captain Bob lehnte sich lächelnd zurück, dann stand er aus dem Schaukelstuhl auf, nickte den Jungs vom Fischdampfer zu und nahm Elsie mit zu Alberts leerem Gehege unter der Weide, wo man sie nicht so gut belauschen konnte.

„So, nun hören Sie mir mal zu, Elsie", begann er und deutete mit dem Stiel seiner Pfeife auf sie. „Ihr Mann und Ihr Alligator sind verloren, daran lässt sich nichts mehr ändern. Sie müssen akzeptieren, dass Sie jetzt Witwe sind, denn die See ist eine raue Geliebte. Fangen Sie an zu trauern, und wenn Sie fertig sind, führen Sie Ihr Leben weiter. Geben Sie sich ein paar Tage, von mir aus eine Woche, und dann komme ich und mache Ihnen den Hof. Sie können für immer hierbleiben, ich weiß, dass Sie das wollen. Das ist Kismet. Wissen Sie, was Kismet bedeutet?"

„Natürlich", erwiderte Elsie. „Warten Sie mal kurz hier."

Sie marschierte durch den Garten, überquerte die Veranda und verschwand durch die Fliegengittertür, die so laut hinter ihr zuschlug, dass die dösenden Fischer aufschreckten. Elsie ging in ihr Zimmer, wo sie ein kleines Kästchen aufmachte, das Captain Oscar ihr für ihre Sachen gegeben hatte, und entnahm ihm die Pistole mit dem kurzen Lauf, die sie Denver, dem Alkoholschmuggler, geklaut hatte. Es kam ihr vor, als läge das alles Monate, wenn nicht Jahre zurück. Sie vergewisserte sich, dass die Waffe geladen war, dann marschierte sie auf die Veranda, ließ die Fliegengittertür erneut hinter sich zuschlagen, was die dösenden Fischer erneut aufschrecken ließ, bevor sie die Treppe hinunter und über den Sand zu Alberts Gehege ging, wo sie wenige Augenblicke später den Lauf ihrer Pistole unter Captain Bobs Kinn hielt.

„So, Captain Bob, Sie bringen mich jetzt aufs Meer, und Sie finden meinen Mann und meinen Alligator – *toot sweet* –, oder ich blas Ihnen den Schädel weg, das schwör ich Ihnen."

Captain Bob spuckte seine Pfeife aus.

„Na", sagte er in gekränktem Ton, „wenn Sie das so formulieren, dann werd ich das wohl machen."

32. Kapitel

Ein Lichtstrahl fiel auf Homers Gesicht, und in dem Moment, in dem ihm der scharfe Bug auswich, schien sich eine riesige Hand aus der Tiefe des Ozeans zu heben, um ihn nach unten zu ziehen. Kurz darauf spürte er, wie etwas unter ihn glitt und ihn wieder an die Oberfläche hob, und sowie er den Kopf wieder über Wasser hatte, erkannte er, dass Albert ihn abermals gerettet hatte. Homer klammerte sich an den Alligator und schrie um Hilfe.

Das Schiff, das ihn beinahe überfahren hätte, beschrieb einen Kreisbogen und stoppte vor ihm wieder. Muskulöse Arme griffen von oben nach Homer, packten ihn am Hemd und am Gürtel und zogen ihn aus dem Meer. Irgendwie gelang es ihm, Albert die ganze Zeit festzuhalten.

Nachdem man ihn aufs Deck gehievt hatte, drehte Homer sich um und schnappte nach Luft, während das Meerwasser von ihm troff. Als er die Augen aufmachte, schaute er ins Gesicht eines grobschlächtigen Mannes mit Seemannsmütze. Es tauchten noch andere Gesichter vor ihm auf, und sie alle machten einen derben Eindruck auf ihn.

„Danke", konnte Homer mit erstickter Stimme hervorstoßen.

Albert schaute sich interessiert um und zischte, als einer der Männer versuchte, ihn beim Schwanz zu packen.

„Tun Sie das nicht", sagte Homer, als er sich aufsetzte.

Ein Junge mit einer ins Genick geschobenen runden Kappe drängelte sich vor die anderen Männer und starrte Homer und Albert an.

„Ihr habt Glück, überhaupt noch am Leben zu sein."

„Wo bin ich?", fragte Homer.

„Na, auf dem Kutter *Helene*", antwortete der Junge. „Von der U.S. Küstenwache."

„Küstenwache! Haben Sie mich gesucht?"

„Nein, Sir. Wir fahren Patrouille und verfolgen Schmuggler. Dabei sind wir nur zufällig auf Sie gestoßen."

„Was wird denn hier geschmuggelt?"

„Gold, Silber, Edelsteine, so ziemlich alles, was sie aus dem guten alten Mexiko hier hochbringen können. Oje, da kommt Chief Vintner."

Chief Vintner war der Mann mit dem grobschlächtigen Gesicht, den Homer zuerst gesehen hatte. Er schob sich in Homers Blickfeld, dann versetzte er dem Jungen einen Tritt in den Hintern.

„Verzieh dich, Doogie! Hilf den anderen, dieses Krokodil – oder was zum Teufel das auch ist – über Bord zu werfen!"

„Das ist ein Alligator", sagte Homer. „Bitte tun Sie ihm nichts. Er gehört meiner Frau und heißt Albert."

Vintner wandte sich wieder Homer zu. „Und wer bist du, Schmuggler?"

„Ich bin kein Schmuggler. Mein Name ist Homer Hickam, ich bin Bergwerksarbeiter, aber seit Kurzem arbeite ich auf dem Fischkutter *Dorothy Howard*. Mein Alligator ist über Bord gesprungen, und ich bin ihm nach. Und dann wurde ich von dem Boot aus dem Wasser gefischt, das Sie vorhin versenkt haben."

Vintners Gesicht verfinsterte sich, und er hob die Hand, als wollte er Homer schlagen. Doch dann schien er es sich anders überlegt zu haben und ließ sie wieder sinken.

„Es passiert selten, dass ich so viele Lügen auf einmal zu hören kriege. Es fehlt nicht viel, und ich würde dich halb tot prügeln lassen. Du kannst froh sein, dass der Captain dich sprechen will. Komm mit."

Die anderen Männer langten nach Albert und versuchten ihn zu packen, doch er verteidigte sich wacker und zeigte jedem Mann die Zähne, der sich ihm näherte. Homer kroch zu ihm und legte sich schützend an seine Seite.

„Wenn Sie meinen Alligator über Bord werfen wollen, müssen Sie mich mit reinschmeißen."

„Lasst das Viech in Ruhe, Jungs!", knurrte Vintner. „Wir überlassen die Entscheidung einfach dem Captain."

„Haben Sie ein Seil? Dann könnte ich eine Leine binden", schlug Homer vor. „Albert geht an der Leine."

„Auf diesem Kahn gibt es kein *Seil*, du elendige Landratte", schnauzte Vintner ihn an, „hier gibt es nur Taue. Solange du zur Mannschaft dieses Bootes gehörst, wirst du das grässliche Wort *Seil* nicht mehr benutzen, verstanden?"

„Ich gehöre aber nicht zur Mannschaft", antwortete Homer.

Vintner lachte grob.

Der Junge mit der runden Kappe reichte Homer ein Stück von etwas, das sehr nach einem Seil aussah. „Hier ist dein Tau", sagte er.

„Warum nennen Sie es Tau und nicht Seil?", fragte Homer im Flüsterton.

„Keine Ahnung, Sir. Aber wenn Sie sich einen Gefallen tun wollen, dann fragen Sie nicht weiter nach. Sonst wird Chief Vintner ein Seil nehmen, ich meine: ein *Tau*, und wird Sie windelweich prügeln, das können Sie mir glauben."

Homer zuckte mit den Schultern und fertigte dann aus dem, was immer noch sehr nach einem Seil aussah, eine Leine für Albert an. Kurz darauf packte Chief Vintner ihn am Arm. „Komm jetzt, wir gehen zum Captain."

Vintner trug den mit den Jutebeuteln gefüllten Sack, den sie ebenfalls aus dem Wasser gefischt hatten, und zog Homer mit sich. Albert watschelte ihnen hinterher. Jetzt, wo keiner mehr versuchte, ihn einzufangen, begann er das Boot interessiert zu mustern. Bald grinste er schon wieder.

Auf der Brücke klopfte Chief Vintner an die Luke, und eine dröhnende Stimme rief sie herein.

Der Chief schleifte Homer und Albert nach drinnen. „Captain Wolf, das sind die zwei Kerle, die wir aus dem Wasser gezogen haben!"

Der Mann, der sich Homer zuwandte, war hager wie eine Vogelscheuche, sein Gesicht mit dem Backenbart war schrecklich vernarbt und sah aus wie das einer Leiche. Eines seiner Augen führte offenbar gern ein Eigenleben. „So", sagte er streng, „was kannst du zu deiner Verteidigung vorbringen? Überleg dir gut, was du sagst, es wird alles im Logbuch festgehalten."

Homer wusste nicht, was ein Logbuch war, aber er erzählte die Geschichte trotzdem. „Es fing damit an, dass ich von meinem Fischkutter gesprungen bin …"

„Ein Deserteur!"

„Nein, Sir. Wissen Sie, mein Alligator – also, eigentlich ist es der Alligator meiner Frau – ist über Bord gesprungen, und ich musste ihm nach, weil …"

„Das sind alles Lügen, Captain", mischte sich Vintner ein. „Dieser Mann und sein Krokodil waren auf dem Schmugglerboot. Wir haben sie aus dem Wasser gefischt."

„Deserteure *und* Schmuggler! Chief, warum zum Teufel bringen Sie mir Kriminelle auf meine Brücke? Das kann nicht geduldet werden! Sind da noch mehr von denen?"

„Noch zwei andere, Sir, aber die sind ertrunken. Wir holen gerade ihre Leichen an Bord."

„Wie hießen die beiden, Freundchen?", knurrte der Captain Homer an.

„Roy-Boy und Merganser, Sir."

Der Captain schnaubte wütend. „*Die* beiden! Dann spart euch die Mühe, überlasst sie den Haien. Was hast du sonst noch für mich, Chief?"

„Taschen mit zweifellos illegaler Ware, Sir." Vintner hielt den Sack hoch, den er mitgebracht hatte.

„Mach eine auf, Mann!", befahl der Captain.

Vintner zog einen Beutel aus dem Sack, öffnete ihn und breitete den Inhalt auf dem grauen Metalltisch des Captains aus. Das dämmrige Licht im Steuerhäuschen konnte den funkelnden Juwelen nichts von ihrem Glanz nehmen. Der Captain nahm sich einen und hielt ihn neben das Bullauge.

„Smaragd. Allerhöchste Qualität." Vorsichtig legte er den Edelstein zurück und nahm einen anderen. „Opal. Perfektes Farbenspiel." Sein Blick fiel auf eine Kette. „Topas und Silber. Sehr gute Handwerksarbeit. Zweifellos aus der Kolonialzeit. Wie viele Pakete haben wir?"

„Dreizehn, Sir."

„Werft eines zurück ins Meer."

Vintner zog die Augenbrauen hoch. „Welches, Captain?"

„Woher soll ich das wissen? Sucht eines aus und tut, was ich gesagt habe! Ich werde nicht dulden, das ich von irgendwas dreizehn Stück auf meinem Schiff habe!" Der Captain wandte sich zu Homer und Albert. „Woher kamen diese Pakete?"

Homer kramte in seinem Gedächtnis. „Der Name des Schiffes, das sie geliefert hat, war *Theodosia*, Sir."

„Die *Theodosia*! Diese Verbrecher. Hinter denen bin ich schon seit Jahren her." Er musterte Homer nachdenklich. „Heben Sie die Hand."

„Meine Hand, Sir?"

„Diese hier, Rekrut", sagte der Chief, ergriff Homers Rechte, drehte sie mit der Handfläche nach außen und zog den Arm nach oben.

„Das Krokodil auch, Chief", sagte Captain Wolf. „Heben Sie seine rechte Tatze, damit er den Schwur leisten kann."

„Er wird mich beißen, wenn ich das tue, Captain", sagte Chief Vintner.

„Dann ruf Doogie."

Vintner machte die Luke auf und schrie nach demselben. Wenig später kam der Junge mit der Kappe angerannt. „Ja, Sir!" Er war ganz außer Atem.

„Knie dich neben das Krokodil, Doogie, und heb seine rechte Tatze hoch."

„Aber es wird mich beißen, Sir!"

„Ich habe dir einen Befehl gegeben."

Doogie kniete sich hin und hob ängstlich Alberts rechte Vordertatze an. Albert schaute Doogie interessiert und neugierig an und lächelte dann. Doogie lächelte zurück, wenn auch ein bisschen schief.

Captain Wolf straffte die Schultern. „Sprecht mir nach. Ich schwöre, der Küstenwache zu dienen und genau zu tun, was man mir befiehlt, wobei mich fast jeder befehligen kann, ich in erster Linie aber meinem Kapitän und dem Oberbootsmann zu Gehorsam verpflichtet bin."

Weil Homer zu schockiert von den Geschehnissen war, um ihm sofort nachzusprechen, fügte der Captain hinzu: „Sag es, oder ich werd dich auspeitschen und wieder ins Meer werfen lassen. Und das Krokodil gleich mit."

„Das ist ein Alligator", murrte Homer, aber dann bemühte er sich, seinen Text so gut wie möglich aufzusagen. Das meiste davon brachte er durcheinander, aber er fand, dass er seine Sache in Anbetracht der Umstände ganz anständig gemacht hatte. Als er fertig war beziehungsweise aufhörte zu sprechen, wandten sich alle Albert zu, der mit einem Grunzen antwortete, was die Anwesenden offensichtlich zufriedenstellte.

„Willkommen in der U.S. Küstenwache", sagte Chief Vintner. „Für den Fall, dass ihr euch wundert: Unser inoffizielles Motto lautet: Du musst rausfahren, aber du musst nicht zurückkommen."

Homer, der langsam wieder klar denken konnte, sann über das inoffizielle Motto nach. „Das ist ein bisschen wie im Kohlebergbau", meinte er.

Der Captain legte die Edelsteine zurück auf die Leinensäcke. „Sie können die Beutel bei mir lassen, Chief, außer dem einen, den Sie über Bord werfen. Und dann schaffen Sie mir diese beiden aus den Augen. Wenn ich sie das nächste Mal sehe, sind aus ihnen anständige Matrosen geworden."

Der Chief antwortete mit einem herzhaften „Aye, aye, Sir!" und griff sich einen der Beutel. Dann begleitete er Homer und Albert von der Laufbrücke und trug ihnen auf, das Deck zu wischen. Zumindest sollte sich Homer der Aufgabe annehmen. Albert wurde sofort zum Mannschaftsliebling erkoren, mit einem kleinen weißen Hut versehen (der von einem Band gehalten wurde), und von der Besatzung mit einer Mischung aus Hochachtung, Amüsement und ehrfürchtiger Scheu betrachtet. Nachdem der Chief den dreizehnten Beutel in seiner Kabine verstaut hatte (denn jetzt waren es ja keine dreizehn mehr, sondern nur noch einer), wandte er sich Albert zu. „Weißt du", sagte er mehr zu sich, „ich glaube, dieses Krokodil ist ein absolutes Glückstier, und sein Glück liegt jetzt ganz in unseren Händen."

***

Das war ganz sicher so, denn nur wenige Stunden später stieß die *Helene* durch pures Glück auf das Schiff, das sie seit Monaten so eifrig gesucht hatte, die *Theodosia*.

Chief Vintner stürzte in die Kapitänskabine, wo er Captain Wolf dabei überraschte, wie er die illegalen Edelsteine inspizierte, von denen einige schon zur Sicherheitsverwahrung in seine Tasche gewandert waren.

„Was zum Teufel willst du?", fragte der Captain.

„Sir, Feind in Sicht!"

„Ich nehme an, du sprichst von der *Theodosia*."

„Aye, Sir, die *Theodosia*, und sie versucht gerade, uns zu entkommen."

„Dann nehmen Sie die Verfolgung auf, Chief! Wir werden ihren Captain und die Mannschaft lehren, was es heißt, die Antischmuggelgesetze der Vereinigten Staaten zu brechen! Blut wird fließen, Chief! Haben Sie mich gehört? *Blut wird fließen!*"

33. Kapitel

Die ganze Nacht fuhr die *Dorothy* übers Meer. Wenn es irgendetwas zu sehen gab, konnte sie es nicht ausmachen, aber das konnte Elsie nicht abschrecken. Sie spähte weiter in die Dunkelheit und hielt Ausschau nach einem Lebenszeichen, nach jedem Wasserspritzer, der auf einen zappelnden Mann oder ihren geliebten Alligator hätte hinweisen können. Der Hahn, der in letzter Sekunde über die Planke aufs Schiff gerannt war, stand ebenfalls am Bug und starrte kühn in die Dunkelheit. Nichts war zu sehen.

Als die Sonne sich über den Horizont erhob und die Möwen vom Meer aufflogen, um den neuen Tag zu begrüßen, konnte Elsie immer noch nichts sehen außer der ewigen See, obwohl sie schaute, bis ihr die Augen wehtaten.

Plötzlich schrie Marley auf. „Da drüben schwimmt irgendwas, sieht aus wie 'ne Leiche!"

Elsie spürte einen Kloß im Hals, als Captain Bob das Schiff neben den Körper manövrierte. Marley verzog schon das Gesicht vor Angst – tote Männer, die im Meer dümpelten, waren ganz sicher schlechtes Juju –, drehte die Leiche um und sah, dass das Gesicht schon von den Haien angefressen worden war.

„Das ist nicht Homer", erklärte Elsie, nachdem sie sich gezwungen hatte, einen Blick zu riskieren.

„Na, um zu wissen, wer das ist, brauche ich sein Gesicht gar nicht anzuschauen", sagte Captain Bob. „Sehen Sie das Enten-Tattoo auf seinem Handrücken? Das ist Merganser Finney von Myrtle Beach. Er kommt aus einem traditionsreichen Geschlecht verkommener Strandräuber."

„So redet man nicht über Tote, Captain Bob!", rief Marley und machte geheime Zeichen mit den Händen, um den Geist des Mannes abzuwehren, der immer noch im Wasser schaukelte.

„Lass Merganser wieder los", wies ihn Captain Bob an. „Seiner Familie wird es egal sein, und begraben will ihn sicher auch keiner mehr. Das würde dann uns überlassen bleiben, und ich habe weder Lust, ein Grab zu schaufeln, noch, einen Pfarrer aufzutreiben, der sich davorstellt."

„Wagen Sie es bloß nicht, ihn wieder loszulassen", sagte Elsie. „Er ist immer noch ein Mensch und verdient Respekt."

Captain Bob sah finster drein, aber dann nickte er mit widerstrebender Zustimmung. Der würgende Marley fing den Körper mit einem Bootshaken und zog die Leiche mit Elsies Hilfe an Deck. Eine Art Aal kroch aus dem Ohr des Toten und schlängelte sich über Deck, bis er durch die Abflussöffnung wieder ins Wasser rutschte.

„Es dauert nicht lange, bis die Meerestiere etwas zu ihrem Heim machen", sagte Marley staunend und machte noch ein paar geheime Zeichen.

Elsie ging nach unten, holte eine Plane und deckte den Toten damit zu. Der Hahn gesellte sich zu ihr und blickte fragend zu Elsie auf. „Was ist los, Gockel?", fragte sie und bemerkte dann, dass das Boot wieder auf die Küste zuhielt, und das ziemlich flott. Sie ging nach oben und wandte sich an Captain Bob. „Was glauben Sie, was Sie da tun?"

„Na, Merganser an Land bringen, Elsie. Das wollten Sie doch, als wir ihn an Bord holten, oder nicht?"

„Nein, das stimmt nicht. Drehen Sie um, damit wir weitersuchen können. Ich hab da so eine Ahnung, dass dieser Mann etwas damit zu tun hat, was Homer widerfahren ist. Außerdem sind Sie dafür verantwortlich, dass Homer über Bord gegangen ist. Er und Albert – und ich werde nicht zulassen, dass Sie die Suche so schnell aufgeben."

Als Captain Bob weiterhin entschlossen aufs Ufer zusteuerte, marschierte Elsie neben ihn und zog den Gashebel zurück. Der Motor stöhnte auf und starb ab.

„Sie sind vielleicht ein verrücktes Frauenzimmer", sagte Captain Bob. Er versuchte, den Motor wieder anzulassen, doch der spuckte nur. „So, jetzt haben Sie's geschafft. Jetzt treiben wir auf dem Meer mit einem Toten an Bord."

„Das wird bald riechen, Miss Elsie", erklärte Marley und deutete mit einem Nicken auf den zugedeckten Körper. „Das wird sogar so bis zum Himmel stinken, dass Sie nie wieder einen Atemzug tun können, ohne sich an diesen Gestank zu erinnern."

„Ich bin bereit, dieses Risiko einzugehen, Marley", antwortete Elsie resolut. „So, Captain Bob, und Sie hören jetzt auf, Ihre Spielchen mit mir zu spielen. Sie tun mit Absicht so, als könnten Sie den Motor nicht wieder anlassen, damit ich Angst bekomme. Nun, lassen Sie sich gesagt sein, ich habe keine Angst. Muss ich erst meine Pistole holen?"

„Da!", rief Marley und legte sich die Hand hinter die Ohrmuschel. „Hören Sie das?"

Elsie und Captain Bob horchten aufs offene Meer.

„Schüsse", sagte Captain Bob.

„Und das nicht zu knapp", sagte Marley. „Wer hat da wohl wem den Krieg erklärt?"

„Muss dieser wahnsinnige Captain Wolf sein."

Elsie drehte sich in Richtung der Schüsse. „Sie sind dort", sagte sie. „Ich weiß es. Wir müssen hinfahren und nachsehen."

„Wir fahren überhaupt nirgendwohin", erwiderte Captain Bob. „Captain Wolf ist der verrückteste Mann, der jemals die blaue Uniform der Küstenwache getragen hat. Wenn der seine Jungs erst mal das Feuer eröffnen lässt, können wir ihm unmöglich nachfahren. Da zischen überall die Kugeln durch die Luft."

Elsie kniff die Augen zusammen, um die Kampfgeräusche zu orten, dann nahm sie Captain Bob beiseite. „Sie bewundern mich, Captain Bob, und daraus haben Sie kein Geheimnis gemacht. Ich nehme an, wenn ich Witwe bin, werden Sie das als Vorteil betrachten. Aber wie könnten wir sicher sein, wenn wir nicht nachsehen?"

Captain Bobs Augen verengten sich. „Wollen Sie damit sagen, dass es in Ihrem Herzen einen Platz für mich geben könnte, wenn Ihr Mann tatsächlich tot ist?"

„Es ist bekannt", antwortete Elsie, „dass eine Frau, die ihrer Witwenschaft nicht ganz sicher ist, jahrelang alle anderen Männer zurückweisen kann, aus dem einfachen Grund, weil sie sich erst ihres Zivilstandes gewiss sein muss. Ich erinnere nur an Penelope, die zwanzig Jahre auf Odysseus gewartet hat."

„Zwanzig Jahre, Ma'am?"

„Das Los der Ehefrau, die im Unklaren gelassen wird." Elsie klimperte mit den Wimpern.

Captain Bob zitterte vor Wut. „So lange werde ich nicht warten!"

Elsie deutete auf das lauter werdende Sperrfeuer. „Dort drüben könnte die Antwort auf Ihre Gebete warten ... und auf meine."

Energisch startete Captain Bob den Motor wieder, und der sprang auch sofort an. Dann steuerte er die *Dorothy* wieder fort von der Küste und hielt auf den Kampflärm zu. Der Hahn bezog erneut seine Position auf dem Bug.

„Oh Captain, mein Captain!", heulte Marley. „Jetzt kriegen wir aber wirklich die Hucke voll!"

34. Kapitel

Männer, da ist unsere Beute", rief Captain Wolf seiner versammelten Mannschaft zu. „Und der Ruhm, nach dem ihr euch schon immer gesehnt habt, wie ich weiß."

Seine Crew starrte ihn verunsichert an. Die meisten von ihnen waren Jungen, die Mutters Rockzipfel nur losgelassen hatten, weil ihnen ein regelmäßiges Gehalt winkte oder weil man sie schlafend am Strand aufgegriffen und zum Dienst in einer bewaffneten Einheit der amerikanischen Regierung zwangsverpflichtet hatte. Ihre Ausbildung hatten sie ausschließlich an Bord der *Helene* absolviert. Sie wussten nichts von Kriegsruhm und auch nicht besonders viel über die Flinten und Munitionstaschen, die Chief Vintner einigen von ihnen gegeben hatte. Macheten, Messer und sogar Schlagringe waren verteilt worden, aber sie betrachteten das Kriegsgerät eher neugierig als mit großem Eifer.

Captain Wolf war dies durchaus bewusst. „Jungs, die meisten von euch waren nie in einem Kampf, aber das ändert nichts an der Tatsache, dass ihr amerikanische Krieger seid. Sobald die Schlacht beginnt, habt ihr den Bogen schnell raus. Chief, sorgen Sie dafür, dass unsere Jungs wissen, wie man die Flinten lädt und feuert. Und der Rest von euch, schwingt die Klinge oder schlagt ihnen die Zähne aus! Es ist gar nicht schwer!"

Chief Vintner zeigte denjenigen, denen man eine Flinte in die Hand gedrückt hatte, wie sie geladen wurde.

„Zielt vorsichtig, Jungs, und drückt den Abzug nur, wenn ihr den Feind sehen könnt."

Homer, der das Ganze verfolgte, überlegte, ob man von ihm wohl auch verlangen würde, sich am Kampf zu beteiligen. Momentan war er jedenfalls bloß mit einem Mopp bewaffnet. Suchend ließ er seinen Blick übers Schiff schweifen und entdeckte mehrere Luken, die unter Deck führten. Eben wollte er auf die ihm nahe gelegene zueilen, da erwischte ihn auch schon Chef Vintner. „Na, na, Rekrut", sagte der Chief und packte Homer am Hemdkragen. „Was meinst du denn, wohin du gehst?" Er brach das Ende von Homers Mopp ab und reichte ihm den Griff. „Da hast du einen Stecken, der ist mindestens genauso gut wie der von Little John, als er Robin Hood niederschlug. Du wirst dich der Attacke anschließen, mein Junge, auch wenn du dabei gegen deine eigenen Freunde antreten musst."

„Das sind nicht meine Freunde", protestierte Homer. Er betrachtete den Stiel des Mopps und fragte sich, was er damit machen sollte.

„Und das Krokodil?", fragte einer von den Männern.

Chief Vintner griff die Idee sofort auf. „Aye, Jungs, unser Glücksbringer, das Meereskrokodil! Gott sei's gedankt, dass wir dieses grimmige Tier bei uns haben, denn niemand kann uns den Sieg verwehren, wenn wir … äh …" Er lehnte sich zu Homer und fragte ihn leise: „Wie heißt er noch?"

Homer gestattete sich einen kurzen Seufzer. „Albert. Und er ist ein Alligator, kein Krokodil."

„Albert!", brüllte Vintner. „Albert das Krokodil wird

uns zum Sieg führen! Wer trägt ihn?" Er deutete auf den Jungen. „Doogie, du wirst Albert mit dem ehemaligen Schmuggler auf die *Theodosia* tragen, und dann werden wir ihnen alle folgen und sie zerschmettern. Ein Hurra auf den Sieg!"

„Hurra für Albert!", brüllte einer aus der Mannschaft. „Hurra!", kam die Antwort vom Rest der Mannschaft. „Ein dreifaches Hurra auf unser Krokodil! *HurRA! HurRA! HurRA!*"

„Männer!", brüllte Captain Wolf von der Brücke. „Macht euch bereit. Jetzt werden wir den Feind im Handstreich überwältigen!"

Niemand von der Mannschaft schien auch nur die geringste Ahnung zu haben, was ein Handstreich war, und als die *Theodosia* beidrehte, mussten sie bald erkennen, dass die Schmuggler ihnen da weit voraus waren. Von dem Bug ihres Schiffes kam eine Rauchwolke, gefolgt von einem Knall und einem Pfeifen und einem Surren in der Luft, als etwas Schweres über die *Helene* hinwegzischte. Chief Vintner rannte vorwärts, während sich der Rest der Mannschaft flach auf die Decksplanken warf. „Ich sehe einen Rauchring! Die haben eine Kanone an Bord, Captain! Steht auf, ihr Schweine! Steht auf, sag ich!" Er wandte sich zur Brücke.

„Schneller, Captain Wolf, schneller, damit wir diese Schurken einholen und ihr schreckliches Gerät zerstören können!"

✳✳✳

Captain Wolf zog eine Augenbraue hoch angesichts der Theatralik seines Unteroffiziers, doch dann ging er ins Steuerhäuschen, um selbst das Steuer zu übernehmen. „Horatio Nelson hat es am besten ausgedrückt, mein Junge", sagte er zu dem Mann, den er gerade abgelöst hatte. „Keine raffinierten Manöver – einfach ohne Umschweife attackieren!"

„Horatio wer, Sir?"

„Der größte Admiral der Geschichte, obwohl er ein verdammter Engländer war!", schrie Captain Wolf, als eine Kanonenkugel direkt in die Brücke einschlug und achtern und vorn ein Loch hinterließ. Captain Wolf sah sich die Löcher an und bemerkte dann den Mann, der an Deck lag. „Alles in Ordnung, Junge? Du machst ja Augen wie ein Schwertfisch an der Angel."

„Alles in Ordnung, Sir", sagte der Mann, als er sich langsam hochrappelte.

„Dann bewaffne dich! Gleich kollidieren wir mit den Schmugglern!"

„Kollidieren, Sir?", fragte der Mann, doch genau in diesem Moment kam es auch schon zu besagter Kollision, die ihn wieder zu Boden warf. Die Brücke neigte sich, und Captain Wolf, der einen Augenblick aus dem Tritt war, riss einen Schrank auf und holte ein Entermesser heraus, mit dem er auf die Brücke hinausstampfte.

„Auf sie, Männer!", schrie er und schwenkte sein Messer. „Zeigt ihnen den Geist der U.S. Küstenwache!"

Es folgte komplette Verwirrung. Schüsse wurden abgegeben, die Mannschaft der Küstenwache lief hin und her, und keiner wusste recht, was er tun sollte.

„Auf sie, Männer!", schrie Captain Wolf immer wieder von der Kommandobrücke, doch seine Männer zauderten, denn sie waren nicht ganz sicher, was „auf sie" bedeuten sollte.

***

Als Chief Vintner seine unglückselige Mannschaft so verwirrt sah, nahm er Doogie kurzerhand Albert aus den Armen und schleuderte den Alligator auf die *Theodosia*. Nachdem er gelandet war, schnappte Albert nach den Schmugglern, die nach einem Blick auf ihn sofort Fersengeld gaben.

„Folgt unserem Krokodil!", schrie Vintner.

Die Männer zögerten immer noch, bis Homer aus lauter Sorge um Albert über die Lücke zwischen den beiden Booten sprang. Ein Schmuggler versuchte, ihn mit einer Machete niederzumetzeln, doch Homer setzte den Stiel seines Mopps wie einen Baseballschläger ein, schlug dem Mann die Machete aus der Hand und drosch ihm dann herzhaft auf den Kopf. Der Mann fiel auf die Seite wie ein Sack Bohnen. Die anderen Schmuggler wichen vor dem respekteinflößenden Duo zurück, das auf einmal in ihrer Mitte stand.

„Folgt dem Rekruten und dem Krokodil!", befahl Chief Vintner. Nachdem sie das gute Beispiel von Homer und Albert gesehen hatten, erhoben sich die Männer von der Küstenwache und sprangen auf das Deck des Schmugglerschiffes wie eine Woge aus Menschenleibern. Die Schlacht war schnell und blutig, wenn auch nicht besonders tödlich, denn die meisten Schmuggler ließen sofort die Waffen fallen und gaben das Schiff auf. Das war ein Glück, denn die *Theodosia* war vom Bug der *Helene* hoffnungslos leckgeschlagen, und das Wasser strömte bereits in den Rumpf.

Zwei von den Schmugglern gaben jedoch nicht auf. Mit hoch erhobenen Macheten rannten sie auf Homer zu. Einer von ihnen war sehr groß und der andere sehr klein. Zu seiner Überraschung erkannte Homer beide.

„Slick? Huddie? Seid ihr das wirklich?"

Die zwei Männer blieben stehen und starrten Homer und Albert an. „Wir sind es nicht", sagte Slick.

„Lüg mich doch nicht an, Slick, ich erkenne euch doch. Was macht ihr auf diesem Boot?"

Slick und Huddie tauschten einen Blick, dann antwortete Slick. „Mit Banküberfällen oder Sprengungen von Sockenfabriken oder Baseballwetten konnten wir kein anständiges Geld machen, deswegen haben wir beschlossen, zur See zu fahren und dort unser Glück zu versuchen."

„Ich dachte, Sie hätten Geld von der Jungen Mrs. Feldman bekommen", sagte Homer.

„Haben wir auch, aber das hat der Sheriff einkassiert, nachdem er uns für den Diebstahl des Leichenwagens verhaftet hat. Wir kommen einfach nie auf einen grünen Zweig."

Obwohl sie eingefleischte Kriminelle waren, hatte Homer ein bisschen Mitleid mit Slick und Huddie. Wie es aussah, hatten sie einfach schlechtes Juju. „Sie stehen wahrscheinlich einfach unter keinem guten Stern."

„Ehrlich gesagt, ich glaube, unser Pech hat eher damit

zu tun, dass wir dich und diesen Alligator getroffen haben. Deswegen müsst ihr jetzt beide sterben. Komm, Huddie, bringen wir's hinter uns."

Huddie nickte, die Männer erhoben ihre Macheten und kamen auf ihn zu. Homer konnte den ersten Hieb von Huddies Klinge noch mit dem Stiel seines Mopps parieren, doch dann erhob der Riese seine Machete zu einem tödlichen Schlag. Homer, der mit dem Rücken zum Meer stand, blieb nichts anderes übrig, als sich rücklings ins Wasser fallen zu lassen. Nachdem er eingetaucht war, hörte er ein zweites Klatschen und sah, dass Albert ihm Gesellschaft leistete. Slick und Huddie blieben auf der *Theodosia* zurück, fuchtelten hilflos mit ihren Macheten und fluchten. Beides mit übergroßem Eifer.

Albert schwamm zu Homer, der sich an ihn klammerte, und dann sahen sie beide zu, wie die zwei Schiffe, das der Schmuggler und das der U.S. Küstenwache, wieder davontrieben. In einer schillernden Mischung aus Rosa, Lila und Blau verschwand die Sonne unter dem Horizont, und Homer zog Albert näher an sich, weil er Angst hatte, eine weitere Nacht in einem dunklen, kalten und gefährlichen Ozean verbringen zu müssen. Doch da näherte sich aus der Ferne ein Schiff, kam näher und immer näher, und fand sie.

Es war die *Dorothy*, deren Captain und erster Maat sich mit der Ladungsbeauftragten namens Elsie sowie einem Hahn ohne Namen aufgemacht hatten, um ihre Waisenkinder wiederzufinden. Und auf wundersame Weise war es ihnen auch gelungen, sie aufzuspüren, den Bergwerksarbeiter und das Reptil. Es folgten große Freude und Jubel bei so manchem, wenn auch nicht bei allen.

35. Kapitel

Elsie ging am Morgen zu Grace und fand sie wie immer in ihrem Zimmer. Die Sonne fiel durch die zurückgezogenen Vorhänge hinter ihr, und im hereinströmenden Licht sah sie aus wie ein leuchtendes Bündel.

„Du gehst fort", sagte sie, bevor Elsie den Mund aufmachen konnte.

„Ja", sagte Elsie. „Ich bin hier, um mich zu verabschieden, Grace, und dir zu danken, dass du mir gezeigt hast, wie man eine Pension anständig führt." Elsie schaute an der Frau vorbei auf den Sund, der im Sonnenlicht schimmerte. „Oh Gott, wie ich diesen Ort hier liebe!"

„Und trotzdem gehst du fort."

Elsie beeilte sich, ihre Entscheidung zu erklären. „Es ist offensichtlich, dass ich Captain Bob das Herz gebrochen habe. Ich will ihm nicht noch mehr Schmerzen bereiten. Das ist das eine. Der andere Grund ist der, dass er Homer vom Schiff verbannt hat und ihm nicht mehr erlaubt, ihn zum Fischen zu begleiten."

Grace legte den Kopf schräg. „Homer könnte auf anderen Booten arbeiten, und meinen Bruder könnte man unter Kontrolle halten. Er ist ein guter Mann – nur einsam eben –, aber im Laufe der Zeit wird sich schon eine andere Frau finden. Nein, Elsie, ich glaube, du gehst, weil du weißt, dass es Zeit für dich ist. Deine Reise ist noch nicht zu Ende. Du hast noch viel zu sehen und zu tun, bevor du wiederkommen kannst."

Elsies Augen waren nass, und ihre Stimme klang ganz erstickt. Obwohl Grace ihr die richtigen Gründe dafür genannt hatte, widerstrebte es ihr, diesen Ort zu verlassen. „Glaubst du, ich werde jemals zurückkommen?", fragte sie ihre Freundin.

„Natürlich. Aber bevor du fährst, solltest du, glaube ich, noch einmal den Strand ablaufen. Den großen Strand, nicht den am Sund. Du solltest dir überlegen, was dich woanders erwartet und was dich hierher zurückführen wird, wenn die richtige Zeit gekommen ist."

„Oh, das werde ich tun!", rief Elsie. Sie machte Anstalten, Grace zum Abschied zu umarmen.

Doch die hob abwehrend die Hände und wich zurück. „Bitte versteh mich – in meinem Zustand sind Umarmungen nicht angebracht, meine Krankheit macht mich unberührbar. Aber es wird Zeit, dass du kehrtmachst und gehst. Eines Tages, Elsie, werden wir zwei zusammen am großen Strand spazieren gehen, an dem, der sich bis ganz an die Spitze der Halbinsel erstreckt. Verstehst du? Na, und jetzt schenk mir noch ein Lächeln und geh."

Elsie schenkte Grace das Lächeln, um das sie gebeten hatte, und ging hinaus, wo sie in den Buick stieg. Captain Oscar hatte darauf bestanden, ihnen den Kofferraum mit Essen und Getränken vollzuladen. Auf dem Rücksitz schlief Albert im Waschzuber, der mit der Steppdecke von Homers Mutter ausgelegt war, und der Hahn saß auf seinem Kopf. Auf Homers Seite des Autos stand Captain Oscar mit einem traurigen Lächeln auf dem Gesicht. Auf

Elsies Seite stand Rose, die leise weinte und ihre Tränen in den Sand fallen ließ.

„Na dann, Auf Wiedersehen, Auf Wiedersehen", sagte Captain Oscar.

Rose beugte sich zum Fenster herein und legte ihre dünnen Arme um Elsie.

„Ich werde dich für immer vermissen", sagte sie.

Elsie drückte sie fest. „Ich hoffe, du bist noch hier, wenn ich zurückkomme."

„Das wird sie, wenn ich da ein Wörtchen mitzureden habe", sagte Captain Oscar. „Dieses Haus könnte ohne Rose gar nicht funktionieren."

Rose zog den Kopf ein und lächelte. „Danke, Captain. Ich werde so lange bleiben und für Sie arbeiten, wie Sie wollen."

Nachdem Homer auch Captain Oscar die Hand gegeben hatte, wandte er sich zu seiner Frau. „So, Elsie", sagte er. „Auf los geht's los."

Elsie und Rose umarmten sich noch einmal, dann trat Rose zurück und schaute weg, während sie sich erfolglos bemühte, die schreckliche Traurigkeit auf ihrem Gesicht und ihre unvermindert laufenden Tränen zu verbergen. „Pass gut auf Grace auf, mein Schatz", sagte Elsie. „Sie tut immer so, als würde sie nichts brauchen, aber sie unterhält sich doch sehr gern, glaube ich."

„Moment mal!" Captain Oscar starrte Elsie bestürzt an. „Was hast du da gerade von Grace gesagt?"

Elsie war verblüfft über die Ängstlichkeit, mit der Captain Osar seine Frage gestellt hatte. „Nur, dass Rose sich gut um sie kümmern soll", antwortete sie.

„Du hast mit Grace gesprochen?"

„Fast jeden Tag seit meiner Ankunft."

Captain Oscar nahm seine Mütze ab und knetete sie zwischen den Händen. „Elsie, meine Tochter ist seit drei Jahren tot."

Elsie schaute dem Captain in die Augen und sah, dass er keine Witze machte. Dann blickte sie durch die Heckscheibe des Buicks und sah den schwachen Umriss einer menschlichen Gestalt in Graces Schlafzimmer.

„Entschuldigung, Captain", sagte sie in einem Versuch, ihn zu trösten. „Man hat mir schon immer gesagt, dass ich eine allzu lebhafte Fantasie habe. Natürlich konnte ich nicht mit ihr sprechen."

Captain Oscar schaute zum Haus. Elsie wusste nicht, ob er die Gestalt am Fenster sah. Er streckte ihr an Homer vorbei die Hand hin und drückte die ihre. „Ich wünschte, du würdest bleiben", sagte er.

„Ich kann einfach nicht", antwortete Elsie fest. „Grace hat gesagt ..." Sie holte kurz Luft. „Mir ist mittlerweile klar, dass ich auf einer Reise bin, die mehr als eine Reise ist. Irgendwann muss sie ein Ende finden, aber nicht hier. Jedenfalls noch nicht."

Homer, der kein Wort von diesem Gespräch verstanden hatte, stieg aufs Gaspedal und steuerte den Highway an.

„Ich muss noch mal an den Strand", sagte Elsie, bevor er abbiegen konnte.

Homer sah aus, als wollte er widersprechen, doch dann nahm er Kurs auf die Küste. „Wie du möchtest", sagte er leise.

Am Strand stieg Elsie aus und zog die Schuhe aus. „Warte kurz", sagte sie und ließ ihre Schuhe auf das Trittbrett fallen. Ohne sich zu Homer umzuschauen, bahnte sie sich einen Weg durch den Strandhafer zu den Wellen des Ozeans und ging über den riesigen Sandstrand, der sich kilometerweit bis zur Spitze der Halbinsel erstreckte.

Elsie atmete den Tanggeruch ein. Sie ging zum Meeressaum, sammelte ein paar Haizähne und Strandglas. Als sie jemanden neben sich spürte, dachte sie im ersten Moment, es sei Homer, doch als sie aufblickte, war es Grace.

Elsie ließ vor Schreck Zähne und Glas fallen. „Warum bist du hier?"

„Ich liebe den Strand."

„Nein", sagte Elsie. „Ich meine, warum bist du *hier*?"

„Du meinst, warum ich nicht im Himmel bin?"

„Ja."

„Bin ich ja, Elsie. Und wenn die Zeit gekommen ist, wird dies hier auch dein Himmel sein."

Elsie atmete tief durch und beobachtete die Möwen, die oben kreisten, und die Strandläufer, die über den Sand rannten. Am Horizont des ansonsten kristallklaren blauen Himmels lagen bauschige weiße Wolken wie verstreute Wattebällchen. Oh Gott, dachte sie, das ist so schön, hier möchte ich für immer sein! Sie wandte sich um, weil sie Grace sagen wollte, wie sie sich fühlte, musste jedoch entdecken, dass sie wieder allein war. Hinter ihr sah sie nur eine Fußspur, nämlich ihre eigene.

Sie schob alle Gedanken beiseite und konzentrierte sich nur auf die Schönheit ihrer Umgebung. Eine Weile stand sie bloß da und schaute aufs Meer, dann folgte sie ihren Spuren zurück zum Buick. Sie öffnete die Tür, womit sie Homer weckte.

„Hast du noch jemanden getroffen am Strand?", fragte er, als Elsie sich auf den Vordersitz setzte und die Tür zuzog. Sie schüttelte den Kopf.

„Bist du bereit für die Fahrt nach Florida?"

Elsie nickte.

„Alles in Ordnung?"

„Nein."

„Kann ich irgendwas tun?"

„Du kannst fahren."

Der Hahn sprang auf die Rückenlehne des Fahrersitzes und kuschelte sich auf seiner Schulter ein, und Albert, der auch gerade aufgewacht war, machte sein glückliches *Yeah-Yeah-Yeah*. Homer, der immer noch keine Straßenkarte hatte, fuhr zum nächsten Highway, nahm die Straßenseite, auf der die Sonne zu seiner Linken stand, und fuhr beharrlich gen Süden.

Ich war neunzehn und Student an der Virginia Tech. Ein Freund von mir, der den Flugschein hatte, nahm mich in einer einmotorigen Maschine mit. Es war ein windiger Tag. Nachdem wir über die schöne Frühlingslandschaft um Blacksburg geflogen waren, näherten wir uns wieder der Landebahn. Bei der Landung kam ein mächtiger Windstoß von der Seite und drückte einen Flügel hoch. Der andere schlug auf den Boden auf, und wir hätten uns beinahe überschlagen. Wir hatten Glück, dass wir das Ganze überlebt hatten, und wussten es auch.

„Hoffentlich hat das keiner gesehen", sagte mein Freund.

Das Herz saß mir immer noch in der Kehle. „Ich auch", krächzte ich.

Als ich meine Mutter das nächste Mal sah, war sie gerade unterwegs zu dem Haus, das Dad und sie auf der Halbinsel Garden City Beach gekauft hatten, etwas nördlich von Murrells Inlet. Auf ihrem Weg kam sie auch durch Blacksburg und ließ mich wissen, dass sie im Studentenwohnheim auf mich wartete, und ich kam herunter.

Meine Mutter hatte nicht viel für Umarmungen übrig. Sie winkte mich zu einem Stuhl im Aufenthaltsraum. „Was hab ich da gehört, du warst in einem Flugzeug, das abgestürzt ist?", fragte sie, nachdem ich gegenüber von ihr Platz genommen hatte.

„Wer hat dir denn das erzählt?"

„Glaubst du etwa, ich hätte keine Spione hier unten? Ich weiß alles, was du machst. Erzähl mir, was da passiert ist."

"Bei der Landung hat uns ein Windstoß von der Seite erfasst", sagte ich. "Der Pilot konnte nichts dafür."

"Woher willst du denn das wissen? Hat er das Seitenruder und das gegenüberliegende Querruder eingesetzt?"

Ich musterte sie. "Seit wann kennst du dich denn mit Flugzeugen aus?"

Sie schob das Kinn vor. "Ach, ich könnte dir so einige Geschichten von Dingen erzählen, von denen ich weiß, dass du nicht weißt, dass ich sie weiß."

"Du hast mir schon mehr als ein paar verraten", stellte ich klar.

"Jetzt werd mal nicht vorlaut", warnte sie mich, aber dann lehnte sie sich entspannt zurück. "Unsere Gespräche haben mir gefehlt, Sonny. Seit du auf dem College bist, sind die Katzen die einzigen Leute im Haus, mit denen ich reden kann. Dein Vater …" Sie schüttelte den Kopf. "Na ja, du weißt schon. Er ist immer so beschäftigt in seiner Mine."

Zum ersten Mal in meinem Leben fand ich, dass meine Mutter ein bisschen bedauernswert aussah. Vielleicht weil sie älter wurde. Sie war immerhin schon fünfzig. "So, dann erzähl mal, woher du das alles über Flugzeuge weißt", drängte ich.

Für diese Aufgabe konnte sie sich sofort erwärmen. "Es war in Georgia", sagte sie, "und wir waren immer noch unterwegs, um Albert nach Hause zu bringen."

VI. TEIL

Wie Albert flog

36. Kapitel

Elsie fand, dass das Schild an der Grenze zu Georgia das größte und knallbunteste war, das sie jemals an einer Staatsgrenze gesehen hatte. Es zeigte einen riesigen pfirsichfarbenen Pfirsich, eine lächelnde Frau, die einen Korb in der Hand hielt, der offensichtlich mit noch mehr pfirsichfarbenen Pfirsichen gefüllt war, und darüber rankten sich die Worte:

WILLKOMMEN IN GEORGIA
UNSER MOTTO: WEISHEIT, GERECHTIG-
KEIT UND MÄSSIGUNG

Elsie las das Motto, versuchte, es irgendwie sinnvoll zu interpretieren, scheiterte und versuchte dann, einfach zu schlafen. Aber der Schlaf wollte sich nicht einstellen. Stattdessen dachte sie darüber nach, was als Nächstes passieren würde, und kam zu dem Schluss, dass sie es schlichtweg nicht vorhersehen konnte. Sie hatte einem Mann gedroht, ihn umzubringen, und hatte ihr eigenes Leben auf dem Meer riskiert, um Homer zu retten (und natürlich auch Albert), aber sie wusste immer noch nicht, was sie für ihren Mann eigentlich fühlte. Sie erforschte ihr Herz bis in den letzten Winkel, um einen Schimmer von Liebe für ihn zu finden, doch die war einfach nicht da. Vielleicht wusste sie auch einfach nicht, was Liebe ist, dachte sie sich. Homer war ein guter Mann, obwohl er aus allem logische Schlussfolgerungen ziehen musste und außerdem die Neigung besaß, sie ständig zu kritisieren. Andere Frauen wären wahrscheinlich dankbar gewesen, ihn zum Ehemann zu haben. Woran also haperte es bei ihr? Vielleicht, dachte sie traurig, lag das alles an Buddy. Buddy hatte sie für Homer verdorben, vielleicht für alle anderen Männer. Buddy war so gut aussehend und witzig, und an seiner Seite hatte sie sich jedes Mal wohl in ihrer Haut gefühlt. Aber jetzt war Buddy weggegangen, nach New York oder vielleicht sogar nach Hollywood, um Ruhm und Reichtum zu finden oder Frauen mit großen blauen Augen und platinblondem Haar. Sie gestattete sich einen langen Seufzer. *Wie traurig, wie traurig. Was wird nur aus mir werden?*

※※※

Auf der anderen Seite der Vorderbank saß Homer, warf hin und wieder heimliche Seitenblicke auf seine Frau und lächelte in sich hinein. Sie liebte ihn, das wusste er jetzt mit Sicherheit. Warum hätte sie Captain Bob sonst zwingen sollen, ihn zu suchen? Und warum hätte sie sonst persönlich an Bord der *Dorothy* gehen sollen, um sicherzustellen, dass diese Aufgabe auch anständig ausgeführt wurde? Bei diesem Gedanken begann sein Herz zu fliegen, und er wollte Georgia so schnell durchqueren, wie es mit dem Buick nur ging, über die Grenze nach Florida fahren und dann nach Orlando. Er hatte etwas Geld in der Tasche – den Lohn von Captain Bob –, und sie hatten Proviant aus der Pension im Kofferraum. Wenn er ab jetzt ungehindert durchkam, würden sie die Grenze zu Florida wohl in vierundzwanzig Stunden erreichen, schätzte er, und dann würde es nur noch einen Tag dauern, bis sie in Orlando waren, um Albert in einem passenden Sumpfgebiet freizulassen. Danach würde er auf direktem Wege nach Coalwood fahren und den Captain anflehen, ihm seinen Job wiederzugeben. Denn wenn ein Mann und seine Frau sich liebten, war es dann nicht egal, wo sie wohnten?

Während die Stunden vergingen, wurde die Landschaft immer flacher, und Homer sah Felder mit Baumwollsträuchern, eine Reihe nach der anderen. Ein gutes Stück von der Straße entfernt entdeckte er Holzriegelhäuser, deren Blechdächer in der heißen Sonne glitzerten. Keine Städte waren in Sicht, weder große noch kleine, und auch Verkehrsschilder tauchten eher selten auf, abgesehen von einem kleinen Schild hie und da, das die Nummer der Straße angab. Ohne eine Karte halfen diese Nummern freilich wenig, also fuhr Homer nach Instinkt und schlug die Straße ein, die sie seiner Meinung nach am ehesten nach Süden brachte.

Als er Hunger bekam, fuhr er von der asphaltierten Straße ab und nahm eine kleine Nebenstraße, die zu einem Platz unter schattigen Bäumen führte. Hinter den Blumen entdeckte Homer zu seiner Freude eine wunderschöne Lichtung mit grünem Gras, auf der ein hübsches, wohlproportioniertes Pferd graste. Er stellte den Wagen unter einen Baum und berührte Elsie an der Schulter, um sie zu wecken. „Ich habe einen schönen Platz für ein Picknick gefunden."

Elsie schaute sich um.

„Wo sind wir?"

„Immer noch in Georgia."

„Ach ja, der Staat, der uns Weisheit, Gerechtigkeit und Mäßigung schenken will."

„Ist doch eine gute Absicht", meinte Homer, „und bis jetzt ist es wirklich ein wunderschöner Staat. Ich glaube, du weißt auch, dass Georgia an Florida grenzt. Wir müssen die Grenze also nur noch überqueren, und bevor du dich umschaust, sind wir in Orlando, wo wir Albert freilassen können. Und dann fahren wir wieder zurück nach Coalwood!"

Elsie griff über die Rückenlehne nach hinten und tätschelte Albert die Schnauze, dann setzte sie ein gezwungenes Lächeln auf. „Na, das ist doch wunderbar", sagte sie.

Der gespielten Mimik seiner Frau entnahm Homer, dass sie seine Bemerkung überhaupt nicht wunderbar fand. „Was ist denn?", wollte er wissen, bereute seine Frage aber im nächsten Moment.

„Nichts", erwiderte sie.

„Bist du sicher?", fragte Homer, und diese Frage bereute er ebenfalls.

„Na ja, um ehrlich zu sein – es gibt da schon etwas, worüber wir reden müssen."

Nach dieser Ankündigung erinnerte sich Homer an einen Rat von Captain Laird. „Wenn eine Frau einem Mann sagt, dass es etwas gibt, worüber sie reden sollten", hatte der große Mann ihm geraten, „dann würde ich empfehlen, dass du durch die nächstbeste Tür flüchtest."

Die nächstbeste Tür war in diesem Fall die Fahrertür, und Homer tastete schon nach dem Türgriff, doch dann ließ er ihn los. Er wollte sich anhören, was sie zu sagen hatte. „Und was wäre das?"

„Wenn wir in Orlando sind, würde ich gern eine Weile bleiben", sagte sie.

Homer entspannte sich und atmete aus. „Na gut. Du wirst sicher deinen Onkel Aubrey besuchen wollen."

„Länger", sagte sie. „Ich würde gerne ... wie gesagt, ich würde gerne eine Weile bleiben. Eine ganze Weile."

„Was soll das heißen – eine ganze Weile?", fragte Homer, doch da spürte er, wie etwas gegen seinen Ellbogen stupste. Verdutzt blickte er auf und sah, dass das Pferd herübergekommen war und seine großen Nase an seinem Arm rieb. „Kusch, Pferd", sagte er.

Elsie machte die Tür auf und stieg aus. „Es ist gesattelt und gezäumt. Es muss irgendwo davongelaufen sein."

„Das ist nicht unser Problem, Elsie", sagte Homer. „Was soll das jetzt also heißen – eine ganze Weile?"

„Ich wollte schon immer Cowgirl werden", sagte Elsie, und bevor Homer irgendetwas erwidern konnte, schwang sie sich mit einer geübten Bewegung in den Sattel, obwohl sie – soweit Homer wusste – noch nie zuvor geritten war. Sie schnalzte mit der Zunge, und das Pferd ging los und fiel nach ein paar Schritten in Trab. Elsie sah dabei aus, als wüsste sie genau, was sie tat.

Das muss sie in Orlando gelernt haben, sagte sich Homer, und als er sah, wie seine Frau das Pferd angaloppieren ließ, ging seine Fantasie vollends mit ihm durch: Er stellte sich die glamouröse Junggesellin Elsie Lavender vor, wie sie mit dem ach so aalglatten Buddy Ebsen über einen romantischen, tropischen Weg im tiefsten dekadenten Florida ritt. Er merkte, wie er die Fäuste ballte, und wollte Elsie schon nachsetzen, sie aus dem Sattel holen und fragen, wo sie das

Reiten gelernt hatte und ob „eine ganze Weile" bedeutete, dass sie nicht vorhatte, überhaupt jemals nach Coalwood zurückzukehren. Wütend und traurig zugleich sagte er sich, dass jetzt der rechte Augenblick gekommen war, um seiner Frau endgültig den wahren Grund für diese Reise zu entlocken.

Aber er kam dem wahren Grund nicht näher, denn in diesem Moment kam ein Riesenvogel vom sonnenhellen Himmel herabgeglitten, flog so tief über den Buick hinweg, dass der Luftzug Homer zu Boden warf, und setzte seinen Tiefflug fort zu Elsie und dem Pferd. Auf diese unerwartete Attacke hin buckelte das Tier.

Homer blickte vom Gras auf und begriff, dass das dort oben überhaupt kein Vogel war, sondern ein Flugzeug, und zwar ein altmodischer Doppeldecker. Er rappelte sich hoch und beobachtete die Maschine, wie sie sich zu einem zweiten Angriff anschickte. Doch dann fiel sein Blick auf Elsie, die vom Pferd abgeworfen worden war, und er rannte zu ihr, weil er sich Sorgen machte, dass sie sich verletzt hatte. „Alles in Ordnung?", fragte er besorgt, stützte ein Knie auf den Boden und nahm ihre Hand.

Elsie stützte sich auf einen Ellbogen. „Natürlich", sagte sie, obwohl sie ein bisschen benommen aussah und ihr Blick irgendwie abwesend wirkte.

Homer tastete über ihre Arme und Beine.

„Was machst du denn da?", fragte sie.

„Ich sehe nach, ob du dir irgendwelche Knochen gebrochen hast."

„Ich hab mir keine Knochen gebrochen", sagte sie und stand auf, um es zu beweisen. In diesem Augenblick kam das Flugzeug wieder zurück, aber dieses Mal veränderte es seine Flugbahn und wurde langsamer, bis es auf dem Feld landen konnte.

Der Motor des Flugzeugs stotterte, hustete und erstarb. Dann stieg ein Mann mit brauner Lederhaube, schwarzer Fliegerbrille, brauner Lederjacke, dunkelgrüner Jodhpur-Hose und braunen Stiefeln aus dem Flugzeug und kam zu Homer und Elsie herübermarschiert.

„Wollten Sie gerade mein Pferd stehlen?" Er stützte die Hände auf die Hüften.

„Nein, Sir. Ich bin nur auf Ihrer Stute geritten", erwiderte Elsie und klopfte sich den Staub vom Rock. „Wir hatten uns gedacht, dass sie sich irgendwo losgerissen hat, und ich dachte mir, wenn ich aufsitze, wird sie mich vielleicht dorthin bringen."

Der Mann schob seine Fliegerbrille hoch, und obwohl sein Gesicht mit Staub und Ölflecken bedeckt war, konnte Homer erkennen, dass es ein braunes Gesicht war. Er überlegte kurz – ein Schwarzer, der ein Flugzeug fliegen kann – und zuckte dann innerlich mit den Achsen. Er glaubte dasselbe wie Captain Laird, nämlich dass ein Mann nach seinen Fähigkeiten und seiner Leistung beurteilt werden sollte, nicht nach seiner Hautfarbe oder seiner Abstammung.

„Na ja, ich glaube Ihnen", sagte der Mann. „Ich nenne die Stute Trixie. Sie hat unzählige Tricks auf Lager, und dazu gehört auch, dass sie ihre Leine selbst losmachen kann." Er streckte Homer und Elsie die Hand hin. „Ich heiße Robinson R. Robinson, aber die meisten Leute nennen mich Robby."

„Homer Hickam", stellte sich Homer vor. „Und das ist meine Frau Elsie, die offenbar genauso viele Tricks auf Lager hat, denn bis heute hatte ich keine Ahnung, dass sie so gut reiten kann."

„Das hab ich in Florida gelernt", erklärte Elsie.

„Das überrascht mich nicht", antwortete Homer mit eifersüchtigem Stirnrunzeln.

Elsie wechselte das Thema. „Wie sind Sie denn Pilot geworden?"

„Im Ersten Weltkrieg, Miss Elsie", antwortete Robby. „Ich war eigentlich nur Mechaniker auf einem Militärflughafen in Frankreich, aber eines Tages sind uns die Piloten ausgegangen, und da ich ein wenig mit einem der Ausbilder geübt hatte, haben sie mir ein Flugzeug gegeben, so eines wie dieses hier, allerdings mit ein paar Bomben an Bord – und ab die Post. Als ich meine Ziele traf, haben sie mich immer wieder hochgeschickt, bis der Krieg vorbei war. Wieder zu Hause hab ich die alte Betsy hier gekauft, und wir sind durchs ganze Land geflogen. Als ich mich niederließ, hab ich eine Firma für Schädlingsbekämpfung gegründet. Und jetzt bombardiere ich seit zehn Jahren Schädlinge aus der Luft."

Bei dieser Enthüllung kam Elsie ins Grübeln. „Fragen Sie sich jetzt insgeheim, was die Einwohner über einen schwarzen Piloten denken?", fragte Robby. „Die alten Kerle in der Gegend sind Baumwollbauern, und solange ich mich gut um ihre Felder kümmere, könnte ich ihretwegen auch zartlilablassblau sein."

Elsie trat ans Flugzeug und ließ die Hände über die Oberfläche des Rumpfes und über den Flügel gleiten. Robby und Homer traten neben sie. „Ich wollte schon immer Pilotin werden", sagte sie.

„Elsie, nein!", platzte Homer los. „Du kannst nicht jeden Beruf ausüben wollen, den es gibt."

„Tja, also ich finde, ich kann alles sein wollen, was ich sein will", erwiderte sie. „Wie viel kostet eine Unterrichtsstunde, Robby?"

Robby grinste. „Für Sie, Miss Elsie? Ach, ich schätze, von Ihnen würde ich einen Vierteldollar und ein Lächeln verlangen."

Elsie lächelte ihn an. „Und einen Vierteldollar hab ich auch", sagte sie.

Homer sagte es noch einmal, aber diesmal leiser und resigniert. „Elsie, nein."

Doch Elsie ging an ihm vorbei, und er eilte ihr nach. „Ich will mehr sein, als du mir gönnst", sagte sie und ging mit großen Schritten auf den Buick zu.

„Das ist nicht wahr", antwortete Homer, als er sie eingeholt hatte. „Ich glaube nur nicht, dass du eine Vorstellung davon hast, was du eigentlich willst. Und kannst du mir jetzt endlich mal erzählen, was du mit ‚eine ganze Weile' meinst?"

***

Elsie gab keine Antwort. Nachdem sie einen Vierteldollar aus dem Buick geholt und ihn Robby überreicht hatte, begann er ihr zu erklären, wie sie ins Flugzeug klettern musste, wofür die verschiedenen Instrumente dienten, und erzählte ihr alles über die Ruderpedale und den Gashebel und den Steuerknüppel. Mit jedem Wort begann Elsies Herz ein bisschen schneller zu schlagen. Sie hatte wirklich schon mal darüber nachgedacht, Pilotin zu werden oder zumindest Stewardess bei einer Airline. Im Garten in Coalwood hatte sie sich oft auf dem Gras ausgestreckt und zu dem schmalen Streifen staubiger Luft emporgeblickt, den sie dort als Himmel bezeichneten, und sich vorgestellt, wie sie irgendwie von Wolke zu Wolke flog. Und wenn sie immer weiter von Wolke zu Wolke flog, als wären es lauter Inseln, würde sie auf diese Art Coalwood komplett hinter sich lassen und an einen anderen Ort gelangen, vielleicht sogar in eine andere Realität. Aber ihre Träumereien währten nie lang, weil die Lokomotive die Kohlewagen wieder rumpelnd durch die Stadt zog, und dann wurde der Himmel von schmutzigen Rauchwolken verdunkelt, und der Kohlenstaub, der von den Waggons flog, während sie Geschwindigkeit aufnahmen, breitete sich im kleinen Städtchen aus und legte sich wie ein graues Tuch auf die Dächer und kroch in die Zimmer und erstickte alle Träume, als hätten sie nie existiert.

Elsie setzte sich auf den harten Holzsitz des Doppeldeckers, starrte auf die ganzen Hebel und Messinstrumente und legte ihre Hand auf den Steuerknüppel.

„Fassen Sie den Steuerknüppel erst an, wenn ich es Ihnen sage", warnte Robby. „Ich bringe uns nach oben, und wenn Sie sich daran gewöhnt haben, lasse ich Sie übernehmen."

Robby legte die nötigen Hebel in seinem Cockpit um, dann stieg er aus, packte den Propeller und zog kräftig an. Der Motor erwachte zum Leben, und Robby kletterte schnell wieder hinein. „Sind Sie bereit?"

„Und wie ich bereit bin!", rief Elsie und grinste so breit, dass ihr schon das Gesicht wehtat.

Robby zog sich die Lederhaube über die Ohren, dann schob er den Gashebel nach vorne, und das alte Flugzeug rumpelte übers Gras. Als es sich dem Zaun näherte, wendete Robby und schob den Gashebel bis zum Anschlag. Das Flugzeug stieß eine Rauchwolke aus, begann wieder vorwärtszurollen und nahm an Geschwindigkeit auf. Es wurde immer schneller und schneller, bis es über eine Unebenheit fuhr und mit einem Hopser in die Luft stieg. Elsie juchzte vor Vergnügen. Als Robby den Doppeldecker in eine Kurve lenkte und der rechte Flügel beinahe senkrecht nach unten zeigte, musste sie nach Luft schnappen beim Anblick der Wiese und des Waldes und der roten Erde der Baumwollfelder und des Buicks und Homer und Albert, die zu ihnen emporstarrten. Robby richtete das Flugzeug wieder gerade und begann zu kreisen, um Höhe zu gewinnen.

"Wunderbar, wunderbar, wunderbar!", rief Elsie, und das war es wirklich. Mit jedem Kreis stieg der Doppeldecker höher, und mit zunehmender Höhe gab es auch immer mehr wundervolle Dinge zu sehen. Jetzt konnte sie einen Fluss erkennen, obwohl sie gar nicht gewusst hatte, dass einer in der Nähe war, oder ein großes Haus, das so aussah, als wäre es vielleicht eine alte Plantage mit Gärten und einer mit Ziegeln gepflasterten Auffahrt.

„Macht es Ihnen Spaß?", schrie Robby.

„Oh ja!", trillerte Elsie.

„Wäre es okay, wenn ich ein paar Kunststückchen mache?"

„Was?", fragte Elsie.

Robby ließ den Doppeldecker nach unten und zog ihn dann wieder hoch, woraufhin das Flugzeug erneut nach unten flog, diesmal aber über Kopf, nach einem halben Seitwärtslooping. Die unschöne Folge war, dass Elsie, die nicht angeschnallt war, aus dem Cockpit zu rutschen begann. Es gelang ihr, die Knie unter dem Rand zu verkeilen, und sie schrie auf, diesmal aber nicht vor Begeisterung, sondern vor Angst.

Robby bemerkte seinen Irrtum, drehte das Flugzeug wieder um, und Elsie fiel zurück auf ihren Sitz.

„Tut mir leid!", schrie er. „Ich hätte Ihnen sagen sollen, dass Sie den Sicherheitsgurt anlegen müssen. Sie sitzen wahrscheinlich drauf."

Tatsächlich entdeckte Elsie unter sich einen Ledergürtel und schnallte sich so fest an, wie sie konnte. Sie zeigte Robby den hochgereckten Daumen.

„Okay, gleich starten wir durch", verkündete Robby. Er schien zum Landeanflug anzusetzen, doch als die Räder des Doppeldeckers bereits das Gras streiften, gab er Vollgas und ließ ihn wieder abheben. Das Flugmanöver setzte einen so starken Kraftstoß frei, der Elsie vor Wonne nach Luft schnappen ließ.

„Sind Sie bereit, sie zu fliegen?", fragte Robby.

„Oh ja!", rief Elsie ihm über die Schulter zu.

„Nehmen Sie den Steuerknüppel und wackeln Sie damit leicht nach rechts. Spüren Sie das? Fliegen Sie immer geschmeidig in die Kurve und benutzen Sie die Ruderpedale. Okay. Nach rechts drehen, ganz leicht aufs rechte Pedal gehen – ja, richtig! Jetzt ein bisschen Gas geben, die Nase sackt gerade ein bisschen ab. Perfekt!"

Elsie beschrieb langsame Schleifen, gewann Höhe und verlor sie wieder, und dann lernte sie das Landen und Durchstarten, ihr erstes Flugmanöver.

"Sie sind ein Naturtalent!", rief Robby. "So, und nun bringen Sie uns nach Hause. Landen Sie das Flugzeug."

Genau das machte Elsie, und sie machte es perfekt. Als der Doppeldecker in der Nähe des Buicks hielt, blickte Robby zu Homer.

"Na, wie wär's, junger Mann? Würden Sie auch gern mal durch die Wolken fliegen?"

"Nein, danke", lehnte Homer höflich ab.

"Ich bin geflogen, Homer!", rief Elsie über den Motorenlärm.

"Das hab ich gesehen", antwortete Homer leise und traurig.

Als sie Homers Blick sah, verging Elsie die ganze Freude, und ihr Lächeln erstarb. Konnte dieser Mann sich nie freuen, wenn sie etwas Tolles erlebte?

"Du musst da mal hoch, Homer", sagte sie beim Aussteigen.

"Kein Interesse", sagte Homer, doch dann machte es klick in seinem Kopf. "Aber ich glaube, Albert würde das gefallen."

Elsie runzelte die Stirn. "Das ist doch verrückt! Albert kann doch nicht fliegen!"

"Ich denke schon. Und ich würde mit ihm ins Flugzeug steigen und auf ihn aufpassen."

Elsie verschränkte die Arme und stampfte mit dem Fuß auf. "Albert ist mein Alligator, und ich verbiete es!"

Homer drückte Robby einen Zehndollarschein in die Hand. "Kommen Sie, Robby, wir fliegen. Sie haben neue Kundschaft." Er nahm Albert auf den Arm, stieg ins Flugzeug, schnallte sich an und schaute dann zu Robby. "Jetzt steigen Sie schon in dieses Flugzeug, oder soll ich es selbst fliegen?", murrte er.

Nach einem entschuldigenden Blick zu Elsie, die vor Wut kochte, stieg Robby ebenfalls in den Doppeldecker und war wenig später in der Luft. Albert flog und flog über die Baumwollfelder und die sommerlichen Flüsse von Georgia, und er grunzte vergnügt bei jedem neuen Anblick. Homer hatte den Mund zu einer dünnen Linie zusammengepresst und sah überhaupt nichts, weil er zu angestrengt nachdachte. Elsie musste ihm gar nicht erklären, was sie mit „eine ganze Weile" meinte. Während er mit dem Alligator auf dem Schoß durch die dünnen Wolkenfetzen flog, stellte er sich der Wahrheit. Sie würde nie wieder nach Coalwood zurückgehen. Sie liebte ihn nicht. Ihre Ehe war am Ende.

Nach der Landung reichte Homer einer verängstigten Elsie ihren Alligator. „Mein kleiner Junge", gurrte sie. „Ich hab mir solche Sorgen um dich gemacht. Verdammt noch mal, Homer! Was hast du dir eigentlich dabei gedacht?"

Homer war hemmungslos wütend. „Gedacht? Wer muss schon denken? Ich dachte mir einfach, ich lasse Albert mal *eine ganze Weile* fliegen."

„Jetzt hör mir mal gut zu, Homer ..."

Homer hob die Hand. „Vergiss es", sagte er, dann wandte er sich zu Robby und gab ihm die Hand. „Sie haben etwas Wunderbares getan, Mr. Robinson", sagte er. „Sie haben Albert den Himmel gezeigt."

„Elsie auch", sagte Robby.

„Ja, schon, aber sie bekommt sowieso immer, was sie will."

Robby nahm Homer kurz beiseite. „Sie haben da eine wirklich tolle Frau, Homer", sagte er. „Voller Abenteuerlust und Kühnheit. Solche Frauen sind sehr sensibel. Ich glaube, Sie müssen ab und zu mal nachgeben, und sei es auch nur ein bisschen."

„Ihr nachgeben ist das, was ich am besten kann, Sir", sagte Homer verbittert.

„Sie haben den Alligator mitgenommen, um sie zu ärgern, oder?"

„Im ersten Moment ja. Aber dann fiel mir ein, dass er mir vor nicht allzu langer Zeit das Leben gerettet hat, und ich dachte mir, ich zeige mich mal erkenntlich."

„Geben Sie Elsie noch nicht auf", sagte Robby und klopfte ihm auf den Rücken.

Homer zuckte mit den Schultern. Er war generell nicht der Typ Mann, der schnell aufgab, aber er war auch Realist. Wohin Elsie auch immer unterwegs sein mochte – er war an diesem Ort nicht erwünscht.

Ich war fünfundfünfzig, hatte die Filmrechte an meinen Memoiren Rocket Boys an die Universal Studios verkauft, und sie machten einen Film daraus. Meine Mutter wurde ans Set eingeladen, wo sie Chris Cooper kennenlernte, den Schauspieler, der ihren Mann darstellte. Ich sagte ihr nicht, dass sie ihn im Film „John" nannten, weil der Drehbuchautor mich „Homer" statt „Sonny" nennen wollte, und es durfte keine zwei Homers in einem Film geben. Ich hatte gegen diese Änderung gekämpft und verloren.

„So ist das, wenn man sein Baby verscherbelt", scherzte Joe Johnston, der Regisseur. Er hatte recht.

Mom hatte man von der Namensänderung nichts gesagt. Sie wusste nur, dass sie vor einem Mann stand, der dieselbe Art von Arbeiterhosen anhatte wie mein Vater damals und dieselben mit Stahlkappen verstärkten Stiefel und denselben weißen Vorarbeiterhelm. Chris hatte mich um ein paar persönliche Gegenstände von meinem Vater gebeten, und meine Mutter erkannte den Freimaurerring und die Bulova-Armbanduhr ihres Mannes sofort.

„Ich hoffe, ich werde ihm gerecht", sagte Chris.

Sie sah ihm in die Augen. „Sind Sie ein guter Schauspieler?", fragte sie.

Chris war ein bisschen verblüfft über die Frage. „Na ja, manche finden schon, Elsie", sagte er.

Sie musterte ihn von oben bis unten. „Das will ich Ihnen auch geraten haben", sagte sie und marschierte davon.

Ich holte sie ein. „Mom, was ist denn in dich gefahren?"

Sie war damals sechsundachtzig und ermüdete schnell. Wir befanden uns in der winzigen Stadt Petros in Tennessee, die sich sehr ins Zeug legte, Coalwood zu ähneln. Eine Szene wurde im Garten hinter dem Gebäude vorbereitet, das das Wohnhaus der Hickams darstellen sollte. Ohne um Erlaubnis zu fragen, setzte sich meine Mutter auf den Stuhl des Regieassistenten. Ich zog mir einen Stuhl heran und setzte mich neben sie.

„Alles in Ordnung?", fragte ich.

„Das Haus sieht unserem aber nicht besonders ähnlich."

„Es ist doch bloß ein Film, Mom."

„Na, man dürfte doch wohl annehmen, dass sie versuchen, ein paar Dinge hinzukriegen. Und was soll das überhaupt, dass sie Homer John nennen?"

Ich zuckte zusammen. „Ich wusste nicht, dass du das weißt."

„Glaubst du etwa, ich kann kein Drehbuch lesen? Ich hab das ganze Ding durchgearbeitet. Mir gefällt es nicht besonders, wie ich darin wegkomme. Ich frage mich, ob Buddy wohl von diesem Film weiß."

„Buddy Ebsen? Ich könnte es ihn wissen lassen, wenn du möchtest."

Sie überlegte, dann schüttelte sie den Kopf. „Nein. Nach so langer Zeit wäre das einfach nicht richtig."

Sie schaute zu den Filmleuten. „Dieser Kerl dort ist der Oberbeleuchter. Und das da drüben ist sein Assistent. Und diese gut aussehenden Mädchen sind die Scriptgirls." Sie seufzte. „Das waren immer die hübschesten Dinger überhaupt, als dein Vater und ich diesen

Film gedreht haben. Er hat dir schon mal davon erzählt, oder?"

„Dass ihr einen Film gedreht habt?" Ich konnte nicht anders, ich musste loslachen. Es war einfach lächerlich.

Sie zog eine Augenbraue hoch. „Glaubst du mir nicht? Albert hat auch mitgespielt."

Der Regieassistent kam auf uns zu. Sie waren bereit, die Szene zu drehen, die sie gerade vorbereitet hatten, aber als er auf seinen Stuhl schaute, musste er feststellen, dass er von meiner Mutter besetzt war.

„Möchten Sie, dass ich aufstehe?", fragte sie.

Ich konnte ihm ansehen, dass er das wollte. Ich konnte ihm aber auch ansehen, dass er nicht die Courage hatte, es zu sagen. „Nein, Ma'am", sagte er. „Ich finde einen anderen Stuhl."

Meine Mutter sah Natalie Canerday, die Schauspielerin, die sie darstellte, auf der Veranda des Hickam-Hauses stehen. Mom schüttelte den Kopf. „Wenn ich gewusst hätte, dass du mich berühmt machst, Sonny, dann wäre ich jünger und schlanker geblieben."

Und dann erzählte sie mir von dem Film, den sie und Dad und Albert gedreht hatten.

VII. TEIL

Wie Homer und Elsie
einen Film retteten
und Albert ein
Krokodil spielte

37. Kapitel

Und da war es.
Endlich! Nach dem langen Warten!
Homer konnte es kaum glauben, und in der Tat hätte er es auch nicht geglaubt, wäre ihm nicht der Beweis quasi ins Gesicht gesprungen. Die Aufschrift auf dem Schild, das sie willkommen hieß, lautete:

WILLKOMMEN IN FLORIDA,
DEM SONNENSTAAT

In der Mitte strahlte eine große, goldene Sonne, den Rand zierten Orangen, und eine vollbusige Frau im Badeanzug schien den Betrachter einzuladen, sich eine Kostprobe von all diesen Freuden zu gönnen.

Homer schaute am Schild vorbei und beschloss, dass es hier gar nicht so viel anders aussah als in Georgia. Grün, flach und heiß.

„Tja, jetzt haben wir's geschafft", stellte er fest. Er fand, dass man in diesem Moment einfach etwas sagen musste, um den Anlass zu würdigen, außerdem wollte er das Schweigen brechen, das seit vielen Kilometern im Auto herrschte.

„Wir brauchen eine Karte." Das war alles, was Elsie dazu sagte.

„Warum? Hier ist doch ein Wegweiser, der in verschiedene Richtungen zeigt, inklusive Orlando."

„Wir wissen doch gar nicht, ob das der beste Weg ist. Vielleicht gibt es ja eine Abkürzung."

„Wenn es eine gibt, werde ich sie schon finden", sagte er stur.

Bald überfiel sie die Dunkelheit, und seit Kilometern hatten sie schon keine Schilder mehr gesehen. „Wir haben uns verfahren", sagte Elsie.

„Wir haben uns nicht verfahren", erwiderte Homer. „Wir wissen bloß nicht ganz sicher, wo wir sind."

Elsie schaute ihn ungläubig an, dann schüttelte sie den Kopf. „Ich habe selten so weise Worte vernommen."

Mürrisch und hoffnungslos fuhr Homer weiter, bis sie schließlich zu einem großen rot-weißen Schild kamen.

EINGANG
SILVER SPRINGS, FLORIDA
ENTSPANNEN UND
ERFRISCHEN SIE SICH
AM SCHREIN DER WASSERGÖTTER

Die vielversprechende Aufschrift ermutigte Homer so weit, dass er dem Pfeil auf dem Schild folgte. Es dauerte nicht lange, bis sie einen hübschen Parkplatz unter Pinien erreichten. Homer stellte den Wagen ab, und Elsie atmete tief durch.

„Ich habe den Geruch von Pinien schon immer geliebt", sagte sie. „Den haben wir in Coalwood nie, da haben wir immer nur den Gestank vom Dampf der Lokomotiven und den Kohlenstaub."

„Dieser Gestank, wie du ihn nennst", antwortete Homer, „ist der Preis für den Fortschritt. Der wiederum das Essen auf unserem Tisch und das Dach über unseren Köpfen bezahlt."

„Es stinkt trotzdem."

Homer trommelte mit den Fingern aufs Lenkrad, bemühte sich um Ruhe und schluckte seinen Ärger herunter. Er wollte mit Elsie streiten und sie anschreien, aber er dachte sich, dass es ohnehin nichts nützen würde.

„Gehen wir was essen", war alles, was er schließlich sagte.

Nach einem Abendessen, das sie sich aus den Vorräten im Kofferraum zubereitet hatten, legten sich Elsie, Albert und der Hahn ins Auto, während Homer eine Decke auf dem Boden ausrollte, eine zweite über sich zog und in der Hoffnung einschlief, dass es nicht regnen würde.

Es regnete nicht, der Morgen war sogar sehr schön, kühl und neblig. Nachdem Homer unter der Bettdecke hervorgekrochen war, beschloss er, dass es an der Zeit war, sich umzuziehen. Mit nacktem Oberkörper beugte er sich über den Kofferraum, um sich ein frisches Hemd herauszusuchen, da hörte er hinter sich das Poltern eines Motorrads, das kurz darauf neben ihm hielt. Eine schlanke Frau mit modernem Kurzhaarschnitt saß darauf, die eine Jodhpur-Hose, Stiefel, Leinenhemd und Baskenmütze trug.

„Gott sei Dank, endlich bist du da!", rief sie.

„Ma'am?" Homer zog die Augenbrauen hoch.

„Du bist doch Omar, oder?"

„Nein, Ma'am. Ich heiße Homer."

„Wunderbar! Und wir dachten schon, du kommst nicht mehr. Eric wird so froh sein!"

Elsie stieg aus dem Buick und rieb sich den Schlaf aus den Augen. „Homer? Mit wem redest du denn da?"

„Wer ist das?", fragte die Frau auf dem Motorrad. „Ach so, verstehe. Dein Agent hat eine Schauspielerin mitgeschickt, die auf eine kleine Nebenrolle hofft." Sie zwinkerte Elsie zu. „Ich kann mir schon denken, warum. Es besteht durchaus eine gewisse Ähnlichkeit. Na, dann kommt mal beide mit. Eric wartet schon." Als weder Homer noch Elsie sich vom Fleck rührten, fügte sie hinzu: „Was steht ihr denn so rum? Mitkommen, hab ich gesagt. Zack, zack!"

Elsie machte die hintere Tür auf und lockte Albert aus dem Buick. Er krabbelte heraus, wackelte mit dem Kopf und reckte die Schnauze in die Luft, schnüffelte ein bisschen und wälzte sich dann auf den Rücken. Elsie kniete sich neben ihn und rieb ihm den Bauch, während er seinen Glückslaut von sich gab und mit den Tatzen wackelte.

„Du liebe Güte!", schrie die Frau. „Dein Agent ist ja das reinste Wunder! Woher wusste er, dass wir ein Krokodil brauchen?"

„Das ist ein Alligator", korrigierte Homer.

Die Frau starrte Homer eine Sekunde an. „Das reicht auch. Ich bin Miss Mildred Trumball, die Assistentin des Regisseurs, und ich bin für die Drehorte verantwortlich. Komm, Mädel, setz dich in meinen Beiwagen. Omar, du hinter mich. Kannst du das Krokodil während der Fahrt im Arm halten?"

„Albert muss erst sein Geschäft machen, bevor wir irgendwo hinfahren", sagte Elsie.

Miss Trumball schien kurz nachzudenken, dann fragte sie: „Mädel, wie heißt du eigentlich?"

„Elsie. Das ist Albert."

„Eloise. So ein schöner Name! Okay, ich erklär euch, was wir jetzt machen. Du führst dein Krokodil Gassi, dann gehst du die Straße runter, um die Kurve bis zum ersten Häuschen auf der rechten Seite. Da findest du Eric. Ich gehe mit Omar schon mal vor – Entschuldigung, junger Mann, das Hemd bitte nicht anziehen! –, damit ich ihm Eric vorstellen kann. Der wird euch großartig finden, da bin ich ganz sicher!"

Elsie ging zu Homer, und während Miss Trumball sie mit hochgezogenen Augenbrauen beobachtete, flüsterte sie ihm ins Ohr: „Wer *ist* das?"

„Ich weiß es nicht", flüsterte Homer zurück. „Vielleicht sind wir in einem Vergnügungspark und müssen die Kosten für den Eintritt an diesen Eric abführen oder so. Ich glaube, ich mach lieber, was sie sagt."

„Aber warum sollst du dein Hemd nicht anziehen?"

„Vielleicht ist er ja ein seltsamer Kauz, und wir kriegen dafür einen Preisnachlass."

„Okay, aber die Hose lässt du bitte an."

Homer dachte sich, dass das ein sehr guter Rat war, und stieg in den Beiwagen. Als er davonfuhr, warf er noch einen Blick zurück zu Elsie und Albert, die das nächste Gebüsch ansteuerten.

Homer genoss die Fahrt im Beiwagen, aber er konnte sich nicht lange daran erfreuen. Direkt hinter der Kurve der unbefestigten Straße stand eine Reihe von Häuschen aus Zementblöcken, die etwas zurückgesetzt in den Schneidebinsen standen, mitten in einem Hain aus Zwergpalmen. Auf der Veranda des ersten Häuschens saß ein Mann auf einem Metallstuhl. Zwei weitere Männer saßen auf dem Geländer und eine Frau auf den Stufen. Sie hatte ein Notizbuch in der Hand, aus dem sie den drei Männern offenbar laut vorlas. Nachdem Miss Trumball das Motorrad ausgeschaltet hatte, konnte Homer der Frau auf der Treppe zuhören. „... und dann schreit Tarzan los, und wir sehen eine Montage aus Elefanten und Löwen und Büffeln. Sie trampeln durch das Pygmäendorf und ..."

Zu Homers Überraschung begann der Mann auf dem Stuhl heftig zu fluchen. „Das ist doch dasselbe Scheiß-Ende wie in jedem anderen Scheiß-Tarzanfilm! Wann bringt ihr mir endlich mal etwas Originelles, ihr Pfeifen? Kein einziger origineller Scheiß-Gedanke in euren Scheiß-Köpfen. Haut ab! Alle zusammen! Wen haben wir denn da, Miss Trumball?"

„Das Double für Buster, Sir", sagte sie, während Homer aus dem Beiwagen stieg.

„Muss ich hier jetzt meine Gebühren bezahlen?", erkundigte sich Homer.

„Mal anschauen, den Jungen. Hab ich euch Scheiß-Schreiberlingen nicht gesagt, ihr sollt hier abhauen? *Haut ab!* Und traut euch nicht wieder her, bevor ihr eine gute Idee habt."

Während die zwei Männer und die Frau davoneilten, stand der Mann vom Stuhl auf und kam die Treppe herunter: ein o-beiniger Kerl mit einer Sonnenbrille auf der Nase, der in ein zu weites Hemd und eine Kakihose gekleidet war, die er sich in die braunen Stiefel gesteckt hatte. Er inspizierte Homer mit der Intensität und Arroganz eines römischen Senators, der sich einen Sklaven aussucht. „Verdammt, wenn der mal nicht ganz haarscharf rankommt, Mildred!", sagte er, streckte die Hand aus und riss Homer ein Haar von der Brust.

Homer zuckte zusammen.

„Wir müssen ihn allerdings rasieren."

„Ich möchte einfach nur unsere Gebühr bezahlen, und dann müssen wir weiter", sagte Homer und legte sich die Hände auf die Brust, um sich vor weiteren Attacken auf sein Brusthaar zu schützen.

„Wovon redet er denn? Macht er sich Sorgen um seine Bezahlung? Na, Sie kriegen fünfzig die Woche, junger Mann, und keinen Cent mehr. Und davon bezahlen Sie dann aber auch Ihre Kost und Logis. Miss Trumball, warum haben Sie das ... wie heißt er eigentlich?"

„Er heißt Omar. Omar, wie heißen Sie mit Nachnamen?"

„Hickam", sagte Homer. „Aber ich glaube, hier liegt ein Missverständnis vor. Ich heiße nicht Omar, ich ..."

„So, jetzt hören Sie mir mal zu, Omar", unterbrach ihn der Mann. „Sie wissen ganz offensichtlich nicht, mit wem Sie es hier zu tun haben. Vielleicht glauben Sie, ich bin der Beleuchter oder der Beleuchtungsassistent oder der Kamerabühnenmann bei diesem Film, aber ich bin tatsächlich Eric Bakersfield. Ja, genau, *der* Eric Bakersfield."

Als Homer ihn verständnislos anstarrte, half Miss Trumball nach. „Der berühmte Regisseur vieler großer Filme."

Bakersfield bedachte sie kurz mit einem Stirnrunzeln, dann fuhr er fort. „Aber ab jetzt bin ich Ihr allmächtiger Herrscher. Wie Sie mich nennen sollen? Sie nennen mich Mr. Bakersfield, aber meistens nennen Sie mich einfach Ja-Sir-sofort-Sir, und das ist so ziemlich alles, was ich aus Ihrem Munde hören will. Und wer zur Hölle ist *das*?"

Der Blick des Regisseurs war zu Elsie gewandert, die gerade mit Albert um die Ecke gebogen war.

Wieder sprang Miss Trumball ein. „Das ist Eloise, Miss O'Learys Double. Die Agentur hat sogar ein Krokodil mitgeschickt. Dafür hätten die sich ja geradezu ein Fleißbildchen verdient, oder?"

„Sie heißt nicht Eloise", korrigierte Homer, „und das ist auch kein Krokodil …"

„Was hab ich Ihnen gerade gesagt, Omar?", fauchte Bakersfield ihn an. „Ja, Sir. Sofort, Mr. Bakersfield. Mildred, bringen Sie diesem Kerl Manieren bei, sonst ist es mir egal, wie ähnlich er Buster sieht."

Homer runzelte verblüfft die Stirn. Bis jetzt hatte er nicht viel von dem verstanden, was diese seltsamen Leute hier redeten. Doch bevor er nochmals versuchen konnte, ihre diversen Irrtümer zu korrigieren, rannten eine Frau im Seidenkimono und ein Mann – ebenfalls im Seidenkimono und dazu noch mit einer Baskenmütze auf dem Kopf – auf Elsie zu, als wollten sie sie angreifen. Doch zu Homers Erleichterung strichen sie ihr nur übers Haar und äußerten sich lobend über ihre Figur.

„Sie wird toll aussehen in Maudes Kleidern", sagte die Frau.

„Sie wird besser aussehen als Maude", korrigierte sie der Mann. „Müssen wir ihr die Haare färben, Mr. Bakersfield?"

Bakersfield ging zu den dreien hinüber, fuhr Elsie mit den Fingern durchs Haar und begutachtete es gründlich. „Die Farbe ist okay, aber ich hätte gern weniger Locken."

Ein abgerissener Mann in Kakihose und Tropenhelm trat aus dem nebenan gelegenen Häuschen und kniete sich neben Albert.

„So ein hübsches Tier!", meinte er begeistert, während er die Hand über die Buckel und Schuppen auf dem Rücken des Alligators gleiten ließ. „Und sehr gesund. Das erkenne ich an seinem wohlgeformten Knochenpanzer. Offenbar ist er gut ausgebildet und gutmütig, nicht wie unsere wilden Exemplare hier in Springs. Vielleicht ist er noch ein bisschen zu klein für die Kampfszene."

„Das können wir doch mit Aufnahmewinkel und schnellen Schnitten kaschieren, Chuck", sagte Bakersfield herablassend. „Ich werd dafür sorgen, dass das Tier riesig aussieht."

Der Mann mit dem Tropenhelm blickte auf zu Elsie. „Ich bin Chuck Noble, ich bin hier am Set für die Reptilien zuständig." Er tätschelte Albert den Kopf, woraufhin dieser ihm grinsend die Zähne zeigte. „Wer hat ihn ausgebildet?"

„Das war wohl ich", sagte Elsie, die sich enorm geschmeichelt fühlte, als der Mann und die Frau in den Seidenkimonos sich weiter über ihr Haar und ihre Pfirsichhaut ausließen.

Bakersfield klatschte in die Hände. „Gut, Trish und Tommy, lasst der kleinen Lady mal ein bisschen Freiraum, die kann ja kaum mehr atmen."

„Hast du die Gebühr schon bezahlt?", erkundigte sich Elsie bei Homer.

„Gebühr? Ist Geld eigentlich das Einzige, was Sie interessiert?", fragte Bakersfield. „Sie sollen doch eigentlich Künstler sein." Er ließ einen tiefen Seufzer der Verzweiflung vom Stapel. „Gut, also fünfzig Dollar pro Woche für jeden von Ihnen plus zehn für das Krokodil. Ist das fair? Gut, Mildred, dann bring Omar mal zu Buster. Trish und Tommy, ihr bringt Eloise zu Maude und stellt die beiden auch vor. Chuck, du übernimmst das Krokodil und übst mit ihm. Na los, los! Ich muss heute noch dieses Scheiß-Drehbuch bearbeiten, mit diesen Scheiß-Schreiberlingen, die sich nicht mal aus einem Scheiß-Schlammloch rausschreiben könnten. Na, macht schon, zack, zack!"

Unverzüglich setzten sich die Maskenbildner in Bewegung, Elsie im Schlepptau. Chuck, der Filmtiertrainer, trottete mit Albert an der Leine davon. Homer, dem sich immer noch der Kopf drehte, saß auf einmal wieder im Beiwagen und rumpelte über die unbefestigte Straße. Als Miss Trumball sechs Häuschen weiter erneut anhielt, beschloss Homer, ein paar Antworten zu fordern.

„Ich steige erst aus diesem Beiwagen, wenn ich erfahre, was hier eigentlich vorgeht."

„Was meinen Sie damit?", fragte Miss Trumball.

„Elsie und ich hatten nicht vor, Ihnen Ärger zu machen", erklärte Homer. „Wir haben einfach nur dort geparkt und übernachtet und wollten heute Morgen gleich weiterfahren. Um die Wahrheit zu sagen – ich verstehe überhaupt nicht, was hier los ist."

Miss Trumball runzelte die Stirn, bis sich in ihren Augen ein Hauch von Verständnis zeigte.

„Sie meinen, Sie sind gar nicht von der Agentur?"

„Nein, wir sind aus West Virginia."

„Mit einem Krokodil?"

„Albert ist kein Krokodil, sondern ein Alligator. Und meine Frau hat ihn als Hochzeitsgeschenk von einem Exfreund bekommen. Sie heißt Elsie, nicht Eloise, und mein Name ist Homer und nicht Omar, obwohl ich zugeben muss, dass Omar nicht sehr viel anders klingt. Wir bringen Albert nach Hause, verstehen Sie? Wir sind unterwegs seit … ach, ich weiß schon gar nicht mehr, seit wann. Sehr, sehr lange jedenfalls."

„Na, das ist ja mal ein Ding", platzte Miss Trumball heraus. „Eric wird furchtbar enttäuscht sein! Ihre Frau und Sie sind so perfekt und Albert auch! Könnten Sie sich nicht trotzdem vorstellen, für uns zu arbeiten? Wir würden Ihnen immerhin hundertzehn Dollar für eine Woche zahlen, das ist ja nicht zu verachten."

Das Angebot war natürlich nicht zu verachten, und Homer dachte einen Augenblick darüber nach. Im Grunde war er ja nicht sicher, wie viel er brauchen würde, wenn sie erst mal in Orlando waren. Außerdem wusste er nicht genau, wie viel er brauchte, um nach Coalwood zurückzukommen. Die Hinreise war ja auch schon ziemlich lang und schwierig gewesen. Mit diesen Gedanken im Hinterkopf zuckte er mit den Schultern und nickte.

„Gut. Wo muss ich unterschreiben?"

„Oh, Omar! Sie sind einfach der Beste!"

„Habe ich schon erwähnt, dass ich in Wirklichkeit Homer heiße?"

„Ja, haben Sie, aber jetzt müssen Sie eben Omar heißen. Es würde Eric zu sehr verwirren, wenn er sich jetzt umgewöhnen sollte. Mit Veränderungen tut er sich schwer."

„Und was, wenn der richtige Omar auftaucht?"

„Ich glaube nicht, dass das passieren wird. Wir haben gestern Abend erfahren, dass er im Gefängnis sitzt, deswegen war ich ja so überrascht, Sie hier zu sehen. Er war angeblich betrunken und hat irgendwie Ärger gemacht und vielleicht sogar seine Freundin ermordet." Sie seufzte. „Schauspieler."

„Muss Elsie auch Eloise bleiben?"

„Ich befürchte." Da hellte sich ihre Miene auf. „Aber Albert kann Albert bleiben!" Sie streckte ihm die Hand hin. „Also, abgemacht?"

Es war abgemacht, und sie besiegelten ihre Absprache mit einem Handschlag. Dann führte Miss Trumball „Omar" zum Häuschen.

„Buster!", rief sie. „Ich bin's, Mildred. Ich hab hier jemanden, den ich dir gern vorstellen würde."

Aus dem Häuschen drangen trippelnde Geräusche, ein Krachen, als wäre etwas Schweres aus Glas heruntergefallen und zerbrochen, und dann ertönte eine Männerstimme. „Eine Minute!"

Die eine Minute verging, dann eine weitere, und schließlich sah Homer eine ziemlich nackte blonde junge Frau, die ihre Kleider an sich drückte, durch die Hintertür in die Büsche laufen. Miss Trumball steckte sich eine Zigarette an.

„Tun Sie einfach so, als hätten Sie das nicht gesehen. Na, hallo, Buster", begrüßte sie den Mann, der gerade auf die Veranda getreten war.

Er trug einen weißen Frotteebademantel und grinste

breit über sein ganzes fröhliches, hübsches Gesicht. „Wen hast du denn da mitgebracht, Mildred?", fragte er.

„Buster, das ist Omar. Er ist unser neues Double für dich. Omar, das ist Carl ‚Buster' Spurlock, auch bekannt als Tarzan, der Affenmensch!"

„Hallihallo", sagte Spurlock und winkte Homer kurz zu. Dann wandte er sich wieder an Miss Trumball. „Ich übe gerade meinen Text."

„Ja, das hab ich schon gemerkt. Mir muss die Seite entgangen sein, auf der Tarzan seinen Lendenschurz abnimmt und das Scriptgirl flachlegt."

„Ach, Mildred, es ist nicht so, wie du denkst."

„Buster, ich bin weder deine Mutter noch deine Frau. Wenn du rummachen willst, ist das deine Sache. Ich möchte nur, dass du am Set auftauchst und deinen Text kannst, das ist alles."

„Natürlich, natürlich", versicherte Spurlock. Er nickte Homer zu. „Freut mich. Wir sehen uns dann am Set." Klappernd fiel die Fliegengittertür hinter ihm zu.

Homer wandte sich an Miss Trumball. „War das wirklich Buster Spurlock?", wollte er wissen.

„Höchstpersönlich. Denken Sie jetzt nichts Falsches, Buster ist kein übler Kerl. Er raucht nicht und trinkt nicht, können Sie sich das vorstellen? Aber er hat eine Schwäche für die Damenwelt. Wie ist es bei Ihnen, Omar? Haben Sie auch eine Schwäche für die Damen?"

„Nur für eine."

„Eloise?"

„Nennen Sie sie, wie Sie wollen, sie ist die Einzige für mich."

Miss Trumball lachte. „Na, dann seien Sie mal vorsichtig hier. Diese jungen Mädchen – und Eric stellt keine ein, die keine Schönheiten sind – drehen am Filmset total durch. Sie wollen die Fantasie nicht nur spielen, sondern auch erleben, verstehen Sie?"

Langsam verstand Homer, was Miss Trumball meinte. Und er mochte sie sogar. Er hoffte nur, dass es Elsie gut ging, wo immer sie sein mochte. Und er hoffte auch, dass sie ihr nicht das Haar glätteten. Er mochte es gelockt.

***

Elsie wurde von den Maskenbildnern zu einem anderen Häuschen an derselben Straße geführt. Nachdem Trish und Tommy ihr erklärt hatten, dass sie in einem Film namens *Tarzans Vergeltung* mitspielen sollten, war Elsie ganz und gar verzückt. „Ich wollte schon immer Schauspielerin werden", sagte sie.

„Sie sind ein Double, keine Schauspielerin", sagte Trish.

„So was wollte ich auch schon immer werden."

Das Häuschen, in dem die berühmte Schauspielerin Maude O'Leary wohnte, war eigens für sie rosa gestrichen worden. Die Einrichtung war ebenfalls rosafarben, bis hin zu den kleinen herzförmigen Kissen, die auf dem Sofa und den Stühlen drapiert waren. Beim Eintreten warf sie einen Blick ins Schlafzimmer, dessen Wände ebenfalls rosa gepinselt worden waren, während der Bettüberwurf blau war, was nach Elsies Meinung einen hübschen Kontrast abgab. Die berühmte Schauspielerin, die einen seidenen Morgenmantel trug – unpassenderweise in Grün –, saß mit einer

Zigarette zwischen den Lippen auf dem Sofa und hatte ein Drehbuch auf dem Schoß. Trotz der sich beißenden Farben fand Elsie, dass die O'Leary die schönste Frau war, die sie in ihrem ganzen Leben gesehen hatte. Als die Schauspielerin aufblickte und mit ihren umwerfenden, großen blauen Augen blinzelte – Augen, für die Elsie ihre braunen Augen ohne eine Sekunde zu zögern hergegeben hätte –, war Elsie ihr ganz und gar verfallen und absolut bereit, vor ihr auf die Knie zu gehen und diese sterbliche Göttin anzubeten.

„Wer zum Teufel ist das denn?", fragte die Göttin. Sie nahm die Zigarette aus dem Mund und drückte sie energisch in einem Aschenbecher aus.

„Das ist Eloise", sagte Trumball, die gerade durch die Fliegengittertür trat. „Sie ist Ihr neues Double."

„Was ist mit dem letzten passiert? Ach, ich will's gar nicht wissen. Buster hat sie so lange gevögelt, bis sie nicht mehr lang genug stehen konnte, um in einen Topf zu pissen. Stimmt's?"

„Fast", gab Tommy zu. „Ich befürchte, dass er ihr Leiden noch verstärkt hat, indem er ihr auch noch einen Platz in seinem Bett angeboten hat. Am Ende war die junge Dame so verwirrt, dass sie tausend Dollar aus der Portokasse gestohlen hat und weggelaufen ist."

„Ich kann's der kleinen Schlampe nicht verübeln!", erklärte die O'Leary. „Die beiden Mistkerle sind so ziemlich das mieseste, was man in Hollywood flachlegen kann. Hat man mir jedenfalls erzählt." Sie streckte die Beine aus und machte eine Scherenbewegung. „Zwischen diesen hübschen Schenkeln wird man keinen von beiden jemals finden! Möchtest du einen Drink, Schätzchen?"

„Na ja ... durstig bin ich schon", antwortete Elsie. Sie war immer noch ganz benommen in der Gegenwart der berühmten Schauspielerin.

„Sie hat dabei nicht unbedingt an Wasser gedacht, Eloise", sagte Trumball, die das Häuschen ohne Anklopfen betreten hatte. „Und tut mir leid, Maude, aber Eric hat angeordnet, dass der Alkohol vormittags unter Verschluss bleibt."

„Leck mich doch, Mildred, und Eric genauso", knurrte die O'Leary, dann lachte sie und klopfte auf das Kissen neben sich. „Setz dich doch, meine Liebe, lass dich mal anschauen. Oh, du bist ja eine richtig Hübsche. Für solche Haare würde ich morden – vor allem meinen Mann, der in diesem Moment wahrscheinlich gerade unser Hausmädchen bumst. Und deine Haut. Dieses Schimmern! Woher bist du? Bist du Deutsche?"

„Engländerin, Irin und Cherokee", erklärte Elsie.

Mildred lächelte. „Sag ich doch – Deutsche."

„Ja, Ma'am", erwiderte Elsie.

„*Ja, Ma'am!* Du lieber Gott, hier haben wir ja eine richtige kleine Südstaatenlady. Weißt du, wo ich herkomme, Eloise? Ellis Island via Polen, jawohl! Mein richtiger Name lautet Oshinski. Ist das zu fassen? Mein Agent meinte, das klingt schrecklich, deshalb sollte ich von nun an Maude O'Leary heißen, und hier sitze ich nun, eine Polin, die ein Mädchen von der grünen Insel mimt. Und dafür muss man ganz schön gut schauspielern können, meine Gute! Steh mal auf. Dreh dich einmal im Kreis, bitte! Oh, verdammt! Neben deinem Arsch sieht meiner aus wie zwei dicke Kissen. Scheiße! Siehst du das, Mildred?"

„Natürlich, Maude", sagte Miss Trumball, während Elsie feuerrot wurde. „Komm mit, Eloise, lassen wir Miss O'Leary ihren Text lernen, damit sie heute Nachmittag ihre Szene spielen kann."

„Ich werd das ganze Team fertigmachen." Die O'Leary grinste breit. „Ich wette hundert Dollar mit euch, dass Buster und Eric beide einen Ständer kriegen, wenn ich auftrete."

„Ich würde nie dagegen wetten, dass du jedem beliebigen Mann einen Ständer verschaffen kannst, Maude", sagte Miss Trumball und zwinkerte Tommy zu, bevor sie eine gründlich verwirrte Elsie mit nach draußen zog.

„Du lieber Himmel, ich wusste gar nicht, dass eine Frau derartig fluchen kann", sagte Elsie.

„Ach, Schätzchen, die hat noch nicht mal richtig angefangen. Aber sie hat schon ein großes Talent, das muss man ihr lassen. Buster muss meistens bloß grunzen, während die Drehbuchautoren lange Monologe für sie schreiben, um das Defizit auszugleichen. Ich weiß nicht, wie sie es anstellt, aber irgendwie schafft sie es tatsächlich."

„Glauben Sie, sie könnte mir das Schauspielern beibringen?", fragte Elsie.

„Schauen Sie ihr einfach zu, Schätzchen, auf die Art lernt man es am besten."

„Oh, ich werde ihr zuschauen", versicherte Elsie. „Ich werde ihr jede Sekunde zuschauen." Sie blickte sich schüchtern um. „Ist mein ... äh ... mein Hintern denn wirklich so ... hübsch?"

„Ach, Schätzchen." Miss Trumball lachte. „Es ist wahrscheinlich ganz gut, dass Sie keine Ahnung haben, wie schön Sie sind. Sonst würden Sie die Männerwelt ganz gewaltig auf den Kopf stellen, glaube ich."

„Ich hatte mal einen Freund, der zu mir gesagt hat, dass ich hübsch bin, aber ich hab ihm nie so richtig geglaubt. Er ist auch Schauspieler. Buddy Ebsen."

Miss Trumball runzelte die Stirn. „Von dem hab ich schon mal gehört. Der tanzt doch auch, oder? Und der war Ihr Freund? Woher ist Omar eigentlich?"

„West Virginia."

„Wirklich? Und was macht er da?"

„Er ist Bergarbeiter."

„Das erklärt die Muskeln. Da haben Sie wirklich einen Adonis, junge Dame!"

Zu ihrer eigenen Verwunderung begann ihre Unterlippe zu zittern, eine Träne entwischte ihren Augen und rann Elsie über die Wange. Sie wischte sie hastig weg.

„Na, na, was ist denn?" Miss Trumball legte eine Hand auf Elsies Schulter. „Wie kann sich so ein hübsches Gesicht so verfinstern?"

„Bis jetzt war ich sicher, dass ich Homer verlassen würde. Ich meine – Omar."

„Wirklich? Also, sobald Sie sicher sind, dass Sie ihn wegschicken wollen, geben Sie mir bitte Bescheid. Ich würde mich gerne in die Reihe seiner Verehrerinnen einfügen. Obwohl die wahrscheinlich ziemlich lang sein wird."

Überrascht von diesem Geständnis blickte Elsie auf und schniefte. „Meinen Sie?"

„Ich weiß es, Schätzchen. Der Mann, den Sie sich da geangelt haben, ist wirklich ein verdammt heißer Kerl."

Elsie musterte Miss Trumballs ausdrucksvolles Gesicht

und stellte fest, dass sie nicht log. Dann erinnerte sie sich daran, wie sie Homer zum ersten Mal beim Basketballspiel gesehen hatte und wie gut aussehend sie ihn gefunden hatte. Tja, gut aussehend war er immer noch und klug auch. Das fand zumindest Captain Laird, und wer war klüger als Captain Laird? Nach diesen ungebetenen Lobeshymnen auf ihren Mann dachte sich Elsie, dass sie den Entschluss, ihn zu verlassen, vielleicht ein bisschen übereilt hatte. Vielleicht musste sie ihm einfach noch eine Chance geben. Vielleicht.

38. Kapitel

Zu Homers Befremdung kam Elsie an diesem Abend zu ihm ins Bett, wie jede verheiratete Frau zu ihrem Mann ins Bett kommen würde. Offenbar war sie romantischer Stimmung, und Homer kam ihren Wünschen vorsichtig entgegen, obwohl er befürchtete, dass ihre Gunst nur vorübergehend war.

Am nächsten Tag lasen sie das Drehbuch, und da Elsie darauf bestand, probten sie ein paar Szenen. Homer kam sich lächerlich dabei vor. Seine Rolle verlangte meistens nicht mehr als ein Grunzen.

Elsie presste ihr Drehbuch an die Brust und sagte: „Du bist von Affen großgezogen worden, das ist wahr – aber du bist kein Affe. Du bist ein Mensch! Ein Mann, Tarzan! *Ein menschlicher Mann.* Verstehst du?"

„Ich weiß nicht, Elsie", sagte Homer und ließ das Drehbuch sinken. „Mir kommt es doch so vor, als müsste Tarzan bemerkt haben, dass er kein Affe ist. Ich meine – warum hätte er sich sonst einen Lendenschurz gemacht? Affen tragen so was nicht, soviel ich weiß."

Elsie starrte ihn an. „Warum musst du immer alles so wortwörtlich nehmen?"

Homer dachte kurz über ihre Frage nach. „Vielleicht hat es mit dem Kohlebergbau zu tun. Wenn man ein Dach nicht wortwörtlich nimmt, dann könnte es einem buchstäblich auf den Kopf fallen."

Elsie machte den Mund auf und wollte schon widersprechen, da schüttelte sie den Kopf und wandte sich wieder ihrem Drehbuch zu.

„Gut, probieren wir diese Szene mal. Jane entdeckt Tarzan auf einem Baum und versucht, ihn herunterzulocken."

Homer blätterte zu der entsprechenden Szene. „Da hab ich ja gar keinen Text."

„Wunderbar", sagte Elsie, und dann vertiefte sie sich in die Zeilen. Homer ging zum Kühlschrank, um sich einen Orangensaft zu holen.

Am Nachmittag arrangierte Miss Trumball eine Fahrt auf einem Boot mit Glasboden für Homer, Elsie und Albert. Das Wasser von Silver Springs war so klar, dass es Homer vorkam, als würde das Boot in der Luft schweben, wenn er durch die Glasscheibe zu seinen Füßen blickte.

Albert gab sein glückliches *Yeah-Yeah-Yeah* zum Besten, und dann sprang er über Bord. Elsie schaute ihn verblüfft durch den Glasboden an. Er hielt mühelos mit der Geschwindigkeit des Bootes mit, während er in Spiralen durchs Wasser schwamm. „Mein kleiner Junge", schwärmte Elsie. „Er ist so ein guter Schwimmer."

„Kein Wunder, Elsie", meinte Homer. „Schließlich ist er ein Alligator."

„Ich wette, er kann schneller schwimmen als jeder andere Alligator auf der Welt."

Homer ließ sich auf keinen Streit ein, immerhin hatte Albert ihm im Meer zweimal das Leben gerettet. Doch auf einmal sah er einen großen, dunklen Schatten unter dem

Boden huschen. Homer begriff, dass es ein anderer Alligator war, und der war um einiges größer als Albert.

„Oh mein Gott!", schrie Elsie. „Der hat es auf Albert abgesehen!" Sie wandte sich an den Bootsführer. „Tun Sie doch was!"

„Bedaure, Ma'am", sagte er, „aber da kann man nichts tun. Das ist ein Alligatorenmännchen, und der mag es nicht so gern, wenn ein anderer Alligator hinter seinem Harem herschnüffelt. Ich schätze, Sie haben gerade Ihr Haustierchen verloren."

Homer konnte zuverlässig erraten, wie die nächsten drei Worte aus Elsies Mund lauten würden, und er war nicht überrascht, als sie kamen.

„Homer, *tu was!*"

Homer stand auf und griff sich einen Bootshaken, der in der Ecke des Bootes lehnte.

„Folgen Sie den Alligatoren!", sagte er.

Der Bootsführer sah, dass es Homer ernst war, vor allem weil er den Bootshaken so hielt, als könnte er ihn auch jederzeit gegen ihn einsetzen, also wendete er und folgte den beiden Tieren. Sobald sie das große Männchen erreichten, kletterte Homer auf den Bug und stach ihm in den Kopf. Der Alligator machte sofort kehrt.

Eine Minute später hatten sie Albert eingeholt. Da er keinen anderen Ausweg sah, sprang Homer ins Wasser, fasste Albert beim Schwanz und drehte ihn um, dann legte er einen Arm um ihn, um sich auf ihn zu stützen.

„Bitte, Albert", sagte er, „deine Mutter macht sich schon Sorgen."

Albert bewegte den Kopf vor und zurück, vielleicht hielt

er noch Ausschau nach dem großen Männchen, und dann zog er Homer zurück zum Boot.

Homer strampelte wie wild im Wasser, bis er Albert endlich zu Elsie hochgereicht hatte. Sie fasste ihn unter den Vorderbeinen, der Bootsführer half ihr, und dann fiel Elsie rücklings ins Boot, die Arme fest um ihren Alligator geschlungen.

„Oh Albert, ich war so sicher, dass du gefressen wirst!"

Homer, der gerade wieder ins Boot kletterte, hätte sie gern daran erinnert, dass er, Homer, ebenfalls hätte gefressen werden können, wenn es dem großen Alligatorenmännchen eingefallen wäre, noch einmal umzukehren. Doch dann wurde ihm klar, dass es vergebliche Liebesmüh war.

„Die liebt diesen Alligator ja ganz schön", bemerkte der Bootsführer.

„Mehr als alles andere", bestätigte Homer. „Und auch mehr als jeden anderen."

Am Abend kam Miss Trumball bei ihrem Häuschen vorbei. „Morgen ist ein wichtiger Tag", sagte sie. „Wir drehen die Baumhausszene, da müssen Sie Buster und Maude doubeln. Sie haben doch das Lager unten am Hafen gesehen, oder? Dort ist das Filmset. Sie müssen um Punkt sechs Uhr morgens dort sein. Nehmen Sie diesen Wecker hier. Verspäten Sie sich nicht!"

Homer war nicht der Typ, der jemals irgendwohin zu spät kam. Am Abend stellte er den Wecker auf vier Uhr, stand auf und kochte Kaffee, dann weckte er Elsie und machte ihr einen Toast mit Butter.

„Ich hätte doch Frühstück machen können", sagte sie

und streckte sich in ihrem Seidenpyjama, den Miss Trumball ihr geliehen hatte, was sehr hübsch aussah. Sie bot einen wunderschönen Anblick, der Homer geradezu den Atem verschlug, doch er konzentrierte sich auf die Arbeit, die ihnen bevorstand.

„Das wird bestimmt lustig", meinte er.

„Hast du dein Kostüm?"

„Wenn man einen Lendenschurz überhaupt so nennen kann. Sie haben gesagt, ich könnte meine Unterwäsche anlassen, wenn sie schwarz ist. Ich meinte, von schwarzer Unterwäsche hab ich ja noch nie gehört, und aus irgendeinem Grund fanden sie das furchtbar komisch."

„Ich darf eine Safari-Ausrüstung tragen", sagte Elsie. „Mit Tropenhelm sogar!" Sie probierte ihn an. „Na, was meinst du?"

Homer fand, dass sie hinreißend aussah, doch dann sagte er im Scherz: „Du siehst lächerlich aus", und Elsie strafte ihn prompt mit einem Stirnrunzeln. Aber es war kein wirklich böses Stirnrunzeln, und Homer dachte sich, dass Elsie sich vielleicht einen Kuss gefallen lassen würde, nur vielleicht. Er machte einen Schritt auf sie zu, doch sie wandte sich zu Albert und gab ihm einen Kuss auf den Kopf.

„Albert, heute holt dich Chuck ab, der Reptilientrainer", erklärte sie. „Er wird dir zeigen, wie du mit Buster Spurlock raufen musst. Das wird bestimmt ein Spaß, oder?"

Albert machte sein *Yeah-Yeah-Yeah*-Geräusch.

Homer sah zu, wie Elsie den Alligator in den Arm nahm, und wünschte sich in diesem Moment, ein kaltblütiges Lebewesen zu sein.

„Na, komm, Elsie", sagte er. „Wir wollen uns an unserem ersten Tag doch nicht verspäten."

Am Lager waren die Beleuchter und der Regisseur und die Regieassistenz schon fieberhaft am Werk, den Drehort vorzubereiten, während die Scriptgirls und die Drehbuchautoren mit geheucheltem Interesse zusahen und still unter ihrem Kater litten.

„Wenn diese Wichser meinen, sie könnten einen John Bakersfield über den Tisch ziehen, dann sollen sie mal sehen!", schrie Bakersfield gerade, als Homer und Elsie hereinkamen. „Da verzichte ich lieber auf ihre Studios und drehe hier – kostenlos!"

Miss Trumball trat zu ihnen. „Eric ist gerade etwas gereizt. Er hat ein Telegramm vom Studio bekommen, das uns eine völlig überzogene Nutzungsgebühr abknöpfen will. Eigentlich wollten wir ein Studio für die Innenaufnahmen nehmen. Jetzt hat John entschieden, dass wir alles in diesem Lager drehen."

Elsie entdeckte das Set mit der Schilfhütte.

„Das ist ja schön", sagte sie begeistert.

„Freut mich, dass es Ihnen gefällt", sagte Miss Trumball. „Sie werden sich das heute nämlich noch eine ganze Weile anschauen können." Sie winkte einem der Regieassistenten zu, einem schlanken jungen Mann in enger Kakihose und braunen Stiefeln. „Donald? Komm doch mal her und bring unsere Doubles in die Maske."

Sofort eilte ein Mann zu Homer und Elsie herüber. „Gehen Sie mit diesem jungen Mann hier", befahl Miss Trumball.

Donald führte Homer und Elsie in die Maske, die nicht

mehr war als durch Vorhänge abgeteilte Kämmerchen in der Lagerhalle. In Homers Kabuff wartete eine junge Frau mit Rasierzeug. „Würde es Ihnen etwas ausmachen, wenn ich Ihnen die Brust rasiere?"

Homer errötete. „Geht in Ordnung", sagte er und fügte sich den Anforderungen seines Jobs.

Elsies Ankleide grenzte direkt an die von Homer. „Ihre Haut ist perfekt", hörte er Trish zu Elsie sagen.

„Wenn sie so perfekt ist, warum müssen Sie mir dann dieses ganze Zeug drauftun?", gab Elsie zurück.

„Weil das Licht so hart ist, und die Kamera sagt nicht immer die Wahrheit", erklärte Tommy. „Vertrauen Sie uns. Wir wissen schon, was wir tun."

Nachdem Homers Brust rasiert und Elsie und er nach allen Regeln der Kunst mit Puder und Lippenstift traktiert worden waren, traten sie hinter den Vorhängen hervor und wurden vom zweiten Regieassistenten angewiesen, sich vor das Baumhaus zu stellen. Danach mussten sie sich hinknien und anschließend in die Arme nehmen. Schließlich musste Elsie noch in die Hütte krabbeln und Homer hinter ihr her. Während sie diese Anweisungen ausführten, fummelte Bakersfield an den Scheinwerfern herum, ehe er die Vorbereitung der Kulissen für die nächste Szene anordnete.

„War es das schon?", erkundigte sich Homer bei Miss Trumball.

„Was wollten Sie denn machen? Eine Tonne Kohle schaufeln? So ein Filmdreh besteht in erster Linie darin, herumzustehen und zu warten."

Homer dachte über Miss Trumballs Erklärung nach.

„Ich kann nicht besonders gut rumstehen", gestand er. „Vielleicht könnte ich ja beim Fegen oder beim Mülltransport helfen."

Miss Trumball stellte sich auf Zehenspitzen und gab Homer ein Küsschen auf die Wange. „Sie sind mir einer! Sagen Sie mal, sind eigentlich alle Bergarbeiter wie Sie?"

„So ziemlich."

„Dann werde ich mir nach Drehende ein Busticket lösen und so viele Bergarbeiter wie möglich nach Hollywood holen. Hier könnten wir ein paar Männer von Ihrem Kaliber gebrauchen."

***

Elsie machte es gar nichts aus, herumzustehen und zu warten, bis der Regisseur und das Beleuchterteam und die Kameraleute alles für die nächste Szene vorbereitet hatten. Es gab so viele interessante Dinge zu sehen! Sie konnte sich nicht entsinnen, jemals so viel Spaß gehabt zu haben. Jetzt verstand sie auch, warum Buddy weggegangen war, um beim Film zu arbeiten.

„Omar sieht wirklich gut aus, Eloise", sagte Trish, während sie Elsie die Nase puderte.

„Finden Sie?"

„Oh, das finden wir hier alle", sagte Tommy, und Elsie sah ihn mit hochgezogenen Augenbrauen an. Er erwiderte ihren Blick, ebenfalls mit hochgezogenen Brauen. „Jetzt schauen Sie doch nicht so überrascht, Schätzchen", meinte er. „Sie sind nicht das einzige hübsche Ding hier, das eine Schwäche für muskulöse Jungs hat."

Zufällig hörte Elsie, wie Bakersfield etwas sagte. „Ich würde ja zu gern einmal die komplette Verführungsszene durchgehen, aber wir haben einfach nicht genug Zeit, um den beiden Amateuren zu zeigen, wie sie sich bewegen sollen."

Elsie stürmte aus der Maske und ging zu ihm.

„Mr. Bakersfield", sagte sie. „Ich kann den gesamten Text von Jane, und Homer – äh, ich meine Omar –, kann den Text von Tarzan. Wir haben ihn einstudiert."

„Wer hat Ihnen das Recht gegeben, irgendetwas zu studieren?", knurrte Bakersfield. „Kennen Sie auch alle Regieanweisungen?"

„Wenn die so im Drehbuch stehen, dann ja."

Bakersfield zuckte mit den Schultern. „Na gut. Ich bin in einer verzweifelten Lage. Versuchen wir's einfach."

Und sie versuchten es. Elsie spielte eine Szene, in der sie auf einem neben Tarzans Baumhaus liegenden Ast erwachte und Homer in ein paar Metern Entfernung in seinem Lendenschurz stehen sah. Dann schrie sie auf, woraufhin Homer über den Ast balancierte, sich vor sie kniete und anstarrte.

„Wer bist du? *Was* bist du?", rief Elsie beherzt, und als Homer eine angemessen verwirrte Miene zur Schau stellte, fügte sie hinzu: „Warum hast du mich hierhergebracht? Was hast du mit mir vor? Willst du mich küssen?"

„Das mit dem Küssen steht aber so nicht im Drehbuch", teilte das Scriptgirl dem Regisseur mit.

„Weiterdrehen", schnauzte Bakersfield. „Mir gefällt das!"

„Willst du mich küssen?", wiederholte Elsie.

„Die spielt sich ja die Seele aus dem Leib!", meinte Miss Trumball.

„Das wird den männlichen Kinobesuchern herzlich egal sein", erwiderte Bakersfield. „Wer hat ihr eigentlich die Bluse aufgeknöpft?"

„Hm … ich glaube, das hat sie selbst gemacht."

***

Homer hatte aufgehört zu schauspielern, denn jetzt war er echt verwirrt. Wollte Elsie wirklich, dass er sie küsste, oder richtete Jane die Frage an Tarzan oder Eloise an Omar? Da riskierte Homer es einfach und gab Elsie einen Kuss.

„Cut!", schrie Bakersfield. „Omar, tun Sie so, als wollten Sie sie ausziehen!"

„Wie bitte, Mr. Bakersfield?" Homer drehte sich um und beschattete seine Augen gegen das gleißende Scheinwerferlicht. „Was sagten Sie?"

„Reißen Sie ihr die Klamotten vom Leib, mein Lieber! Ach, verstehe, Sie brauchen erst den richtigen Beweggrund. Also, Ihr Blut ist in Wallung. Jane, Sie schreien und wehren sich, aber dann geben Sie nach. Verstanden?"

„Ja, Sir!", schrie Elsie.

„Gut." Bakersfield schaute den Kameramann an, der trotz seiner kecken, schief aufgesetzten Baskenmütze eher einem Bauern aus dem mittleren Westen ähnelte als einem Franzosen. „Clarence, bist du bereit?"

Clarence schnallte den Gürtel unter seinem Schmerbauch enger. „Gib mir einfach mein Stichwort", antwortete er lakonisch.

„Stichwort, verdammt!"

„Kamera läuft!"

„Und Action!"

Homer berührte Elsies Bluse, doch sie packte seine Hand und drückte sie an ihre Brust. „Pack zu, aber richtig!", zischte sie ihm zu. Im ersten Moment war er zwar schockiert von ihrer Kühnheit, doch er spielte mit, weil es offenbar zu seinem Job gehörte. Sie wich zurück, wobei ihre Bluse aufriss und die Knöpfe abplatzten. Bakersfield stand von seinem Regiestuhl auf, jubelte, als Homer weiter an der Bluse zerrte (wobei Elsie seine Hand an der richtigen Stelle festhielt), bis Elsie rückwärts ins Baumhaus stolperte. Nach einem unschlüssigen Moment kroch Homer ihr hinterher. Wenige Sekunden später war Bakersfield ihnen auf allen vieren nachgekrabbelt.

„Bravo, *bravo!* Mann, wenn Buster und Maude das bloß genauso hinkriegen könnten!"

Als Homer, Elsie und der Regisseur aus dem Baumhaus traten und den Beifall des ganzen Filmteams entgegennahmen, waren Buster Spurlock, der auffallend zurückhaltend applaudierte, und Maude O'Leary auch schon am Set.

„Hast du das mit angesehen, Buster?", fragte Bakersfield, als er ihn sah. „Wenn ich auch nur halb so viel pure animalische Lust von dir zu sehen bekomme, dann haben wir sie."

Der Schauspieler blies sich auf. „Willst du damit sagen, dass meine Leistung nicht gut genug war?"

„Das hast du gesagt, Buster. Nicht ich."

Spurlock drehte sich auf dem Absatz um, stolzierte aus dem Lager und knallte die Tür hinter sich zu. Maude

O'Leary lachte. „Verdammt, ich krieg die Szene noch besser hin, dazu müsst ihr mir bloß *diesen Mann* geben!"

Bakersfield dachte kurz über diesen Vorschlag nach. „Wenn Omar seinen Kopf ein bisschen in diese Richtung ... ja, ich glaube, das könnte schon gehen. Geh rauf da, Maude. Einfach improvisieren. Und du, Eloise, komm runter. Runter da. Maude, bitte schön!"

Homer bemerkte, wie Elsie widerwillig das Set verließ.

„Na, möchtest du mich küssen, mein Großer?", fragte ihn die O'Leary und lachte heiser. „Ja. Und ob du willst. Das wollen sie doch alle!"

„Kamera läuft", seufzte Clarence, der Kameramann.

„Action!", rief Bakersfield.

„Warum hast du mich hier hochgebracht, du Riesenaffe?", fragte die O'Leary. „Oh, du meinst wohl auch, du bist so groß und stark. Na ja, du bist ja auch groß und stark ... Hör zu, du brauchst dir gar nicht einzubilden, dass du mich küssen könntest."

Homer rief sich die Szene mit Elsie in Erinnerung und vermutete, dass der Regisseur sich eine Wiederholung wünschte, also legte er seine Hand auf die Bluse der Schauspielerin und zerrte daran, woraufhin die O'Leary sich umdrehte, die Bluse aufriss und die Knöpfe nur so durch die Luft flogen. Offensichtlich zufrieden mit seiner Vorstellung schrie die O'Leary auf und ließ sich rückwärts in die Hütte hineinfallen. Homer kniete nieder und kam ihr hinterher.

„Cut!", schrie Bakersfield. „Ja, das ist perfekt, absolut perfekt. Eine oscarreife Leistung, Maude. Was für eine Schauspielerin!"

Im Baumhaus packte die O'Leary Homer und zog ihn auf sich. „Weißt du was?", sagte sie. „Mein Häuschen ist nie abgeschlossen."

„Unseres auch nicht", sagte Homer. „Miss Trumball hat uns keinen Schlüssel gegeben."

Die O'Leary lachte, dann legte sie ihre Hand auf Homers Nacken und zog ihn zu einem langen Kuss an sich. „Keine Unterwäsche!" Sie lachte. „Solche Männer mag ich."

Schockiert machte er sich von ihr los und schob sich von ihr herunter.

„Hat es dir nicht gefallen?", fragte sie.

„Gefallen schon", sagte er wahrheitsgemäß. „Aber ich wusste einfach, dass es nicht recht ist."

Die O'Leary lachte wieder. „Junge, Junge, wenn du eine Pralinenschachtel in meinem Haus wärst, wären nach zehn Minuten nur noch leere kleine Papiermanschetten von dir übrig."

※※※

Indessen war Bakersfield immer noch ganz aus dem Häuschen. „Mildred, diese Szene allein wird unseren Film zum Kassenschlager machen."

Elsie, die neben Tommy stand, schniefte. „Ich versteh nicht, was alle daran finden."

Tommy grinste. „Mädel", sagte er. „Das hat wirklich haargenau so ausgesehen, als würde dieser Mann ihr hinterherkriechen, um eine heiße Nacht mit ihr zu verbringen."

„Tja, das kann er aber nicht tun."

„Warum nicht?"

„Weil er ..." Elsie hielt inne und dachte über ihre nächsten Worte nach. „Weil ich seine Ehefrau bin."

„Wirklich? Ich wollte schon immer eine Ehefrau sein."

„Ich auch", sagte Elsie wehmütig. „Ich auch."

39. Kapitel

Was als Nächstes passierte, konnte so wirklich nur im Film passieren. Beziehungsweise, wie in diesem Fall, beim Drehen eines Films. Spurlock war so gedemütigt von den Lobeshymnen des Regisseurs auf Homer, dass er darauf bestand, die Aufnahme zu wiederholen, bei der Homer auf einen Ast klettern und sich eine ganze Szene lang von der einen Liane zur nächsten schwingen musste.

„Das kannst du nicht machen, Buster", protestierte Bakersfield. „Wenn du dich verletzt, können wir den Laden gleich dichtmachen."

„Wenn ich dein Star bin, warum hast du dann die Szene mit Maude im Baumhaus nicht mich machen lassen?"

„Weil Omar sie perfekt abgeliefert hat. Mach dir keinen Kopf. Sein Gesicht war die ganze Zeit abgewandt, die Leute werden trotzdem glauben, dass du es bist."

„Ich war es aber nicht, und es wird nicht lange dauern, bis es jeder weiß. Und dann bin ich die Lachnummer."

„Rühr dieses Seil nicht an, Buster. Das ist ein Befehl!"

Spurlock wartete, bis der Regisseur ihm den Rücken zudrehte, dann kletterte er die Leiter bis zu dem Ast empor, neben dem die Liane hing.

„Schaut her", sagte er und sprang, und er sprang, und er schrie seinen Tarzanschrei, bis er unten aufschlug und sich den Arm brach.

Zu allem Übel bekam Maude O'Leary auch noch ein Angebot von John Ford, die Hauptrolle in einem seiner Western zu übernehmen. „Tut mir leid, Schätzchen, ich bin hier ohnehin schon länger als vertraglich vereinbart", sagte sie zu Bakersfield und küsste ihn auf den kahlen Kopf. „Und der Ruhm ruft immer nur einmal, das musst du verstehen."

„Ford wird dir die Rolle der betrunkenen Nutte in der Bar geben, du wirst keine dreißig Sekunden im Film vorkommen, und das wird das Letzte sein, was man überhaupt von dir sehen wird", prophezeite der Regisseur. Dennoch gab er ihr ein Küsschen auf die Wange und schickte sie los. Sie nahm den nächsten Zug nach Kalifornien.

Bakersfield ließ sich auf seinen Regiestuhl plumpsen, während sich die Beleuchter und Regieassistenten und Drehbuchschreiber davonstahlen und versteckten. Die Einzige, die Courage zeigte, war Miss Trumball, indem sie sich einen leeren Stuhl (der Name MAUDE O'LEARY prangte auf der Rückenlehne) heranzog, die Ellbogen auf die Oberschenkel stützte und das Kinn auf die Hände.

„Sprechen Sie mit mir", sagte sie. „Sagen Sie mir, was Sie bedrückt."

„Ich bin verloren, Mildred. Verloren. Ich habe kein Geld mehr und keine Zeit, und ich muss immer noch fünf Außenszenen drehen." Bakersfield schleuderte das Drehbuch in die Luft, das mit einem dumpfen Plumpsen auf den Boden fiel.

„Es gäbe da schon eine Möglichkeit", meinte Miss Trumball. „Omar und Eloise."

Bakersfield lachte freudlos auf. „Die beiden sind jung

und sehen gut aus, aber auch wenn sie diese eine Szene ganz gut gemacht haben – sie sind und bleiben Amateure."

„Hören Sie mir mal zu, Eric. Bevor ich Ihr Mädchen für alles wurde, war ich eine der besten Schauspiellehrerinnen des ganzen Broadways. Ich kann die beiden so instruieren, dass sie sich genauso wie Buster und Maude bewegen."

„Selbst wenn Ihnen das gelingt", sagte der Regisseur, „müsste das Publikum trotzdem nur noch einen Blick auf ihre Gesichter werfen, um zu merken, dass es eben nicht Buster und Maude sind."

„Sie sind der beste Regisseur, den Hollywood zu bieten hat. Sie sind ein Meister der Kameraführung. Sie können hier einen Darsteller im richtigen Augenblick wegschauen lassen und dort eine Aufnahme aus der Ferne drehen. Wenn Sie am Ende im Schneideraum sitzen, haben Sie kilometerweise Nahaufnahmen von Ihren Stars zum Einfügen."

Bakersfield hob den Kopf. „Glauben Sie wirklich, das wäre möglich?"

„Ich glaube, dass *Sie* es möglich machen können."

„Holen Sie die beiden." Bakersfield drückte ihre Hand. „Holen Sie diese zwei wunderbaren, großartigen jungen Leute, und dann *machen wir einen Film!*"

※※※

„Also, Omar, die Szene sieht folgendermaßen aus", sagte Bakersfield zu Homer. „Eloise alias Jane steht da drüben, sie ist von den bösen Pygmäen gefangen genommen worden …"

„Von den bösen Pygmäen?", hakte Homer nach. „Ich dachte immer, die Pygmäen sind so freundliche Menschen."

„Wo haben Sie das denn her?"

„Aus dem *National Geographic*."

„Ach, das ist doch ein mieses Schmierblatt voll falscher Behauptungen. Sie müssen sich vorstellen, dass es kein böseres Volk auf Erden gibt als die Pygmäen. Diese Pygmäen hier sind sogar besonders böse, und obendrein sind sie Kannibalen. Sie haben Jane schon gefesselt, sehen Sie?"

Homer sah, dass Elsie tatsächlich gefesselt war. Sie stand mit ausgebreiteten Armen zwischen zwei Pfosten, die in einem nachgestellten Pygmäendorf in den Boden gegraben waren. Offenbar hatten die Pygmäen auch nichts für Bekleidung übrig, denn die hatten sie Jane zum Großteil vom Leibe gerissen, sodass sie nur noch zwei kunstvoll drapierte Stoffstreifen trug, die genau an den richtigen Stellen saßen, um die Zensoren zu beschwichtigen. Homer war es unangenehm, seine Ehefrau so halb nackt präsentiert zu sehen, doch Elsie schien es geradezu zu genießen.

„Wollen wir die Szene noch einmal proben, Mr. Bakersfiel?", fragte Elsie.

„Wir proben doch gerade, meine Liebe", antwortete der Regisseur.

„Hilfe, zu Hilfe!", heulte Elsie, als sich die braun bemalten Kleinwüchsigen um sie versammelten, die man als Pygmäendarsteller angeheuert hatte. „Ich bin in großen Schwierigkeiten! Diese bösen Pygmäen sind so gemein, und einer – *aua!* – hat mich sogar schon gezwickt!"

„Sie haben an dieser Stelle keinen Text, meine Liebe", erklärte Bakersfield. „Und du, Harry, lass das gefälligst!

Ich hab dir schon zehnmal gesagt, du sollst aufhören, die Mädchen am Set zu kneifen, oder? Also, Omar, Sie klemmen sich jetzt dieses Messer zwischen die Zähne – nein, andersrum – und kommen angerannt, stoßen die Pygmäen beiseite und schneiden Jane los. Sie wird ohnmächtig, und Sie tragen sie …"

„Entschuldigen Sie, Mr. Bakersfield", unterbrach Elsie. „Jane würde nicht in Ohnmacht fallen. Sie lebt im Dschungel und ist sehr tapfer. Warum sollte sie ohnmächtig werden?"

„Weil es so im Drehbuch steht", erwiderte Bakersfield.

Als Elsie den Mund wieder aufmachte, um weiterzustreiten, ging Miss Trumball dazwischen. „Sie wird ohnmächtig, weil die Pygmäen ihr einen ganzen Tag lang nichts zu essen und zu trinken gegeben haben. Außerdem kommt noch die Hitze dieser ganzen Körper dazu, die sich dicht um sie drängen. Dass sie dann in Tarzans Armen ohnmächtig wird, ist reiner Zufall."

Elsie dachte über diese Erklärung nach. „Gut, damit kann ich leben."

„Na, dann bin ich ja beruhigt", sagte Bakersfield sarkastisch. „So, Omar, sind Sie bereit?"

Homer war bereit. Langsam begann er sogar zu glauben, dass er ein gewisses Talent für diese Schauspielerei hatte. Vielleicht war der Kohlebergbau doch nicht das Einzige, worin er gut war. „Ja, Sir, ich bin bereit", sagte er mit stählerner Entschlossenheit.

„Gut. Clarence, bist du auch bereit?"

Der Kameramann zuckte mit den Schultern. „Kamera läuft."

„Action!"

Als Bakersfield schließlich „Cut!" rief, applaudierten alle den großartigen neuen Schauspielern. Und die Pygmäen holten ihre Zigaretten hervor.

***

„So, meine Liebe", sagte Bakersfield zu Elsie, während Chuck, der Reptilientrainer, mit einer Riesenschlange über der Schulter am Set erschien. „Jetzt nimmst du diese Schlange und tust so, als würde sie dich erwürgen."

Elsies Augen weiteten sich. „Die ist aber schrecklich groß."

„Keine Sorge", sagte Chuck. „Sie heißt Gertrude. Und sie hat gerade erst gegessen, also ist sie eher schläfrig. Du brauchst keine Angst zu haben, wenn sie sich um dich wickelt, auf die Art will sie sich bloß abstützen, um in Ruhe ihr Nickerchen halten zu können."

Homer war stolz auf Elsie, als sie zuließ, dass man ihr die Riesenschlange auf die Schultern drapierte. Sie war offenbar wirklich sehr schwer, denn Elsie ging ein wenig in die Knie. Dann schaute sie ihn an und sagte: „Rette mich, Schatz." Er schaute in sein Skript, aber dort stand keine derartige Zeile. Anscheinend improvisierte sie mal wieder. Er lächelte sie an, und sie antwortete ihm mit einem Blick, der das blanke Entsetzen zur Schau stellen sollte.

„Gut, Omar", sagte Bakersfield. „In dieser Szene ist Jane gerade spazieren gegangen und hat im Dschungel ein paar Köstlichkeiten gesammelt. Aber eine böse Schlange hat sich von einem Baum fallen lassen und ist jetzt entschlossen, sie zu erdrosseln und zu fressen."

Die Schlange ließ den Kopf kreisen und umschlang Elsies Kehle. „Äh ... entschuldigen Sie bitte, aber ..."

„Sie haben an dieser Stelle keinen Text, meine Liebe", fiel ihr der Regisseur ins Wort, bevor er sich an den Reptilientrainer wandte, der gerade damit beschäftigt war, ein Scriptgirl anzumachen. „Chuck, hör doch bitte auf, Martha anzubaggern, und zeig Omar, wie er Gertrude am besten von Eloise zerren kann."

Chuck trat zu Elsie, legte seinen Arm unter die Schlange und fuhr mit der Hand bis zu ihrem Kopf empor und zog ihn zurück. „So macht man das. Kinderleicht."

Elsie holte tief Luft, während Chuck ihr die Schlange vom Leib hielt, aber als er Gertrude wieder losließ, schrie sie. „Ich krieg keine Luft mehr!"

„Wenn Sie an dieser Stelle einen Text hätten, wäre das kein schlechter Beitrag gewesen", sagte Bakersfield. „Okay, Omar. Sie sind dran, wenn ich Action sage. Fühlen Sie die Figur?"

„Ich weiß nicht, Mr. Bakersfield", erwiderte Homer. Er runzelte die Stirn und schaute zu Elsie, die stolperte und erstickte Laute von sich gab, obwohl die Kameras noch gar nicht liefen. Sie übertrieb es wirklich mit ihrem Einsatz. „Woher weiß Tarzan denn, dass Jane angegriffen wird?"

„Hmmmm. Gute Frage. Das haben die Scheiß-Schreiberlinge total vergessen."

„Vielleicht könnte sie ja um Hilfe jodeln?"

„Ja, natürlich! Mann, Omar, Sie schreiben ja besser als jeder Schreiberling. Genau, sie könnte so eine Art weibliche Version des Tarzanschreis jodeln, und dann könnten Sie – also in Wirklichkeit Tarzan, das heißt, nein, nicht in

Wirklichkeit ... oder ... ach, vergessen Sie's – *Sie* würden jedenfalls mit Ihrem männlichen Tarzanschrei antworten und durch die Bäume fliegen, um Elsie zu ... Chuck, warum ist Elsie umgekippt?"

Als Elsie einen erstickten, irgendwie verzweifelten Jodelruf ausstieß, verdrehte der Regisseur die Augen. „Das legen wir dann später bei der Tonbearbeitung drunter. Clarence, bist du bereit?"

„Kamera läuft", kam die lakonische Antwort.

„Action!", sagte Bakersfield.

Homer rannte zu Elsie und zog die Schlange von ihrem Hals. Dann fiel er zu Boden und tat, als würde er mit ihr kämpfen, während Elsie sich daneben wälzte und keuchend nach Luft schnappte.

„Cut!", sagte Bakersfield schließlich. Die Schlange war schlaff, es fehlte nur noch, dass sie schnarchte. „Omar, das war perfekt!"

Der Reptilientrainer trug die Schlange vom Set, und Homer rappelte sich auf und lief zu Elsie hin, die sich inzwischen aufgesetzt hatte. „Alles in Ordnung?", fragte er.

Sie schaute ihn an, wie sie ihn noch nie zuvor angeschaut hatte. „Du hast mich gerettet", sagte sie.

„Das stand so im Drehbuch", antwortete er.

Sie stand auf und stürzte sich in seine Arme. „Du hast mich gerettet!"

Bakersfield warf Miss Trumball einen Blick zu und zuckte mit den Schultern. „Es stand so im Drehbuch", sagte er.

Mit einem wohlwollenden Lächeln betrachtete Miss Trumball das Paar, das sich in den Armen lag. „Dieser Teil stand nicht drin, Eric", sagte sie. „Wäre aber besser gewesen."

***

Die letzte Szene. Die Kameras waren neben einer Lagune aufgebaut, wo die Zweige großer Zypressen übers Wasser hingen, die von Spanischem Moos und künstlichen Lianen überwuchert waren.

„Eloise", sagte Bakersfield, „Sie gehen hier ins Wasser. Albert wird Ihnen folgen. Die Unterwasserkamera, die auf dieser Plattform dort befestigt ist, wird genau festhalten, wie er auf Sie zuschwimmt. Die nächste Aufnahme zeigt Sie dann an der Oberfläche, wo Sie um Hilfe jodeln."

„Gut, Sir", sagte Elsie. Sie streckte die Hand aus und tätschelte Albert den Kopf, was der Alligator mit einem *Yeah-Yeah-Yeah* quittierte. „Aber ... Mr. Bakersfield?"

„Ja?"

„Ich trage einen Badeanzug."

„Und zwar einen absolut hinreißenden, meine Liebe."

„Aber woher sollte Jane denn einen Badeanzug haben?"

Als der Regisseur ins Grübeln kam, sprang Miss Trumball ein. „Jane hat ihn in einer Kiste gefunden, die eine Safarigesellschaft auf ihrem Weg durch den Dschungel verloren hat."

„An diese Stelle im Drehbuch kann ich mich gar nicht erinnern."

„Na ja, das muss man sich eben ... dazudenken."

Bakersfield unterbrach sie. „Clarence?"

„Ja, okay. Kamera läuft."

„Action!"

Elsie tauchte ins kalte Wasser. „Komm rein, Albert! Komm zu Mama!"

Der Reptilientrainer ließ Albert los, der auf seinem Bauch ins Wasser glitt und zu Elsie schwamm, die dramatisch mit den Armen fuchtelte und dann unterging. Albert tauchte ebenfalls unter Wasser. Als Elsie wieder an die Oberfläche kam, lachte sie. Tatsächlich lachten alle am Set. „Ich liebe dich so sehr, mein kleiner Junge", sagte Elsie, drückte Albert an sich und wurde mit einem breiten Grinsen belohnt.

„Cut", sagte Bakersfield. „Die Details korrigieren wir im Schnitt. Okay, Omar, Sie sind dran."

Homer ging ins Wasser, paddelte zu Elsie und wartete, bis der Regisseur „Action!" sagte. Auf dieses Stichwort packte er Albert, während Elsie davonschwamm. Albert sah, wie sie verschwand, und versuchte sich aus Homers Griff loszumachen, doch der hielt ihn fest und ließ ihn zappeln. Der Alligator riss das Maul auf und setzte seine Zähne auf Homers Arm, ohne jedoch richtig zuzubeißen. „Nein, Albert, nein!", sagte Homer und tat weiter so, als würde er mit ihm kämpfen. Wenig später hatte Albert begriffen, was hier gespielt wurde, und machte einfach mit.

„Cut, cut, cut – das war's!", jauchzte Bakersfield. „Menschenskinder, Sie haben mir meinen Film gerettet. Wir werden Millionen an die Kinokassen locken!"

✳✳✳

Für Elsie war die Abschlussfeier ein Riesenspaß. Alle erzählten ihr ständig, wie wunderbar sie war und dass Omar und sie vielleicht eine Zukunft im Showbusiness haben könnten. Hinterher suchte Miss Trumball das Paar alleine auf. „Was haben Sie jetzt als Nächstes vor?", erkundigte sie sich.

Homer und Elsie tauschten einen Blick. „Vielleicht könnten wir ja Schauspieler werden", schlug Elsie vor.

„Ich glaube nicht, dass Sie sich fürs Showbusiness eignen", erwiderte Miss Trumball mit fester Stimme. „Dieses Geschäft ist knallhart. Es zerstört die meisten Menschen, wenn nicht auf die eine Art, dann auf eine andere. Hören Sie auf meinen Rat. Behalten Sie dieses Erlebnis gut in Erinnerung und freuen Sie sich darüber, aber lassen Sie es hier ein Ende finden."

Homer nickte. „Ja, ich glaube auch. Wenn wir Albert nach Hause gebracht haben, werde ich wieder im Kohlebergbau arbeiten."

Er schaute Elsie an, doch die schüttelte den Kopf. „Ich will immer noch nicht zurück", sagte sie.

„Warum ist es denn nötig, dass Sie dorthin zurückgehen?", wollte Miss Trumball wissen.

„Na ja, ich bin eben Bergarbeiter", erklärte Homer. „Und wie Sie selbst gerade gesagt haben, Schauspieler sollte ich lieber nicht werden."

„Und wenn es eine andere Arbeit für Sie gäbe? Etwas, was dem Bergbau sehr ähnelt, das Sie aber auch in Florida ausüben könnten?"

„So etwas gibt es hier nicht."

Miss Trumball gab Homer einen Handzettel. Elsie schaute ihm über die Schulter und las mit.

„Könntest du das machen?", fragte Elsie. „Würdest du?"

Homer schaute Elsie an, und sein Blick wurde ganz sanft. Als sie genauer hinsah, stellte sie freudig fest, dass er endlich nachgegeben hatte. „Ja", hörte sie ihn entschlossen sagen. „Ich könnte, ich würde, und wenn ich diesen Job bekomme, dann *werde* ich es auch machen."

Nachdem sie am nächsten Morgen gepackt und Albert in seiner Wanne auf den Rücksitz verfrachtet hatten, umarmten Homer und Elsie die ganze Delegation von Hollywoodleuten und fuhren dann winkend davon. Während Homer den Wagen aus Silver Springs herauslenkte, flatterte auf einmal der Hahn in den Buick.

„Hey, Gockel", sagte Homer. „Wo zum Teufel bist du denn gewesen?"

Der Hahn hüpfte auf Homers Schulter, dann kuschelte er sich wieder neben seinem Ohr ein.

Homer lachte, dann bog er auf den Highway. Er hatte zwar immer noch keine Landkarte, doch er lenkte das Auto Richtung Süden, immer weiter Richtung Süden, auf ihr neues Leben zu.

Ich war dreiundzwanzig und als Lieutenant bei der Vierten Infanteriedivision. Wir waren auf dem Weg nach Vietnam. Kurz bevor wir uns in die Schlange einreihten und ins Flugzeug stiegen, das uns den weiten Weg über den Pazifik tragen sollte, hatte ich noch ein Telefon im Terminal aufgespürt, um zu Hause anzurufen. Mom war nicht da, aber Dad. Seit ich in der Army war, hatte mein Vater nie geschrieben oder irgendetwas zu meinem Militärdienst gesagt. Das überließ er komplett Mom. Da ich nicht sicher war, was ich sagen sollte, entschied ich mich für das Nächstliegende. „So, ich flieg jetzt gleich los", erklärte ich.

„Ich werde Mom sagen, dass du angerufen hast", antwortete Dad.

„Danke."

Da wir uns offenbar schon an dieser Stelle nichts mehr zu sagen hatten, wollte ich mich schon verabschieden. Doch mein Vater ergriff noch einmal das Wort. „Kein Problem kommt ohne Vorboten daher. Also lass dich nicht überrumpeln – hab immer ein Auge darauf, was um dich herum passiert, auch für die Dinge, die dir auf den ersten Blick ganz normal vorkommen. Denk nach, was dir schlimmstenfalls passieren könnte, und sei vorbereitet."

Ich erkannte, dass sein Ratschlag für jeden gefährlichen Ort galt. „Wie im Kohlebergwerk", sagte ich.

„Genau, obwohl ich auch erst bei einem Hurrikan gelernt habe, dass man auf die Vorzeichen achten muss."

Ich hörte, wie die Unteroffiziere die Namen der Männer in ihrem Zug aufriefen. „Dad, ich muss jetzt gleich los. Sag Mom, dass ich wahrscheinlich nicht anrufen kann, aber ich werde euch schreiben."

„Ich möchte dir noch kurz von dem Hurrikan erzählen."

Ich warf einen Blick zum Rollfeld. Die Männer stellten sich auf. Ich winkte dem Feldwebel zu und deutete aufs Telefon. Er antwortete mit einem kurzen Nicken. Ich wandte mich ab und drückte den Hörer ans Ohr.

„Okay, Dad", sagte ich. „Ich hör dir zu."

„Damals war ich total von mir überzeugt", begann er. „Unverwundbar. Unsterblich. Weil ich jung war – so wie du jetzt – und mir einfach nichts Schlimmes hätte zustoßen können. Dabei kannst du genau in einem Moment wie diesem in die allerschlimmsten Schwierigkeiten geraten ..."

VIII. TEIL

Wie Homer und Elsie
einen Hurrikan überstanden
– einen echten und
einen in ihren Herzen

40. Kapitel

Die Straße, auf der sie Miami verließen, führte an der Küstenlinie entlang, vorbei an Homestead, und pfeilgerade über die weiten, sumpfigen Wiesen der Everglades bis nach Key Largo, von wo sie über Brücken und Fähren eine Kette von Koralleninseln überquerte, um auf der letzten Insel des südlichsten Archipels der Staaten zu enden, Key West.

Der gerade erst auf seinen Posten berufene Oberschieneninspektor der *Florida East Coast Railway* war ein ehemaliger Bergarbeiter namens Homer Hickam, der gerade unterwegs war, um einen neuen Streckenabschnitt auf Key West zu inspizieren. Er hatte eine Sondergenehmigung, dass er mit dem Auto statt dem Zug hinfahren durfte, und auf diese Art konnte er unterwegs an jeder beliebigen Stelle anhalten und in Ruhe die Schienen inspizieren. Außerdem hatte er die Erlaubnis, seine Frau, eine gewisse Elsie Lavender Hickam, mitzunehmen, die wiederum ihren Haus-Alligator mitführte, Albert, sowie einen Hahn, Name unbekannt.

✲✲✲

Homer genoss den Ausblick von der schmalen grauen Straße, die über die Inseln führte. Key Largo war die erste. Es war eine lange, schmale Insel (daher ihr spanischer Name), gesäumt von Mangrovensümpfen und felsigen Stränden.

„Klapp das Verdeck herunter, Homer. Bitte! Klapp das Verdeck herunter!", rief Elsie, noch bevor sie die erste Brücke erreichten.

„Ich weiß nicht, Elsie, die Sonne scheint ganz schön heiß", meinte Homer. „Ich möchte nicht, dass du oder Albert euch einen Sonnenbrand holt."

„Mein Lieber, so empfindlich sind wir nun auch wieder nicht", erklärte Elsie.

Homer fuhr an den Straßenrand, klappte das Verdeck herunter und befestigte es gut, weil vom Atlantik her heftige Böen kamen. Über ihnen kreisten schreiende Möwen am sonnenhellen Himmel. Er atmete tief durch, und dann dämmerte es ihm: Er war noch nie so glücklich gewesen – und das machte ihm gewaltige Sorgen. Denn die Vergangenheit hatte ihn gelehrt, dass dieses Glück nicht von Dauer sein und ihm bald geraubt werden würde.

„Deine Haare sind nach der Fahrt total zerzaust", sagte er zu seiner Frau, als er wieder losfuhr, doch Elsie schien sich nicht um ihre Frisur zu scheren. Sie stand sogar auf und ließ sich den Wind ins Gesicht blasen, bis ihr Haar vor und zurück peitschte wie eine Fahne im Wind.

„Bitte setz dich wieder hin, Elsie", drängte Homer.

„Homer, du musst dich wirklich mal ein bisschen entspannen", sagte Elsie. „Wir sind jetzt Bürger von Florida. Das bedeutet, dass wir gerne mal ein wenig verrückt sein können, wenn wir wollen. Schau, wir sind beide jung – wir werden nie wieder jung sein. Komm, zieh dein Hemd aus und wirf es einfach weg, ich halte in der Zwischenzeit das Steuer."

Elsie setzte sich hin, hielt das Lenkrad, und Homer gab seinen anfänglichen Widerstand auf, knöpfte sein Hemd auf und zog es aus. Er langte nach hinten, um es zu Albert auf den Rücksitz fallen zu lassen.

„Oh nein, mein Lieber", sagte Elsie. „Das reicht nicht, du musst es schon wegschmeißen." Sie griff nach seinem Hemd und warf es in die Luft. Es flatterte noch kurz, bevor es von der Brücke in den Atlantik segelte.

„Elsie, das war eins von meinen Lieblingshemden", jammerte Homer, doch als er die fröhliche Miene seiner Frau sah, lächelte er sie wohlwollend an. „Aber was soll's, es war ja nur ein Hemd. Aber du ziehst dich jetzt nicht aus, okay?"

„Keine Panik, Homer. Ich weiß, du würdest dich vor ganz Florida für mich schämen. Aber ich bin durchaus in Versuchung!"

Nachdem sie die Brücke überquert hatten, waren sie auf Matecumbe Key. Homer hielt an und zog ein anderes Hemd an, dann fuhr er weiter. Schon bald sahen sie Bauarbeiter auf der Straße, die sich wie in Zeitlupe zu bewegen schienen. Als der Buick vorbeifuhr, kam selbst diese letzte Regung zum Stillstand, und sie stützten sich auf ihre Schaufeln und beobachteten sie mit mürrischem Interesse. Die meisten hatten traurige, hagere Gesichter, und die Farbe ihrer Augen und Nasen verriet, dass sie zu oft zu viel Alkohol tranken.

«Ich habe von diesen Männern gelesen», sagte Homer zu Elsie. «Der New Deal hat sie hergeführt. Die meisten von ihnen sind Kriegsveteranen, die verzweifelt nach Arbeit gesucht hatten.»

Zu seiner Überraschung sah Homer im Vorbeifahren zwei bekannte Gesichter unter ihnen. «Das sind doch Slick und Huddie», sagte er ungläubig.

Das Paar war nun seinerseits auf den Buick und seine Insassen aufmerksam geworden. «Helft uns!», rief Slick, und auch Huddie blökte verzweifelt. Sie waren in zerfetzte Lumpen gekleidet.

Homer war so gerührt von ihrer traurigen Erscheinung, dass er anhielt. Die beiden warfen ihre Schaufeln aus der Hand und kamen zum Auto gelaufen. Slick riss sich seine Mütze vom Kopf und hielt sie ihnen bittend hin. «Wollen Sie uns nicht helfen, Sir? Ma'am? Albert?»

«Was macht ihr denn hier?», fragte Homer. «Ich dachte, ihr wärt im Meer verschollen.»

«Was an den Strand gespült wird, bleibt dem Strand oft erhalten», antwortete Slick geheimnisvoll. «Wie auch immer, wir sind in dieser Scheißtruppe gelandet – entschuldigen Sie die Ausdrucksweise, Ma'am –, und wir müssen wirklich hier weg. Die Moskitos sind so groß, neulich hat mich einer tatsächlich vom Boden gehoben. Ich hab keinen Zentimeter am Leib, der nicht zerstochen wäre. Huddie geht es ganz ähnlich. Besonders gut verpflegt werden wir hier unten auch nicht. Wie wäre es, wenn Sie uns ein Stückchen mitnehmen?»

„Geht nicht", sagte Homer. „Ich bin in offiziellem Auftrag unterwegs, und außerdem haben wir sowieso keinen Platz mehr im Wagen."

„Dann setzen wir uns eben auf die Stoßstange oder auf die Motorhaube oder sonst wohin. Bitte, ich flehe Sie an. Wenn wir hier nicht rauskommen, werden wir hier sterben!"

„Das hoffe ich", sagte Elsie. „Meinetwegen können Sie hier verrotten."

„Oh, Ma'am, wir haben uns wirklich geändert!", rief Slick. „Wir sind so tief abgerutscht, dass wir zu Gott gefunden haben. Und von nun an verkünden Huddie und ich lauthals den Namen des Herrn."

Elsie wandte sich von dem zerlumpten Duo ab. „Homer, du bist ein freundlicher Mann", sagte sie. „Dir würde es noch leidtun, wenn du eine Hornisse erschlagen hast, die dich gerade gestochen hat. Nur bitte hilf diesen Lumpen nicht."

„Aber sie sehen doch aus, als würden sie wirklich meinen, was sie sagen", erwiderte Homer.

Elsie sah ihn mit ungläubiger Miene an, während Homer dem ruchlosen Paar seine Bedingungen darlegte.

„Wir sind unterwegs nach Key West, aber in ein paar Tagen kommen wir wieder hier vorbei. Wenn ich kann, werde ich euch dann nach Miami mitnehmen. Aber ihr müsst während der gesamten Fahrt im Kofferraum bleiben. Mehr kann ich euch nicht anbieten. Danach müsst ihr mir versprechen, dass ihr mir nie wieder unter die Augen kommt."

„Oh, Gott segne Sie, Sir, Gott segne Sie", bedankte sich

Slick mit einem gekünstelten Lächeln. „Der Kofferraum reicht uns selbstverständlich. Nehmen Sie uns mit, und ich schwöre Ihnen, dann haben Sie uns das letzte Mal gesehen. Wenn wir nicht hier an der Straße sind – sehen Sie die Strandhütten da unten? Dort halten wir uns auf, wenn wir nicht gerade arbeiten."

„Es sieht mir nicht so aus, als würden Sie überhaupt arbeiten", bemerkte Elsie. „Sie scheinen eher bloß rumzustehen."

„Ja, Ma'am, es ist ein Verbrechen, oder? Ich meine – wir verdienen einen ganzen Dollar pro Tag, mehr oder weniger fürs Nichtstun. Viele von diesen Kerlen hier sind zwar einerseits Kriegshelden, aber sie sind auch Wahnsinnige, Trunkenbolde und Gammler. Mit diesem Projekt wollte Roosevelt einfach nur Arbeitsplätze schaffen, wenn Sie mich fragen. Ein paar der Männer schaufeln tatsächlich, die machen die Arbeit ganz allein. Der Rest ist den Schuss Pulver nicht wert, mit dem man sie in die Hölle befördern könnte, wenn Sie verzeihen, Ma'am."

„Vielleicht sollten Sie den Männern helfen, die ganz alleine die Arbeit tun", schlug Elsie vor.

Slick setzte seine Mütze wieder auf und tippte an den Mützenrand. „Ja, Ma'am, Sie haben ganz recht. Das werden wir jetzt auch tun, nicht wahr, Huddie?"

Huddies Blick war in unbestimmte Ferne gerichtet, und als er seinen Namen hörte, grunzte er nur. Slick wedelte mit der Hand vor dessen Gesicht herum. „Sehen Sie? Huddie steht schon neben sich."

„Gut", sagte Homer. „Also, dann sehen wir uns in ein paar Tagen."

Slick faltete die Hände wie zum Gebet. „Bitte, vergessen Sie uns nicht", flehte er.

Als Homer davonfuhr, ergriff Elsie das Wort. „Vergiss sie, Homer."

„Ach komm, Elsie ..."

„Diese Männer sind böse", beharrte sie. „Warum du ihnen helfen willst, ist mir ein Rätsel."

Homer zuckte mit den Schultern. „Sie tun mir wahrscheinlich einfach leid."

Elsie schüttelte den Kopf. „Wenn dir ein Wolf dein Bein abnagt, würde es dir auch noch leidtun, weil er nicht dein bestes Stück Fleisch bekommt."

Der Buick kam nicht weit, als ein Mann mit Kakihose und Sonnenbrille ihnen winkend signalisierte, dass sie anhalten sollten.

„Guten Morgen, Ma'am, Sir. Würden Sie mir wohl verraten, wer diese beiden Männer waren, mit denen Sie da gerade gesprochen haben?"

„Das würde ich Ihnen schon verraten", erwiderte Homer, „wenn Sie mir verraten, warum Sie das wissen wollen."

„Ich bin Delbert Voss, der Leiter dieser Arbeitertruppe. Meine Vorgesetzten haben angeordnet, dass ich diese zwei Männer in meiner Truppe einsetze, aber sie machen einen zwielichtigen Eindruck auf mich."

„Die kommen jedem Menschen zwielichtig vor", sagte Elsie. „Und wir sind ganz sicher nicht mit ihnen befreundet. An Ihrer Stelle würde ich die beiden gut im Auge behalten."

Der Mann klopfte auf die Pistole, die er an der Hüfte trug. „Ja, ich hab mir schon gedacht, dass es sich um Kriminelle oder Ähnliches handelt."

„Für wen arbeiten Sie?"

„Für das Hilfswerk für Arbeitsbeschaffung, die *Federal Emergency Relief Agency*", antwortete der Mann. „Und Sie?"

„Für die Eisenbahn", erklärte Homer. „Ich inspiziere die Schienen. Ich bin gerade unterwegs nach Key West, um einen neuen Streckenabschnitt zu kontrollieren."

Der Mann nahm seinen Hut ab und wischte sich die Stirn mit dem roten Tuch ab, das er aus seiner Hosentasche gezogen hatte. „Wie lang werden Sie unten im Süden bleiben?"

„Nur ein paar Tage."

„Ich hab gehört, dass ein Sturm im Anzug ist. Die Einheimischen vernageln ihre Häuser mit Brettern und versenken ihre Boote im seichten Wasser. Die meisten von ihnen sind Idioten, aber sie wissen sicher, wie man in dieser Scheißgegend hier überlebt."

Homer schaute aus dem Fenster und sah nur blauen Himmel und ein paar wenige Schleierwolken. „Für meine Augen sieht es ganz okay aus", meinte er, „aber ich werde trotzdem aufpassen."

✳✳✳

„Machst du dir Sorgen wegen des Wetters?", fragte ihn Elsie, als sie später auf der Fähre zur nächsten Insel neben dem Buick standen.

Homer musterte den Horizont. „Na ja, bei der Bahn haben sie mir nichts von irgendeinem Sturm erzählt, und ich finde, es sieht eigentlich ganz friedlich aus. Aber wenn sich die Einheimischen Sorgen machen, sollten wir das vielleicht auch tun. In Key West können wir die Leute ja fragen, was sie meinen."

Elsie nahm Homers Arm und legte ihn sich über die Schultern. „Na, ich vertraue dir, dass du uns durchbringst, egal was passiert."

„Da kannst du ganz sicher sein", antwortete Homer, obwohl er in Wirklichkeit überhaupt nicht sicher war. Nachdem er gewarnt worden war, glaubte er irgendetwas Bedrohliches in den Schleierwolken zu spüren, was er nicht genau benennen konnte. Er drückte Elsie fester an sich, und sie lehnte ihren Kopf an seine Schulter. Seit er bei der Eisenbahn arbeitete, hatte er das Gefühl, dass sie endlich ein richtiges Liebespaar geworden waren, dass sie zu guter Letzt beide dasselbe wollten. Er hatte dem Captain die hundert Dollar geschickt, die er sich geliehen hatte, zusammen mit einem Brief, in dem er ihm erklärte, dass er nicht nach Coalwood zurückkehren würde. Er hatte dem großen Mann noch viel mehr geschrieben, ihm mitgeteilt, wie sehr er zu schätzen wusste, was er ihm alles beigebracht hatte, und dass er zu der Erkenntnis gekommen war, dass das Kismet für ihn, Elsie und Albert ein Leben in Florida vorgesehen hatte. Zu seiner Enttäuschung hatte der Captain nicht zurückgeschrieben, aber Homer wusste ja, wie beschäftigt der große Mann war.

Den Rest des Tages bewunderte Elsie die Landschaft, Albert schlief, und der Hahn döste auf dem Kopf des Reptils. Homer fuhr über einsame Landzungen, die durch Brücken oder Fähren verbunden waren, bis sie schließlich Key West erreichten, ein pastellfarbenes Dorf, dessen Häuser spitze, weit überhängende Metalldächer trugen, mit Verzierungen, die an Lebkuchenhäuser erinnerten, großen Balkonen, großzügigen Veranden und Fensterläden mit Lamellen.

„So ein entzückendes Städtchen", sagte Elsie. „Was meinst du, Albert?"

Albert war während der letzten Überfahrt aufgewacht und streckte den Kopf aus dem Fenster. Er machte sein glückliches *Yeah-Yeah-Yeah*.

Der Großteil von Key West war ruhig und verschlafen. Der einzige Mensch, der ihnen auf der Straße begegnete, war ein Mann mit schwarzem Schnurrbart, der ein weißes Hemd, Shorts und Sandalen trug und sie fragend anschaute. Mit einem Winken signalisierte er ihnen, dass sie anhalten sollten. „Ist das ein Buick Convertible Touring Baujahr 1925?", fragte er. „Wenn ja, dann haben Sie einen guten Kauf gemacht."

„Ja, Sir, so ist es, und es war tatsächlich ein guter Kauf", antwortete Homer. Elsie schenkte dem Mann ein scheues Lächeln, und er lächelte zurück.

„Sie sind bei der Eisenbahn, oder?", fragte der Mann.

„Woher wissen Sie das?", wollte Homer wissen.

„Mein Agent in Miami hat mir gesagt, dass Sie kommen. Ich hab gern den Überblick, wer auf meine Insel kommt, vor allem wenn es Leute von der Regierung oder von der Eisenbahn sind. Normalerweise mag ich weder die einen noch die anderen, aber wenn ich mir Ihr Mädel und Ihr Auto so anschaue, und dann liegt da hinten auch noch ein Alligator mit einem Gockel auf dem Rücken –, da möchte ich fast annehmen, dass Sie zumindest interessant sind. Ich heiße Ernest. Manche Leute hier nennen mich Hem." Nach einer kurzen Pause fügte er hinzu: „Wie in Hemingway."

„Ich weiß schon, wer Sie sind, Sir", erwiderte Homer. „Mein Chef hat mir gesagt, dass ich Sie mit etwas Glück vielleicht hier treffe. Ich bin Homer Hickam, und das ist meine Frau, Elsie, und der Alligator heißt Albert. Der Hahn hat keinen Namen. Wohnen Sie dauerhaft hier?"

„Meistens. Im großen Kalksteinhaus in der Duval Street. Kommen Sie gerne mal vorbei. Mögen Sie Katzen, Elsie?"

„Oh ja, Sir, allerdings!"

„Ich habe ein paar Exemplare mit sechs Zehen."

„Gibt es das überhaupt?" Elsie klang skeptisch.

„Genetik nennt sich das, habe ich gehört. Homer, machen wir doch einfach gleich aus, dass Sie alle heute Abend mit mir essen. Kommen Sie einfach vorbei, wenn es dunkel wird, und erzählen Sie mir alles über den Buick, den Alligator, den Hahn – und von der bezaubernden Frau mit dem reizenden Lächeln will ich auch alles hören. Wenn Sie das Haus nicht gleich finden, halten Sie einfach bei *Sloppy Joe's* und fragen Sie nach Papa Hems Haus. Jemand aus dem liebenswürdigen Pack wird Sie bestimmt gerne zu mir bringen, wenn Sie ihm einen Vierteldollar geben."

„Mr. Hemingway ist ja ganz reizend", bemerkte Elsie, nachdem sie weitergefahren waren. „Was John Steinbeck wohl sagen würde, wenn er wüsste, dass wir bei Hemingway zu Abend essen?"

„John ist ein freundlicher Mann, also würde er uns wahrscheinlich viel Spaß wünschen", sagte Homer, der sich insgeheim dafür in den Hintern trat, Hemingway nicht nach dem Wetter gefragt zu haben. Der Schriftsteller wirkte ganz wie ein Mann, der immer über alles im Bilde war.

„Ich habe eins seiner Bücher gelesen", fuhr Elsie fort. *„Haben und Nichthaben*. Ich hab aber vergessen, worum es genau ging, ich weiß bloß noch, dass es da einen Mord gab und eine kleine Liebesgeschichte."

Homer hörte nur mit halbem Ohr zu. Er konnte seine Gedanken nicht vom Wetter losreißen. Und von seinem Job. „Der neue Streckenabschnitt liegt drüben an der alten Festung", sagte er. „Ich würde gerne schon mal hinübergehen und mir das anschauen."

„Wollen wir nicht zuerst im Eisenbahnerhotel einchecken?"

„Nein, ich möchte mir zuerst die neuen Schienen ansehen."

Elsie warf ihm einen verzweifelten Blick zu. „Wirst du eigentlich nie lernen, dich mal ein bisschen zu amüsieren? Schau dir doch mal an, wie schön es hier ist. Lass uns einchecken, und dann bummeln wir durch den Ort. Die neuen Schienen kannst du dir doch morgen immer noch ansehen."

„Ich möchte sie lieber jetzt ansehen", beharrte Homer. „Wenn ein Sturm aufzieht, müssen wir vielleicht schon los, bevor ich sie inspizieren kann."

„Du bist so ein Schwarzseher", sagte Elsie. „Schau dir doch den Himmel an! Der ist so blau wie deine Augen." Sie griff nach hinten und tätschelte Albert liebevoll. Der Hahn stand auf und wich ihrer Hand aus. „Albert, dein Papa ist ein Spielverderber, der nie mal ein bisschen Spaß haben kann. Schade, wirklich."

„Lass Albert da raus", sagte Homer lächelnd. „Aber du

hast ja recht, Elsie. Ich sollte wirklich ein bisschen mehr Spaß haben – und ich ändere mich auch, versprochen."

„Gleich nachdem du dir die neuen Schienen angesehen hast."

„Ja, gleich nachdem ich mir die neuen Schienen angesehen habe."

„Schwarzseher", flötete Elsie nach hinten zu Albert. „Spielverderber!"

Der neue Streckenabschnitt war unschwer zu finden. Er lag ganz nahe an der alten Küstenfestung, außerdem handelte es sich um ein Abstellgleis des Bahnhofs von Key West. Nachdem Homer den Vorarbeiter aufgescheucht hatte, ging er die Schienen mit der Messlatte ab, die er immer im Kofferraum hatte. Er maß den Abstand zwischen den Gleisen und begutachtete die Beschaffenheit der Nägel und Schienen. „Diese Arbeit ist nur halbwegs passabel", stellte er fest. „Ich habe mindestens drei Stellen gefunden, die herausgerissen und neu verlegt werden müssten."

„Wenn ich bessere Arbeiter hätte, wäre das Ergebnis auch besser ausgefallen", klagte der Vorarbeiter.

„Es ist Ihre Aufgabe, sie besser zu machen", erwiderte Homer. „Wenn Sie Ihre Männer führen wollen, müssen Sie wissen, wie man sie motiviert."

Der Vorarbeiter schmollte. „Sie werden bezahlt, ist das nicht Motivation genug?"

„Für die meisten nicht", meinte Homer. „Sie wollen spüren, dass ihre Arbeit zählt. Um das Beste in einem Menschen zutage zu fördern, muss man ihm zeigen, warum diese Höchstleistung wirklich notwendig ist. Das sagt schon Captain Laird."

„Wer ist denn Captain Laird?"

„Ein großer Mann, der mir so ziemlich alles beigebracht hat, was ich weiß. Lassen Sie diese letzten drei Abschnitte noch einmal herausreißen und neu verlegen. Ich komme wieder, um zu kontrollieren, ob die Arbeit korrekt ausgeführt worden ist."

„Gut, in Ordnung", sagte der Vorarbeiter und zuckte die Schulter. „Aber es wird ein paar Tage dauern, bis wir anfangen können. Die meisten von meinen Männern sind zu Hause, um den Sturm abzuwarten."

„Davon haben wir schon gehört", sagte Homer. „Soll es denn ein schwerer Sturm werden?"

„Vielleicht sogar ein Hurrikan. Ich sage Ihnen eines, Mr. Hickam: Wenn ich Sie wäre, würde ich meine Frau nehmen und schleunigst von den Keys verschwinden."

Homer bedankte sich höflich beim Vorarbeiter und wiederholte seine Anordnung. Dann fuhr er Elsie zum Eisenbahnerhotel.

Es war ein schlichtes, aber angenehmes Etablissement, und Homer, Elsie und Albert fanden die Zimmer brauchbar. Der Hahn war irgendwo verschwunden. Nachdem Homer die ganzen zerlumpten, hungrig wirkenden Gestalten auf den Straßen von Key West gesehen hatte, fragte er sich, ob sein gefiederter Freund seinem Schicksal nicht diesmal doch direkt in die Arme stolziert war.

Gegen Abend hörten Homer und Elsie ein Klopfen an der Zimmertür. Als Homer öffnete, reichte ihm der Portier ein Telegramm. Homer war überrascht über den Inhalt.

„Die Eisenbahngesellschaft möchte, dass ich so schnell wie möglich nach Miami zurückfahre."

Elsie hatte sich auf dem Daunenbett ausgestreckt. „Steht da auch, warum?"

„Wegen des Sturms. Sie haben Angst, dass er sich zu einem Hurrikan auswachsen könnte."

„Ich kann mich erinnern, wie Onkel Aubrey mal gesagt hat, dass Hurrikans wie Tornados sind", sagte Elsie. „Nur viel größer, wie umherziehende Wasserstrudel, hat er gesagt, und im Zentrum, das man Auge nennt, weht überhaupt kein Wind. Aber sobald das Auge vorübergezogen ist, fängt der Wind wieder an, nur in die andere Richtung. Bleiben wir noch, bis wir Mr. Hemingway besucht haben?"

„Ja, weil wir vor morgen sowieso nicht zurückfahren können. Die Fähren verkehren nachts nicht."

„Oh, wie schön", sagte Elsie. „Dann such ich jetzt mal Alberts Leine raus."

Nachdem sie die Räder und den Griff an Alberts Wanne befestigt hatten, zogen Homer und Elsie los. Wie Hemingway gesagt hatte, wusste der erste Mann, den Homer fragte – er lehnte an der Mauer einer Bar, die *Sloppy Joe's* hieß – nicht nur, wo das Haus war, sondern führte sie auch direkt zu der Ziegelmauer, die es umgab. „Darf ich Ihren Alligator mal streicheln?", fragte der Mann, und nachdem Elsie es ihm gestattet hatte, strich er Albert vorsichtig über den Schwanz. „Da kann ich im *Sloppy Joe's* ja gleich eine tolle Geschichte erzählen", sagte er vergnügt, und dann streckte er die Hand aus. Homer gab ihm einen Vierteldollar, und der Mann machte sich auf den Weg zurück zu der Bar, vor der sie ihn gefunden hatten.

Als sie bei ihm klopften, öffnete ihnen Hemingway höchstpersönlich, bekleidet mit langer Hose, Leinenhemd und Sandalen. Er begrüßte sie überschwänglich und führte sie hinein und bestand darauf, dass auch Albert ins Haus gerollt wurde. Ein Hausmädchen huschte davon, als eine Frau in weißem Kleid und einer weiß-grün gepunkteten Krawatte am Hals, einem lockeren Gürtel aus demselben Stoff und weißen Leinensandalen das Foyer betrat.

„Das ist also das Paar, das du kennengelernt hast, Paps", sagte sie und hielt den beiden ihre behandschuhte Hand hin. „Ich bin Pauline. Seine Frau."

Homer gab der bezaubernden Frau die Hand, und Elsie machte einen Knicks.

„So ein wunderschönes Kleid", sagte Elsie. „Was ist das für ein Material?"

„Shantung-Seide", antwortete Pauline. „Sehr praktisch und zweckmäßig in den Tropen."

Homer hatte zwar seine beste Kakihose angezogen, fühlte sich aber trotzdem fehl am Platz in seinem Aufzug. Elsie sah hingegen bezaubernd aus in dem geblümten Kleid, das sie in einem Laden in der Nähe des Eisenbahnerhotels gekauft hatte.

Elsie stellte Albert vor, und Pauline kniete sich neben ihn.

„Der ist ja lustig", sagte sie. „Beißt der?"

„Kaum. Er mag es, wenn man ihn hinter den Ohren krault", sagte Elsie und zeigte Pauline, wo Alberts Ohren saßen. Als Pauline ihn dort mit ihren langen, perfekt manikürten Nägeln kratzte, reckte er sich und seufzte vor Wonne.

„Wissen Sie was?", sagte Hemingway nachdenklich. „Ich könnte mir tatsächlich vorstellen, dass ich mir auch so einen hole."

„Aber keiner könnte wie Albert sein, Sir", sagte Elsie. „Er ist ein ganz besonderer kleiner Junge."

„Das glaube ich", sagte Hemingway. „Was würde er denn gerne essen?"

„Am liebsten mag er Hühnchen, Sir", antwortete Elsie. „Aber er braucht jetzt nicht unbedingt etwas."

„Nonsens. Wenn wir essen, dann bekommt er auch was. Jim!"

Auf diesen Ruf erschien ein von Kopf bis Fuß weiß gekleideter Diener.

„Schieb den Alligator in die Küche, Jim", sagte Hemingway, „und koch ihm eine Portion Hühnchen."

Nachdem Hemingway sie kurz durch Foyer, Wohnzimmer und Esszimmer geführt hatte, wurde das Abendessen serviert. Sie aßen mit gutem Appetit von der saftigen Goldmakrele, dazu Reis und Bohnen sowie ein köstliches rustikales Maisbrot. Der Wein wurde großzügig immer wieder nachgeschenkt, und es dauerte nicht lang, da erzählte Elsie sehr freizügig von ihrer Kindheit in einem Kohlebergbaustädtchen.

„So, wie Sie den Ort schildern, klingt es richtig einladend", stellte Hemingway fest, „aber Sie haben dort offenbar auch Tragisches erlebt."

„Oh ja, Sir", sagte Elsie. „Ständig kamen in der Mine Männer ums Leben, und mein kleiner Bruder Victor starb in erster Linie an mangelhafter Versorgung. Den einen Tag spielte er noch am Fluss, am nächsten hatte er ein Fieber, das ihn uns genommen hat. Wenn ich nur daran gedacht hätte, Eis zu besorgen und ihn damit zu kühlen, dann könnte er immer noch am Leben sein."

„In unserem kleinen Städtchen gab es gar kein Eis", erklärte Homer.

Hemingway streckte den Arm aus und ergriff Elsies Hand. „Kennen Sie Dylan Thomas? Ich habe seine Perspektive auf den Tod immer bewundert. Genauso wie er will ich kämpfen, damit die Flamme nicht erlischt."

„Mein Lieber", sagte Pauline, „bitte belaste dich nicht mit solchen Gedanken. Außerdem quälst du unsere Gäste mit solchen Äußerungen."

„Nonsens, Frau!", knurrte Hemingway. „Die beiden sind nicht mit dem silbernen Löffel im Mund geboren. Sie stammen aus der Arbeiterklasse! Ich bin sicher, sie kommen damit zurecht, wenn wir über die scharfkantigen Gesteine des Todes sprechen."

Einen Moment schwiegen alle. Homer dachte nicht gerne an sein Kohlebergwerk, das er so schnöde verlassen hatte. „Elsie interessiert sich übrigens auch fürs Schreiben, Mr. Hemingway."

„Tatsächlich? Na, was haben Sie denn so geschrieben, junge Frau?"

„Ich habe einmal eine Kurzgeschichte über Albert geschrieben. Na ja, eigentlich war es eher ein Brief an meine Mutter, aber einem anderen Schriftsteller, einem Mr. Steinbeck, den wir in North Carolina kennengelernt haben, hat die anschauliche Sprache gut gefallen."

„Doch nicht etwa John Steinbeck?"

„Doch, Sir."

Hemingway zog die dunklen Brauen zusammen. „Er hat einen simplen Stil, der sehr beliebt ist, obwohl ich nicht verstehe, warum eigentlich. Wie ist er so?"

„Ich fand ihn nett."

„Und er war mutig", fügte Homer hinzu und gab eine kurze Zusammenfassung der Ereignisse in der Textilfabrik.

„Ich halte Steinbeck nicht für einen Mann der Tat", sinnierte Hemingway, „aber vielleicht täusche ich mich ja." Er rief nach dem Hausmädchen, damit sie den Tisch abräumte. „Wie geht es dem Alligator in der Küche, Myrtle?", fragte er, als sie eintrat.

„Der ist auch nicht schlimmer als die anderen, die du hier schon durchgefüttert hast, Hem", antwortete Myrtle keck.

Hemingway musste herzlich lachen. Dann winkte er seine Gäste in einen Salon mit bequemen Ledersesseln und einem Kamin, im dem allerdings kein Feuer brannte. Drei der sechszehigen Langhaarkatzen, die er Elsie in Aussicht gestellt hatte, fläzten sich daneben. Nachdem er sie namentlich vorgestellt und hinter den Ohren gekrault hatte – was die Tiere mit wohligem Rekeln und Schnurren quittierten –, bat Hemingway um Portwein für Homer und sich.

„Pauline, zeig Elsie doch mal das ganze Haus und besuch die anderen Katzen mit ihr."

Pauline lächelte. „Ich glaube, Paps möchte sich mit Ihrem Mann unterhalten", sagte sie. Dann nahm sie Elsie bei der Hand und führte sie durchs Haus.

***

„Sie haben also Steinbeck kennengelernt", sagte Hemingway nachdenklich, nachdem die Frauen gegangen waren. „Ein schicksalhafter Zufall, dass Sie ihn und mich mehr oder weniger gleichzeitig treffen. Was meinen Sie, woran das liegt, Homer?"

„Ich weiß nicht, Sir", antwortete Homer. „Es hat sich eben einfach so ergeben, würde ich sagen."

„So etwas sollten Sie nicht glauben. Es gibt keine Zufälle im Leben. Obwohl der Gott der Hebräer vielleicht der größte von allen sein könnte, glaube ich auch an andere, kleinere Götter, die auf uns aufpassen und ab und zu in unser Schicksal eingreifen. Wahrscheinlich machen sie sich manchmal auch einfach einen Spaß mit uns. Kismet. Haben Sie den Ausdruck schon mal gehört?"

„Kann gut sein, Sir."

Hemingway nickte. „Es gibt einen Grund, warum Sie Steinbeck und mich kennengelernt haben, aber wie der aussieht, werde ich wahrscheinlich nie erfahren. Vielleicht wird Elsie tatsächlich einmal Autorin. Vielleicht musste sie zwei so gegensätzliche Schriftsteller kennenlernen, um erfolgreich zu werden – das Alpha und das Omega der amerikanischen Literatur sozusagen."

„Ja, Sir", sagte Homer, doch er war nicht sicher, welcher der beiden der Beginn und welcher das Ende der amerikanischen Literatur darstellte. Rasch wechselte er das Thema. „Die Eisenbahngesellschaft hat mich angewiesen, gleich morgen früh wieder Richtung Norden zu fahren, weil ein Sturm aufzieht", sagte er. „Wissen Sie mehr darüber?"

„Allerdings. Die Marine hat mich heute Morgen informiert, also hab ich meine Karten rausgeholt und mir überlegt, welchen Weg der Sturm nehmen wird. Nach meinen Berechnungen wird er am Montag hier sein, also in drei Tagen. Die Conchs – so nennen sich die Einheimischen hier –

sagen, dass es ein ziemlich übler Sturm werden wird. Ihre Eisenbahngesellschaft hat recht. Verschwinden Sie am besten so schnell wie möglich von hier."

„Und Sie, Sir?"

Hemingway winkte ab. „Wir sind schon in Sicherheit. Dieses Haus ist eine Festung aus Kalkstein. Sie können gerne hierbleiben, wenn Sie es nicht schaffen, schnell genug fortzukommen. Aber wenn Sie wegfahren, brechen Sie beim ersten Tageslicht auf und fahren Sie bis nach Miami durch. Und dort suchen Sie sich auch noch das stabilste Gebäude aus, um sich vor diesem Sturm in Sicherheit zu bringen."

„Das ist ein guter Rat, Mr. Hemingway. Danke. Elsie und ich werden gleich morgen früh aufbrechen."

„Zigarre?" Hemingway hielt ihm eine Kiste kubanische Zigarren hin.

Homer nahm sich eine, und Hemingway zeigte ihm, wie er die Enden mit einem kleinen Zwicker abschneiden und dann die fest gerollten Tabakblätter anzünden musste. Als Homer einen Zug nahm, war der Geschmack so stark, dass er husten musste. Hemingway lachte. „Den muss man im Mund genießen, nicht inhalieren", erläuterte er. „Egal wie lange Sie leben, Homer, Sie werden niemals etwas Feineres im Mund haben als eine teure kubanische Zigarre, nachdem Sie einen Portwein getrunken haben. Natürlich abgesehen von den sinnlichen Körperteilen einer Frau."

Homer wusste nicht, was er darauf antworten sollte, also konzentrierte er sich darauf, das Zigarrenrauchen zu lernen. Nach einer Weile kam es ihm vor, als hätte er den Bogen heraus. Er lauschte den Anglergeschichten, die Hemingway erzählte, hörte von den Wundern, die er auf hoher See erlebt hatte. Homer hätte ihm zwar seinerseits berichten können, wie Albert und er sich der Küstenwache angeschlossen und eine Seeschlacht gefochten hatten, doch er dachte sich, dass es unhöflich wäre, den berühmten Schriftsteller mit einer Erzählung zu unterbrechen, die noch seltsamer war als seine. Also hörte er schweigend zu, während Hemingway immer weiter und weiter ausführte, wie er seine Merline und Fächerfische gefangen hatte. Danach wechselte er das Thema und erzählte Geschichten aus Frankreich im Ersten Weltkrieg.

Nach einer Weile fühlte Homer sich ganz warm und zufrieden und freute sich auf eine gemütliche Nacht unter ihren dicken Daunendecken im Eisenbahnerhotel. Als die Frauen zurückkamen, holten Homer und Elsie Albert ab – das Küchenpersonal ließ ihn höchst ungern ziehen –, bedankten sich und nahmen Abschied.

„Du riechst nach Tabak und Alkohol", sagte Elsie auf dem Weg zum Hotel „Ich glaube, das gefällt mir."

„Was hast du bei deinem Rundgang durchs Haus so erfahren?", fragte Homer.

„Dass es nicht leicht ist, mit einem berühmten Schriftsteller verheiratet zu sein. Er ist gedanklich nie in der Gegenwart und steckt immer tief in seinen Geschichten. Ich habe beschlossen, dass ich vielleicht doch keine Schriftstellerin werden will." Sie lehnte sich an ihn. „Ja, dein Geruch gefällt mir."

Der Schlaf, auf den Homer sich gefreut hatte, wurde aufgeschoben, als die beiden erst mal ihr Federbett erreicht hatten, denn Elsie gefiel sein Geruch noch immer, sodass die restliche Nacht einen erfreulichen Verlauf nahm. Danach schlief Homer, als hätte er ein Schlafmittel genommen. Kurz vor Sonnenaufgang wurde er von einem Prasseln auf dem Metalldach geweckt.

„Es regnet", sagte Homer und weckte Elsie. „Wir müssen los. So schnell wie möglich."

Als Homer, Elsie und Albert zum Buick kamen, entdeckten sie, dass der Hahn schon auf dem Rücksitz wartete. Homer fand, dass er besorgt aussah, woraufhin Homer sich noch mehr Sorgen machte. „Steig ein, Elsie", sagte er. „Wir müssen los."

Elsie stieg ein und zog die Tür zu. „Homer. Bitte schau dich doch mal um. Das war nur eine kleine Regenwolke, die schon wieder weitergezogen ist. Da drüben sieht man einen wunderschönen Sonnenaufgang, und du nimmst nicht mal Notiz davon. Du hast überhaupt keine Poesie in dir, oder?"

„Rosen sind rot, Veilchen sind blau, wenn wir jetzt nicht fahren, wird's schlimm, liebe Frau. Reicht das?"

Kopfschüttelnd lehnte Elsie sich zurück. Homer biss die Zähne zusammen, stierte geradeaus und lenkte den Buick Richtung Norden, wobei er betete, dass sich ihnen unterwegs kein Hindernis in den Weg stellte und sie Miami erreichten, bevor der Sturm losbrach.

Auf Matecumbe Key konnten sie weder Slick und Huddie noch irgendeinen anderen Mann von den Arbeitstruppen entdecken. Homer fuhr zu den Strandhütten, wo er nur noch einen Koch antraf, dessen Beruf ihm an der schmutzigen Schürze anzusehen war. Er saß auf einer Vortreppe und rauchte eine selbst gedrehte Zigarette.

„Ich suche zwei Männer, einer sehr klein, der andere sehr groß", sagte Homer.

„Slick und Huddie? Der Vorarbeiter hat alle Männer nach Lower Matecumbe und noch zu ein paar anderen Inseln abkommandiert, um Sanddämme zu bauen, für den Fall, dass ein Sturm kommt."

Homer bedankte sich und fuhr nach kurzem Zögern weiter Richtung Norden.

„Das ist nicht deine Schuld", sagte Elsie. „Du kannst dir jetzt nicht mehr die Zeit nehmen, sie zu suchen. Außerdem würden die beiden im umgekehrten Fall keinen Finger rühren, um dir zu helfen."

„Ich weiß, Elsie, aber …"

„Kein Aber, Homer. Fahr weiter."

Homer fuhr weiter. Die Wolken jagten dahin, und nicht wenige von ihnen waren grau. In Miami quartierten sich Elsie, Albert, der Hahn und Homer in einem Zimmer im örtlichen Eisenbahnerhotel ein.

Den ganzen Sonntag über beobachtete Homer immer wieder den Himmel, der sich ständig mit neuen Wolken füllte. In der Nacht klopfte der Portier mit einer Nachricht an seine Tür. Er sollte zum Betriebsbahnhof im Norden von Miami fahren, um auf weitere Anweisungen zu warten.

„Was gibt's, Homer?", fragte Elsie.

„Ich weiß nicht", antwortete Homer. Er reichte ihr das Telegramm. „Aber ich wette, es hat irgendwas mit dem Sturm zu tun."

Elsie las sich die Nachricht durch. „Ich mach mir Sorgen", gestand sie.

„Das musst du nicht. Ich muss wahrscheinlich bloß mithelfen, die Schienenwege zu sichern, für den Fall, dass sie überflutet werden."

„Ich mach mir immer noch Sorgen", erwiderte Elsie. Dann griff sie impulsiv nach seiner Hand. „Bitte tu nichts Gefährliches."

„Nein, werd ich nicht."

„Doch, wirst du schon", widersprach sie. „Wenn du glaubst, dass es zu deinem Job gehört. Aber dein eigentlicher Job ist hier, bei mir und Albert."

Homer lächelte. „Und was ist mit dem Hahn?"

„Zu dem kann ich nichts sagen", meinte Elsie. „Ich werde nicht schlau aus ihm."

„Vielleicht muss man auch gar nicht schlau aus ihm werden. Es muss ja nicht alles immer irgendeine Bedeutung haben, oder?"

„Und wie ist es mit der Liebe?", fragte sie auf einmal. „Hat die eine Bedeutung?"

„Zur Liebe kann ich nichts sagen", gab Homer zu, „aber deine Küsse bedeuten auf jeden Fall etwas."

„Das war jetzt eine völlig sinnlose Antwort", erklärte Elsie, aber dann küsste sie Homer trotzdem.

41. Kapitel

Mr. Jared Cunningham, Bahnmeister der *Florida East Coast Railway*, traf sich mit Homer und einigen anderen Eisenbahnmitarbeitern am Betriebsbahnhof im Norden von Miami.

„Jungs", begann er, „laut den Schiffsmeldungen haben wir es mit einem heftigen Sturm zu tun, und er wird wohl ziemlich bald zuschlagen. Das bedeutet, dass wir es hier mit einer Notlage zu tun haben. Die Regierung hat eine ganze Truppe von Kriegsveteranen auf die Inseln geschickt, die dort Straßen bauen sollen, und die können jetzt nicht mehr fliehen, weil sämtliche Fähren vor dem Sturm abgezogen wurden. Die Behörden hätten wissen müssen, dass so etwas passiert, aber haben sie eben nicht, also hat man uns gebeten, ihre Arbeiter da rauszuholen. Ich suche Freiwillige." Er wandte sich an Homer. „Homer, wenn du bereit bist mitzumachen, brauche ich dich, um die Befahrbarkeit der Schienen und Brücken einzuschätzen. Du hast von allen das beste Auge für Tragwerke. Was sagst du?"

Homer, der sich seiner Verpflichtung bewusst war, nickte.

Ein Ingenieur namens J. J. Haycraft meldete sich zu Wort. „Ich komme auch mit, Mr. Cunningham. Die alte 447-Lokomotive ist viel zu schwer, um von irgendeinem

Sturm von den Schienen gepustet zu werden. Wir schaffen das schon. Was meinst du, Jack?"

Jack war der Heizer. „Klar, ich komm auch mit", sagte er.

Cunningham drückte ihnen feierlich die Hand. „Dann ab mit euch, und beeilt euch."

Elsie und Albert warteten im Betriebsbahnhof. „Ich fahre mit dem Zug runter, um die Veteranen rauszuholen", verkündete Homer nach der Besprechung.

„Dann kommen wir auch mit", erklärte Elsie.

„Nein, Elsie, das kann ich nicht zulassen. Nimm du den Buick, und dann verschanzt du dich mit Albert im Hotel. Mir wird nichts passieren. Bis Mitternacht sind wir bestimmt wieder da. Ich fahre danach mit Jack zurück, der wohnt auch in unserem Hotel."

Doch er hätte sich seine Worte sparen können, Elsie ignorierte seinen Protest einfach. „Albert und ich fahren in einem der Passagierwaggons mit", sagte Elsie, „und davon wirst du uns nicht abhalten können."

„Das ist zwar wahnwitzig, aber wahr", erwiderte Homer. „Wenn ihr heimlich mitfahrt, muss ich mir die ganze Zeit Sorgen um euch machen und kann mich nicht auf die Arbeit konzentrieren. Elsie, ich bitte dich, tu nur dieses eine Mal, worum ich dich bitte. Bitte geh in unser Zimmer, nimm Albert und den Hahn mit und warte auf mich. Ich werde wohlbehalten zu dir zurückkommen. Das verspreche ich dir."

Tränen strömten über Elsies Wangen, als sie ihm in die Arme fiel. Zu seinem Erschrecken zitterte sie heftig. „Geh nicht", sagte sie. „Ich hab solche Angst."

Homer hatte sie noch nie so verletzlich gesehen. Es kam ihm fast vor, als wäre sie eine andere Frau. Die Reise hatte sie wirklich verändert und ihn wahrscheinlich auch. Wenn alles gut ging, musste er später einmal darüber nachdenken.

„Der Ingenieur und der Heizer fahren auch. Warum sollte ich hierbleiben?"

Elsie trat einen Schritt zurück, wischte sich die Tränen ab und hob den Kopf. „Gut, Homer Hadley Hickam, und wenn ich dich nie wiedersehe, werde ich sagen, dass ich dich liebe, und vermutlich liebe ich dich dann bis ans Ende meiner Tage. Aber geh. Geh! Erledige deinen edlen Auftrag und deine edle Pflicht!"

Homer grinste. Nachdem er Elsies Liebeserklärung nun mit eigenen Ohren gehört hatte, konnte er zufrieden sterben. Bewundernd blickte er ihr nach, als sie mit Albert davonmarschierte. Er war der glücklichste Mann der Welt, weil er diese wundervolle schöne Frau geheiratet hatte.

Albert warf noch einmal einen Blick zurück auf Homer und grunzte sein unglückliches *No-No-No*. Homer nickte ihm zu und bat ihn im Stillen, auf Elsie aufzupassen.

Haycraft, der Ingenieur, trat auf ihn zu. „Homer, ich weiß nicht, ob du gezählt hast, aber wir haben sechs Waggons, zwei Gepäckwagen und drei Güterwagen. Das sind mehr, als mir lieb sind, wenn ich an unseren Auftrag denke, aber es würde jetzt zu lange dauern, sie abzukoppeln, also fahren wir jetzt eben so los. Du bleibst hier bei Jack und mir. Wenn ich auf den Schienen etwas entdecke, was mir nicht gefällt, bremse ich ab, damit ihr abspringen könnt. Ihr rennt dann voraus und kontrolliert das für mich. Alles verstanden?"

Homer hatte alles sehr gut verstanden und stieg mit dem Ingenieur und dem Heizer ins Führerhaus der Lokomotive. Der Dampfkessel hatte bereits den nötigen Druck erreicht, und bald pumpte die alte 447 über die Schienen Richtung Homestead.

„Ich leite jetzt die Wendung ein und schiebe die Waggons rückwärts über die Schienen", verkündete Haycraft, als sie die Drehscheibe erreichten. „Auf die Art können wir mit voller Kraft Richtung Norden zurückfahren, sobald wir die Jungs von Matecumbe abgeholt haben. Wahrscheinlich ist es bis dahin schon dunkel, aber wir können die Schienen ja mit dem Scheinwerfer beleuchten. Homer, du gehst in den letzten Waggon und hältst die Augen offen. Nimm diese Lampe, und wenn du was siehst, winkst du, und ich halte an. Wenn alles wieder frei ist, winkst du erneut. Bist du bereit?"

„Ich bin bereit", sagte Homer. Er kletterte aus dem Führerhaus und ging bis zum letzten Waggon, glücklicherweise ein Passagierwaggon, aus dem er hinausschauen konnte. Er stieg ein und stellte die Lampe ab, dann schritt er auf die Plattform am Ende des Wagens. Im Süden hatten sich dichte graue Wolken zusammengezogen, hie und da zuckte ein Blitz. Der Wind frischte auf, und Homer fühlte einen ganz leichten Druck auf den Ohren.

Nachdem der Zug umgedreht worden war, fuhr er los, und Homer hielt Ausschau nach Hindernissen auf den Schienen. Der Wind heulte, und heftiger Regen schlug gegen die Fenster des Waggons. Der Himmel nahm eine kränklich-gelbe Farbe an, der Sand und das Gestrüpp entlang den Schienen verschwanden in der grässlich dampfenden Suppe. Ein tiefes Summen ertönte, und Homer stellte fest, dass es von den Strom- und Telefonleitungen kam, die im Wind vibrierten. Einige Telefonmaste waren umgekippt, die gerissenen Kabel hingen herab und peitschten hin und her wie verstörte Schlangen. Homer bemerkte ein größeres Myrtengestrüpp, das plötzlich gen Himmel flog und wegwirbelte.

Als der Zug Key Largo erreichte, war das Wasser schon so hoch gestiegen, dass es neben den Schienen brandete. Eine bedrohliche Menge Kies wurde bereits aus dem befestigten Fahrdamm herausgespült, wie Homer feststellte, und früher oder später würde es die Befestigung der Schienen einreißen. Homer überlegte schon, ob er seine Lampe schwenken sollte, doch dann dachte er sich, dass Haycraft den Fahrdamm sicher auch sah. Er würde schon anhalten, wenn er meinte, dass die Strecke nicht mehr sicher war.

Der Zug rollte weiter. Der Regen fiel so dicht, dass er eine richtige Wand bildete, hinter der Homer die Schienen nur schwer überblicken konnte. Und selbst wenn er sah, dass sie ein Hindernis vor sich hatten oder die Schienen beschädigt oder weggeschwemmt waren – sie fuhren um die zwanzig, dreißig Stundenkilometer, das war ohnehin zu schnell, als dass er Haycraft noch rechtzeitig ein Signal zum Halten geben könnte. Wenn sich sein Waggon überschlug, würde er wie ein Pappkarton von den nachfolgenden ungebremsten Waggons zerquetscht werden. Trotzdem blieb Homer auf seinem Posten.

Mithilfe einer Landkarte, die er im Waggon gefunden hatte, versuchte er herauszufinden, wo sie waren. Seiner Schätzung nach mussten sie sich kurz vor Windley Key befinden. Für eine kurze Zeit ließ der Regen nach, und er sah einen Turm aus schwarzen Wolken, der immer wieder von blau-gelb aufflackernden Blitzen erhellt wurde. Kaum entdeckte er im Lichte des Blitzes einige Leute neben den Schienen, lehnte er sich hinaus und schwenkte seine Laterne, und der Zug verlangsamte und hielt an.

Homer trotzte dem herabprasselnden Regen und stieg aus dem Waggon. Die ersten Menschen, denen er begegnete, waren ein Mann und eine Frau, die unter dem Ansturm von Wind und Regen zusammengebrochen waren. Homer half ihnen hoch. Sie sahen ihn benommen an.

„Steigen Sie in den Zug", sagte er und deutete auf den letzten Waggon. „Ich hole den Rest."

Er kämpfte sich gegen den heulenden Wind und Regen über den rutschigen Fahrdamm und entdeckte noch mehr Leute, die sich dort zusammengekauert hatten. „Gehen Sie da entlang", rief er und deutete die Schienen entlang in die Regenwand. „Vertrauen Sie mir, da hinten wartet ein Zug. Gehen Sie!"

Nachdem er allen in den Zug geholfen hatte, die er finden konnte, zählte er durch. Es waren fünf Frauen, von denen eine ein Baby im Arm hatte, drei Kinder und drei Männer. Es waren Einheimische, keiner von ihnen gehörte zu den Veteranen, zu deren Rettung der Zug eigentlich ausgerückt war. Sie waren klatschnass, zitterten und schienen unter Schock zu stehen. Homer ging den Gang auf und ab, um sie zu beruhigen.

„Sie sind jetzt in Sicherheit", sagte er und lächelte die Mutter mit ihrem Baby an.

Die Frau starrte zurück, sprachlos und mit fahrigem Blick. Homer ging hinaus und schwenkte seine Laterne, woraufhin die Lokomotive die Waggons weiter in die Dunkelheit schob. Das Baby begann zu weinen, und dann fingen auch die Kinder und Frauen an zu schluchzen. „Wir fahren in die falsche Richtung!", rief einer der Männer.

„Wir müssen noch mehr Leute aufsammeln", erwiderte Homer.

„Sie sind doch verrückt!", schrie der Mann. „Das schaffen wir nie!"

Homer befürchtete, dass der Mann recht hatte. Der Zug fuhr immer tiefer in den Sturm hinein. Kreischende Dämonen rüttelten am Waggon, Wellen schlugen gegen die Seitenwände und hörten sich dabei eher wie ein Steinschlag an als wie Wasser.

„Wir werden sterben", sagte der Mann. „Wir werden alle sterben."

Um seine Sicht zu verbessern, trat Homer auf die Plattform hinaus, doch der Wind trieb ihn sofort wieder ins Innere des Waggons. Der Regen blies Homer so hart ins Gesicht, dass es sich anfühlte, als würde er ihm die Haut zerreißen. Als ein Blitz die Schienen kurz erleuchtete, sah er, dass die Stahlbänder fast schon unter Wasser waren. Ängstlich spähte er nach vorn, hoffte, irgendwo eine Spur der Veteranen auszumachen. Da verlangsamte der Zug sein Tempo und kroch nur noch dahin, und Homer erblickte eine Art Gebäude, gefolgt von einem Schild, das verkündete, dass sie hier an der *Islamorada Station of Upper Matecumbe* waren. Dunkle Gestalten zeichneten sich vom Bahnsteig ab. Menschen!

Homer schwenkte die Laterne, doch der Zug rollte weiter, bis Homer nicht nur den Bahnhof erkennen konnte, sondern auch ein Lager und ein paar andere Gebäude.

Auf einmal wurde von einem das Dach weggerissen und verschwand in den stahlgrauen Himmel. Noch mehr Schattenfiguren standen auf, doch der Zug fuhr immer noch weiter. Während Homer auf den Bahnsteig blickte, wurde jemand – er konnte nicht erkennen, ob es ein Mann oder eine Frau war – wie von einer unsichtbaren Hand gepackt und nach oben in die Dunkelheit gerissen. Trümmer regneten auf die Menschenmenge nieder, und dann verschwanden die Leute, einer nach dem anderen. Einen Mann sah Homer nah genug, um seine verzweifelten Augen und den aufgerissenen Mund zu erkennen. Er schrie irgendetwas, doch dann schnitt ein Trümmerteil vom Dach durch seinen Hals wie eine Guillotine. Sein Kopf wurde sofort vom Wind fortgerissen, sein Körper sank ins Wasser.

Schließlich blieb der Zug stehen. Homer legte sich die Hände über die Augen, um sie vor den nadelartig stechenden Regentropfen zu schützen, und so spähte er durch die Lücken zwischen seinen Fingern Richtung Süden. Alles war überschwemmt. Soweit er es einschätzen konnte, stand der Zug auf dem einzigen Schienenabschnitt, der noch nicht unter Wasser war.

Auf einmal begannen Dutzende von Männern, Frauen und Kindern in die Waggons zu klettern. Homer sprang hinaus und bemühte sich nach Kräften, ihnen hineinzuhelfen. Es waren mindestens hundert. Nass bis auf die Haut und keuchend vor Angst drängten sie in den Zug.

Auf einmal stieg Homer das Wasser bis zur Taille, und

er musste einen Satz machen, um noch einen Haltegriff zu erwischen, sich festzuklammern und sich selbst auch noch in den Waggon zu hieven. Drinnen fluchten die Leute oder flehten Gott um Rettung an, doch Homer stellte fest, dass er selbst unnatürlich ruhig war. Das war der Bergarbeiter in ihm, nahm er an, oder vielleicht auch einfach nur seine Dummheit. Er hatte nicht die Zeit, genauer darüber nachzudenken.

Ein Stahlpfeiler, der irgendwo anders losgerissen worden war, traf einen Mann in den Rücken, der gerade in den Zug klettern wollte. Er wurde aufgespießt, und das Blut spritzte hervor, wo die stählerne Spitze aus seinem Bauch ragte. Der Kopf fiel ihm in den Nacken, und mit einem letzten dunkelroten Strahl aus seinem Mund brach er auf der Treppe zusammen. Mithilfe ein paar anderer Männer stieß Homer den Mann mitsamt Pfosten zurück auf den Bahnsteig.

„Wie viele sind noch da draußen?", schrie Homer über den tosenden Sturm. Der Mann, der ihm geholfen hatte, schüttelte bloß den Kopf. Als Homer genauer hinsah, entdeckte er, dass es Huddie war. „Wo ist Slick? Und wo sind die restlichen Veteranen?"

„Keine Ahnung", keuchte Huddie. „Fortgeweht und ertrunken, schätze ich."

„Such dir einen Platz", befahl Homer, und Huddie stolperte davon.

Homer lehnte sich hinaus, um nach weiteren Überlebenden Ausschau zu halten. Seine Augen schmerzten von dem Wind, und er musste sie immer wieder reiben, um überhaupt noch etwas zu sehen. Weil niemand mehr kam, holte er die Laterne und schwenkte sie. Der Zug ruckte und fuhr an Richtung Norden, aber er schaffte es nur ein paar Meter weit, da kam er auch schon wieder knirschend zum Stehen. Als er den Kopf nach draußen streckte, sah er, dass die Schienen unter einem Güterwaggon gebrochen waren. Der Zug saß hoffnungslos fest.

Die Frauen weinten und die Männer stimmten ein. Babys schrien und Kinder heulten.

„Aufhören!", schrie Homer und bereute im nächsten Moment seinen strengen Befehl.

Die geretteten Leute schauten entsetzt nach Osten, auch Homer drückte sein Gesicht gegen eine Fensterscheibe, und was er dort sah, überstieg jedes Vorstellungsvermögen. Eine Wasserwand von mindestens zwanzig Metern Höhe hielt direkt auf den Zug zu.

Jetzt konnte er endgültig nichts mehr unternehmen. Homer gab sich in die Hände des allmächtigen Gottes oder des Schicksals oder Kismets oder was auch immer das Los der Menschen bestimmte, setzte sich auf den Boden und wartete darauf, dass die Welle gegen den Waggon schlug. Als es so weit war, krachte die Welle mit voller Breitseite auf den Zug. Den Waggon riss es von den Schienen. Schwarzes Wasser strömte ins Wageninnere und drückte Homer auf den Boden. Mit aller Kraft bahnte er sich einen Weg durch die aus den Halterungen gerissenen Sitze, bis er ein Licht aufblitzen sah und begriff, dass der Waggon zerbrochen war.

Der Körper einer Frau trieb unter Wasser an ihm vorbei, ihre leeren Augen schienen ihn anklagend anzusehen. Ein totes Baby folgte ihr. Er wollte ihnen sagen, wie leid es ihm tat, dass er alles gegeben hatte, um sie zu retten, doch sie schwammen weiter, und zu seiner Beschämung war er erleichtert, als die beiden im strudelnden Wasser verschwanden.

Homer schwamm in die Richtung, in der er die Wasseroberfläche vermutete, doch Wind und Wasser wirbelten so wild vorbei, dass er kaum Luft holen konnte. Da begann auf einmal eine mächtige Kraft das Wasser um ihn herum in einen heftigen Wirbel zu versetzen, dem er sich nicht entziehen konnte, und Homer spürte, wie er aus dem Wasser gehoben wurde. Einen Moment lang konnte er sich aus der Höhe ein Bild vom Ausmaß der Zerstörung machen. Sämtliche Waggons waren von den Schienen gefegt worden, nur die Lokomotive, die alte 447, stand noch auf dem letzten verbliebenen Schienenstück, soweit Homer es von oben erkennen konnte.

Der Wind wirbelte Homer durch die Luft, bis er ihn irgendwo wieder ins Wasser fallen ließ. Er strampelte eine Weile, doch am Ende war er so erschöpft, dass er sich einfach dem Wasser ergab. Er war fast dankbar, als er in den Wellen versank.

In dem Moment schwamm Albert vorbei und umkreiste ihn. Homer wusste nicht, warum der Alligator hier war, doch es gefiel ihm, das Tier beim Schwimmen zu beobachten, solange all die Leichen und Körperteile an ihm vorbeizogen. Nach einer Weile fragte sich Homer, ob es vielleicht gar nicht Albert war, sondern irgendetwas anderes, etwas, das gar nicht existierte, obwohl es schon immer da gewesen war und auch immer da sein würde.

Albert – oder das, was wie Albert aussah – schien Homers Gedanken zu spüren und deutete ihm mit einer ruckartigen Kopfbewegung den Weg, dann schwamm er voraus und drehte sich ab und zu um, um sich zu vergewissern, dass Homer ihm folgte. Brav strampelte Homer hinter ihm her, bis er zu guter Letzt merkte, dass er tatsächlich die Wasseroberfläche erreicht hatte. Keuchend und Meerwasser spuckend klammerte Homer sich an Albert.

Aber es war gar nicht Albert.

Es war ein Baum, ein großer, schwimmender Baumstamm, ein Baumstamm mit dem Rest eines abgebrochenen Astes, um den Homer seine Arme schlingen konnte. Und das tat Homer, und er lauschte dem Heulen des Windes, dem Tosen der See und den Schreien der Menschen.

42. Kapitel

Stunden später, nachdem sich der Hurrikan gelegt hatte, hob Homer den Kopf und entdeckte, dass er auf dem Rücken in einem Bett aus stinkendem Schlamm und faulig riechendem Gras lag. Als er sich halb aufrappelte, auf die Ellbogen stützte und sich umschaute, sah er ein Szenario, das einem Schlachtfeld ähnelte. Überall lagen die zerfetzten und zersplitterten Überreste des Betriebsbahnhofs Matecumbe.

Homer stemmte sich auf die Knie und hielt Ausschau nach dem Zug, doch weit und breit war keine Spur von ihm zu sehen. Als es ihm gelang, sich aufzurichten und ein paar schwankende Schritte zu machen, versanken seine Füße bis fast übers Knie im Schlamm. Sein Hemd war fortgerissen worden, er hatte keine Schuhe mehr und nur noch eine Socke. Der Schlamm zog an ihm, während er sich einen Weg zu der Stelle bahnte, die das Schienenbett sein musste. Es war völlig mit Matsch bedeckt, von den Schienen fehlte jede Spur.

„Wie kommt es, dass ich noch lebe?", fragte er laut, doch niemand antwortete. Er dachte kurz an Elsie und hoffte, dass der Sturm an Miami vorbeigezogen war, ehe er sich seiner eigenen Rettung widmete.

Er fand ein Paar Stiefel auf dem Schienenbett, probierte sie an und stellte fest, dass sie passten wie angegossen. Warum ausgerechnet hier zwei fein säuberlich nebeneinander aufgestellte Stiefel standen, die ihm passten wie angegossen, während ein ganzer Fahrdamm weggeschwemmt worden war, konnte er sich nicht erklären. Trotzdem zog er sie an und schaute nach oben. Dunkle Wolken jagten am Himmel dahin. Ich muss jemand finden, sagte er sich im Stillen und folgte den Überresten des Schienenwegs, wobei er vorsichtig über Tausende von gebrochenen Planken stieg, aus denen Nägel ragten, und verbogenen Drahtspulen auswich, deren Enden zerfetzt waren. Schon bald sah er den ersten Waggon. Er lag auf der Seite, der Schlamm quoll aus den zerbrochenen Fenstern. Dann sah er die erste Leiche, aber es war nur die erste von vielen.

Homer wanderte zwischen den Leichen umher und hielt Ausschau nach Lebenszeichen. Auch im Inneren der Waggons suchte er. Doch er fand nur Leichen. Er bemühte sich, nicht in ihre Gesichter zu schauen, vor allem den Kindern nicht, doch bei manchen konnte er nicht anders. Ein Mädchen, das er auf ungefähr sechs Jahre schätzte, lag auf einem Waggon. Er stellte sich vor, wie jemand – vielleicht die Mutter oder der Vater – sie dort hochgeschoben hatte. Trotzdem war sie gestorben, und ihre toten Augen starrten in den Himmel, über den die Wolken dahinrasten und den Blick auf ein Blau freigaben, das so unschuldig aussah wie das Ei eines Rotkehlchens.

Als er bei der Lokomotive angekommen war, zog er sich zum Führerhaus hoch und fand Mr. Haycraft, der mit geschlossenen Augen auf dem Boden saß. Jack, der Heizer, saß mit gesenktem Kopf neben ihm.

„Leben Sie noch?", fragte Homer.

Haycrafts Augen öffneten sich, und auch Jack hob den Kopf. „Sie haben es geschafft!", rief Haycraft. „Ich war sicher, Sie wären ertrunken." Er schaute Homer nachdenklich an. „Warum sind Sie eigentlich nicht ertrunken?"

„Ich weiß nicht", sagte Homer. Er hob einen von seinen Stiefeln hoch. „Und dann hab ich noch diese Stiefel hier gefunden, die mir genau passen. Wie das zugegangen ist, weiß ich auch nicht. Wie kommt es eigentlich, dass Sie noch hier sitzen, während der restliche Zug komplett von den Schienen geblasen wurde?"

„Die alte 447 ist ungefähr zehn Mal so schwer wie die Waggons", erklärte Haycraft. Er reichte Homer eine Kanne gräuliches Wasser, dann gestattete er sich einen Seufzer. „Aber ich befürchte, die wird nie wieder auf Schienen fahren."

„Warum nicht?" Homer nahm einen tiefen Schluck von dem warmen, leicht brackigen Wasser und erkannte, dass der Hurrikan das Meerwasser sogar ins Innere der fest verschlossenen Kanne gedrückt haben musste. „Wird das nicht alles wieder aufgebaut?"

Haycraft schüttelte den Kopf. „Nein. Es war von Anfang an Unsinn, diese Strecke zu errichten. Der Erbauer hieß Henry Morrison Flagler, ein Partner von John D. Rockefeller persönlich. Er hatte mehr Geld als Verstand, könnte man sagen. Mr. Flagler und andere vom gleichen Schlag gibt es nicht mehr. Niemand hat mehr die Courage für große Unterfangen. Ich schätze, wir sind alle arbeitslos geworden."

„Was sollen wir jetzt tun?", fragte Homer.

Haycraft zuckte mit den Schultern. „Wir können gar nichts tun. Wir können nur warten, bis die Eisenbahngesellschaft jemanden schickt, der uns holt. Das wird ein paar Tage dauern, nehme ich an."

„Ich glaube, ich mache mich auf die Suche nach weiteren Überlebenden", erklärte Homer.

„Bitte sehr", sagte der Ingenieur mit einem Schulterzucken. „Wenn Sie wen finden, rufen Sie, dann kommen wir raus und helfen Ihnen."

Homer kletterte wieder aus dem Führerhäuschen und stocherte in den Trümmern rund um die Waggons. Als der Gestank der verwesenden Leichen ihn schon wenig später ans Wasser trieb, stieß er zu seiner Überraschung auf ein kleines Boot, das dort vor Anker lag und auf den Wellen schaukelte. Er war noch überraschter, als er entdeckte, dass einer der drei Männer an Bord Ernest Hemingway war.

Hemingway winkte ihm zu. Homer winkte zurück. „Hallo, Mr. Hemingway!", rief er. „Ich bin's, Homer. Elsie und ich haben vorgestern mit Ihnen zu Abend gegessen."

„Ja, ich erinnere mich", rief Hemingway zurück. „Was machen Sie denn hier?"

Homer deutete hinter sich. „Ich bin mit dem Zug gekommen, um die Arbeitertrupps zu retten, aber der Sturm hat uns vorher erwischt."

„Weil Sie zu spät gekommen sind", schimpfte Hemingway. „Warum waren Sie denn nicht früher hier?"

„Wir sind so schnell gekommen, wie wir konnten, Sir", erwiderte Homer.

„Wenn es darum geht, sich um die Veteranen zu kümmern, passiert immer alles zu spät", klagte Hemingway. „Homer, ich wünschte, die Behörden könnten das sehen, könnten die Leichen sehen, die in den Mangrovensümpfen hängen, den Gestank riechen, wie im Weltkrieg. Ich hatte ja gehofft, dass ich den Tod nie wieder riechen muss. Diese verdammten reichen Säcke, die immer Kriege anfangen müssen! Jetzt setzen sie die Kriegsmaschinerie in Europa erneut in Gang, und wir werden wieder mit reingezogen werden, darauf können Sie wetten. Diese Dreckskerle in Washington D. C. werden arme Männer in den Kampf schicken und sie wie immer hinterher vergessen. Wer hat sie hier ertrinken lassen, Homer? Und wie lautet die Strafe für Totschlag?"

Homer war so überfahren von dieser leidenschaftlichen Rede, dass ihm keine passende Antwort einfiel. „Ich weiß nicht, Sir. Der Ingenieur hat gesagt, dass die Eisenbahn hiermit auch gestorben ist."

Hemingway stemmte die Hände in die Hüften und sah sich um. „Allerdings. Allerdings."

„Fahren Sie Richtung Norden, Sir?", fragte Homer. „Ich könnte jemanden brauchen, der mich mitnimmt."

„Wir fahren eine kurze Strecke nach Norden", sagte Hemingway. „Aber ich bin noch nicht sicher, wo wir wieder umkehren, und ich würde Sie ungern unterwegs irgendwo aussetzen. Es wird einer kommen, der Sie abholt. Haben Sie einfach Geduld."

„Ja, Sir", sagte Homer.

„Ich bin Republikaner, wissen Sie?", sagte Hemingway, und Homer konnte sich keinen Grund denken, warum er diese Bemerkung an dieser Stelle anbrachte.

Da hörte Homer Schritte im Sand und war überrascht und gleichzeitig auch gar nicht überrascht, als er Slick und Huddie auf sich zukommen sah. Die Kleidung hing den

Männern in Fetzen um den Leib, ihre Gesichter wirkten wie sandgestrahlt. „Wie habt ihr zwei denn überlebt?", fragte Homer.

„Nur die Guten sterben jung", sagte Slick. Er legte die Hände neben den Mund und rief zum Boot: „Hem, ich bin's, Slick! Wir haben vor ein paar Wochenenden im *Sloppy Joe's* zusammen einen getrunken. Huddie ist auch hier. Hast du Platz für zwei alte Kriegsveteranen?"

„Wir fahren eine Strecke Richtung Norden, aber dann drehen wir um und fahren zurück nach Key West", antwortete Hemingway.

„Das würde uns prima passen", sagte Slick. Er sprang ins Wasser und schwamm zum Boot hinaus. Huddie folgte ihm, und Hemingway zog die beiden an Bord. Zu Homers Verblüffung drückte der Schriftsteller ihnen zwei Bierflaschen aus einem Eiskübel in die Hand, dann lichtete er den Anker, wendete das Boot und steuerte Richtung Norden.

Homer überlegte kurz, ob er mit den Armen winken und rufen und darauf bestehen sollte, dass sie ihn auch mitnahmen. Doch sein unbändiger Stolz und der Stoizismus von Generationen von Bergbauarbeitern kämpften den Impuls nieder. Also sah er dem Boot nach, bis es nur noch ein kleiner weißer Punkt war, und dann ging er zurück zur alten 447, um abzuwarten, was als Nächstes geschehen würde. Als er ein zerfetztes Hemd fand, schnüffelte er daran, um sicherzugehen, dass es nicht allzu sehr stank, dann band er es sich vor Nase und Mund, um den grässlichen Geruch der verwesenden Leichen zu dämpfen, der sich unter der gnadenlosen Sonne verstärkte.

✳✳✳

Nach drei Tagen kam ein von der Eisenbahngesellschaft gechartertes Boot, um die Besatzung des Zuges zu retten. Bis dahin waren ihre Kleidung, ihre Haare und sogar ihre Haut durchdrungen vom schrecklichen Geruch des Todes. Kaum an Bord, ließen Homer, Haycraft und Jack jegliche Schicklichkeit fahren, zogen ihre Kleidung aus und warfen sie ins Meer. Dann sprangen sie hinterher, jeder mit einem Stück Seife in der Hand. Nach gründlichem Schrubben wurden sie an Bord willkommen geheißen und mit ein paar alten Arbeitsoveralls ausgestattet.

Es sollte weitere zwei Tage dauern, bis Homer – barfuß und per Anhalter – das Eisenbahnerhotel im Norden von Miami erreichte. Dort fiel er Elsie in die Arme, und nachdem er sie eine Weile an sich gedrückt hatte, streichelte er auch Albert den Kopf und bedankte sich bei ihm, dass er ihn erneut gerettet hatte, wenn auch nur im Traum. Homer war nicht überrascht, als Elsie weder vor Erleichterung schluchzte noch weinte. Sie reagierte vielmehr mit einer gewissen Distanziertheit, wie man es bei den Frauen von Bergbauarbeitern oft beobachten kann, wenn eine befürchtete Katastrophe doch nicht eingetreten ist. Was wichtig war, was *wirklich* zählte, war die Tatsache, dass er nicht umgekommen war.

Als Homer und Elsie sich später gegenübersaßen und sich einfach nur ansahen, streckte Homer die Hände aus, und Elsie ergriff sie. „Wirst du weiter für die Eisenbahn arbeiten?", fragte sie.

„Es gibt keine Eisenbahn mehr, Elsie. Sie ist verschwunden."

Sie schaute ihm in die Augen. „Erzähl mir, was passiert ist. Von Anfang bis Ende."

Er erzählte es ihr.

„Ich hatte wirklich das Gefühl, dass Albert mir in diesem Hurrikan erschienen ist, um mich zu retten", sagte er abschließend.

„Er ist ein starker Junge, körperlich wie geistig." Elsie drückte die Hand ihres Mannes etwas fester. „Vielleicht war er es wirklich."

„Weißt du, als ich Captain Laird um Erlaubnis gebeten habe, Albert heimbringen zu dürfen, meinte er, dass diese Reise vielleicht dazu da ist, mir den Sinn des Lebens näherzubringen. Aber stattdessen stoße ich auf immer mehr Rätsel, die ich nicht ansatzweise lösen kann."

„Vielleicht geht es im Leben ja gerade darum", sagte Elsie. „Rätsel über Rätsel. Wir glauben, dass wir alles wissen, aber in Wirklichkeit wissen wir gar nichts."

„Wäre es nicht seltsam, wenn Albert das wüsste? Oder vielleicht der Hahn? Sie wissen, was das Leben bedeutet und wozu das alles gut ist, aber sie können es uns nicht mitteilen, sondern nur zeigen."

„Und wir merken nicht mal, dass sie es verstehen, und achten gar nicht darauf", fügte Elsie hinzu.

„Gottes kleiner Scherz", sagte Homer.

„Nein", erwiderte Elsie, „Gottes *großer* Scherz."

Philosophieren hat ja gerne die Tendenz, die beteiligten Personen zu ermüden, so ging es auch Homer und Elsie, und sie verfielen in Schweigen. In der Nacht schliefen sie tief und fest, dann luden sie den Buick voll und fuhren in die einzige Richtung, die ihnen blieb: Norden.

Bei der Fahrt spürte Homer ein Nichts in der Luft, als wäre alles, was irgendetwas bedeutet hatte, wie weggeblasen, zerstreut, verjagt, zerstört worden. Außerhalb des Buicks herrschte nur Dunkelheit, obwohl die Sonne schon aufgegangen war. Was Homer und Elsie erkennen wollten, konnten sie nicht erkennen, und das wussten sie. Was sie erkennen wollten, war das Leben, wie sie es sich vor dem Hurrikan ausgemalt hatten. Sie wollten die Uhren zurückdrehen, den Kalender zurückstellen, sie wollten die Milliarden von Verknüpfungen und Lebenseinstellungen nur so weit verändert sehen, dass der Hurrikan, der die Upper Keys von Florida so heillos zerstört hatte, stattdessen weitergezogen wäre, um einen anderen oder gar keinen Ort zu verwüsten und einfach nur eine Menge Luft und Wasser umzuwälzen.

Doch das war unmöglich. Der Sturm war der Sturm gewesen, der er sein wollte, und kein Mensch konnte daran etwas ändern. Sie konnten nur annehmen, was der Sturm ihnen gegeben hatte, und was er ihnen gegeben hatte, war das Ende eines Traums.

„Kismet", flüsterte Elsie.

Homer hörte sie, und er sagte nichts, aber er wusste, dass sie recht hatte. Der Sturm hatte keinen Namen bekommen, doch Kismet wäre eine gute Wahl gewesen. Kismet, der Zerstörer. Kismet, der Folterknecht. Kismet, der Mörder. Kismet, der Meuchler, Dieb und Vernichter all dessen, was so gut und heilig war, wie überhaupt jemals etwas gut und heilig gewesen war.

※※※

Einer spontanen Eingebung folgend, bog Homer auf die Straße nach Silver Springs, um nachzusehen, ob das Filmteam von Tarzan noch dort war, doch die Häuschen waren leer, die Filmsets abgebaut. Der Sommer war vorbei und der Park schon so gut wie geschlossen, doch Chuck, den Reptilientrainer, trafen sie doch noch an. Er hörte sich ihre Geschichte an und warf dann einen Blick auf Albert. „Wie geht es für ihn weiter?", fragte er.

Homer und Elsie tauschten einen Blick und mussten zugeben, dass sie es nicht wussten.

„Früher oder später wird er richtig groß sein", sagte Chuck, „und für die Damenwelt wird er sich auch interessieren. Wenn er glücklich sein soll, braucht er seinen eigenen netten Sumpf."

„Können wir ihn bei Ihnen lassen?", fragte Elsie.

Chuck schüttelte den Kopf. „Er würde sich hier nicht einfügen, wir haben hier ein paar große alte Männchen, die würden ihn höchstwahrscheinlich töten. Sie müssen ein Revier finden, wo er das Sagen hat, vielleicht in einem neuen See oder so. In manchen von diesen Städten, die gerade aus dem Boden gestampft werden, um Rentnern ein Zuhause zu bieten, legen sie Dämme an, damit die Grundstücke Blick aufs Wasser haben. Nach so was müssten Sie vielleicht Ausschau halten."

Chuck ging zurück an seine Arbeit und ließ Elsie und Homer stehen. Die beiden sahen sich an, bis Elsie aus der Erstarrung erwachte. „Meinst du, wir sollten nach Coalwood zurückfahren?"

Homer nickte. „Ich könnte dem Captain ein Telegramm schicken und fragen, ob er mich wieder einstellt. Ich könnte ihn auch fragen, ob wir noch ein Haus haben."

Elsie vergrub das Gesicht in den Händen und schüttelte den Kopf. Als sie wieder aufblickte, war ihre Miene ergeben. „Ich finde den Gedanken unerträglich, Homer, aber ich werde mit dir zurückgehen. Was auch immer uns lenkt, es will uns zurück nach Coalwood führen. Ich kann mir keinen Reim darauf machen, aber ich habe das Kämpfen satt. Schick dein Telegramm."

Homer schickte das Telegramm aus der nächsten Kleinstadt. In einer Nebenstraße hielten sie ein Nickerchen im Auto, bis die Antwort des Captains eintraf: IHRE STELLE UND IHR HAUS SIND IHNEN SICHER.

„Bist du bereit, in den Norden zurückzufahren?", fragte Homer seine Frau.

„Fahren wir", sagte Elsie und ließ den Kopf hängen.

Homer fühlte sich ganz elend, weil Elsie immer noch so unglücklich war, aber er dachte sich, dass sie recht hatte. Ihre Reise führte sie zurück nach West Virginia. Als er sich an etwas anderem als am Kohlebergbau versucht hatte, war ein Hurrikan gekommen und hatte alles davongeblasen.

Homer wollte an diesem Tag noch so weit in den Norden wie möglich fahren, bis es nicht mehr weiterging. Um Mitternacht ragte das Schild auf, das die Grenze zu Georgia markierte.

„Bitte halt an", bat Elsie. Dann wischte sie sich hektisch die Tränen ab, die sie nicht mehr verbergen konnte.

Homer hielt an und wartete, bis Elsie ihre Fassung wiedergewonnen hatte. Er hatte Angst vor dem, was sie jetzt sagen würde.

„Dreh um", sagte sie schließlich. „Wir können Albert nicht wieder mit nach Coalwood nehmen. Du hast gehört, was der Reptilientrainer gesagt hat. Wir müssen ein Revier für ihn finden."

„Wo sollen wir denn suchen?", fragte Homer.

Elsie schaute nach hinten zu Albert, dann streckte sie die Hand zum Rücksitz aus und berührte seine Nase. Er streckte sich, machte sein glückliches *Yeah-Yeah-Yeah* und schlief dann wieder ein. Sie drehte sich wieder zu Homer. „Wo wir die ganze Zeit schon hinwollten", flüsterte sie. „Nach Orlando."

Ich war sechzig, Mom einundneunzig. Ich hatte gerade ein Buch veröffentlicht, das von einem einsamen Kapitän der Küstenwache auf einer windumtosten Insel handelte – und von Verlust. Der Vater des Kapitäns, ein Leuchtturmwärter, hatte seine Frau und seinen Sohn verloren, was bedeutete, dass der Kapitän seine Mutter und seinen Bruder verloren hatte. Eine Frau, die gerade auf der Insel eingetroffen war, hatte jegliche Hoffnung verloren, jemals Liebe zu finden. Und vor der Küste verlor man regelmäßig Schiffe an die marodierende deutsche U-Boot-Flotte, unter dem Kommando eines Kapitäns, der in jeder denkbaren Hinsicht verloren war.

„Was weißt du denn von diesen Dingen, Sonny?", fragte Mom, als sie die Hand auf das Cover meines Buches legte, das neben ihr auf dem Sofa lag. Wir waren in ihrem Haus in South Carolina.

„Von welchen Dingen, Mom?"

„Dieses ganze Sterben und der Tod in deinem Buch. Du bist zu jung, um etwas darüber zu wissen."

„Mein Vater ist gestorben und der Großteil meiner Onkel und Tanten auch", erklärte ich zu meiner Verteidigung. „Ich habe mehrere Freunde in Vietnam verloren. Und noch ein paar durch Unfälle."

Sie zuckte mit den Schultern. „Aber nicht alle. Das passiert dir erst, wenn du so alt bist wie ich. Wenn dich der Verlust morgens aufweckt und abends ins Bett begleitet." Ihre haselnussbraunen Augen trübten sich ein wenig. „Daran gewöhnt man sich nie."

Plötzlich hatte ich das Gefühl, dass ich das Ende der

Geschichte, die sie und manchmal auch Dad mir erzählt hatten, vielleicht niemals zu hören bekommen würde, wenn ich jetzt nicht fragte. „Mom, du hast mir nie erzählt, was am Ende eigentlich aus Albert geworden ist."

Sie schaute mich etwas verblüfft an. „Tja, das liegt vielleicht daran, dass das Ende schwer zu erzählen ist."

„War es so schlimm?"

Ihre Miene wurde hart. „Denkst du, ich könnte es nicht erzählen?"

„Ich weiß nicht. Vielleicht solltest du es auch nicht erzählen. Es ist deine Entscheidung."

„Stimmt, es ist meine Entscheidung." Sie holte tief Luft. „So war es schon immer."

IX. TEIL

Wie Albert zu guter Letzt doch noch nach Hause gebracht wurde

43. Kapitel

Sie schafften es am Abend nicht mehr bis nach Orlando. Weil Homer die Augen keine Minute mehr offen halten konnte, fuhr er an den Straßenrand. Wie sich am nächsten Tag im ersten Tageslicht herausstellen sollte, standen sie gleich neben einem Orangenhain. Die Früchte waren im Sommer geerntet worden, aber die Bäume dufteten immer noch, und der süße Zitrusgeruch hob ihre Lebensgeister wieder etwas.

Nachdem sie Albert zwischen den Bäumen spazieren geführt und mit etwas Hühnchen gefüttert hatten und sich selbst mit ein paar Sandwiches und Bergarbeiterkaffee (Wasser kochen, Kaffeepulver einrühren, warten, bis der Kaffee sich abgesetzt hat, trinken) gestärkt hatten, setzten sie ihre Reise fort. Der Hahn saß auf Homers Schulter, und Elsie musste sich bemühen, nicht über den bevorstehenden Verlust ihres Alligators zu weinen. Wie so oft auf dieser Reise streckte Albert unterdessen den Kopf aus dem Fenster und genoss die Landschaft. Bald hatten sie den Stadtrand von Orlando erreicht.

Nachdem er sich ein wenig in der Stadt umgeschaut hatte, dachte Homer, dass er jetzt tatsächlich ein bisschen verstehen konnte, warum es Elsie hier so gut gefiel. Es war schon eine hübsche Stadt mit ihrer spanischen Architektur und den leise schwankenden Palmen, der friedlichen Atmosphäre, und die Leute erschienen ihm freundlich und wohlhabend, wenn man nach ihrer Kleidung und ihren lächelnden Gesichtern gehen konnte. Nachdem sie eine Weile durch die stille Innenstadt gewandert waren, erinnerte sich Elsie an verschiedene Gebäude und Straßen und konnte Homer an einen Ort dirigieren, wo ein Ein-Mann-Wohnwagen an einem kleinen See parkte. Hinter dem Wohnwagen standen mehrere Palmen. Das war das neue Zuhause ihres reichen Onkels Aubrey.

„Der reiche Onkel Aubrey lebt in einem Wohnwagen?", wunderte sich Homer.

„Der Wohnwagen ist sehr schön, Homer. Als ich das erste Mal nach Orlando kam, wohnte mein Onkel in einem großen Haus. Jetzt wohnt er eben hier."

Onkel Aubrey erschien gleich darauf höchstpersönlich, ein schicker Mann mit Strohhut, Nadelstreifenhemd, karierter Knickerbocker-Golfhose und Gamaschen über seinen braun-weißen Oxford-Schuhen. Homer fand, dass er ziemlich viel Ähnlichkeit mit dem Komiker W. C. Fields hatte.

Aubrey begrüßte Elsie überschwänglich und drückte sie fest an sich. Dann wurde er Homer, Albert und dem Hahn vorgestellt, und er winkte sie zu einem Picknicktisch, wo er ihnen Erfrischungen servieren wollte. Er ging in seinen Wohnwagen und kam mit einem Tablett zurück, auf dem eine Karaffe Limonade und drei Gläser standen.

„Na, meine Lieblingsnichte, was führt dich zurück zu mir? Und wie hast du es geschafft, dir diesen bärenstarken Ehemann, diesen grinsenden Alligator, diesen neugierigen Hahn und diesen seltenen Buick anzulachen, hm?"

Elsies Lippen bebten, und Tränen stiegen ihr in die Augen.

„Na, na, Kind, was ist denn jetzt los?", fragte Aubrey.

Elsie nahm noch einen Schluck Limonade. „Ich bin gekommen, um Albert heimzubringen, Onkel Aubrey. Kannst du dich noch an den Mann erinnern, den ich dir einmal vorgestellt habe, den Jungen, dessen Eltern diese Tanzschule hatten?"

„Ja, natürlich", antwortete Aubrey, „die Ebsens. Ich kenn sie ziemlich gut. Der Junge hatte den Spitznamen Buddy, wenn ich mich recht entsinne. Eine feine Familie, und ihn fand ich auch immer recht anständig. Hat mir ein paar Tanzschritte gezeigt, als ich ihn mal gefragt habe, was bei den jungen Leuten gerade der letzte Schrei ist."

Elsie nickte. „Ja, Sir, genau das war er. Tja, und der hat mir Albert zur Hochzeit geschenkt."

Aubrey zog eine Augenbraue hoch. „Er hat ihn *dir* geschenkt? Ist ein Hochzeitsgeschenk normalerweise nicht für beide gedacht? Hat er gesagt, dass der Alligator nur für dich sein sollte?"

„Ich bin davon ausgegangen", erwiderte Elsie. „Aber ist ja auch egal. Wie du siehst, ist Albert ein feiner kleiner Junge, und ... na ja, ich hab mir Sorgen gemacht, dass er in Coalwood nicht glücklich wird. Dort werden wir uns nämlich vorläufig ... also, wir ..." Sie hielt inne und seufzte. „Dort werden wir uns niederlassen." Sie schaute auf den See. „Glaubst du, er könnte hier bei dir bleiben?"

Aubrey schüttelte den Kopf. „Tut mir leid, mein Schatz. Dieser See ist nur eine schlammige Niederung, die die Immobilienspekulanten geflutet haben. Dieses Gewässer ist nicht für einen Alligator geeignet, da werdet ihr anderswo suchen müssen."

„Ich hab eine Idee, Elsie", mischte sich Homer ein. „Warum fahren wir nicht einfach mit dem Auto herum und halten nach einem neu angelegten See Ausschau, wie es uns der Reptilientrainer in Silver Springs empfohlen hat?"

Elsie zögerte. Auf einmal war sie gar nicht mehr so sicher, dass sie ein Revier für ihn suchen wollte. Vielleicht könnte er ja doch in Coalwood bleiben. *Vielleicht …*

„Na los, Elsie", sagte Aubrey. „Ich kümmere mich in der Zwischenzeit um Albert und den Hahn."

***

Homer nippte an seiner Limonade und ließ Elsie Zeit, die Sache mit sich abzumachen. Nach ein paar Minuten meinte sie: „Ich schätze, ein bisschen Suchen kann nicht schaden."

„Glaub ich auch", sagte Homer, stand auf und hielt ihr die Beifahrertür des Buicks auf.

Elsie stieg ein, und Homer fuhr sie zurück in die Stadt. Als sie eine Straße mit weitläufigen Häusern und großen Bäumen entlangfuhren, weiteten sich Elsies Augen plötzlich ungläubig. „Homer, halt an!"

Homer hielt an. Elsie stieg aus und rannte zu einem Mann, der am Straßenrand spazierte. Es war ein junger Mann in Anzug und Weste, groß, mit sehr langen Beinen. Gut aussehend war er ebenfalls, mit seinem markanten Kinn und den hellblauen Augen. Homer zählte eins und eins zusammen und wusste, wen Elsie da umarmte: Es war seine Nemesis, Mr. Buddy Ebsen höchstpersönlich.

Homer resignierte, atmete tief durch und stieg aus, um sich dem Paar zu nähern. Und sie waren zweifellos ein Paar. Buddy hatte seine langen Arme um Elsies schlanke Taille geschlungen, während sie ihre Lippen auf seinen Mund drückte und sich dann an ihn schmiegte.

Buddy schaute fragend auf, als Homer sich zu ihnen gesellte. Er ließ Elsie los, die sich einen Moment sammeln musste, bevor sie die beiden einander vorstellte. „Buddy, das ist Homer. Homer, das ist Buddy."

Die zwei Männer gaben sich die Hand. „Ich bin ihr Ehemann", fügte Homer hinzu.

Buddy grinste übers ganze Gesicht. „Na, das ist ja ein nettes Zusammentreffen. Wie geht es euch beiden? Elsie, warum bist du wieder in der Stadt?"

„Elsie wollte dein Hochzeitsgeschenk wieder nach Hause bringen", sagte Homer mit eisiger Stimme.

Im ersten Moment wirkte Buddy verwirrt, doch dann hellte sich seine Miene auf. „Den Alligator! Habt ihr den echt gekriegt? Ich hatte schon befürchtet, dass der unterwegs eingeht. Na ja, ich wollte eben, dass ihr ein bisschen Florida bei euch habt. Tut mir leid, wenn ihr deswegen Ärger hattet."

Homer stellte fest, dass er richtig wütend war. „Aber nicht doch, wir hatten überhaupt keinen Ärger. Dein wunderbares Geschenk hat nur dafür gesorgt, dass wir unser Zuhause verlassen haben, in einen Banküberfall geraten sind, illegalen Selbstgebrannten durch North Carolina schmuggeln mussten, verloren im Atlantischen Ozean getrieben sind und in einem Dschungelfilm mitgespielt haben und am Ende um ein Haar von einem Hurrikan auf den

Keys davongeblasen worden wären. Ärger? Aber nein, Sir. Keineswegs."

Buddy blinzelte nachdenklich. „Elsie, würde es dir was ausmachen, wenn ich mich kurz unter vier Augen mit Homer unterhalte?"

Es war nicht zu übersehen, dass es Elsie sehr wohl etwas ausmachte, doch sie gab mit einer leichten Kopfbewegung ihre stumme Einwilligung. Buddy nahm Homer beim Arm und ging mit ihm ein paar Meter weiter. „Was hat sie dir von uns erzählt?", wollte er wissen.

„Ach, da musste sie gar nicht besonders viel erzählen", erwiderte Homer. „Was den großartigen Buddy Ebsen angeht, kann man alles aus ihren Augen ablesen und aus ihrer Stimme heraushören."

„Ich dachte mir fast schon, dass du dir so was gedacht hast. Hör mal, Homer, zwischen Elsie und mir ist nie etwas passiert. Also – ich schätze, es hätte schon was passieren können, aber ich war ganz auf New York und Hollywood fokussiert, und als ich sie fragte, ob sie mitkommen wollte, weißt du, was sie da zu mir gesagt hat? Sie sagte, dass weder das eine noch das andere der richtige Ort für sie sei, und dann erwähnte sie noch einen Jungen, zu Hause in West Virginia. Sie meinte, bevor sie mit mir irgendwo hingehen könnte, müsste sie erst herausfinden, welche Pläne du hast und ob sie darin vorkommt."

Homer war verblüfft. „Na ja, in denen kam sie tatsächlich vor", sagte er. „Ich hab sie geheiratet, und dann hast du ihr Albert geschickt. So nennt sie den Alligator."

„Albert. Guter Name." Buddy musste lachen. „Aber ich hab ihn nicht nur Elsie geschenkt, der war für euch beide gedacht. Stimmt schon, ich wollte, dass Elsie eine Erinnerung an Florida hat, aber ich dachte auch, dass ihr beide darüber lachen könnt, wenn ihr einen Alligator mit der Post bekommt. Die meisten Leute spülen die Dinger nach ein, zwei Wochen im Klo runter, aber Elsie ..." Er schüttelte den Kopf. „Sie liebt das Viech, oder?"

„Ja. Und ich auch. Aber in Coalwood können wir ihn nicht behalten. Das ist kein Ort für einen Alligator. Deswegen sind wir hier. Seine Heimat ist hier."

„Eigentlich hab ich ihn ja von einer Alligatorfarm in Okefenokee geholt", gestand Buddy, „aber ich verstehe euer Dilemma." Er warf einen Blick über die Schulter und sah, dass Elsie sie beobachtete. „Nachdem ich euch dieses Problem eingebrockt habe, ist es das Mindeste, dass ich mir eine Lösung einfallen lasse. Gebt mir ein bisschen Zeit zum Nachdenken."

Homer machte sich keine großen Hoffnungen, dass dieser schauspielernde Tänzer wirklich etwas unternehmen würde. Trotzdem bedankte er sich, dann schaute er an ihm vorbei auf seine Frau, die den Kopf auf die Seite legte, als wollte sie sagen: *Was zum Teufel habt ihr zwei da eigentlich zu bereden?*

Das war natürlich auch die erste Frage, die sie Homer stellte, als er sie zu Aubreys Wohnwagen zurückfuhr.

„Nur Männergespräche", behauptete Homer.

„Und was sind Männergespräche?"

„Der Teepreis in China. Nichts Besonderes."

„Ich wünschte, wir hätten Albert mitgenommen. Er fehlt mir schon, wenn ich ihn ein paar Stunden nicht sehe."

Homer wusste, was sie meinte. Ohne Albert und den Hahn hatte das Auto etwas Einsames. Er wünschte, er könnte zum Wohnwagen zurückfahren, die beiden im Wagen verstauen und mit Elsie an seiner Seite für immer weiterfahren.

Doch das war unmöglich. Jede Reise nimmt einmal ein Ende, und diese war keine Ausnahme. Die Frage war nur, *wie* sie enden würde.

44. Kapitel

Zwei Tage verstrichen. Nachts warf sich Elsie unruhig neben Homer auf der Matratze hin und her, die auf dem Boden der winzigen Wohnwagenküche lag, doch tagsüber saß sie nur in einem Korbstuhl auf der Wiese, Albert neben sich. Ab und zu seufzte sie, tupfte sich die Augen mit einem alten Geschirrtuch ab und trank starken Kaffee. Sie wollte nirgendwo hingehen und nichts unternehmen und machte auch keine Anstalten, sich mit Aubrey oder Homer zu unterhalten. Obwohl ihr klar war, wie verrückt sie sich verhielt, bildete sie sich ein, sie würde den Männern durch jedes ausgesprochene Wort nur einen Vorwand liefern, ihr Albert endgültig wegzunehmen. Noch im Schlaf umklammerte sie krampfhaft seine Leine.

Am dritten Tag zog Aubrey gegen Abend den anderen Rattanstuhl heran und setzte sich neben sie. Homer war mit Albert spazieren gegangen, damit er sich im flachen Wasser des Schlammsees abkühlen konnte.

„Also, Elsie …", begann Aubrey.

Elsie schüttelte den Kopf. „Ich weiß, dass ich mich verrückt benehme, aber ich weiß nicht, was ich sonst machen soll." Sie warf einen Blick auf Homer, der auf der Wiese stand und Albert im Wasser beobachtete. „Albert kann nicht in Coalwood leben, und wir können nirgendwo anders leben."

„Weißt du", nahm Aubrey noch einen Anlauf, „ihr solltet Kinder haben. Wenn du dich schon so sehr um einen Alligator kümmerst, stell dir vor, was für eine tolle Mutter du abgeben wirst! Vielleicht ist diese ganze Geschichte mit Albert ein Wink der Natur, dass es Zeit wird, eine Familie zu gründen."

Elsie starrte ihren Onkel an. „Wenn das ein Wink der Natur ist, will ich nichts mit ihr zu tun haben."

„Na ja, manche würden vielleicht auch sagen, es ist ein Wink Gottes", erwiderte Onkel Aubrey. „Obwohl ich nicht viel über Gott weiß von den paar Predigten und den kurzen Passagen, die ich hier und da in der Bibel gelesen habe. Er kommt mir so riesig vor, irgendwie bin ich nie so richtig durchgestiegen, warum er die Israeliten durch die Wüste ziehen lässt und Büsche in Brand setzt und die Erde überflutet und seinen eigenen Sohn hier runterschickt, damit man ihn kreuzigen kann. Da kann einem schon mal der Kopf schwirren." Aubrey fuchtelte wild mit den Händen. „Aber schau dir das alles mal an. Das Gras, den Himmel, die Luft, das Wasser, sogar das Metall, aus dem mein Wohnwagen gebaut ist. Woher ist das alles gekommen und wie passt das alles zusammen und warum *passt* es am Ende überhaupt?" Er schüttelte den Kopf. „Im Grunde ist es unmöglich, wenn du darüber nachdenkst. Was allein alles geschehen musste, um uns zu diesem Morgen zu bringen. Oder vielleicht ist auch alles vorherbestimmt, vielleicht gibt es eine Betriebsanleitung, an die wir uns einfach halten." Er lehnte sich zurück, fischte ein Fläschchen aus der Manteltasche, nahm einen Schluck und beendete seinen Vortrag. „Wie auch immer, Elsie, ihr solltet Kinder kriegen. Das bringt euch wieder in Ordnung."

Elsie schüttelte den Kopf. „Ich werde niemals ein geordnetes Leben führen, Aubrey. Ganz egal, was ich tue."

Aubrey lächelte. „Vielleicht stimmt das, mein Schatz. Aber vielleicht irrst du dich auch. Es gibt jede Menge Liebe auf dieser alten Welt, und die heilt alles. Jeden von uns."

Elsie beugte sich vor und ergriff die Hand ihres Onkels. „Tut mir leid, ich bin ein hoffnungsloser Fall. Ich leg mich jetzt mal hin."

„Du kannst deine Probleme nicht einfach wegschlafen, Elsie."

„Das vielleicht nicht, aber zumindest muss ich dann eine Weile nicht über dieses Problem nachdenken."

***

Als Homer mit Albert zurückkam, setzte er sich zu Aubrey. Albert streckte sich zu seinen Füßen aus. „Aubrey, ich muss dich mal was fragen. Hat Elsie jemals von mir gesprochen, als sie hier war?"

„Die ganze Zeit – obwohl sie nie deinen Namen genannt hat. Sie hat dich als sehr klugen jungen Mann mit strahlend blauen Augen beschrieben, den sie in der Highschool kennengelernt hatte und der dann Bergwerksarbeiter geworden war. Und diesen Beruf hasste sie nun mal."

„Und Buddy Ebsen?"

„Soweit ich das sagen kann, waren die beiden nur befreundet. Na ja, höchstwahrscheinlich haben sie sich auch ein bisschen geneckt, aber sie wusste ganz sicher, dass sie keine Zukunft mit ihm hatte."

„Das bestätigt genau das, was Ebsen mir erzählt hat. Ich

frage mich, warum sie dachte, dass diese Sache mehr zu bedeuten hatte."

Aubrey dachte eine Weile über diese Frage nach. „Buddy ist einer von diesen Männern, die immer fröhlich und vergnügt und meistens für ein Tänzchen zu haben sind. Und das war genau der Typ Mann, von dem sie immer geträumt hatte, und dann stand er auf einmal vor ihr. Trotzdem gab es auch immer noch dich."

Während Homer Aubreys Worte auf sich wirken ließ, kam ein Pick-up angerollt und hielt vor dem Wohnwagen. Der Fahrer, der aussah wie ein Bauer, hielt ihnen einen Zettel hin. „Hi, Aubrey", sagte er. „Da hat einer angerufen, der hat mich gebeten, dir eine Nachricht zu bringen."

Wie sich herausstellte, war die Nachricht auf dem Zettel in Wirklichkeit für Homer bestimmt.

❊❊❊

Am nächsten Morgen nach dem Frühstück wandte Homer sich an seine Frau. „Elsie, wie wäre es, wenn wir ein bisschen mit dem Auto rausfahren?"

Elsie schöpfte sofort Verdacht. „Wohin?"

„Nur spazieren. Wie in alten Zeiten."

„Du willst mich doch nicht reinlegen, oder?"

„Reinlegen? Wie meinst du das?"

„Zum Beispiel indem du mich einfach nach Coalwood bringst."

Homer lächelte nachsichtig. „Ich verspreche dir, wir kommen gleich danach wieder zurück." Er beugte sich zu Albert hinunter und streichelte ihm den Rücken. „Würdest du nicht auch gern eine Spazierfahrt mit uns machen, Albert? Das wird bestimmt lustig."

Albert grinste und machte seinen Glückslaut, und wenig später saß er schon in seiner Wanne und Homer hinterm Lenkrad seines Buicks mit dem Hahn auf der Schulter und Elsie neben ihm. Es war wirklich wie in alten Zeiten.

Nachdem sie durch die Innenstadt von Orlando gekurvt waren, lenkte Homer den Buick in ein wohlhabendes Stadtviertel, in dem jedes Haus aussah wie eine Villa. Auf der Höhe eines Tors, das in einen Park zu führen schien, hielt er am Straßenrand. Elsie war überrascht, als sie niemand anderen als Buddy Ebsen an der ockerfarbenen, stuckverzierten Mauer lehnen sah, die den Park umgab. Er trug einen weißen Anzug und einen schicken Strohhut.

„Buddy?" Sie warf einen Blick zu Homer. „Hast du gewusst, dass er hier sein würde?"

Homer blieb ihr die Antwort schuldig und schaute einfach stur geradeaus. Buddy kam zum Auto und machte Elsie die Tür auf. „Herzlich willkommen. Das hier ..." Er machte eine etwas theatralische Geste. „... ist der Country Club von Orlando, in dem ich Mitglied bin. Ich würde dich gerne herumführen und dir alles zeigen. Was meinst du?"

Elsie drehte sich zu Homer um. „Hast du das eingefädelt?"

„Natürlich nicht", sagte Homer und schaute sie jetzt endlich auch an. „Buddy hat das geplant. Er wollte mit dir sprechen."

„Bring Albert auch mit", sagte Buddy. „Ich würde ihn gern kennenlernen."

„Keine Sorge, Elsie", sagte Homer. „Sprich mit Buddy. Du hast ihm doch immer noch was zu sagen, oder?"

„Ich … ich glaube schon."

Homer stieg aus, befestigte Alberts Wanne auf den Rädern und montierte den Griff, und dann drückte er ihn Buddy in die Hand. Er wandte sich noch einmal zu Elsie. „Ich bin hier, wenn du mich brauchst." Er legte Albert die Hand auf den Kopf und streichelte ihn. „Viel Spaß, mein kleiner Freund."

„Du hast Albert noch nie deinen Freund genannt", bemerkte Elsie.

„Ja, und das bedaure ich", sagte Homer.

Elsie sah seinem Gesicht an, dass er es ernst meinte. Sie lächelte ihn an, aber irgendwas kam ihr immer noch komisch vor.

Buddy deutete schwungvoll auf das Tor. „Hier entlang, Elsie." Er zog am Griff der Wanne. „Komm, Albert."

Der gepflasterte Weg führte an einem pompösen weißen Gebäude mit Säulenfassade und perfekt getrimmtem Rasen vorbei.

„Schön ist es hier", stellte Elsie fest, während sie den süßen Duft der Tropenflora einatmete. Als sie weitergingen, bestaunte sie die farbenprächtigen Gärten und noch andere Sehenswürdigkeiten des Parks. „Diese kleinen Sandstrände gefallen mir. Wozu sind die gut?"

„Na, was meinst du wohl?", fragte Buddy.

„Kann man sich dort zum Sonnenbaden hinlegen?"

„Ja. Ich wette, das würde Albert gefallen. Sind dir die ganzen kleinen Teiche aufgefallen? Sie sind tief und voll mit Fischen und Schildkröten."

„Wirklich? Ich wette, die würden Albert auch gefallen." Da blieb Elsie jäh stehen. „Nein, Buddy."

„Es würde ihm hier furchtbar gut gefallen, Elsie."

„Diese kleinen Sandflächen, diese kleinen Teiche ... Ich bin doch nicht blöd. Das ist ein Golfplatz."

„Ja, und der Verwalter ist einer der besten Freunde meines Vaters. Ich hab ihm ein nettes Sümmchen versprochen, wenn er sich um den Freund einer alten Freundin von mir kümmert."

Elsie schüttelte den Kopf. „Das ist ein Golfplatz", wiederholte sie.

„Ja, natürlich", antwortete Buddy. „Komm mit."

Sie gingen weiter, bis Buddy schließlich stehen blieb und mit einem Nicken auf einen Teich deutete, der ein ganzes Stück größer war als die anderen. „Das ist das siebte Fairway", sagte er. „Diese Spielbahn ist Alberts Zuhause."

Elsie schaute den See an. Es war ein schöner See, blau und funkelnd, und an einer Seite stand ein schattiger Hain aus Kiefern und Eichen. Palmen umstanden den restlichen See in ausgewogenem Abstand zueinander, nur an einer Stelle öffnete sich eine Lichtung zum grünen Gras der Spielbahn. In der Nähe befand sich eine große Sandkuhle.

Elsie schaute zu Albert hinunter und dann in Buddys Gesicht. Ihr Magen rebellierte. Sie hatte fast Angst, sich gleich übergeben zu müssen.

„Ich will darüber nachdenken", sagte sie zu Buddy.

„Nein, Elsie", widersprach Buddy. „Du kannst nicht darüber nachdenken. Du musst es einfach tun." Er ließ den Griff der Wanne los, ging nach hinten und nahm Alberts Schwanz. Der Alligator schaute sich neugierig zu ihm um. „Hilf mir. Hilf mir, Albert in sein Zuhause zu bringen."

Elsie ging neben Alberts Kopf in die Knie und schlang die Arme um seine Schnauze. „Ich kann nicht."

„Doch, du kannst", sagte Buddy.

„Ich liebe dich, Albert", sagte sie einfach, und mehr brachte sie nicht heraus, weil sie einen Kloß im Hals hatte.

Albert grinste und schenkte ihr sein *Yeah-Yeah-Yeah*. Die Hände unter seine Vorderbeine geschoben, hob Elsie ihn hoch und watschelte zusammen mit Buddy den leicht gewundenen Pfad zum Wasser hinunter, wo sie Albert absetzten.

Albert drehte sich um und schaute zu Elsie hoch. Er lächelte immer noch, er war ganz gespannt auf dieses neue Abenteuer, das sie für ihn vorbereitet hatte. Elsie kniete sich neben ihn, während Buddy zur Wanne zurückging und sie fortzog, zurück zu dem Gebäude mit dem Säulengang, das natürlich das Clubhaus des Golfclubs war, wie Elsie jetzt erkannte.

Sie deutete auf den See. „Geh nach Hause, Albert", sagte sie, und ihre Stimme brach. „Bitte geh nach Hause."

Alberts Lächeln erstarb. Er starrte sie an, dann stupste er sie mit einem fragendem Grunzen mit der Schnauze an. Sie stieß ihn von sich. „Nein! Du musst nach Hause gehen. Da, das ist dein Zuhause! Verstehst du nicht? Geh ins Wasser, Albert!" Sie deutete auf den See. „Na los! Du kannst nicht mehr bei mir bleiben. Geh!"

Albert legte den Kopf auf die Seite und schien zu überlegen. Dann drehte er sich um, machte einen vorsichtigen Schritt aufs Wasser zu und schaute sich noch einmal nach ihr um. Doch Elsie bedeutete ihm mit einem Winken, dass er weitergehen sollte. „Genau. Geh eine Runde schwimmen. Alles in bester Ordnung, Albert. Ich bin hier draußen und warte auf dich. Ich werde immer bei dir sein."

Albert setzte einen Fuß ins Wasser, dann zwei, dann stieß er sich ab. Er schlug einmal mit dem Schwanz und glitt durchs Wasser.

Elsie rannte an Buddy vorbei, vorbei am Clubhaus und durchs Tor. Homer hatte den Hahn auf dem Arm und lehnte am Buick, und Elsie fiel ihrem Mann um den Hals. Als Homer die Arme ausbreitete, um sie an sich zu drücken, flatterte der Hahn davon. „Bring mich nach Hause", sagte sie unter Tränen. „Homer, bring mich nach Hause!"

EPILOG

Und so brachte Homer Elsie heim nach Coalwood. Der Hahn schloss sich ihnen nicht an. Wohin er verschwand, hat niemand je erfahren.

Was Albert angeht ... tja, ich will Ihnen das wenige erzählen, das ich weiß.

Als wir in Coalwood lebten – ich war Teenager – las mein Vater einmal in der Zeitung, dass ein riesiger Alligator eine Golfspielerin erschreckt habe, als er ganz unerwartet aus einem See neben der Spielbahn kam. Sie war so außer sich, dass sie zu Boden fiel und anfing zu schreien, weil sie sicher war, gleich angegriffen zu werden. Aber sie wurde gar nicht angegriffen. Vielmehr kam der Alligator zu ihr und rieb sich an ihren Beinen, um sich anschließend auf den Rücken zu legen, als wollte er sie auffordern, ihr den riesigen Bauch zu kraulen. Die Frau stand auf und rannte davon, und ihre seltsame Geschichte kam landesweit in die Nachrichten. Man habe nicht vor, den Alligator aus dem See zu entfernen, hieß es in dem Artikel, denn die Mitglieder des Clubs betrachteten ihn als ihr Haustier.

„Neuigkeiten von Albert, Elsie! Neuigkeiten von Albert!", rief Dad mit gepresster Stimme.

Es kam keine Antwort, doch als ich in die Küche ging, entdeckte ich meine Mutter, die gerade das Geschirr spülte und durchs Fenster in die Dunkelheit starrte, als würde sie auf einen Punkt schauen, der Millionen von Kilometern entfernt war. Dann legte sie den Teller aus der Hand, den sie gerade abgewaschen hatte, wischte sich langsam die Hände an der Schürze ab und ging ins Wohnzimmer, wo mein Dad mit der Zeitung auf dem Schoß in seinem Fernsehsessel saß. Sie streckte die Hand nach der Zeitung aus, und er gab sie ihr. Nachdem sie den Artikel gelesen hatte, tat sie etwas ganz Seltsames. Sie hatte ihm nur selten offen ihre Zuneigung gezeigt, doch jetzt setzte sie sich auf Dads Schoß und umarmte ihn.

„Danke", sagte sie. Und zu meiner noch größeren Überraschung – zum ersten und einzigen Mal in meinem und seinem ganzen Leben – sah ich, wie mein Vater sein Gesicht im Haar meiner Mutter vergrub und weinte.

Noch ein Postskriptum

Im Oktober 2009 lag meine Mutter auf dem Sterbebett und war ganz offensichtlich enttäuscht. Sie war siebenundneunzig und hatte gehofft, hundert Jahre alt zu werden, doch in Anbetracht der aufrichtigen Worte des Arztes und der Tatsache, dass ihr zweiter Sohn ständig um sie herumschwirrte (was ihm gar nicht ähnlich sah), war ihr klar, dass sie es wahrscheinlich doch nicht mehr schaffen würde. Um sie aufzumuntern, schlug ich ihr vor, sie an den Strand zu fahren, weil ich sicher war, dass sie sich das zumindest überlegen würde. Schließlich war es ihrer Liebe zu Sand und salziger Seeluft und dem Meer an der Küste von South Carolina zuzuschreiben, dass sie vor Jahren aus dem Binnenstaat West Virginia fortgegangen war. Doch ihre Antwort war ein entschiedenes Nein.

„Ich will nicht an den Strand", sagte sie. „Mit dem Strand bin ich fertig, ich brauch ihn nicht mehr."

Mein Vater war zu diesem Zeitpunkt bereits zwei Jahrzehnte tot. Der Kohlenstaub in seinen Lungen setzte seinem Leben ein Ende, nur wenige Jahre nachdem er Coalwood verlassen und sich zu meiner Mutter an den Strand gesellt hatte. Sie schienen dort ein schönes Leben zu haben, obwohl mir durchaus klar ist, dass Dad nur dort war, weil er meinte, es seiner Frau schuldig zu sein, nachdem sie jahrelang bei ihm in Coalwood geblieben war.

Ich zog mir einen Stuhl ans Bett und nahm die Hand meiner Mutter. Sie fühlte sich so zerbrechlich an, dass ich dachte, die Knochen darin müssten zu Staub zerfallen, wenn ich zu fest zudrückte. Das waren einmal die Hände einer arbeitenden Frau gewesen, stark genug, mich am Genick zu packen und mir ein paar zu pfeffern, wenn ich ihr mal wieder einen Streich gespielt hatte. Jetzt, wo das Leben langsam aus ihr wich, wurde ihr Körper zu zartem Kristall, den schon die kleinste Erschütterung zerbrechen konnte. Als sie sagte, dass sie nicht an den Strand wollte, wusste ich, dass nun bald ihr letztes Stündchen gekommen war.

Ihr Bett war ins Wohnzimmer gestellt worden, sodass die Hospizmitarbeiter mehr Platz zum Arbeiten hatten. Doch diese Mühe hätten sie sich sparen können. Sie brauchte sie alle nicht. Wenig später fiel sie in einen Zustand, der weder hüben noch drüben war, weder jetzt noch damals. Sie sprach mit ihren längst verstorbenen Brüdern, Charlie und Ken und Robert und Joe, und mit ihrer Mutter und ihrem Vater. Sie sprach sogar mit Victor, ihrem Bruder, der an einem Fieber gestorben war, als er noch ein Kind war. Und natürlich sprach sie mit ihren Katzen und Hunden, die viele Jahre vor ihr aus der Welt gegangen waren, und mit ihrem verstorbenen, zutiefst betrauerten zahmen Fuchs Parkyarcarcass und ihrem geliebten Eichhörnchen Chipper. Die Pfleger erzählten mir, dass sie sich am liebsten mit einem gewissen Albert unterhielt, wer auch immer das sein mochte.

Ich lächelte. „Das überrascht mich nicht."

Die Hospizmitarbeiter sagten auch, dass sie meine Mutter nie mit ihrem Mann sprechen hörten. Ich erklärte, dass mich das auch nicht überraschte, weil ich das Gefühl hatte, dass sie sich alles, was sie sich jemals hatten sagen wollen, noch zu Lebzeiten hatten sagen können.

Als ihre Tage langsam, aber sicher gezählt waren, hob Mom manchmal beide Hände zur Decke, als würde sie etwas halten. Wenn eine Pflegerin die Arme herunterdrückte, hob sie sie sofort wieder in die Höhe.

„Ich lese", erklärte sie. Wenn sie ihr Buch fertig gelesen hatte, ließ sie die Arme von allein sinken. Ich glaube, sie schrieb und las ihr eigenes Buch. Schließlich hatte sie sich immer gewünscht, Schriftstellerin zu werden.

Bei einem meiner Besuche – ich hatte die Befürchtung, es könnte mein letzter sein – saß ich neben ihr, als ihre Atmung sich verlangsamte und immer flacher wurde. Ich hatte das Gefühl, dass es jetzt zu Ende war, doch sie schlug die Augen auf und sah mich an.

„Es hat mir immer Spaß gemacht, diese Geschichten von Albert zu erzählen", sagte sie.

„Ich hab aus diesen Geschichten wahrscheinlich mehr über Dad erfahren als auf irgendeinem anderen Wege", sagte ich. „Aber, Mom, was ist eigentlich *wirklich* passiert?"

Sie holte tief Luft, dann brachte sie ein schwaches Schulterzucken zustande, bei dem sich ihre mageren Knochen kaum auf dem weißen Bettzeug bewegten. „Wir sind nach Florida gefahren und haben Albert auf einem Golfplatz in der Nähe von Onkel Aubrey freigelassen, und dann sind wir wieder nach Hause gefahren."

„Und die ganzen anderen Sachen, die Dad und du gemacht habt, die du immer erzählt hast?"

„Die haben wir auch alle gemacht", sagte sie so leise, dass ich mich anstrengen musste, sie noch zu verstehen, „auch wenn wir sie nicht gemacht haben."

Ich hielt ihre Hand und spürte, wie sie langsam immer kälter wurde, und ich glaubte, glaubte ganz ehrlich, und während ich glaubte, hörte ich ein Geräusch, das sich so anhörte, als würde irgendjemand oder irgendetwas *Yeah-Yeah-Yeah* sagen. Es war ein glückliches Geräusch.

„Hallo, Albert", sagte ich in die Ewigkeit, die sich für die zarte Frau auf dem Bett aufzutun schien. „Mach dich bereit. Deine Mom kommt jetzt nach Hause."

DANKSAGUNG

Coalwood, West Virginia, wurde nur wegen des Kohlebergwerks erbaut, doch letztlich waren seine starken Familien das wichtigste Produkt, das diese Stadt hervorbrachte. Ich hatte das Glück, zu einer von ihnen zu gehören, mit den zwei sehr interessanten Familienoberhäuptern Homer und Elsie Lavender Hickam. Ich bin ihnen zu Dank verpflichtet, dass sie mich großgezogen haben und für meine Ausbildung gesorgt haben, aber auch dafür, dass sie mir die Geschichten erzählt haben, die dieses Buch ausmachen.

Die Geschichte von Alberts Reise wäre nicht geschrieben worden, wenn mich nicht Frank Weimann dazu ermuntert hätte, mein wunderbarer Literaturagent. Als ich ihm die Idee unterbreitete, war ich absolut darauf gefasst, dass er sie als verrückt abtun würde. Doch er stieg sofort darauf ein und meinte, das sei eine Geschichte, die ich unbedingt erzählen müsse, und am besten sollte ich mich gleich ans Werk machen.

Alberts Geschichte wäre auch nie erzählt worden, hätte ich nicht die Unterstützung von Kate Nintzel gehabt, meiner großartigen Lektorin bei William Morrow. Sie hat es zu „ihrem Buch" gemacht, und vieles an diesem Roman ist das Ergebnis ihrer Erkenntnisse und Vorschläge, die sie vorbrachte, während sie mich durch den Prozess des Schreibens begleitete. Wenn Kate anderweitige Verpflichtungen hatte, war die Lektorin Margaux Weisman immer da, um Albert und mir weiterzuhelfen.

Ich habe das Glück, jetzt zu einer anderen starken Familie zu gehören, und das ist die des William-Morrow-Verlags. Auf die Gefahr, dass ich jemanden vergesse, möchte ich mich bedanken bei den Verlegerinnen Liate Stehlik und Lynn Grady für ihre Unterstützung. Ebenfalls ein Dankeschön an Jennifer Hart (Marketingleitung), Kaitlin Harri (Marketing), Kaitlyn Kennedy (Pressearbeit), Juliette Shapland (Lizenzen), Adam Johnson (Coverdesign), Virginia Stanley (Marketing/Universitäten und Bibliotheken), Tricia Wygal (Herstellung) und alle anderen in diesem tollen Literaturverlag.

Ich danke auch meiner Frau, Linda Terry Hickam, die meine Bücher grundsätzlich als Erste liest und immer tolle Ideen hat. Sie hat sogar ein lebensechtes Stoffkrokodil aufgetrieben, das wir in unserem Auto herumkutschierten, um ein Gefühl dafür zu bekommen, wie es sich anfühlte, einen Albert auf dem Rücksitz zu haben. Einen Hahn hat sie nicht angeschleppt, weil sie meinte, sie verstehe einfach nicht, warum der auf der Reise dabei sein musste. Ich verstehe es auch nicht, aber nachdem er nun mal dabei war, ist jede Diskussion über diese Frage wohl müßig.

FOTOGRAFIEN

Elsie in einem schicken Kleid auf dem Trittbrett eines schicken Autos. Das war in Orlando während ihrer „Buddy-Zeit". Wenig später sollte Buddy fortgehen, und sie sollte nach West Virginia zurückkehren und Homer heiraten.

Elsie, gerade aus dem Bus gestiegen, mit dem sie nach ihrem Highschool-Abschluss aus West Virginia gekommen war, posiert hier in Orlando, Florida, wo sie bei ihrem reichen Onkel Aubrey wohnte. Wenig später sollte sie Buddy Ebsen kennenlernen und sich verlieben.